国家社科基金一般项目（项目编号：15BSS002）

英国马克思主义史学家群体研究

刘耀辉 著

A Study of Marxist Historians in Britain

人民出版社

前　　言

本书是国家社科基金项目的最终成果，主要讨论英国马克思主义史学家群体。书中的许多内容此前在《史学理论研究》《马克思主义与现实》《社会科学战线》《史林》等杂志上刊载过。

本书由"绪论"、十一章正文以及"结语"构成，重点探讨了英国9位著名马克思主义史学家的史学思想与实践，并且简要概括了他们的集体贡献。

"绪论"部分主要介绍问题的提出、国内外研究现状、本书的研究思路和可能的价值。

第一章介绍英国马克思主义史学的兴起和早期发展，内容主要包括：英国马克思主义传统的发展；英国共产党历史学家小组的形成和早期活动，例如他们参与到英国革命性质、从封建主义向资本主义过渡等问题的讨论当中；1956年危机及其对英国马克思主义史学家的影响；以及英国马克思主义史学家的思想资源。

第二章到第十一章基本上依照史学家出生年代的先后分章论述9位史学家的生平与时代、史学思想和贡献，同时考察了汤普森与佩里·安德森之间的争论。

第二章探讨乔治·鲁德。鲁德的独特贡献在于深入剖析了"前工业时代"欧洲反抗群众的构成、行动的模式、行动的动机和意识形态。第三章探究克里斯托弗·希尔。希尔是研究17世纪英格兰的权威，他深入分析了英国革命的思想起源、革命的性质和过程、革命的思想影响等主题。第四章讨论维克托·基尔南对帝国主义的批判。基尔南论述了殖民主义和帝国主义在亚洲、美洲、非洲大陆以及南太平洋地区的侵略扩张，尤其批判了欧洲的文化帝国主义。第五章分析约翰·萨维尔在英国左派运动、劳工传记编撰、劳工研究、口述史以及档案材料建设等方面的成绩和贡献。第六章的考察对象是中世纪经济和社会研究专家罗德尼·希尔顿，主要介绍和分析他在农村经济和农民问题、封建社会的阶级关系、从封建主义向资本主义过渡以及城市研究等领域的成就。第七章主要探讨霍布斯鲍姆的劳工思想。我们从劳工史和阶级意识问题、工人阶级文化、劳工生活水准、劳工贵族以及英国劳工运动的发展等五个方面，讨论了霍布斯鲍姆在劳工史研究领域的主张和成就。第八章探讨和评论多萝西·汤普森在宪章运动研究领域的贡献，也介绍和讨论了她关于女性问题、妇女与历史书写之间相互关系的看法。第九章探析爱德华·汤普森的三重形象：教师、史学家与和平"斗士"，同时也指出它们之间的内在关联。第十章回顾和分析汤普森与佩里·安德森之间的争论。这场争论是英国新左派内部的论战，进一步丰富了英国的马克思主义理论和欧洲的左派文化。第十一章关注"人民的史学家"拉斐尔·塞缪尔，探讨了他在历史工场运动和口述史方面的成就，指出塞缪尔的工作大大推动了史学研究的民主化进程。

"结语"部分对英国马克思主义史学家群体的共同特征和集体贡献做了简要归纳，这种特征主要体现在：倡导"自下而上的历史"、强调总体史、重视阶级和阶级斗争的分析、坚持以批判的眼光对待马克思主义理论以及反对把马克思主义教条化等。

目　　录

绪　　论

　　国内史学界很重视西方马克思主义史学理论的译介和探究，就 20 世纪中后期兴起、发展和繁盛起来的英国马克思主义历史学派而言，几代学人做出了诸多探讨和研究，也取得了可喜的成绩。从研究对象看，国内学者主要聚焦于汤普森和霍布斯鲍姆，他们的史学思想得到了广泛而深入的分析和讨论，相对而言，英国其他马克思主义史学家尚未受到足够的重视。我们希望能够进一步推进对这个学派的探究，因此，这里主要考察作为一个群体的英国马克思主义史学家，不仅探讨汤普森和霍布斯鲍姆，还梳理和分析了其他七位重要的马克思主义史学家的生平和思想的形成、主要史学成就和贡献，冀望能够丰富国内的英国与西方马克思主义史学研究。

一、研究缘起

　　20 世纪 40 年代以来，英国涌现出了一批重要的马克思主义史学家，他们最终都取得了突出的学术成就，也赢得了崇高的学术声誉和地位。这些史学家在 20 世纪中期形成了一个学术性团体"共产党历史学家小组"，创办了一份延续至今的重要刊物——《过去与现在》，还主办了一系列学术会议并编辑出版了许多著作，他们的这些活动以及各自的历史书写大大推进了英国马克思主义史学的发展。

就国内史学界而言，一些学术机构和个人十分重视英国马克思主义史学的研究，目前也取得了不小的成绩。不过，长期以来，这些探究主要以个别史学家尤其霍布斯鲍姆和 E. P. 汤普森为考察对象，缺少对英国马克思主义史学的比较研究和整体性研究，这种情况十分不利于我们对英国马克思主义史学、西方马克思主义史学乃至西方史学的演进做出整体的把握。因此，本书主要探究英国马克思主义史学家群体，尝试将群体和个案相结合，不但探讨这些主要人物各自的史学思想和成就，也力图总结他们的集体特征与贡献。具体而言，我们首先简明地梳理英国马克思主义史学的起源和早期发展，然后逐个分析九位重要史学家的生平与著作、史学思想、史学理论与实践以及主要的成就和贡献。在论述的过程中，我们也会适当进行横向比较，探讨这些史学家之间的异同。在结语部分，我们会归纳总结他们的集体贡献。我们认为，这种探究无疑有助于国内史学界对 20 世纪英国马克思主义史学的发展和成就有一个更全面和深入的了解与认识，同时能够丰富中国的西方马克思主义史学和马克思主义理论研究。

二、国内外研究状况及述评

本书考察英国马克思主义史学家群体，其成员除了国内史学界比较熟悉的霍布斯鲍姆和 E. P. 汤普森之外，还有罗德尼·希尔顿、克里斯托弗·希尔、约翰·萨维尔、乔治·鲁德、维克托·基尔南、多萝西·汤普森以及拉斐尔·塞缪尔等人。国内外学界对这些史学家做出了诸多探究，现做一简要概述和归纳。

（一）国外研究概况及述评

1. 对英国单个马克思主义史学家的研究、访谈和评论。国外这方面论述比较多，关于霍布斯鲍姆和 E. P. 汤普森的文献资料尤为丰富，这里做一粗略介绍和概述。对霍布斯鲍姆的研究，涉及霍布斯鲍姆的人生经历与生活时代、他对马克思主义史学的贡献、他的政治立场与历史研究的关系、他对马克思和马克思主义的理解、他的民族主义论述和文化研究等众多主题，另外也有一系列访谈和纪念性文章，如帕特·泰恩和利兹·伦贝克的《霍布斯鲍姆访谈》（1978）、马亚·约翰的《纪念霍布斯鲍姆及其生活的年代》（2012）和埃里克·方纳的《纪念埃里克·霍布斯鲍姆：一位追求社会正义的史学家》（2012）①。

国外关于汤普森的研究成果非常多，涉及汤普森的政治活动以及思想的形成、汤普森的工人阶级理论和 18 世纪研究、汤普森的和平主义、汤普森参与的论战、汤普森与新左派运动以及汤普森的教育思想等方面。例如：B. D. 帕尔默的《E. P. 汤普森的形成》（1981）和《向爱德华·汤普森致敬》主要探究汤普森的思想经历，罗杰·菲尔德豪斯与理查德·泰勒编的文集《E. P. 汤普森和英国的激进主义》（2013）讨论了汤普森的工人阶级形成理论和阶级概念、汤普森参与的和平活动、汤普森的马克思主义史学、他与早期新左派的关系、汤普森的成人教育经历等，F. K. 唐纳利的《意识形态与早期英国工人阶级史：爱德华·汤普森与他的批评者》、阿尔文·Y. 索与穆罕默德·西卡姆的《沃勒斯坦和汤普森著作中的"阶级"》重点探讨汤普森的阶级

① Richard J. Evans, *Eric Hobsbawm: A life in History*, Oxford: Oxford University Press, 2019; James Cronin, "Creating a Marxist Historiography: the Contribution of Hobsbawm," *Radical History Review*, Issue 19 (Winter 1978 – 1979); Terry Brotherstone, "Eric Hobsbawm (1917 – 2012): Some Questions from a Never – completed Conversation about History," *Critique*, Vol. 41, No. 2, 2013; Gregory Elliott, *Hobsbawm: History and Politics*, London: Pluto Press, 2010; John Foster, "Eric Hobsbawm, Marxism and Social History," *Social History*, Vol. 39, No. 2, 2014; "Eric Hobsbawm's Analysis of Nationism," http://critique – of – pure – reason. com/eric – hobsbawms – analysis – of – nationalism/; Philip Bounds, "From Folk to Jazz: Eric Hobsbawm, British Communism and Cultural Studies," *Critique*, Vol. 40, No. 4, 2012; Pat Thane and Liz Lunbeck, "An Interview with Eric Hobsbawm," *Radical History Review*, Issue 19 (Winter 1978 – 1979); Maya John, "Remembering Eric Hobsbawm and His Age: A Journey from Popular Front to 'New Labour'," *Social Scientist*, Vol. 40, No. 11/12 (November – December 2012); Eric Foner, "Remembering Eric Hobsbawm, Historian for Social Justice," *The Nation*, 1 October 2012.

理论，彼得·金的《汤普森对 18 世纪研究的贡献：贵族—平民模式再考察》、马克·黑尔伍德与布罗迪·沃德尔的综述文章《近代早期英格兰的平民文化：E. P. 汤普森去世三十五年之后》（2009）考察汤普森对 18 世纪研究的贡献，布彭德拉·亚达夫的《E. P. 汤普森：学者、辩论家与和平主义者》与迈克尔·D. 贝丝的《E. P. 汤普森：作为活动家的史学家》对汤普森参与的和平运动做了简要的描述和分析，沃德·马修斯的《策略的贫困：E. P. 汤普森、佩里·安德森以及向社会主义的过渡》（2002）对两代新左派之间的争论做了回顾，斯科特·汉密尔顿的《理论的危机：E. P. 汤普森、新左派和战后英国政治》讨论了汤普森与新左派运动、汤普森与安德森的论战等方面内容，彼得·希尔比的《作为教师的爱德华·汤普森》和罗杰·菲尔德豪斯的《成人教育者爱德华·汤普森》主要叙述和分析了汤普森在利兹大学和沃里克大学的教学生涯①。另外也有一系列访谈和纪念性文章，如迈克·梅里尔的《E. P. 汤普森访谈》（1976）、安德鲁·米尔纳的《E. P. 汤普森：1924—

---

① Bryan D. Palmer, *The Making of E. P. Thompson: Marxism, Humanism and History*, Toronto: New Hogtown Press, 1981; "Homage to Edward Thompson, Part I," *Labour / Le Travail*, Vol. 32 (Fall 1993); "Homage to Edward Thompson, Part II," *Labour / Le Travail*, Vol. 33 (Spring 1994); Roger Fieldhouse and Richard Taylor eds., *E. P. Thompson and English Radicalism*, Manchester: Manchester University Press, 2013; F. K. Donnelly, "Ideology and Early English Working – Class History: Edward Thompson and His Critics," *Social History*, Vol. 1, No. 2 (May 1976); Alvin Y. So and Muhammad Hikam, " 'Class' in the Writings of Wallerstein and Thompson: Toward a Class Struggle Analysis," *Sociological Perspectives*, Vol. 32, No. 4 (Winter 1989); Peter King, "Edward Thompson's Contribution to Eighteenth – Century Studies. The Patrician: Plebeian Model Re – Examined," *Social History*, Vol. 21, No. 2 (May 1996); Bhupendra Yadav, "E. P. Thompson: Scholar, Polemicist and Pacifist," *Social Scientist*, Vol. 25, No. 11/12 (Nov. – Dec., 1997); Michael D. Bess, "E. P. Thompson: The Historian as Activist," *The American Historical Review*, Vol. 98, No. 1 (Feb., 1993); Wade Matthews, "The Poverty of Strategy: E. P. Thompson, Perry Anderson, and the Transition to Socialism," *Labour / Le Travail*, Vol. 50 (Fall 2002); Mark Hailwooda and Brodie Waddel, "Plebeian Cultures in Early Modern England: Thirty – five Years after E. P. Thompson," *Social History*, Vol. 34, No. 4, November 2009; Scott Hamilton, *The Crisis of Theory: E. P. Thompson, the New Left and Postwar British Politics*, Manchester: Manchester University Press, 2011; Peter Searby, "Edward Thompson as a Teacher: Yorkshire and Warwick," in J. Rule and R. Malcolmson eds., *Protest and Survival*, London: Merlin Press, 1993; Roger Fieldhouse, "Thompson: the adult educator," in Roger Fieldhouse and Richard Taylor eds., *E. P. Thompson and English radicalism*, Manchester: Manchester University Press, 2013.

1993》、保罗·斯莱克和乔安娜·英尼斯的《E. P. 汤普森》以及霍布斯鲍姆的《缅怀 E. P. 汤普森（1924—1993）》等。[1]

国外学者对其他一些马克思主义史学家也有论述，如 S. R. 爱泼斯坦的《罗德尼·希尔顿、马克思主义与从封建主义向资本主义的过渡》（2007）探讨了希尔顿在"过渡争论"上的贡献及其不足；约瑟夫·马斯伦的《拉斐尔·塞缪尔的个人政治》（2010）考察了拉斐尔·塞缪尔的政治关怀。[2] 此外，英国马克思主义史学家的主要著作也得到国外学者的评述，此处不再一一介绍。

2. 对英国马克思主义史学家和左派思想家的集体考察。霍布斯鲍姆的文章《共产党历史学家小组》（1978）考察了小组的形成、主要活动以及贡献。[3] 同为英国马克思主义史学家的拉斐尔·塞缪尔的文章《1880—1890 年间英国马克思主义史学家：第一部分》对霍布斯鲍姆、汤普森、希尔和希尔顿等著名史学家的思想做了评述。[4] 美国学者哈维·凯的著作《英国马克思主义史学家概论》（1984）对五位重要马克思主义史学家（莫里斯·多布、希尔顿、希尔、霍布斯鲍姆以及汤普森）做了出色的论述，并考察了他们的集体贡献。[5] 美国史学家格特鲁德·西梅尔法布的著作《新历史学与旧历史学》

---

[1]　Andrew Milner, "E. P. Thompson 1924 – 1993," *Labour History*, No. 65（Nov., 1993）; Paul Slack and Joanna Innes, "E. P. Thompson," *Past & Present*, No. 142（Feb., 1994）; E. J. Hobsbawm, "In Memoriam：E. P. Thompson（1924 – 1993）," *International Labor and Working – Class History*, No. 46（Fall 1994）.

[2]　M. Merrill, "An Interview with E. P. Thompson," in H. Abelove *et al* eds., *Visions of History*, Manchester：Manchester University Press, 1983; S. R. Epstein, "Rodney Hilton, Marxism and the Transition from Feudalism to Capitalism." http：//www2. lse. ac. uk/economicHistory/pdf/WP9406Epstein. pdf; Joseph Maslen, "The Personal Politics of Raphael Samuel," *Biography*, Vol. 33, No. 1, Winter 2010.

[3]　E. J. Hobsbawm, "The Historians Group of the Communist Party," in M. Cornforth ed., *Rebels and Their Causes*, London：Lawrence and Wishart, 1978.

[4]　Raphael Samuel, "British Marxist Historians, 1880 – 1890：Part One," *New Left Review*, No. 120（March/April 1980）.

[5]　Harvey J. Kaye, *The British Marxist Historians：An Introductory Analysis*, London：Macmillan, 1995.

（1987）用一章篇幅简要概述了英国马克思主义史学家群体。① 比尔·施瓦茨的文章《历史中的"人民"：共产党历史学家小组（1946—1956）》讨论了小组的起源、多布的思想和影响、"诺曼枷锁"概念、1956 年危机及其影响等众多主题。② 丹尼斯·德沃金的专著《文化马克思主义在战后英国》探究了"共产党历史学家小组"的建立经过、取得的成就及其原因、主要成员的经历以及研究领域、英国新左派运动、汤普森与佩里·安德森的论战等主题。③

　　一些考察英国新左派的作品也论述了马克思主义史学家，比如，林春的《英国新左派》（1993）、迈克尔·肯尼的《第一代英国新左派》（1995）、佩里·安德森的文章《五十年代的左派》、多萝西·汤普森的文章《论新左派》（1996）以及霍尔的《第一代新左派的生平与时代》等。④ 桑德兰大学马太·佩里的《马克思主义与历史学》（2002）对马克思主义史学理论和一些关键人物做了论述和梳理。桑德兰大学大卫·伦顿的文章《对本民族的无偏见研究？——反思英国马克思主义史学家》（2005）论述了英国马克思主义史学主要代表人物的观点，指出他们的研究视野没有超出本民族的边界。⑤

　　3. 对马克思主义史学与其他史学流派关系的讨论。比如松村高夫的《英国社会史研究与马克思主义史学》⑥ 等。

　　大体而言，国外对英国马克思主义史学研究呈现出多元态势，不过尤其

---

① Gertrude Himmelfarb, *The New History and the Old*, Cambridge & London：The Belknap Press, 1987.

② Bill Schwarz, "'The people' in history：the Communist Party Historians' Group, 1946 – 56," in Richard Johnson*et al* ed., *Making Histories：Studies in history – writing and politics*, eds., Gregor McLennan, Bill Schwarz and David Sutton, London：Hutchinson & Co. Ltd, 1982.

③ Dennis Dworkin, *Cultural Marxism in Postwar Britain：History, the New Left, and the Origins of Cultural Studies*, Durham：Duke University Press, 1997.

④ Dorothy Thompson, "On the Trail of the New Left," *New Left Review*, 215（January – February 1996）；Perry Anderson, "The Left in the Fifties," *New Left Review*, 29（January – February 1965）；Stuart Hall, "Life and Times of the First New Left," *New Left Review*, 61（January – February 2010）.

⑤ David Renton, "Studying Their Own Nation without Insularity? The British Marxist Historians Reconsidered," *Science & Society*, Vol. 69, No. 4（Oct., 2005）.

⑥ ［日］松村高夫著：《英国社会史研究与马克思主义史学》，何培忠译，《国外社会科学》1985 年第 1 期。

注重霍布斯鲍姆和汤普森的研究，这方面的成果十分丰富，另外也对英国马克思主义历史学派的早期史（即十年"共产党历史学家小组"时期）做了一些探讨，对其他几位史学家的探究相对较少，这一学派对第三世界史学的意义和影响的研究也有待进一步加强。

（二）　国内研究概况及述评

中国史学界很重视对西方马克思主义史学的介绍和研究，并取得了一些可喜的成绩。从成果的形式来看，有编著和教材、译著、译文、访谈、综述以及学术论文和专著。①

编著和教材方面，主要有何兆武、陈启能主编的《当代西方史学理论》，陈启能等著的《马克思主义史学新探》，张广智主编的《西方史学史》、《史学之魂：当代西方马克思主义史学研究》、《西方史学通史》（第 6 卷），于沛主编的《马克思主义史学思想史》和《20 世纪的西方史学》，于沛等著的《西方史学史》，姜芃主编的《西方史学的理论和流派》，徐浩和侯建新著的《当代西方史学流派》，张亮编的《英国新左派思想家》等。这些作品的部分内容对英国马克思主义史学做了或多或少的介绍和评析。译著方面尤其集中在对汤普森和霍布斯鲍姆作品的翻译，如汤普森的《英国工人阶级的形成》和《共有的习惯》，霍布斯鲍姆的"年代四部曲"以及其他作品。

国内学术刊物上的研究论文和书评，也以汤普森和霍布斯鲍姆为中心。例如，沈汉、刘军、姜芃、钱乘旦、舒小昀、刘为、徐浩、梁民愫、程汉大、张文涛、张亮、师文兵、贺五一、王立端、初庆东等人的研究。梁民愫专门探讨了霍布斯鲍姆的史学理论，也分析了英国马克思主义历史学派的源流、历史演进和当代价值，尤其值得指出的是，梁民愫指导的一系列硕士毕业论文分别考察了诸多英国马克思主义史学家的史学思想，姜芃对汤普森和霍布

---

① 具体成果请参见后面的参考文献，这里只做概述，不再一一列出作品。

斯鲍姆的史学思想做出了分析，张文涛、师文兵和张亮集中讨论了汤普森的马克思主义理论和史学思想，贺五一考察的对象是拉斐尔·塞缪尔，初庆东注重对英国马克思主义史学家群体早期发展及主要活动的探究。

专著方面，主要有梁民愫的《马克思主义理论与实践：霍布斯鲍姆的史学研究》及其修订版《英国学派与历史学家：霍布斯鲍姆的马克思主义史学》，贺五一的《新文化视野下的人民历史：拉斐尔·萨缪尔史学思想解读》，乔瑞金等人的《英国的新马克思主义》，张亮的《阶级、文化与民族传统：爱德华·P. 汤普森的历史唯物主义思想研究》，初庆东的《英国马克思主义历史学的起源》以及李凤丹的《英国文化马克思主义研究》等。也有研究者对近几十年来国内的英国马克思主义史学研究做出了综述，也讨论了英国马克思主义史学与其他史学流派的关系。① 此外，庞卓恒、沈汉、刘为等人对几位重要的马克思主义史学家进行了访谈。

总体来说，国内学界对英国马克思主义史学的研究，主要聚焦于汤普森和霍布斯鲍姆，这方面的成果比较多，也有较深入的探究和分析。相对而言，对多萝西·汤普森、克里斯托弗·希尔、拉斐尔·塞缪尔、维克托·基尔南、约翰·萨维尔、乔治·鲁德、罗德尼·希尔顿等人的系统研究尚有待加强。另外，比较研究也不是很多：英国马克思主义史学家之间、他们与欧洲大陆马克思主义史学家以及与其他历史学派的比较，都有待进一步的加强。

三、研究思路与研究价值

本书尝试对英国马克思主义史学家群体做出集体考察，主要论述了九位

---

① 张广智主编：《20 世纪中外史学交流》，北京师范大学出版社 2007 年版，第十六章"英国马克思主义史学对中国史学的影响"；刘志丹：《30 年来我国英国马克思主义史学派研究：逻辑、问题与反思》，《贵州社会科学》2014 年第 10 期；樊增建：《近年来中国大陆霍布斯鲍姆史学思想研究回顾与展望》，《中共银川市委党校学报》2016 年第 1 期；陈鸿超、杨祥银：《英国早期口述史学的马克思主义史学传统》，《社会科学战线》2019 年第 5 期；李凤丹：《继承与发展：英国马克思主义历史学与马克思主义历史学的关系阐释》，《江汉大学学报》2016 年第 5 期。

重要的史学家，包括：乔治·鲁德、罗德尼·希尔顿、克里斯托弗·希尔、约翰·萨维尔、霍布斯鲍姆、维克托·基尔南、多萝西·汤普森、爱德华·汤普森和拉斐尔·塞缪尔。我们对他们的生平和重要著作、主要的史学思想甚至理论方法做出了探究（对于国内非常熟悉的史学家霍布斯鲍姆，我们重点探讨他的劳工史学），不但关注他们的史学实践和理论特征与创新，也重视他们的社会关怀。我们尝试从以下几个方面进行探究和分析，希望能够有所突破。

1. 微观个案和宏观考察相结合。在研究过程中，我们不但对九位主要史学家的生平和史学思想做出了个体性考察，同时也注意横向比较，对他们各自的生平经历、教育背景、思想资源、研究旨趣和主要贡献进行比较分析，由此发现他们之间的一些共同点。例如，他们通常有着相似的家庭宗教氛围（非国教家庭），大都在大学时期接触共产主义并加入共产党，1956 年之后基本上脱离了英国共产党（霍布斯鲍姆例外），都关注各种不同类型的社会底层，都对马克思主义理论持一种非僵化的立场等。这种探究在强调他们的独特贡献时，也试图突出他们的共同特征，从而让我们对这个群体有更好的认识。

2. 文本解读与语境主义相结合。我们主要从史学家的原著入手进行探究和分析，在梳理他们主要思想成就的同时，结合他们的生活、写作的时代背景和社会状况，来论述他们的史学观点、政治立场和史学贡献。例如，乔治·鲁德对英国流放澳大利亚罪犯的关注，显然与他个人的经历有关——鲁德因其共产党员的身份而被迫到澳大利亚的大学谋求教职，可以说，这也是某种形式的"流放"；爱德华·汤普森表现出来的"异议"和批判立场，与他成长的家庭氛围和环境密不可分；等等。

3. 进行深入的个案研究，强调和突出单个史学家的特色和贡献。我们对九位英国马克思主义史学家的生平与著作，他们主要的思想和理论进行了比较系统的介绍、分析和评价。在论述每一位史学家主要成就之前，先简单梳理和介绍他们的生平经历、时代背景和主要著作，以帮助读者理解他们的史学理论甚至政治思想和实践。对于国内比较熟悉的人物霍布斯鲍姆和爱德华·汤普森，我们主要论述和分析了他们不太被国内学界所知的一面，例如，霍布斯鲍姆的劳工史学，汤普森的 18 世纪研究尤其是他在和平主义思想和实践方面的贡献。而对于国内不太熟悉的人物，我们对他们的史学思想做了比较全面的述评，例如多萝西·汤普森、罗德尼·希尔顿以及约翰·萨维尔等，另外，我们也有所侧重地论述了克里斯托弗·希尔、乔治·鲁德和维克托·基尔南的主要史学思想和成就。

4. 从整体上概括和总结英国马克思主义史学家的集体贡献。这是过去国内史学界探究不太多的层面。尽管国内学界很重视英国马克思主义史学研究，但是，长期以来主要关注霍布斯鲍姆和爱德华·汤普森。对霍布斯鲍姆的研究比较深入，他的著作基本上都被翻译成了中文，对汤普森的研究主要聚焦于他的史学巨著《英国工人阶级的形成》，另外也有少量成果涉及他的 18 世纪研究。其他英国马克思主义史学家的史学贡献受到的关注相对少很多，其中有几位根本没有人做出探究。这种情况不利于我们从整体上把握英国马克思主义历史学派。我们的研究力图对这个群体做出呈现，在强调个性的同时，也突出共性，通过比较和归纳来总结他们的一些共同特征，比如关注底层、强调阶级立场、重视宏观探讨和总体史视野、反对把马克思主义理论教条化等。

5. 探讨一些重要的、富有争议的主题，深化对这些历史主题的认识和理解。例如，关于从封建主义向资本主义的过渡、英国革命性质、英国工人阶级的形成年代、劳工贵族问题、英国工业革命早期工人阶级生活水准问题的争论等。这些讨论有助于我们更好地了解和认识当时的英国和欧洲社会以及英国史学的发展和演进。

第一章　英国马克思主义史学
的兴起与早期发展

　　二战之后，马克思主义作为一种强大有效的分析模式进入西方学术传统，其中，马克思主义在英国历史学科中表现得尤为突出。20 世纪后半期，英国涌现出了一批著名的马克思主义历史学家，主要包括艾瑞克·霍布斯鲍姆、克里斯托弗·希尔、罗德尼·希尔顿、乔治·鲁德、爱德华·汤普森、约翰·萨维尔、维克托·基尔南以及拉斐尔·塞缪尔等人，他们早年都加入英国共产党，认真研读了马克思的一些经典著作，同时又没有教条化，而是批判性地利用马克思主义理论来从事历史研究，他们在各自的研究领域都取得了引人瞩目的成就，推动了英国新社会史学和马克思主义理论的发展，也为世界其他地区历史学的发展作出了巨大的贡献。

一、20 世纪 30 年代之前英国的马克思主义运动

　　马克思和恩格斯长期生活在英国，可以说，英国是他们的"第二故乡"，但是，在英国乃至整个英语世界，马克思主义理论传统的形成比较滞后。就英国来看，第一个马克思主义组织是 1881 年成立的社会民主联盟，该组织的

领导人 H. M. 海因德曼在阅读了马克思的《资本论》之后，对马克思思想有所信仰，并且做了大量宣传工作，不过，这个组织的积极成员的规模较小，数量似乎从来没有超出 1000 人。[①] 四年之后，该团体分裂，威廉·莫里斯和燕妮·马克思等人退出，于 1885 年建立了社会主义同盟。这两个组织以及1893 年建立的独立工党，在英国的社会和政治影响都十分有限。1920 年英国共产党成立之后，状况也未发生实质性改变。国内有学者指出，这是多方面原因造成的一种结果。首先，马克思和恩格斯主要以德语进行理论创作，他们的一些重要代表作长期缺少英译本；其次，英国社会和工人运动中改良主义传统很强大，不利于马克思学说的传播；第三，英国共产党成立后，长期追随苏联，这使得它无力对马克思主义进行理论创新和发展。[②]

马克思主义理论的发展和影响的扩大，与欧洲的政治经济形势密切相关。英国著名历史学家杰弗里·巴勒克拉夫认为，在 1917 年俄国革命之后，俄国之外的历史学家开始认真对待马克思主义的历史解释，而 1929 年到 1930 年资本主义世界大萧条和社会危机，不仅证实了"马克思的历史判断的正确性"，而且"结束了无视或蔑视地排斥马克思主义的时期"，因此，在 1930 年以后，"马克思主义的影响广泛扩展"。[③] 就当时的英国而言，1929 年上台的工党政府在资本主义世界经济危机面前束手无策，1931 年，工党政府在短暂执政之后下台，这也使得左派陷入绝望和政治瘫痪状态。随之上台的保守党政府推行"绥靖政策"，助长了法西斯主义的嚣张气焰，由此引起英国诸多知识分子和民众的不满和愤慨。这就为激进知识分子同情和信仰共产主义创造了有利的条件。

英国共产党在刚刚成立时，只是一个很小的组织，党员才几千人，由于

---

① ［英］戴维·麦克莱伦著：《英国马克思主义》，郑燮君译，《现代外国哲学社会科学文摘》1981 年第 1 期，第 17 页。

② 张亮：《英国马克思主义理论传统的兴起》，《国外理论动态》2006 年第 7 期，第 40—41 页。

③ ［英］杰弗里·巴勒克拉夫著：《当代史学主要趋势》，杨豫译，上海译文出版社 1987 年版，第 32 页。

参与工会运动，它的影响远远超出了它的规模。1933 年，英国共产党放弃了灾难性的"一个阶级反对另一个阶级"的立场，走上了反法西斯主义的人民阵线道路，开始接纳不同类型的进步人士。英国共产党由于立场上的这种转变，它的成员数量也逐步增加，包括牛津和剑桥大学生在内的许多知识分子都加入其中，这就为 20 世纪中期英国马克思主义史学传统的形成和此后的发展与繁荣奠定了很好的基础。

事实上，在 20 世纪 30 年代到 40 年代，英国马克思主义运动主要体现为"红色科学运动"（the Red Science movement），主角是一些自然科学家，主要包括物理学家 J. D. 贝尔纳（J. D. Bernal）、生物学家 J. B. S. 霍尔丹（J. B. S. Haldane）、数学家和航空学理论先驱海曼·利维（Hyman Levy）、化学家和胚胎学家李约瑟（Joseph Needham）以及社会生物学家兰斯洛特·霍格本（Lancelot Hogben）。他们把马克思主义当作一项事业，当作处理自然科学问题的方法，提倡在科学研究中运用历史唯物主义和辩证唯物主义。[1]

二、"共产党历史学家小组"与马克思主义历史学派的兴起

按照杰弗里·巴勒克拉夫的说法，"直到 1918 年——而且事实上在那以后——马克思和马克思主义在英国的大学历史研究和教学中依然被完全忽视"[2]。不过，到 20 世纪 30 年代，英国出现了少量马克思主义理论家，同时，新马克思主义史学的最初迹象也显现出来了。约翰·斯特雷奇（John Stra-

---

[1]　Edwin A. Roberts, "From the History of Science to the Science of History: Scientists and Historians in the Shaping of British Marxist Theory," *Science & Society*, Vol. 69, No. 4, October 2005, p. 532, 534. 在 1956 年事件上，红色科学运动的主要人物表现得并不积极，在去斯大林化和新左派兴起问题上，他们并没有扮演重要角色。同上，第 551 页。

[2]　[英] 杰弗里·巴勒克拉夫著：《当代史学主要趋势》，杨豫译，上海译文出版社 1987 年版，第 31—32 页。

chey，1901—1963）是这一时期最多产的马列主义理论家。1932 年，斯特雷奇出版了《为权力而战》（*The Coming Struggle for Power*）一书，对当时英国许多马克思主义者产生了很大影响。事实上，他在 20 世纪 30 年代撰写了一系列作品来阐释马克思—列宁主义的政治和社会理论，主要包括《资本主义危机的本质》《社会主义的理论与实践》《为什么你应该是一个社会主义者》等。[1]

A. L. 莫尔顿（Arthur Leslie Morton）的《人民的英国史》[2]（1938）是英国历史上第一部马克思主义史学作品。莫尔顿于 1921—1924 年间在剑桥大学学习，并且加入了剑桥大学的劳工俱乐部。大学毕业后，莫尔顿在萨塞克斯一所文法学校教书，后来搬到伦敦居住，在 20 世纪 30 年代，他成为伦敦左派知识分子群体的成员之一，长期担任《工人日报》的审稿和编辑工作。1937 年，他专注于《人民的英国史》的写作，并且在 1938 年出版了这部著作。尽管《人民的英国史》显得有点粗糙，但是它的出版引起了一些讨论，并且促使"共产党历史学家小组"得以形成。可以说，在英国马克思主义史学传统的形成过程中，《人民的英国史》的地位和作用是十分重要的。1937 年，时年 25 岁的青年学者和马克思主义者克里斯托弗·希尔在《劳工月刊》（*The Labour Monthly*）发文评论了一部奥利弗·克伦威尔的传记（即莫里斯·阿什利的《奥利弗·克伦威尔：保守的独裁者》），指出新的研究需要直接将马克思主义概念应用于英国史探究；1938 年，希尔又在该刊发表文章评论莫尔顿的《人民的英国史》，相信这部著作标志着长期占据统治地位的辉格派历史解释的终结，对马克思主义史学的前景信心十足。[3] 然而，二战的爆发中断了在英国刚刚兴起的马克思主义史学事业。

不过，总体上而言，在 20 世纪 30 年代，英国的马克思主义历史著作通常

---

[1] 初庆东、梁民愫：《论英国马克思主义史学编纂的形成》，《史学理论研究》2013 年第 3 期，第 60—61 页。

[2] 中译本参见［英］阿·莱·莫尔顿著：《人民的英国史》，谢连造等译，三联书店 1958 年版。

[3] 关于这两篇评论文章，可以参见 http：//www. marxists. org/archive/hill - christopher/index. htm（2019 - 3 - 29）。

不是由专业历史学家写就，而是由其他学科一些学者创作出来的，只不过他们使用了历史唯物主义的研究方法。例如，在上述红色科学家中，有人进行历史研究：在整个20世纪30年代，李约瑟都在思考历史问题；霍格本的《通俗数学》和《市民科学》就是一种历史性叙述；贝尔纳的《科学的社会功能》（1939）同样是历史性作品，被视为科学社会学开山之作，书中许多主题在他后来的《历史上的科学》（1954）中得到进一步阐释。另外，从事类似工作的人包括古典学者本杰明·法林顿和乔治·汤姆森、德国宗教改革研究专家罗伊·帕斯卡尔、澳大利亚移民和考古学家 V. 戈登·柴尔德以及经济学家多布等。[①]

　　马克思主义史学在英国的大量出现或显示出其重要性，是第二次世界大战之后的事情。[②] 1946年，一些共产党历史学家组织了一场讨论会，旨在庆祝《人民的英国史》再版，"共产党历史学家小组"就此形成。这个小组的前身是1938年成立的马克思主义历史学家小组，二战的爆发中断了该组织的活动。[③] 因此，1946年建立的共产党历史学家小组是在复兴此前的事业。在十年发展和繁荣期（1946—1956年），这个小组的核心成员包括20世纪英国历史上非常有影响力的一些史学家，除了 A. L. 莫尔顿（A. L. Morton）之外，主要有罗德尼·希尔顿（Rodney Hilton）、克里斯托弗·希尔（Christopher Hill）、艾瑞克·霍布斯鲍姆（Eric Hobsbawm）、维克托·基尔南（Victor Kiernan）、乔治·鲁德（George Rudé）、爱德华·汤普森（E. P. Thompson）、多萝西·汤普森（Dorothy Thompson）、约翰·萨维尔（John Saville）。另外还有两位资格更老的重要人物——作为英共创始人之一的唐娜·托尔（Dona Torr）和剑桥大学经济学家莫里斯·多布（Maurice Dobb）——以及更年轻的拉斐尔

---

① Dennis Dworkin, *Cultural Marxism in Postwar Britain*: *History*, *the New Left*, *and the Origins of Cultural Studies*, Durham and London: Duke University Press, 1997, p. 12.
② 钱乘旦：《从韦伯到汤普森：英国工人运动史研究简介》，《世界历史》1984年第6期，第87页。
③ 初庆东：《英国共产党历史学家小组研究（1946—56年）》，南京大学硕士学位论文，2012年，第9页。

·塞缪尔（Raphael Samuel）①。

大体上，共产党历史学家小组的主要成员有着相似的教育背景和政治旨趣。首先，他们通常就读于英国著名的高等学府，如牛津、剑桥和伦敦大学，在学生时代接触到社会主义和共产主义，并且加入共产党，希望能够借此对包括工人阶级在内的下层民众的斗争和社会主义的形成作出自己的贡献。其次，除唐娜·托尔、莫里斯·多布和拉斐尔·塞缪尔外，上述共产党历史学家小组核心成员的思想和政治观基本上形塑于20世纪30年代。就当时的社会背景而言，大萧条给资本主义世界笼罩上了一层阴影，法西斯主义在东欧和南欧取得了一系列的胜利，第二次世界大战的爆发逐渐变得可能。这些知识分子认为，英国的保守党不值得信赖，工党也无法应对资本主义危机，法西斯主义来势汹汹，自由和民主正在遭受前所未有的威胁。因此，他们都在寻找一个更适合自己的、更激进的替代方案，而苏联的社会主义建设给他们留下了深刻的印象。最终，这些知识分子都选择了共产主义。

就这些共产党历史学家而言，唐娜·托尔（1883—1957）或许最不为人知。② 唐娜·托尔于1883年4月28日出生在切斯特，他的父亲是英国国教牧师，后来成为切斯特大教堂的教士。托尔在1911—1914年间就读于伦敦大学学院，大学期间，表现活跃，帮助组织学生辩论，是妇女联合委员会的副主席，也担任杂志的编辑工作。1920年7月31日，英国共产党成立，她成为创始人之一。1925年，托尔在英共殖民委员会任职，并且在海外工作了几年，回国之后，她与英国共产党总书记哈利·波利特（Harry Pollitt）保持了很好的关系。托尔的个人经历、资历和人际关系，也为她此后保护史学家小组更年轻的成员创造了有利的条件。

---

① 拉斐尔·塞缪尔（Raphael Samuel, 1934—1996）于1952年进入牛津大学学习，是克里斯托弗·希尔的学生，他比上述其他成员更年轻，当他还是中学生的时候，就开始参加小组会议。

② 国内的相关研究，可参见初庆东《道娜·托尔与英国马克思主义史学》，《史学理论研究》2020年第4期。

托尔对历史很感兴趣，共产党内许多年轻的史学家都受到她的鼓励。她主张出版重要的马克思主义经典作品的节略版，以便向普通读者表明人民在各种事件中扮演的重要角色。她是一位语言学家，翻译和出版了马克思和恩格斯的通信选集（1934），为马克思新版《资本论》第一卷做了补注（1938），翻译了恩格斯的《家庭、私有制和国家的起源》（1940）以及马克思的"论中国"的文章。她的这些工作极大地推动了马克思主义在英国的传播。

托尔最重要的作品是关于英国工联主义者、1889 年码头罢工领袖汤姆·曼（Tom Mann）① 的传记。1936 年，托尔出版了关于汤姆·曼生平的小册子，在"导言"中，她承诺很快会完成一本详尽的传记。20 世纪 50 年代，托尔已经疾病缠身，不过，在希尔和莫尔顿的帮助下，她终于完成了传记第一卷。1956 年，《汤姆·曼与他的时代》② 出版。它是马克思主义史学的早期作品之一，对普通人的创造性做了生动的评价。

《汤姆·曼与他的时代》表明，工人和穷人的斗争改变了社会。这也是共产党内部使用底层史学新方法的早期研究之一。它开启了一种新的政治视角：普通人改变了社会，他们也能够重塑社会。不过，托尔也不可能完全摆脱时代的影响，她无法在知识上把自己从斯大林主义的影响下彻底解放出来。与共产党其他史学家一样，她的作品也未能避免偶尔闪现的民族主义。例如，托尔强调曼的英国特性，而事实上，曼是一个国际性人物，帮助欧洲之外的地区成立社会主义政党和工会。例如，他于 1901—1910 年间居住在澳大利亚，是当地工党的组织者，也帮助成立了澳大利亚的社会主义党。另外，托尔也把《资本论》描述为一部关于英格兰历史的著作，认为其最初的灵感主要来

---

① 汤姆·曼（Tom Mann）1856 年出生在考文垂附近一个煤矿工人家庭，年轻时期接触到了社会主义思想，后来加入费边社和社会民主联盟（SDF），19 世纪 80 年代早期开始参加罢工运动，大力提倡 8 小时工作制，并且成立了"八小时工作联盟"（Eight Hour League）。1886 年，他阅读了马克思和恩格斯的《共产党宣言》，由此转变为一名共产主义者。他是 1889 年伦敦码头工人罢工的三大领导人之一。此后，他一直在宣传社会主义和致力于工人运动。1941 年，逝世于利兹。

② Dona Torr, *Tom Mann and His Times*, London：Lawrence & Wishart, 1956.

自恩格斯 1842 年对英格兰的第一次访问。然而,《资本论》在论述英格兰资本主义发展的历史时,也包含其他许多内容。①

托尔对共产党历史学家小组的形成和发展产生了重要影响,可以说,"她的成就在于创造、鼓励和激励了年青一代史学家"②。史学家小组的许多成员都很尊敬她,希尔称她为"伟大的史学家"、共产党历史学家小组灵感的来源。③ 多萝西·汤普森也毫不吝惜对她的赞美之词,承认托尔是对她和爱德华·汤普森产生最大影响的人④。爱德华·汤普森在著作《威廉·莫里斯》的"前言"中说道:"她一再放下自己的工作来回答我的问题,或者阅读我的草稿,以至于后来我觉得这本书的一些章节不是我自己写的,更像一种合作的产物,而她的指导思想在其中起到了主要作用。与这么一位有才华、杰出和慷慨大方的共产党学者建立联系,的确是一种殊荣。"⑤ 不过,也有人认为,托尔的马克思主义理论非常刻板和正统。例如,希尔顿觉得托尔是在推动小组去捍卫被认可的共产党的各种立场,霍布斯鲍姆认为她太容易接受先验的马克思主义理论。不过,不可怀疑的是,在推动历史学家恢复普通人反抗压迫和统治的斗争中,托尔发挥了重要作用。⑥

尽管托尔通常捍卫正统学说,不过,她急切地要求小组成员拒绝经济决定论和宿命论,力求理解历史形成过程中的意识和行为,尤其是"社会下层"的意识和行为。她在《汤姆·曼与他的时代》的开篇,就引用了 19 世纪的劳

---

① David Renton, "Dona Torr: The History Woman," http://pubs. socialistreviewindex. org. uk/sr224/renton. htm.

② David Renton, "Opening the Books: The Personal Papers of Dona Torr," *History Workshop Journal*, No. 52 (Autumn 2001), p. 237.

③ 参见 David Renton, "Studying Their Own Nation without Insularity? The British Marxist Historians Reconsidered," *Science & Society*, Vol. 69, No. 4 (Oct., 2005), p. 561。

④ D. Thompson, *Outsiders: Class, Gender, and Nation*, London: Verso, 1993. pp. 10 – 11.

⑤ 转引自 David Renton, "Opening the Books: The Personal Papers of Dona Torr," *History Workshop Journal*, No. 52 (Autumn 2001), p. 239。

⑥ 参见 Dennis Dworkin, *Cultural Marxism in Postwar Britain: History, the New Left, and the Origins of Cultural Studies*, Durham and London: Duke University Press, 1997, p. 39。

工威廉·牛顿（William Newton）的话，"我们的任务和职责就是好好保护我们这个阶层的记忆，记录它的斗争和胜利，指出它的新成果，从失败中总结成功的因素……我们应当看到，世人是通过劳工粗糙的大手而非贵族戴着手套的纤细手指来掌握文明"①。

另一位元老级人物莫里斯·多布（1900—1976）对共产党历史学家小组和当代英国马克思主义史学的贡献也非常大。多布是共产主义经济学家，在其50年职业生涯中，撰写了一系列政治经济学、经济理论和苏联经济研究方面的著作，还与人一起编辑了大卫·李嘉图的全集。

莫里斯·多布于1900年出生于伦敦郊区一个具有新教传统的小商人家庭，这保证了他一方面能够接受良好的教育，另一方面又与底层有广泛的联系和接触，这种成长环境影响了他后来的政治信念和史学观念。1919—1922年间，多布在剑桥大学彭布罗克学院学习，在大学初期，他把关注点从历史学转向经济，这也使得他与年青一代史学家有了不同的关注重心。在大学期间，多布也是一位活跃的社会主义者，积极参加剑桥大学劳工俱乐部组织的各项活动，也开始接触到马克思主义，并于1921年加入共产党。1922年，多布进入伦敦经济学院学习经济学，1924年，博士毕业的多布成为剑桥大学经济学讲师。在20世纪20年代，多布是唯一一位在英国大学担任学术职位的共产主义者。② 1925年，多布访问苏联，这次经历激发了他对苏联经济的兴趣。1928年，多布出版了著作《十月革命以来俄国经济的发展》。20世纪30年代，多布发表了一系列作品来阐释历史唯物主义，反对把马克思主义机械化和庸俗化；1946年出版的《资本主义发展研究》更是引起了广泛的讨论。

多布在参与共产党历史学家小组以及《过去与现在》（1952年创刊）的

---

① Harvey J. Kaye, "Fanning the Spark of Hope in the Past: the British Marxist Historians," *Rethinking History: The Journal of Theory and Practice*, Vol. 4, No. 3, 2000, pp. 284 – 285.

② Dennis Dworkin, *Cultural Marxism in Postwar Britain: History, the New Left, and the Origins of Cultural Studies*, Durham and London: Duke University Press, 1997, p. 30.

活动时，已经是英国马克思主义资格较老的政治家了。不过，他参加小组的活动不多，而且在小组和杂志的会议上很少发言。尽管如此，他通过自己的作品尤其是《资本主义发展研究》极大地影响了历史学家小组。这本书对资本主义的发展做出了详细的描述，也为小组在 20 世纪 40 年代晚期和 20 世纪 50 年代早期的辩论确立了重要的议程。①

在介绍了上述两位老资格成员的经历和著作之后，现在我们再来看看共产党历史学家小组本身的一些特征和活动。从组织上而言，共产党历史学家小组隶属于英国共产党全国文化委员会，不过，它也是一个自足的团体，有自己的主席、秘书和委员会。一开始，共产党历史学家小组分为古代、中世纪、16—17 世纪和 19 世纪组，后来又进行了重组。② 在一位倡导地方史研究的成员的动议下，20 世纪 50 年代早期，历史学家小组在曼彻斯特、诺丁汉和谢菲尔德等地建立地方分部，它们受到地方党组织和工会组织者的支持，致力于"推广我们的历史"。共产党历史学家小组主要还是以伦敦为中心，不过，地方分支至少举行了两次讨论会，一次在诺丁汉（1952），主题为"英国人民反战史"，另一次在伯明翰（1953），主题为"19 世纪激进主义"。③

共产党历史学家小组是一个平等的学术性组织。霍布斯鲍姆曾经说过："对一些人来说，这个小组即便不是一种生活方式，至少也是一个小事业，同时也是打发空闲的一种小手段。对大多数人来说，它也是一种友谊。"他还补充道："物质上的简朴、思想上的兴奋、政治上的热情和友谊，或许是健在者记得最清楚的，当然还有平等的感觉。一些人对某一主题或时期有更多了解，

---

① Dennis Dworkin, *Cultural Marxism in Postwar Britain：History，the New Left，and the Origins of Cultural Studies*, Durham and London：Duke University Press，1997，p. 30.

② 初庆东：《英国共产党历史学家小组研究（1946—56 年）》，南京大学硕士学位论文，2012 年，第17—19 页。

③ E. J. Hobsbawm，"The Historians Group of the Communist Party," in M. Cornforth ed.，*Rebels and Their Causes*，London：Lawrence and Wishart，1978，pp. 26，27 – 28.

不过，我们所有人都是大体上未知领域的平等探究者"①。

在共产党历史学家小组成立之后，其主要成员就开始了对马克思主义理论的系统学习和研究，并把它们运用到历史研究之中，由此开启了英国马克思主义史学发展和繁荣的新时代。他们参与一系列重大问题的讨论，主要议题包括：1640—1660 年间英国革命、中世纪农民反抗封建领主和资本主义的斗争（从封建主义向资本主义过渡问题），以及工业革命时期工人阶级生活水准问题等。

共产党历史学家小组成员克里斯托弗·希尔关注英国革命，后来在这个领域著述颇丰，至少出版了十多部著作和文集。英国革命（或英国内战）是英国近代史上一次重要事件，引起了史学家们广泛的关注。S. R. 加德纳的研究把它局限于政治领域，R. H. 托尼不但从政治层面，也从物质层面来解释这一事件，而希尔认为，这场革命涉及社会各个层面。② 1940 年，克里斯托弗·希尔发表了小册子《1640 年英国革命》，指出 1640—1660 年间的革命是一场资产阶级革命。他的这种观点在英国共产党内部引起了广泛的争论，例如，史学家小组另一位成员维克托·基尔南就表达了异议。共产国际领导人于尔根·库琴斯基（Jurgen Kuczynski）也提出了不同的看法。不过，希尔的立场得到唐娜·托尔的支持，最终成为英共认可的对英国革命的"正统"解释。③

就"英国革命"这一主题而言，这些历史学家的成就超出了他们的期待。希尔顿指出了这种成功的两大因素。其一，英国马克思主义新知识是雄心和努力工作的结合，这种知识"旨在表明经济和社会发展、宗教和政治思想、国外和国内政治之间的联系"，英国马克思主义者由此创造了"甚至令怀有敌

① E. J. Hobsbawm, "The Historians Group of the Communist Party," in M. Cornforth ed., *Rebels and Their Causes*, London：Lawrence and Wishart, 1978, p. 25.

② 徐浩：《弘扬马克思主义的历史科学——英国马克思主义史学辨析》，《学习与探索》1993 年第 6 期，第 125—126 页。

③ 关于这场争论，也可参见初庆东《英国马克思主义史学家群体的史学观念与实践》，《史学理论研究》2019 年第 2 期，第 91—93 页。

意的批评家也承认的完美知识"。其次,"英国革命"这个概念——这场革命让资产阶级掌握权力并且促进资本主义经济的发展——就其起源而论是一个马克思主义概念,它与辉格派的传统解释形成鲜明对比,承认这个主题的合法性,也就意味着马克思主义理论达到了一个重要领域。①

多布的《资本主义发展研究》(1946)引发了重要而持久的关于从封建主义向资本主义过渡的争论。② 在该著作中,多布尝试对"过渡"以及工业资本主义的兴起做出马克思主义的阐释。他首先讨论了当时历史研究中各种资本主义概念,然后紧随马克思,提出了资本主义的定义——一种历史上明确的生产方式。重要的是,他并没有给出一种纯粹的经济定义,而是把资本主义界定为一种历史上明确的社会生产关系(工资关系)。他试图有意识地将经济史和经济发展研究的关注点从狭隘的经济主义转向更广阔的政治—经济视角,"如果不跨越狭隘传统的经济分析……如果不消除所谓'经济因素'和'社会因素'之间的障碍,那么显然无法回答……经济发展中的主要问题"③。他所说的这种经济—政治视角是一种阶级分析:"迄今为止的历史就是阶级社会的历史,也就是说,社会分成各种阶级,统治阶级要么是一个阶级,要么是几个阶级为共同利益而结成的联盟,它与其他阶级形成政治上或全面的对抗"④。多布的研究让经济史超越了经济学,他进一步推进了作为历史现象而不仅仅是"社会学范畴"的阶级概念。就马克思主义历史研究而言,这代表了一场运动,即重新解释马克思的"总体"概念——脱离基础—上层建筑模式,以

---

① Rodney Hilton, "The Good Old Cause," *The Modern Quarterly*, Vol. 3, No. 4 (Autumn 1950), pp. 364 –71. 转引自 Edwin A. Roberts, "From the History of Science to the Science of History: Scientists and Historians in the Shaping of British Marxist Theory," *Science & Society*, Vol. 69, No. 4, October 2005, pp. 547 –8。

② 关于这场争论,参见 R. H. Hilton ed., *The Transition from Feudalism to Capitalism*, London: New Left Books, 1976。

③ Maurice Dobb, *Studies in the Development of Capitalism*, London: Routledge & Kegan Paul Ltd, 1963, pp. 7, 32.

④ Maurice Dobb, *Studies in the Development of Capitalism*, London: Routledge & Kegan Paul Ltd, 1963, p. 13.

经济关系作为唯物主义分析的出发点。① 霍布斯鲍姆认为，多布的《资本主义发展研究》对历史学家小组的影响非常巨大，它"阐述了我们的主要问题"②。

关于过渡问题的第一轮辩论开始于 1950 年，当时，美国马克思主义经济学家保罗·斯威齐（Paul Sweezy）在北美杂志《科学与社会》上发表了一篇文章评论多布的《资本主义发展研究》，多布随之做出了回应。③ 这场讨论是国际性的，参与者探讨了《资本论》使用的概念的逻辑结构，也对封建经济做出了激动人心的考察。希尔讨论了 15—16 世纪统治阶级问题，希尔顿强调剩余价值斗争是封建主义衰落的"内在"因素。英国马克思主义史学家并没有表现出很大热情来阐发一种普遍的过渡理论，而是分析绝对主义时期一些具体问题——封建主义晚期民族国家的形态。希尔在《科学与社会》上发表的文章提出以下问题：谁是当时的统治阶级？我们如何表述国家？斯威齐主要想从理论上确立封建主义和资本主义的运动规律，并且思考过渡的逻辑和历史条件。英国史学家主要关注英国社会形态和绝对主义问题，不太关心多布提出来的逻辑问题。这并不是说在多布之后英国马克思主义历史作品是"非理论性的"，不过，在这些历史作品中，多布的那种"逻辑"问题确实被更多地压缩、掩盖和隐藏。当然，我们也不能就此切断多布与其他英国马克思主义史学家的连续性。④

英国劳工运动史也是小组成员关注的核心主题之一。在唐娜·托尔的鼓励下，1948—1949 年间，他们出版了四卷本劳工文集：希尔和 E. 德尔（E.

---

① Harvey J. Kaye, "History and social theory: notes on the contribution of British Marxist historiography to our understanding of class," *Canadian Review of Sociology/Revue canadienne de sociologie*, Volume 20, Issue 2 (May 1983), p. 170.

② E. J. Hobsbawm, "The Historians Group of the Communist Party," in M. Cornforth ed., *Rebels and Their Causes*, London: Lawrence and Wishart, 1978, p. 23.

③ Paul M. Sweezy and Maurice Dobb, "The Transition from Feudalism to Capitalism," *Science & Society*, Vol. 14, No. 2 (Spring 1950), pp. 134 – 167.

④ Bill Schwarz, "The people' in history: the Communist Party Historians' Group, 1946 – 56," in Richard Johnson *et al* eds., *Making Histories: Studies in history – writing and politics*, London: Hutchinson & Co. Ltd, 1982, pp. 50 – 52.

Dell) 主编的《美好的旧事业: 1640—1660 年的英国革命》、马克斯·莫里斯 (Max Morris) 主编的《从科伯特到宪章派》、J. B. 杰弗里斯 (J. B. Jefferys) 主编的《劳工的形成期》以及霍布斯鲍姆主编的《劳工的转折点》。对劳工的关注,在此后成为一些史学家的核心议题,比如汤普森夫妇、约翰·萨维尔、霍布斯鲍姆和拉斐尔·塞缪尔等人的劳工研究。

历史学家小组的另一项重要学术贡献在于创办《过去与现在》杂志。1949 年末到 1950 年初,史学家小组的成员约翰·莫里斯 (John Morris) 认为应该创办一份新的历史刊物。在他的构想和动议之下,经过小组讨论,《过去与现在》杂志于 1952 年创刊。如果不是因为约翰·莫里斯,这份刊物或许根本就不会面世,"在(20 世纪)50 年代不利的环境下,刊物之所以能够创立,完全是由于他那顽强的信念、源源不断的能量以及永不言败的决心"①。这个刊物履行历史学家小组的长期抱负:建立一个非共产党的论坛,促进马克思主义者和非马克思主义者的合作。② 在创刊三十周年之际,霍布斯鲍姆、希尔顿和希尔对杂志做了如下描述:"简而言之,我们希望区分两种人……一种是少数立场坚定的历史(和政治)保守派……另一种是一个潜在的庞大群体,他们有着共同的历史学研究方法,无论他们是否是马克思主义者。因此,我们力图在战后继续或复兴广泛团结的政治,这是我们在战前反法西斯主义时期获得的。"③ 尽管历史学家小组从来没有直接控制该刊物,不过,马克思主义历史学家在杂志早期支配着它。第一期的编辑和助理编辑是约翰·莫里斯和霍布斯鲍姆,希尔、希尔顿、多布和柴尔德是编委会成员。

共产党历史学家小组成员的研究工作并没有受到英国共产党的束缚,在

---

① Christopher Hill, "John Morris," *Past and Present*, No. 75 (May 1977), p. 3.

② 关于刊物提倡的原则,参见 The Editors, *Past & Present*, No. 1 (Feb. , 1952), "Introduction," pp. i–iv.

③ Christopher Hill, R . H. Hilton, and E. J. Hobsbawm, "Past and Present: Origins and Early Years," *Past and Present*, No. 100 (August 1983), pp. 4 –5. 转引自 Dennis Dworkin, *Cultural Marxism in Postwar Britain: History, the New Left, and the Origins of Cultural Studies*, Durham and London: Duke University Press, 1997, p. 19。

极端严厉的斯大林主义和冷战时期，这着实有点让人惊讶。当时，党的路线常常渗入哪怕看起来与政治无关的领域，而历史与政治显然具有一种相关性。霍布斯鲍姆对此做出了解释。首先，即便在最教条的斯大林主义时期，只要不涉及布尔什维克党的政治权威，许多历史问题还是可以争论的。其次，就英国大部分历史而言，并不存在一种"党的路线"。第三，小组成员的主要工作（也是党交给他们的任务）就是批判非马克思主义史学，并且尽可能与以往政治上更激进的解释进行对比。这种做法拓宽而不是限制了小组成员的视野。第四，英国共产党的文化领导相信和支持小组成员的工作。①

三、英国马克思主义史学家与 1956 年危机

这些历史学家在 1956 年经历了一场思想危机。1956 年 2 月赫鲁晓夫在苏共二十大上所做的秘密报告对斯大林的批评以及同年底苏联入侵匈牙利事件，在欧洲左派当中引起极大震动。苏共二十大之后，英国共产党历史学家在批判英国共产党官方态度上显得非常突出。在霍布斯鲍姆看来，其中一个重要原因在于，斯大林问题也是一个历史问题：发生了什么？事实为何被掩盖了？马克思主义者如何面对当代历史和现实？小组许多成员提出了质疑，他们无法仅仅接受一些所谓的权威看法。他们成为争论的核心，不仅由于职业良心，也在于历史分析也是马克思主义政治的核心。英国共产党和其他国家的共产党极力贬低危机的重要性，希望以此最大程度减少党面临的分裂。但是，史学家们难以赞同党的策略。尽管许多人很快退党和退出小组，不过，大多数人依旧作为马克思主义史学家而工作，这与同一时期法国许多退党的史学家形成鲜明对比。幸运的是，1956 年之前的友谊和同志关系超越了当时的紧张状态、争论以及政治忠诚的永久分歧，英国马克思主义史学的发展并没有因

---

① E. J. Hobsbawm, "The Historians Group of the Communist Party," in M. Cornforth ed. , *Rebels and Their Causes*, London: Lawrence and Wishart, 1978, pp. 31 – 34.

此受到阻断和破坏。①

对于左派人士来说，1956 年事件具有决定性意义。同一年，爱德华·汤普森与约翰·萨维尔创办了党内异议者刊物《理性者》，英国共产党要求停刊，他们予以拒绝。1956 年 11 月，汤普森在《理性者》第三期发表《穿过布达佩斯的硝烟》一文，对斯大林主义做出了批评："让道德和想象力从属于政治和行政权威是错误的；从政治判断中消除道德标准是错误的；恐惧独立思考、故意在民众中助长反智的趋势是错误的；对不自觉的阶级力量做出机械的拟人化，贬低智力和精神冲突的自觉过程，这一切都是错误的。"② 汤普森是在向老式的共产主义思维发起挑战。1957 年，汤普森把《理性者》改名为《新理性者》，在上面发表了《社会主义的人道主义》等文章，对斯大林主义进行了批评。

汤普森后来也谈到了 1956 年危机以及自己的决定："在约翰·萨维尔和其他人的帮助下，我参与创办党内讨论期刊《理性者》。党的领导不喜欢这种理性思考，编辑被取消了党员资格。由于这次取消资格恰逢匈牙利革命遭到镇压（1956 年 10 月至 11 月）——以及大约 1 万名英国共产党成员的流失——我们决定最好在组织之外继续我们的冒犯活动，在其他一些同志的帮助下，《新理性者》于 1957 年创刊。"③

历史学家小组的另一位成员拉斐尔·塞缪尔也对这次退党潮做了解释，他指出："很显然，它很大程度上也归因于……战后西欧资本主义出乎意料的力量和丰富资源，归因于'消费主义'的经济奇迹，同样也归因于现实状况

---

① E. J. Hobsbawm, "The Historians Group of the Communist Party," in M. Cornforth ed., *Rebels and Their Causes*, London: Lawrence and Wishart, 1978, pp. 40–42.

② E. P. Thompson, "Through the smoke of Budapest," *The Reasoner*, No. 3, 1956, p. 3. 转引自 John Rule, "Thompson, Edward Palmer (1924–1993)," Oxford Dictionary of National Biography, http://www.oxforddnb.com/view/article/40259。

③ 转引自 Duncan Hallas, "The making of a working class historian," https://www.marxists.org/archive/hallas/works/1993/10/thompson.htm。

与 20 世纪 30 年代进步主义所准备的方案之间越来越明显的分离。"①在退出英国共产党和历史学家小组之后，这些史学家并没有拒绝社会主义，尽管他们现在主张的是一种更加民主的、人道的社会主义政治。他们也没有抛弃马克思主义，尽管他们现在对它做出了一种更具批评性的、历史的理解。1956 年之后，《过去与现在》编委会从组织上把他们结合在一起。他们所写的历史作品也表明了他们思想上的一致性。②

尽管 1956 年危机使得共产党历史学家小组分裂和衰微，不过，年青一代历史学家带着十年小组时期（1946—1956）所接受的观念和灵感，在 20 世纪 50 年代中期之后的几十年时间里创作了他们最重要的作品。他们不仅在各自研究领域作出了重要贡献，而且有力地重塑了这些领域。

共产党历史学家小组的主要成员乔治·鲁德专注于 18—19 世纪英法底层民众的骚乱、革命和反叛研究。鲁德写作了 10 多本重要的著作，他最大的贡献在于通过这些作品对历史上的大众做出的详尽研究，并且有力形塑了这种研究。与保守派和自由派史学家不同的是，鲁德的研究旨在回答长期被忽视的身份和意识形态问题：即"到底谁是革命年代的所谓'暴民'，驱使或刺激他们采取行动的原因/事物是什么？"作为法国大革命的研究专家，鲁德尤其推进了人们对法国大革命群众的认识。克里斯托弗·希尔是研究 17 世纪和英国革命的权威，他的《清教与革命》《英国革命的思想起源》《天翻地覆》等著作和文集，多视角、多层面地对这场革命做出了深度探析。罗德尼·希尔顿专攻中世纪社会和经济史，他讨论了中世纪农村社会、农民问题、农民反抗领主的阶级斗争、封建主义的本质以及"过渡"问题等。霍布斯鲍姆的作品和思想在国内学界引起了广泛的关注和研究，他不但探究欧洲的历史进程，

---

① Raphael Samuel, "British Marxist Historians 1880 – 1980 (Part I)," *New Left Review*, 120 (March – April, 1980), p. 91.

② Harvey J. Kaye, "Fanning the Spark of Hope in the Past: the British Marxist Historians," *Rethinking History: The Journal of Theory and Practice*, Vol. 4, No. 3 (2000), p. 285.

完成了享誉全球的年代四部曲，还就劳工问题、社会盗匪和绿林好汉、马克思主义、民族和民族主义以及爵士乐等主题做了非常富有启发性的探讨。爱德华·汤普森也是国内学界研究颇多的一位马克思主义史学家，他的史学巨著聚焦于英国工人阶级及其形成问题，同时，他在18世纪研究领域也有开创之功，还是欧洲和平主义思想家和活动家。约翰·萨维尔与多萝西·汤普森成为劳工史研究专家，维克托·基尔南集中讨论了欧洲帝国及其文化帝国主义，拉斐尔·塞缪尔在史学研究的民主化和口述史方面也有突出贡献，被称为"人民的史学家"。

不过，自20世纪80年代以来，英国马克思主义历史学家受到的批评意见也日渐增多。例如：责备他们忽视妇女史、忽视自由主义思想，甚至忽视爱国工人扮演的角色。[1] 尽管存在一些不足，不过，不可否认的是，英国马克思主义史学家在取得巨大的个人成就的同时，扩大了历史研究的领域，推进了英国乃至欧洲史学的发展，也进一步丰富和发展了马克思主义理论与方法。

四、英国马克思主义历史学派的思想资源

英国马克思主义历史学的兴起和发展，离不开英国特有的社会和文化环境，同时也受到时代环境的影响和形塑。它继承和发展了英国的激进传统，借鉴了英国的经验主义，吸收和发展了马克思主义理论。

我们先来看英国马克思主义史学对英国激进主义和民主传统的利用。英国马克思主义史学家把他们自身与激进的民主和劳工传统——韦伯夫妇、哈蒙德夫妇、科尔（G. D. H. Cole）以及托尼（R. H. Tawney）紧密结合在一起。霍布斯鲍姆指出："我认为，我们并不是想方设法疏远托尼，而是在推进那一传统，让它更加清晰可见，把马克思主义视为这些人应当为之奋斗的

---

① 参见 David Renton，"Studying Their Own Nation without Insularity? The British Marxist Historians Reconsidered," *Science & Society*，Vol. 69，No. 4（Oct.，2005），p. 560。

事物。"① 拉斐尔·塞缪尔指出，在英国马克思主义史学之前，存在一种基础更广泛的"人民史"，它的主要概念是激进主义和民主主义的（而不是社会主义的），不过，它为英国马克思主义史学家提供了建设性活动的基础。在 20世纪 50 年代以前，英国马克思主义史学是一种更宽泛潮流的附属物。当时，劳工史研究领域的主要人物是科尔，而 17 世纪研究的灵感来自托尼，哈蒙德夫妇对工业革命的解释也产生了深远的影响，可以说，爱德华·汤普森的《英国工人阶级的形成》是对他们最初见解的进一步阐释。而霍布斯鲍姆和乔治·鲁德合著的作品《斯温上尉》受哈蒙德夫妇的影响十分明显。②

英国的经验主义也对马克思主义史学家产生了巨大影响。英国经验主义哲学传统和研究方法历史久远，影响广泛。至少自培根以来，英国的经验主义方法就深深渗入对历史和社会的分析之中，英国此后的历史学家基本上都传承了这种学术传统。英国共产党历史学家小组的成员也是在这种学术氛围中成长起来的，他们具有经验主义的思维特征，通常不喜欢抽象的理论建构，而是运用马克思主义基本原理来研究具体的历史和社会问题。正因为如此，早在 20 世纪 60 年代早期，以佩里·安德森为首的新一代新左派，就指出了整个英国马克思主义传统在理论和方法上的缺陷，而他们尤其以历史学家小组成员为批评对象。佩里·安德森认为，英国的马克思主义理论分析是欠发达的，"根本不存在连贯的马克思主义思想传统"③。因此，英国马克思主义史学家求助于经验主义的分析模式。在他看来，理论上的不发达和诉诸经验主义，乃是英国马克思主义史学家的特征。安德森批评汤普森的作品缺乏（社会主义的）策略要素，这种批评也指向与汤普森同时代的许多社会主义者，安德

---

① 转引自 Dennis Dworkin, *Cultural Marxism in Postwar Britain: History, the New Left, and the Origins of Cultural Studies*, Durham and London: Duke University Press, 1997, p. 19。

② Raphael Samuel, "British Marxist Historians 1880 – 1980 (Part I)," *New Left Review*, No. 120 (March – April 1980), p. 37.

③ Perry Anderson, "Socialism and Pseudo – Empiricism," *New Left Review*, No. 35 (January/February 1966), p. 32.

森认为他们追随一种"印象主义的、鼓舞人心的传统",一种缺乏具体策略的传统。[①]由此可见,英国的经验主义深深渗入了英国马克思主义史学家的思维和历史书写之中。

　　作为马克思主义历史学派,这些史学家都认真学习、借鉴和运用了马克思主义理论。共产党历史学家小组的核心成员基本上在大学时期就接触到了马克思主义学说(个别史学家在大学之前就与之有了联系),并且加入了英国共产党,其中几位还出访过苏联。在十年小组时期,他们进一步阅读马克思主义著作,接受马克思主义理论的训练。1956 年之后,尽管除了霍布斯鲍姆之外,其余著名的小组成员都脱离了共产党,但是,"在经过了他们对历史的经验主义的研究之后,批判了对马克思主义简单化和庸俗化的做法,又回归马克思主义的理论"[②]。因此,他们仍然会运用马克思主义理论和方法来分析社会和历史问题,批判性继承和发展了马克思主义。例如,霍布斯鲍姆和汤普森都长期致力于研读和理解经典的马克思主义理论,并进行了清醒的反思。

---

　　① Perry Anderson, "Socialism and Pseudo – Empiricism," *New Left Review*, No. 35 (January/February 1966), pp. 38 – 39.

　　② 姜芃主编:《西方史学的理论和流派》,中国社会科学出版社 2007 年版,第 155 页。

第二章 乔治·鲁德的民众反抗研究

乔治·鲁德（George Frederick Elliot Rudé，1910—1993）的主要研究领域为欧洲近代历史进程中下层群众的骚乱、暴动、反叛和革命，他尤其考察了18—19世纪英法两国群众的反抗活动。乔治·鲁德与马克思主义史学家霍布斯鲍姆、克里斯托弗·希尔是同时代人，他对英国马克思主义史学和新社会史的独特贡献，在于深入剖析了"前工业时代"（pre – industrial）反抗群众的构成、行动模式、行动的动机和他们体现出来的意识形态，并分析了群众反抗的遗产。乔治·鲁德的研究驳斥了保守主义者对革命群众的污蔑，还原了群众的本来面貌。在本章中，我们先简述乔治·鲁德的生平及主要著作，然后主要讨论他关于"前工业时代"英格兰和法国群众反抗的论述，最后简要评价他的史学成就。

一、生平与著作

乔治·鲁德于1910年2月8日出生在奥斯陆，父亲是工程师和发明家，母亲是英国一位陆军中校（后来成为银行家）的女儿。1919年，他们一家移居英格兰。鲁德先后在肯特的预备学校、施鲁斯伯里中学（Shrewsbury School）和剑桥大学三一学院接受教育。大学期间，他主要学习现代语言，

1931 年本科毕业。此后 18 年，鲁德在中学教现代语言。1932 年之前，他没有表现出对政治的特别兴趣。1932 年，他对苏联进行为期 6 周的访问，对在那里看到的一切印象深刻。据说，他回来之后就成了坚定的共产主义者和反法西斯主义者。在随后几年，他大量阅读马克思和列宁的著作，并且在 1935 年加入英国共产党。以研究英国马克思主义史学著称的美国威斯康星大学绿湾分校历史学者哈维·J. 凯指出："对鲁德和当时其他许多年轻的激进分子来说，20 世纪 30 年代全球经济萧条及其造成的灾难，预示着世界资本主义体系行将崩溃；苏联似乎是不断扩张的法西斯主义和纳粹主义唯一重要的反对力量。"[1]

二战期间，鲁德服务于伦敦地区的国家消防局。1942 年，他出版了一本小册子，即《俄国为何如此强大》。他热情赞扬苏联的军事和经济力量，赞美斯大林进行了一场反纳粹入侵的英勇斗争。战争结束后，鲁德转向历史研究。鲁德一直宣称，阅读马克思和恩格斯的作品激发了自己对历史的兴趣，从他们的作品中获得了"所有历史必须重新研究"的指示。1946 年到 1956 年间，他积极参加共产党历史学家小组的活动，接受了它的阶级斗争研究法。哈维·凯指出，这种参与对鲁德以及小组其他成员的思想和知识发展而言，是至关重要的经历。[2]

1950 年，鲁德获得伦敦大学博士学位，导师为著名史学家阿尔弗雷德·科班（Alfred Cobban），他的博士论文题为《巴黎工资劳动者与 1789—1791 年间起义》。该论文基于他在巴黎档案馆的广泛研究工作，体现了他的学术能力以及对民众阶级的关注。这种关怀反映了鲁德强烈的马克思主义者的同情心，他后来的历史作品都带有这种特征。1956 年，鲁德在《皇家历史学会学报》

---

① Harvey J. Kaye, "Foreword," in George Rudé, *Ideology and Popular Protest*, Chapel Hill and London: The University of North Carolina Press, 1995, p. ix.

② Harvey Kaye, "Professor George Rudé," *Independent* [London], 16 Jan. 1993. http://www.independent.co.uk/news/people/obituary - professor - george - rude - 1478795. html.

上发表了《戈登暴动：暴乱者及其受害者研究》一文，他重建了这一事件中群众的力量，而在以往的研究中，戈登暴动只不过被斥为盲目的、反天主教的狂热而已。该文获得了由皇家历史学会设立的声誉很高的亚历山大奖。1959年，他的开创性著作《法国革命中的群众》（博士论文修订版）由牛津大学出版社出版。尽管取得了这些成绩，但是鲁德发现自己很难在英国大学谋得教职，这很大程度上在于他的共产党员身份。由于他参加的党务活动，1949年，鲁德被迫从伦敦圣保罗中学辞职。鲁德的一些朋友，比如著名史学家霍布斯鲍姆，谴责他的导师也即政治保守派人士阿尔弗雷德·科班阻断了他的大学从教之路，不过，鲁德自己从未就此事公开责备过科班。①

到20世纪50年代晚期，鲁德已经成为研究英法两国民众阶级社会成分和暴力活动的著名学者。他在法国研究上取得的成就使得他与法国著名学者乔治·勒费弗尔（Georges Lefebvre）建立了联系，后者肯定了他对革命群众的研究。事实上，1953年，鲁德在自己的姓上加上重音符号（即 Rudé），以此强调自己作为法国研究者的身份。②

20世纪50年代，鲁德基本上在中学讲授历史课。后来，他决定向国外尤其是澳大利亚大学申请教职，1958年向塔斯马尼亚大学递交了申请。聘任委员会建议为他提供讲师职位，但是副校长基思·艾尔斯（Keith Isles）以鲁德与共产党的关系为由，迟迟不做决定。后来，阿德莱德大学历史系主任休·

---

① James Friguglietti, "A Scholar 'in Exile'：George Rudé as a Historian of Australia," *French History and Civilization. Papers from the George Rudé Seminar*, Vol. 1（2005），p. 4. https：//h-france. net/rude/wp-content/uploads/2017/08/vol1_ Friguglietti1. pdf. 尼古拉斯·罗杰斯指出，鲁德与科班在政治问题上发生过争吵，参见 Nicholas Rogers, "George Rudé（1910-1993），" *Labour / Le Travail*, Vol. 33（Spring 1994），p. 9。

② James Friguglietti, "Rudé, George Frederick Elliot（1910-1993），" *Oxford Dictionary of National Biography*, http：//www. oxforddnb. com/view/article/53299.

斯特雷顿（Hugh Stretton）帮助鲁德在该系谋得了高级讲师职位。① 1960 年 2 月，鲁德与妻子漂洋过海前往澳大利亚，开始了自己的"流亡"新生活。到达澳大利亚之后，他受到警告，鉴于"他过去对共产党的忠诚是众所周知的，在大学体现任何政治观点，他都可能被解职"。因此，鲁德显得谨慎小心，很少谈论政治，只是偶尔在书信中提及，在私下讨论中，从不谈论有可能被当作具有共产主义倾向的内容。过去的联系似乎与新的学术生活完全割裂了，至少表面上看来如此。② 尽管如此，鲁德早年与共产主义的关系还是让他在澳大利亚期间受到澳大利亚安全情报机构的监视。③

在澳大利亚的岁月里，鲁德继续从事法国和英国社会史研究，出版了一系列重要著作。《威尔克斯与自由》（1962）考察了英国激进人士约翰·威尔克斯激发的政治动荡，以及以他的名义发动暴动的群众的社会构成；《历史中的群众》（1964）探索了 1730—1848 年间英格兰和法国发生的民众骚乱，尤其是食物骚乱；在《革命的欧洲：1783—1815》（1964）中，他对法国革命和拿破仑统治时期进行了综合分析，尤其强调社会变化；与霍布斯鲍姆合著的《斯温上尉》（1969）详细叙述了英格兰 1830 年农业劳动者失败的起义；《18 世纪的巴黎和伦敦：民众反抗研究》（1970）对伦敦和巴黎的群众反抗进行了比较分析。

鲁德很快意识到，澳大利亚的"流亡"生活，让他能够研究另一个与自己的早期关怀紧密联系在一起的主题，即 18 世纪晚期至 19 世纪早期被流放到

① James Friguglietti, "A Scholar 'in Exile': George Rudé as a Historian of Australia," *French History and Civilization. Papers from the George Rudé Seminar*, Vol. 1 (2005), p. 4. 鲁德的任命一度还引起了一场公开的骚动。参见 Gemma Betros, "Introduction," *French History and Civilization. Papers from the George Rudé Seminar*, 3 (2009), p. 2。https://h-france.net/rude/wp-content/uploads/2017/08/IntroductionVol3.pdf.

② Gemma Betros, "Introduction," *French History and Civilization. Papers from the George Rudé Seminar*, Vol. 3 (2009), p. 2.

③ James Friguglietti, "Rudé, George Frederick Elliot (1910–1993)," *Oxford Dictionary of National Biography*, Oxford University Press, 2004. http://www.oxforddnb.com/view/article/53299.

澳大利亚植物湾和范迪门地（Van Diemen's Land，塔斯马尼亚岛的旧称）的罪犯的命运。① 从 1961 年早期开始，他广泛阅读关于流放到澳大利亚罪犯的文献。他认为，罪犯的自述或"招供"可以补充官方对犯罪本质做出的描述。他在塔斯马尼亚首府霍巴特（Hobart）档案馆查阅了大量微缩胶卷。他打算探究 1788 年到 1868 年间从英国和爱尔兰流放到澳大利亚的"社会和政治罪犯"的历史。尽管有人已经在做这方面的研究，不过，鲁德试图更多地了解这些罪犯的命运，探究他们与澳大利亚新环境之间的互动。② 鲁德这种考察的主要成果是后来出版的专著《犯罪与惩罚》（1978）。

1967 年，鲁德寻求摆脱他的"流亡"生活返回欧洲。1967 年 3 月，他接受了苏格兰新成立的斯特林大学提供的历史学教席，1968 年春季在那里教学。不久，鲁德又回到澳大利亚弗林德斯大学担任历史学教授职位，研究兴趣转向一些一般性问题，比如"革命研究"。

事实上，在澳大利亚的"流放"时期是鲁德的多产期，后来，他解释说自己离开澳大利亚是因为他与欧洲的图书馆和档案馆离得太远了。③ 不过，这种距离并没有妨碍他对欧洲历史的研究，而是强化了这种研究的概念基础。澳大利亚史学家休·斯特雷顿指出，鲁德的澳大利亚岁月使得他的马克思主义具有更大灵活性，他也由此可以致力于一些反思性和理论性工作。④

1970—1987 年间，鲁德在加拿大蒙特利尔圣乔治·威廉斯大学（现在的

---

① 鲁德的这种兴趣，也与他自己的经历有关。他本人因为政治信念和政治活动而被迫离开英国，"被放逐"到澳大利亚，这些罪犯的命运与他本人的经历很类似。由此不难理解，他很容易与这些早他而来的移民产生共鸣，愿意花时间进行深度研究。参见 James Friguglietti, "A Scholar 'in Exile': George Rudé as a Historian of Australia," *French History and Civilization. Papers from the George Rudé Seminar*, Vol. 1 (2005), pp. 8–9。

② James Friguglietti, "A Scholar 'In Exile': George Rudé as a Historian of Australia," *French History and Civilization. Papers from the George Rudé Seminar*, Vol. 1 (2005), pp. 5–6。

③ Friguglietti, "A Scholar 'In Exile': George Rudé as a Historian of Australia," *French History and Civilization. Papers from the George Rudé Seminar*, Vol. 1 (2005), p. 10。

④ 参见 Gemma Betros, "Introduction," *French History and Civilization. Papers from the George Rudé Seminar*, Vol. 3 (2009), p. 3。

康科迪亚大学）任教。他以充沛的精力从事档案研究。1971年出版的《汉诺威王朝时期的伦敦：1714—1808》详细分析了人口拥挤的英国首都的社会和政治环境；1972年出版的《18世纪的欧洲》叙述了贵族和资产阶级日益加剧的冲突，指出这种冲突预示着法国大革命的到来；《罗伯斯庇尔：一位革命民主派的肖像》（1975）对这位雅各宾派领袖的一生做了富有同情的描述，认为罗伯斯庇尔是民主政治和人民权利的第一位斗士；《反叛和惩罚》（1978）详述了许多因反抗英国社会状况而被流放澳大利亚的罪犯的命运；《意识形态和民众反抗》（1980）考察了激进的政治思想，解释了从中世纪到19世纪中期的暴乱和反叛的动机；《罪犯与受害者》（1985）探究了19世纪初英格兰犯罪行为的原因及其遭到的镇压，鲁德将这种活动视为阶级斗争的一种形式。

鲁德也多次回到澳大利亚讲课和参加学术会议。他的澳大利亚朋友和同事组织了乔治·鲁德研讨会，讨论会每两年举行一次，第一次会议于1978年在墨尔本召开。可以说，澳大利亚之所以具有法国史研究的强大传统，很大程度上要归功于鲁德研讨会。作为呈现法国史研究的正规论坛，研讨会也是在纪念鲁德的工作成就以及他为澳大利亚知识生活作出的贡献。1988年，鲁德出版了他最后一本著作，即《法国大革命》，明确而直接地捍卫大革命的成就，驳斥法国革命的诋毁者。1993年，鲁德因肺炎在萨塞克斯一家医院去世。

二、"前工业时代"英格兰和法国的群众反抗

乔治·鲁德史学研究的关注点，主要是欧洲近代历史尤其18世纪到19世纪早期民众骚乱、反抗和革命。鲁德深受马克思主义理论的影响，他从马克思著作获悉，"……历史往往经由社会阶级之间的冲突来获得发展……我还得知，普通人的生活和行动确实是历史的基本内容"[1]。通过将马克思主义理论

---

① George Rudé, *The Face of the Crowd: Studies in Revolution, Ideology, and Popular Protest: Selected Essays of George Rudé*, edited by Harvey J. Kaye, New York: Harvester Press, 1988, pp. 56 – 57.

方法与自己的学术关怀结合在一起，鲁德同情性地探究了英格兰和法国下层民众的社会反抗活动，反驳了一些人对民众运动的误解、歪曲和污蔑，力求还原反抗民众的本来面貌，分析其成员构成、行为模式以及采取行动的动机或他们的意识形态。

首先，鲁德批判性地考察了以往研究民众运动的两种方法，并界定了一些相关概念。英格兰的哈蒙德夫妇、法国的饶勒斯和勒费弗尔考察了"前工业时代"的群众，但是，相对而言，这时期的群众还是受到了忽视。在鲁德看来，对这一时期民众运动的探讨，往往受到两种刻板研究方法的困扰。法国史学家米什莱代表了其中一种传统：把人民视为革命活动的唯一参加者。另一种刻板方法存在于保守作家之中，他们不加区分地以"暴民"或"乌合之众"来描述群众骚乱的所有参加者。在法国和英格兰的"前工业"时代，后一种方法变得很流行、很时髦，暴乱者与扰乱和平的人通常被冠以"匪徒""亡命之徒""罪犯""暴民"或"贱民"等称呼。英国的埃德蒙·伯克就极力贬低革命群众，而法国史学家泰纳（H. Taine）更是有过之而无不及，后世史学家都无法达到泰纳对法国革命群众表现出的那种恶毒程度。①

在鲁德看来，米什莱的方法与伯克和泰纳的方法有一个共同之处，即它们都是刻板的，都把群众当作空洞的抽象概念而不是有血有肉的男男女女的集合，"简而言之，它们都把群众和民众运动的参与者简化为卡莱尔所谓的'僵化的逻辑公式'"，然而，"群众最后或许不是作为抽象公式显现出来，而是作为一种活泼、多面的历史现象出现"。②

法国社会心理学家古斯塔夫·勒庞（Gustave Lebon）③的群众理论反响很大。鲁德指出，在勒庞的影响下，"暴民""社会乌合之众"或"贫民窟的渣

① George Rudé, *The Crowd in History*, London：Lawrance and Wishart, 1981, pp. 7–8.
② George Rudé, *The Crowd in History*, London：Lawrance and Wishart, 1981, pp. 9, 15.
③ 古斯塔夫·勒庞（1841—1931）著有 *Psychologie des Foules*（1895），英译本为：*The Crowd：A Study of the Popular Mind*（1896），中文版通常译为《乌合之众：大众心理研究》。鲁德使用的"the Crowd"一词，本书翻译为"群众"；另外，他有时候也在"crowd"一词意义上使用"mob"。

淬"等表述，被一代代保守派史学家和社会科学家接受，它们也促进了一种错觉，即，不分时空，"暴民就是暴民"。然而，在鲁德看来，骚乱并不是甚至从来就不是突然发生的，"骚乱是有原因的，尽管不同时代、不同国家和地区的骚乱存在差异"。其中有待考察的一切民众骚动共有的两大主要特征在于：骚乱发生时的社会、经济和政治状况，以及骚乱参与者，其中参与者的性质和构成对于理解所有骚乱而言显得至关重要。[①] 由此可见，鲁德所强调的，恰恰是前两种研究方法忽视的层面。

勒庞的群众概念显得过于宽泛和抽象，作为现代群众心理学奠基者，他关注精神状态而不是物理现象（physical phenomena），他的群众概念不但包含了种姓、宗族和阶级，还包括选举"人群"、刑事陪审团以及议会大会。[②] 鲁德还指出，勒庞通常以先验术语来讨论群众：非理性的、变化无常的和破坏性的，在智力上不及它的组成成员，原始的或有可能退回到野蛮状态。因此，"他的偏见使他把社会下层阶级等同于'暴民'，尽管他在某些方面对泰纳提出了批评，但吸收了后者关于法国革命群众——由犯罪分子、道德败坏者和具有破坏性本能的人组成，他们对'领袖'或'煽动家'的蛊惑做出盲目反应——的想象图景……他最终得出一种普遍化群众概念，适用于一切时代的任何地方。"[③]

鲁德所说的群众（the crowd），乃是指一个"面对面"或"直接接触"的群体，而不是任何类型的集体现象，比如民族、宗族、种姓、政党、村庄、社会阶级、一般"公众"或任何其他"过于庞大而不能聚集起来的集体"。这种定义也使得他能够摆脱米什莱抽象的"人民"概念和勒庞先验的和普遍化的讨论。

---

① George Rudé, "The Riots in History," *Marxism Today*, Vol. 25, Number 10 (October 1981), p. 23. http://www. amielandmelburn. org. uk/collections/mt/pdf/81_ 10_ 23. pdf.

② George Rudé, *The Crowd in History*, London: Lawrance and Wishart, 1981, p. 3.

③ George Rudé, *The Crowd in History*, London: Lawrance and Wishart, 1981, p. 9. 另参见［英］乔治·鲁德著《法国大革命中的群众》，何新译，北京师范大学出版社 2016 年版，第 218 页。

　　鲁德还指出，18世纪史学家对"mob"一词的使用显得很混乱，他归纳了这个词的三种用法：第一，指"较低阶层"、普通老百姓、"下等人"、"第四等级"或法国人后来所说的"无套裤汉"，简而言之，指前工业时代的下层阶级；第二，指受雇的一伙人，他们为特定的政治团体或派系服务；第三，不加区分地用来指称骚乱、罢工和政治游行中的群众（crowd）。鲁德声称，后两种用法最容易混淆，因为这种群众通常被认为是外部党派的消极工具，除了抢劫、金钱、满足潜在的犯罪本能之外，他们自己没有特别的目的。鲁德论述伦敦暴乱的文章在第三种意义即"群众"（crowd）的意义上使用"mob"一词。[1]

　　鲁德重点探究了"前工业时代"英格兰和法国的群众反抗。他对"前工业时代"这个词也做出了界定。这个概念涵盖的时期或许长达100年，在这个时期，一个社会让自己适应快速工业化带来的各种变化，并且在该时期结束时，这个社会已经发生了根本性改变，以至于我们可以说一个新社会即"工业"社会产生了。这种"前工业时代"或者过渡的时期，在不同国家和不同大陆出现的时间不一样。就英格兰和法国来说，鲁德的界定时段大致为18世纪早期到19世纪40年代前后。[2]

　　为了避免上述两种刻板的模式，为了更好地研究"前工业时代"的群众，鲁德提出了六大问题作为研究指南。首先，实际上发生了什么？也就是说，要把群众参与其中的事件置于合适的历史背景之中。其次，群众的规模有多大，它是如何行动的、谁是它的发起人、它的构成如何以及它的领导者是谁？再次，群众行动针对的目标和受害者是谁？第四，还得探询这些行动背后的目的、动机和观念是什么。第五，镇压的力量或法律和秩序的力量有多大效力？而这关乎群众运动的成败。第六，事件导致了什么结果，它的历史意义

---

　　[1]　George Rudé, "The London 'Mob' of the Eighteenth Century," *The Historical Journal*, Vol. 2, No. 1 (1959), pp. 1–2.

　　[2]　George Rudé, *Paris and London in the Eighteenth Century*, London: Collins, 1970, p. 17.

何在?① 鲁德尤其对反抗群众的构成及其动机或意识形态进行了深入的探讨。

其次，鲁德考察了英格兰的民众反抗，主要涉及18世纪伦敦暴乱、卢德分子、第一次议会改革前夕英格兰乡村和城市骚乱、宪章运动以及英国流放澳大利亚的罪犯等内容。

在《18世纪伦敦的群众》一文中，鲁德考察了1736年伦敦暴乱、1768—1769年间"威尔克斯与自由"运动和1780年戈登暴乱。他指出，尽管这几个事件不可能充分代表18世纪伦敦的各种运动和骚乱，但它们可以揭示研究该主题的一些路径、提出一些普遍性结论以及进一步研究的措施。鲁德旨在通过这几场运动来探讨伦敦骚乱群众的行为方式、他们的构成和行为背后的动机与观念，以及这些运动对于进一步了解英国民众激进运动的起源所起的作用。②

这些群众的社会和职业构成，史学家通常使用"暴徒""贫民窟居民""犯罪分子"等现成标签来蔑称他们。乔治·鲁德则提供了一幅更精确的图景。由鲁德的研究可知，在这些暴动参与者中，绝大多数是包括熟练工人、学徒和"雇工"在内的工资劳动者，以及工匠、店主和零售商，偶尔才看得到"绅士"和其他中等阶级人士的身影。当然，这些暴乱在一些细节上还是存在重要差异。在1736年反爱尔兰人暴乱中，以工资劳动者（wage—earners）为主。因为爱尔兰人以英格兰人一半或三分之二的工资待遇夺走了后者的工作。也有失业的织布工人参加。1768—1769年间"威尔克斯与自由"运动的示威者中，工资劳动者是主体，还有独立工匠、店主、小制造业者、小商人或小零售商、乡绅。在戈登暴乱中，工资劳动者——熟练工人、学徒、服务员、家庭雇工和劳动者——也是多数，还有皮匠、酿酒商的车夫、水手、小

---

① George Rudé, *The Crowd in History*, London: Lawrance and Wishart, 1981, pp. 10−11.
② George Rudé, "The London 'Mob' of the Eighteenth Century," *The Historical Journal*, Vol. 2, No. 1 (1959), p. 2.

雇主、小商人或工匠、专业人士等。①

　　鲁德与霍布斯鲍姆共同完成的《斯温上尉》②考察了1830年英国农业工人的广泛骚动。霍布斯鲍姆对资本主义发展、工业化、"原始反叛"和"破坏机器者"的批判性认知，鲁德对"前工业时代"群众的熟悉以及在翻阅和分析档案材料上的热情和技巧，使得这部作品成了名副其实的名著。③霍布斯鲍姆主要负责"导论"、作为背景的第一部分（1—4章）、第二部分第9章（"骚乱的分布"）、第四部分第15章（"后果"）以及附录 IV（"打谷机问题"），而起义的详细内容和剖析工作则由鲁德完成。

　　在《斯温上尉》出版之前，英国社会史家哈蒙德夫妇出版了《乡村劳工》（1911）。在《斯温上尉》中，霍布斯鲍姆和鲁德首先赞扬了哈蒙德夫妇的工作，紧接着指出他们对社会变化做出了简单化叙述，同时也低估了1830年"运动的广度"。④霍布斯鲍姆和鲁德要做的，是"就骚乱提出一些新问题：骚乱的原因和动机、骚乱的社会和政治行为的模式、骚乱者的社会构成以及骚乱的意义和影响"。因此，他们的作品"要去完成一项艰难的工作，一项吸引许多社会史学家的工作：重建一个匿名的、未得到文献详细记载的群体的精神世界，以便更好地理解他们的运动，一种只得到粗略勾勒的运动"。⑤

　　鲁德于1978年出版的《反抗与惩罚：1788—1868年间被流放澳大利亚的社会和政治反抗者的故事》⑥考察了另一种类型的民众，即流放澳大利亚的罪犯的命运。与以往研究相比，鲁德的研究有所不同：首先，鲁德关注的不是

---

　　① George Rudé, "The London 'Mob' of the Eighteenth Century," *The Historical Journal*, Vol. 2, No. 1 (1959), pp. 5 – 6.

　　② E. J. Hobsbawm and George Rudé, *Captain Swing*, London: Lawrence & Wishart, 1969.

　　③ Harvey J. Kaye, "Introduction: George Rudé, Social Historian," in George Rudé, *The Face of the Crowd*, edited by Harvey, J. Kaye, New York: Harvester Press, 1988, p. 12.

　　④ E. J. Hobsbawm and George Rudé, *Captain Swing*, London: Lawrence & Wishart, 1969, p. 13.

　　⑤ E. J. Hobsbawm and George Rudé, *Captain Swing*, London: Lawrence & Wishart, 1969, pp. 14, 12.

　　⑥ George Rudé, *Protest and Punishment: The Story of the Social and Political Protesters Transported to Australia*, 1788 – 1868, Oxford: Clarendon Press, 1978.

所有"罪犯移民",而是那些被控扰乱社会和危害制度的罪犯;其次,鲁德明确了犯罪个体,并且为他们建立了详细的个人历史;最后,他从政治、社会和经济背景来考察他们的反抗活动,然后解释他们在澳大利亚的流放生活。①

在这本书考察的时间段,英国政府把大约162000名罪犯流放到澳大利亚殖民地,少部分人在刑满后返回故土。在这些流犯中,约四分之三来自英格兰、苏格兰和威尔士,不到四分之一来自加拿大和爱尔兰,余下的来自英国其他海外殖民地,其中男性远远多于女性。鲁德最关注那些"他们的罪行是反叛或反对他们国家的社会状况或制度"的罪犯②,因此,他的著作考察了其中不到3%的罪犯,即大约3600名罪犯。鲁德分析了这种反抗罪的类型、侦查和惩罚他们的压迫机制、罪犯的背景和犯罪动机以及他们被流放的命运。

鲁德声称,反抗是一种集体行为,参与者是这么些人:工会好战分子、机器破坏者、食物骚乱者、关卡和围栏或劳改所的破坏者……武装叛乱者以及城市骚乱者等。所有这些人通常是在"民众运动"的背景下起来反抗的。鲁德还考察了第二类人群,他称之为边缘性反抗者,他们的罪行介于事实犯罪和真正反抗之间:包括农村纵火行为、偷猎、走私、伤害牲畜、攻击治安官、发送匿名信等。③ 鲁德以他一贯的对档案材料的痴迷和执着,查找到了一些详细的资料和数据,包括流犯的姓名、职业、宗教信仰、出生地、识字水平、婚姻状况、家庭规模、罪行、审判时间和地点、判决以及身体特征等。他可以通过这些详细的资料来建构罪犯的个人传记,从而把这些社会—政治人物从匿名状态解救出来。

第三,鲁德对法国革命群众做了出色的分析。鲁德曾经谈到自己研究法

① James Friguglietti, "A Scholar 'In Exile': George Rudé as a Historian of Australia," *French History and Civilization. Papers from the George Rudé Seminar*, Vol. 1 (2005), p. 7.

② George Rudé, *Protest and Punishment: The Story of the Social and Political Protesters Transported to Australia*, 1788–1868, Oxford: Clarendon Press, 1978, p. 1.

③ George Rudé, *Protest and Punishment: The Story of the Social and Political Protesters Transported to Australia*, 1788–1868, Oxford: Clarendon Press, 1978, pp. 3–4.

国革命的原因。第一，对法国有很好的了解；第二，他感兴趣的那种问题能够通过法文文献的记载得到最好的研究；第三，有幸遇到了阿尔弗雷德·科班，即当时伦敦大学学院著名法国史专家。在准备博士学位论文期间，鲁德发现，那个时期的史学家没有严肃提出一些相关问题，比如，到底是谁攻占了巴士底监、攻击了杜伊勒里宫、驱逐了国民公会中吉伦特派或在罗伯斯庇尔被送上断头台时保持沉默？他们是谁？又是如何到那里的？他们的动机和社会期许是什么，又是以什么方式来实现它们？"我发现，对大革命持友好态度的史学家（至少从米什莱以来）考察了'人民'，或更确切地说，考察了无套裤汉，然而始于伯克的其他一些人斥之为'卑鄙的群众'、'乌合之众'、'暴民'或者'贱民'"。①

鲁德的博士学位论文主要考察 1789 年至 1791 年间巴黎工资劳动者在革命中扮演的角色，后来，他延伸了研究时段，探讨 1787 年至 1795 年间法国革命。在收集资料的过程中，鲁德与当时研究法国革命的著名史学家乔治·勒费弗尔（Georges Lefebvre）以及阿尔贝·索布尔（Albert Soboul）和理查德·科布（Richard Cobb）建立了密切联系。勒费弗尔于 1924 年出版了一部论述农民的著作，即《诺尔省的农民》（Les Paysans du Nord），由此成为"自下而上"（from below）研究法国大革命的专家。鲁德承认，勒费弗尔对他本人产生的最大影响，在于后者对革命群众的行为以及 1789 年谣言和恐慌做出的开拓性研究。鲁德也从索布尔和科布那里获益良多。当时，他们三个人正在研究法国大革命中互补而又不同的领域：索布尔研究 1793—1794 年间巴黎各区武装分子和无套裤汉，科布探讨外省的无套裤汉，而鲁德自己关注巴黎革命"群众"。勒费弗尔称他们为"三个火枪手"。索布尔也是马克思主义者，他为鲁德提供了一些珍贵的建议和指导。科布对一手材料的热情和执着给鲁德留下了深刻印象，并且也在这方面为鲁德提供了很大帮助。②

---

① George Rudé, *The Face of the Crowd*, New York：Harvester Press, 1988, p. 57.

② George Rudé, *The Face of the Crowd*, New York：Harvester Press, 1988, pp. 59 – 60.

　　鲁德关于法国革命的研究成果，主要集中在专著《法国大革命中的群众》《罗伯斯庇尔》《法国大革命》[①] 以及其他一些论文和著作中的章节。他考察了18世纪法国的食物骚乱、大革命的爆发、革命时期的物价、革命群众的动机、罗伯斯庇尔、拿破仑帝国和战争、1848年法国革命等。1959年出版的《法国大革命中的群众》是在博士学位论文基础上大幅度修订和扩充而成。这本著作体现了鲁德对革命群众以及他们的构成、动机、行动的理解，确立了他作为法国革命研究专家和新社会史代表人物的地位。

　　《法国大革命中的群众》一开始是关于18世纪民众的简短导论，然后简要分析了从巴士底狱陷落到"葡月暴动"期间民众而不是"暴民/乌合之众"扮演的角色。在第三部分"革命群众剖析"中，他以一种回顾性社会学或社会心理学来分析革命群众、他们的构成和动机以及在创造革命活动中扮演的角色。就革命群众的构成来看，鲁德指出，"在这些运动参加者的社会成分上，显然有着某种类型的一致性，因为除了葡月武装叛变者是唯一的例外，他们中间的绝大多数都是来自巴黎无套裤党人——首都的作坊老板、工匠、工资劳动者、店主和小商贩"，当然，他们并非来自同样的社会集团，也绝不是"乌合之众"，其他关于"流浪汉""无家可归的人""罪犯""匪徒"的说法也是站不住脚的。[②]

　　鲁德坚持认为，证据尤其与这些民众绝大多数成员的社会和经济地位相关的证据，驳倒了泰纳和其他反对革命的作家的说辞：民众并不是由社会渣滓、流氓懒汉甚至失业者组成，而是由更积极的普通民众、工匠和手工艺人以及少许资产阶级和"知识分子"构成。整体上而言，他们的动机似乎并不是出于直接的掠夺和私人利益的考虑。此外，证据也没有证明夸张的反革命

---

　　① George Rudé, *The Crowd in the French Revolution*, Oxford: Clarendon Press, 1959; *Robespierre: Portrait of a Revolutionary Democrat*, New York: The Viking Press, 1975; *The French Revolution*, London: Weidenfeld and Nicolson. 1988.

　　② ［英］乔治·鲁德著：《法国革命中的群众》，何新译，北京师范大学出版社2016年版，第181、188—191页。

的观点，即认为群众当中存在一些受雇的煽动者，尽管鲁德承认，革命早期可能存在一种"奥尔良派的密谋"（"Orleanist plot"）。鲁德没有做出简单化论断，没有以一种单一因果解释来分析这些复杂的社会活动形式，也没有以英雄—恶棍的因果模式来进行分析。[①]

鲁德还对"前工业"社会——比如18世纪和19世纪早期的英格兰和法国——兴起的民众运动的特点做了概括。鲁德从六个方面进行了讨论。第一，骚乱的类型。早期阶段以食物骚乱为主，这种骚乱更多地发生于乡村和市镇（market towns）而不是城市，劳资纠纷处于次要地位。随着工业化和工人组织的发展，角色发生了反转：罢工逐渐占主导地位，食物骚乱不再突出。同样，政治问题在早期阶段并不那么重要，不过从18世纪后半期开始，它们变得越来越显著。第二，行动的表现形式。通常是采取"直接行动"：在城市，毁坏房子和焚烧当时反派人物的雕像；在乡村则是纵火、破坏机器、通过骚乱来强行控制物价。在发生革命时，会出现武装反叛。与此同时，也存在更"现代的"或"工业时代的"行动形式，比如向议会请愿、游行以及大致和平的现代型劳资纠纷。不过，主要反抗形式是针对财产的暴力行为。第三，"自发性"和缺乏组织，因此，一个常见的特点就是，一开始相对小规模的骚乱转变成广泛的叛乱和对财产的攻击。一般而言，随着工会和政党的发展，这种"自发性"开始减弱。第四，领导人物。"前工业时代"的民众运动——就其更复杂的表现形式来说，比如城市暴乱、革命和反叛——的典型领导人来自群众外部而不是内部。第五，"前工业时代"的群众的构成。这也是民众骚动最受忽视的一个特征。过渡时期和"前工业"时期典型的反抗群众，不限于或者很大程度上不局限于一个阶级，尽管并非始终如此。在"前工业"社会，这种构成显然是混杂的，不过这并不意味着社会所有阶级都以相同比例参与其中。这种混杂性是就下层民众而言的，包括村民、小业主、乡村手艺人、

---

① Crane Brinton, "Review of *The Crowd in the French Revolution*," *The American Historical Review*, Vol. 64, No. 4 (Jul., 1959), p. 947.

编织工、农场劳工、乡下矿工；在城镇，则有小店主、摊贩、工匠师傅和工资劳动者。在法国大革命期间，就是指无套裤汉，这也是多个阶级的混合物。第六，骚乱的动机或意识形态，或者社会学家所说的所有形式的集体行为背后的"普遍性观念"。鲁德承认，这是所有问题当中最难把握的一个。[①]

鲁德把群众或民众运动视为一种历史现象，因此，古代民众运动不同于中世纪的，而后者的特点显然又有别于"前工业"社会或工业社会的。[②] 以工业社会和"前工业"社会为例，这两个时期的群众运动具有很大的差异性。在工业社会，群众骚乱的形式往往是罢工和其他劳资纠纷，或者由政治组织指导的公开集会和游行示威；它们的目标通常是明确的、积极进取的、理性的，参加者主要是工资劳动者或工业工人。就"前工业"社会的骚乱而言，它们的目标、行为、行动形式和参与者与时代一致。在鲁德所讨论的转变时期，典型的社会反抗形式是食物骚乱，而不是后来的罢工或过去的千禧年运动或大规模农民起义。参与群众骚乱的，有时候是农民，更多时候是混杂的人群，他们在英格兰被称为"下层"，在法国被称作普通民众（menu peuple）。他们对传统权利的记忆、对往昔乌托邦的怀念或对改善物质生活的期许以及当前的苦难，激发了他们的情感；他们通过砸坏窗户，捣毁机器，破坏市场，焚烧当时的敌人的雕像，烧掉干草堆，"毁坏"敌人住房、农场、栅栏、磨坊或酒吧的方式，来实行一种粗糙的"自然正义"。[③]

三、群众反抗的意识形态

在揭示了反抗群众的面孔之后，鲁德也想知道他们为何参与这种活动。

---

① George Rudé, *Paris and London in the Eighteenth Century：Studies in Popular Protest*, London：Collins, 1970, pp. 18 – 23.

② George Rudé, *Paris and London in the Eighteenth Century：Studies in Popular Protest*, London：Collins, 1970, p. 17.

③ George Rudé, *The Crowd in History*, London：Lawrance and Wishart, 1981, pp. 5 – 6.

他在 20 世纪 50 年代和 60 年代早期对动机问题的讨论，深受当时流行的马克思主义正统学说的影响，为群众运动寻求唯物主义的或更确切而言经济的解释。例如，他认为法国大革命时期民众暴动最常见的动机就是普通民众迫切需要便宜而充足的面包和其他生活必需品。在 18 世纪英格兰和法国劳动人民政治观念和理想的真实来源问题上，鲁德通常把他们更激进的思想观念归因于"资产阶级"思想家和作家，"鲁德的研究把 18 世纪劳动人民的反抗描述为受到物质的驱动，并且（至少在最初阶段）依赖他们阶层之外的领导人的创造性来获得政治和意识形态指导"。①

不过，鲁德很快就对这种研究劳动阶级"心态"的方式感到不满意，把考察重心从社会—心理学意义上的动机转向社会史的观念或"意识形态"，《历史中的群众》（1964）以及与霍布斯鲍姆合作的《斯温上尉》（1969）就已经体现出了这种转变，而《意识形态与民众反抗》（1980）明确提出了再现民众意识形态的问题，强调"固有"信念和"派生"信念之间的辩证关系及其对于我们理解民主革命年代民众参与的重要性。

鲁德指出，意识形态是一个棘手的概念，因为社会科学领域众多作家——尤其马克思、曼海姆、卢卡奇以及克利福德·格尔茨——都以各自的方式在使用它。鲁德采纳了一种宽泛的意识形态概念，它涵盖了支撑着民众反抗或渗入民众反抗之中的各种观念。在他看来，意识形态——就他的研究来说，指"民众的"意识形态——并不完全是某个阶级或群体的内部事务，而是一种"混合物"，它由两种要素构成，只有其中一种才是"民众"阶级的特有属性，另外一种是通过观念的传播和采纳过程从外部施加的。第一种是"固有的"（inherent）、传统的要素——某种"母乳"（mother's milk）意识形态，基于直接经验、口头传统或民间记忆；第二种是"派生的"（derived）或从他人那里借鉴过来的，通常呈现为更加系统的观念体系，比如人权、人

---

① Harvey J. Kaye, "Foreword," in George Rudé, *Ideology and Popular Protest*, Chapel Hill and London: The University of North Carolina Press, 1995, pp. xi–xii.

民主权、民族主义、社会主义或马列主义。鲁德强调，两者之间的区分并不是绝对的，也不存在优劣高低之分。①

鲁德赞同固有观念，并不认为头脑里有一块白板，观念可以嫁接到上面，与此同时，他也不同意存在一种观念从"简单"到更复杂的自动进程。固有观念和"派生"观念之间不存在截然区分，两者有着很多重叠。例如，一代人所"固有的"信念——构成了它的基本文化——往往是更早时代源自外部的许多信念。就英国历史来说，"诺曼枷锁"（Norman Yoke）这个概念可以追溯到征服者威廉和他的骑士或强盗从"热爱自由的"英格兰人手中偷走的古老"特权"，它得到后来经验的进一步丰富，成了重要的民间传说，服务于迟至宪章运动的英格兰民众运动。一些宗教思想也是一样，路德和加尔文的学说在17世纪成为人民的"固有"意识形态或文化。当然，"派生的"意识形态只有在基础打好之后才能够得到有效的采纳，否则就会遭到拒绝。②

在鲁德看来，"固有的"与"派生的"意识形态之间还存在另一种联系。派生的或更"系统的"意识形态通常是对民众的经验和人民的"固有"信念的提升。因此，两者之间并不纯粹是单向交流关系，而是互动关系。那么，这两种意识形态之间的界限在哪里呢？对农民来说，这种固有的意识形态是指拥有一块土地的信念；对于消费者来说，就是以公正的价格购买面包的权利；对工人而言，就是要求"公正的"工资的权利。18世纪和19世纪早期英格兰和法国爆发的食物骚乱、拿破仑战争之后英格兰南部的卢德派和捣毁机器的劳工斗争，都有力地证明了这些要求的持久性。③

鲁德把作为社会和政治行动之基础的所有观念或信念称为"反抗的意识形态"。鲁德承认，这种概念过于模糊和宽泛，有可能招致批评；他同时指

---

① George Rudé, *The Face of the Crowd*, New York：Harvester Press, 1988, pp. 197 – 198.

② George Rudé, *Ideology and Popular Protest*, Chapel Hill and London：The University of North Carolina Press, 1995, pp. 22 – 23.

③ George Rudé, *Ideology and Popular Protest*, Chapel Hill and London：The University of North Carolina Press, 1995, pp. 23, 24.

出，尽管马克思一开始把"意识形态"视为"统治阶级的思想观念"，视为阶级统治的工具，不过，马克思也为更广泛的定义提供了机会，因为他指出，无产阶级为了取得政权，就得超越统治者强加在它身上的"虚假现实"，并发展出自己的"真正"或"阶级"意识（consciousness）。后来一些马克思主义学者进一步考察了现代社会工人阶级意识形态的发展，意大利的葛兰西是其中突出的一位。在讨论工人阶级需要发展自己的意识形态来反抗统治者的霸权时，葛兰西坚持认为，我们必须关注"传统的"农民和手工艺人的意识形态需求，他进而认为，有必要留意在普通民众中传播的简单而不太系统的思想观念，它们常常"自相矛盾"、模糊不清，并且混杂着民间故事、神话和民众的日常经验。因此，在葛兰西看来，意识形态和意识不再是现代社会两大主要阶级的专利，也可以延伸到"传统"阶级，包括不从事工业生产的普通民众。①

鲁德指出，与马克思和列宁相比，葛兰西的《狱中札记》让我们更接近民众以及工人阶级的反抗意识形态。②鲁德认为，葛兰西对霸权现象的利用乃是他在观念的社会研究上作出的主要贡献。在葛兰西眼中，霸权不再仅仅是一种观念上的或者政治权力上的统治体制，更确切地说，它是一种进程，在此过程中，统治阶级通过大致和平的方式施加一种共识：它在思想领域的宰制。它通过控制国家的驯化媒介，比如新闻界、教会和教育等，来做到这一点。人民在他们的屈从状态下成为自愿合作的伙伴。那么，无产阶级如何才能够摆脱这种意识形态上的奴役呢？葛兰西宣称，只有建立起属于自己的对立的意识形态（counter‐ideology），把它作为统治阶级意识形态的解毒剂，也作为夺取国家政权的一个必不可少的初步措施。另外，无产阶级需要自己的

① George Rudé, *Ideology and Popular Protest*, Chapel Hill and London: The University of North Carolina Press, 1995, pp. 1–3.

② George Rudé, *Ideology and Popular Protest*, Chapel Hill and London: The University of North Carolina Press, 1995, p. 16.

代理人，这就是"有机的"知识分子。有机知识分子不但要为他们自己的阶级配备新的意识形态，即"实践"的意识形态，还得战胜或消除和远离他们以前的忠诚，即葛兰西所说的"传统的"知识分子，这种知识分子反映了"传统"阶级如农民和手工艺人的利益。只有这样，无产阶级才有可能建立起自己的对立的意识形态并且在取得政权之前削弱对手的意识形态防御。鲁德认为，葛兰西的相关论述，为在更广泛领域探讨民众的意识形态奠定了基础。[1]

鲁德指出，葛兰西在讨论意识形态的时候，并没有指明"民众"或传统阶级"非有机的意识形态"（大致相当于鲁德"固有的"观念）如何与他所讨论的"基本"阶级（即无产阶级和资产阶级）更系统或更精致的观念联系在一起或融合在一起。在鲁德看来，这种讨论很有必要，因为就革命或革命背景下农民或消费者的造反活动来看，仅仅有"固有的"意识形态还不够，普通民众与生俱来的或传统的意识形态需要嵌入或融入一种来自"外部"的更精致复杂、更"积极进取"的意识形态或"理论"之中。[2]

固有的意识形态本身能够带领反抗者走多远呢？答案是罢工、食物骚乱、农民造反，甚至有意识地要求激进的转变，但是它最终无法促使他们发动革命。爱德华·汤普森在讨论 18 世纪英格兰平民文化（plebeian culture）反抗乡绅霸权的无孔不入时，就指出了它的界限。在汤普森看来，民众在这种抵制活动中取得的成就包括：维持他们的传统文化、部分抵制了工业化早期劳动纪律、扩大济贫法的范围、确保更充分的谷物供应、一些街头自由、破坏令人厌恶的面包师或不从国教者（Dissenters）的住宅等等。鲁德指出，如果平民文化或"固有的"意识形态没有得到"派生的"要素的补充，就难以在

---

① George Rudé, *Ideology and Popular Protest*, Chapel Hill and London：The University of North Carolina Press，1995, pp. 17 – 18.

② George Rudé, *Ideology and Popular Protest*, Chapel Hill and London：The University of North Carolina Press，1995, pp. 3 – 4.

此基础上向前迈进。"派生的"要素是指政治的、哲学的或宗教的观念，它们在不同程度上被吸收到更加明确的民众文化之中，这些观念通常是积极进取的而不是保守反动的，主张改革而不是回归旧貌，往往由贵族的主要挑战者、崭露头角的资产阶级传播。①

两种观念之间的融合，一开始采取的是口号形式，比如北美人民的"无代表不纳税"、18世纪伦敦市民的"不要教皇主义"，再往后发展，民众的语言融入了激进的术语，如"爱国者""社会契约""第三等级""人权"等。这些"派生的"概念通过各种方式被嫁接到"固有的"概念和信念之中，因此，民众的新意识形态是两者的混合物，而这种混合的本质还受到环境和经验的影响。这个过程在城镇快于乡村，在革命时期快于和平时期。②

鲁德指出，新的观念，不管是进步的还是保守的，在传播和被采纳的过程中会发生变化。比如，发动起义的德国农民采纳了马丁·路德思想的表面价值来证明他们对诸侯的反抗，这就引起了路德的不满和愤慨；在法国大革命时期，"第三等级""自由""人民主权"等词汇被普通民众或无套裤汉赋予了完全不同的含义，大革命行将结束之际，普通民众已经有了自己的革命方案和意识形态。③

当民众的革命阶段结束、反革命卷土重来时，民众的这种新意识形态的命运又是怎样的呢？他们在革命时期获得的政治经验会丧失掉，在下一轮革命到来时又得从头再来吗？鲁德认为，答案显然不是这样的。尽管反动实实在在存在，例如英国克伦威尔的护国政治和斯图亚特王朝的复辟、法国的拿破仑帝国和波旁王朝的复辟，不过，同样真实的是，民众的革命传统幸存了

---

①　George Rudé, *Ideology and Popular Protest*, Chapel Hill and London：The University of North Carolina Press，1995，pp. 26 - 27.

②　George Rudé, *Ideology and Popular Protest*, Chapel Hill and London：The University of North Carolina Press，1995，pp. 27 - 29.

③　George Rudé, *The Face of the Crowd*, New York：Harvester Press，1988，p. 202.

下来，转入地下，并且在新的历史形势下以新的面貌重新显现出来。① 就法国来看，1789 年和 1793 年的传统显然在 1830 年、1848 年和 1871 年革命中体现了出来，尽管接受者不再是当年的无套裤汉或普通民众（menu peuple），而是1830 年的工人、1848 年与 1871 年的无产阶级。与此同时，一套新的派生观念会叠加在前一代人的观念之上。鲁德宣称，民众反抗意识形态的两种成分——固有的和派生的要素——的平衡会发生持续的变化，天平会逐渐向更正式、更系统的体系和方案倾斜，老式、保守的意识形态会逐步遭到淘汰或者居于次要位置。②

四、本章小结

乔治·鲁德是英国马克思主义史学家的杰出代表。作为当年英国共产党历史学家小组的成员，他的历史技艺在小组的讨论和思考中得到了发展，同时，他对小组的事业作出的主要贡献，在于研究 17 世纪英国革命与 19 世纪工业革命之间一段无人问津的时期，并且率先挑战以往把 18 世纪视为社会平静、共识与稳定时代的看法。③ 霍布斯鲍姆也声称：“就小组两大兴盛部分（指 17世纪和 19 世纪研究）之间的无人地带来说，我们知之甚少，直到乔治·鲁德独自探索约翰·威尔克斯生活的时代。”④

作为一个群体，英国马克思主义史学家在新史学发展过程当中发挥了巨大作用。鲁德把爱德华·汤普森的《英国工人阶级的形成》（1963）视为英国“新”社会史学开山之作，霍布斯鲍姆的《劳动者》（1964）也很快出版，

---

① George Rudé, *Ideology and Popular Protest*, Chapel Hill and London: The University of North Carolina Press, 1995, pp. 30–31.

② George Rudé, *The Face of the Crowd*, New York: Harvester Press, 1988, pp. 203–204.

③ Harvey J. Kaye, "Foreword," in George Rudé, *Ideology and Popular Protest*, Chapel Hill and London: The University of North Carolina Press, 1995, p. x.

④ Eric Hobsbawm, "The Historians' Group of the Communist Party," in Maurice Cornforth ed., *Rebels and Their Causes*, Atlantic Highlands: Humanities Press, 1979, p. 37.

"这些新劳工史学家与早期劳工史家不一样的地方，在于他们强调男男女女劳动者的生活与活动，而不是关注制度和运动"。① 而鲁德与霍布斯鲍姆合作完成的《斯温上尉》（1969）也是 20 世纪 60 年代和 70 年代英国新社会史的重要文本之一。伯明翰大学历史与文化学院的阿德里安·兰德尔把《斯温上尉》看作一种新的"下层史"，并且表示这部作品与汤普森的《英国工人阶级的形成》"对社会史、民众反抗和大众文化研究做出了意义深远的重新阐释，产生了一直延续至今的巨大影响"。② 哈维·J. 凯也指出："鲁德和其他英国马克思主义者的作品对社会史学科产生了革命性冲击，为它赢得了一群学术上的新支持者。事实上，20 世纪 60 年代晚期和 70 年代，在英国或许很大程度上在美国，年青一代史学家——新左派，他们在 20 世纪 60 年代的许多斗争中变得激进起来——加入到鲁德和他的同伴之列，致力于对过去和现在做出民主的解释"。③

下层史是社会史发展进程中的重要因素，它强调普通人在创造自己历史过程中的斗争，颠覆了传统的政治史书写。作为英国新史学的代表人物，鲁德认为，以政治精英为主导模式的传统历史研究显然无法令人满意，史学家应当转变视角，眼光向下，关注民众，因为人民群众也是历史的参与者和塑造力量。鲁德有时候自称"骚乱"史学家，他并不认为暴乱和反叛是对"稳定的、自我约束的持久性均衡状态"反常而可恶的偏离，在他看来，冲突是一种实现社会发展的正常而有益的方式。④

鲁德的"下层史"研究并非没有批评者。有论者认为，他提出的一些具体的问题依然悬而未决：民众的观念从何而来？民众政治意识的本质是什么？在

① George Rudé, *The Crowd in History*, London: Lawrance and Wishart, 1981, p. 1.

② Adrian Randall, "Captain Swing: A Retrospect," *International Review of Social History*, Vol. 54, Issue 3 (Dec., 2009), p. 419.

③ Harvey J. Kaye, "Foreword", in George Rudé, *Ideology and Popular Protest*, Chapel Hill and London: The University of North Carolina Press, 1995, p. xii.

④ George Rudé, *The Face of the Crowd*, New York: Harvester Press, 1988, p. 58.

超过 20 多年时间里，他一直在探究这些问题，从古典的列宁主义立场，即认为物质动机与资产阶级领导阶层提供的观念结合在一起，慢慢转向一种认为"内在"观念和"派生"观念相互融合的立场。不过，鲁德一直满足于概述：对动机、固有和派生概念的含义以及两者如何结合在一起做出概述。这种关于"意识形态"的概括带有的巨大含糊性与他的社会分析的精确性形成强烈反差。① 理查德·科布抨击他妄想找到"支配集体行为的普遍法则"，而他考察的事件却具有完全不同的本质，可用的材料也是零碎的、"高度选择性的"以及缺乏"统计学上的精确性"。②

澳大利亚国立大学现代欧洲史研究者杰玛·贝特萝斯认为，鲁德过于关注社会冲突，这限制了文化和语言转向对他作品的影响，革命政治文化研究的发展似乎也与他擦肩而过。不过，她也指出，鲁德的遗产很容易识别出来：革命法国的"暴民"不再被置之不理，而是需要得到拆解、鉴定和审视。他超出传统材料去分析和利用那些揭示或记载了民众当中个体声音的档案材料，这种做法依旧是许多历史写作的典范。他力图把个体与集体融合在一起、在社会背景下考察思想观念的方式，依旧很有影响力。毫无疑问，旧方法也能够创造性地与当前和今后的历史研究法结合在一起，从而对过去做出新的解释。③

历史研究之目的在于尽可能还原历史真相，尽管这种探究很多时候无法达到绝对的客观，尤其当史学家采取一种鲜明的立场时，更是如此。鲁德是普通民众的同情者，他要纠正以往研究者对群众的轻视，强调群众的力量及其对历史进程的影响甚至塑造作用。这是当时英国马克思主义史学家一致努

---

① Colin Lucas, "Review of *The Face of the Crowd*," *The Journal of Modern History*, Vol. 64, No. 4 (Dec., 1992), p. 757.

② 参见 Gemma Betros, "Introduction", *French History and Civilization. Papers from the George Rudé Seminar*, Vol. 3 (2009), pp. 3 – 4. http://www. h – france. net/rude/rudevolumeiii/IntroductionVol3. pdf。

③ Gemma Betros, "Introduction," *French History and Civilization. Papers from the George Rudé Seminar*, Vol. 3 (2009), p. 4.

力的目标。诚如爱德华·汤普森所言，他们这些人希望将"大众"从后世的不屑一顾中解救出来。[①] 换言之，鲁德、霍布斯鲍姆和汤普森等人所做的，是在挑战传统的精英史和宪政史书写，是在努力还原社会下层的历史经验和活动，这种探究历史的方法和视角，现在依然具有强大的活力和重要的价值。

----

① ［英］E. P. 汤普森著：《英国工人阶级的形成》，钱乘旦等译，译林出版社 2001 年版，"前言"，第 5 页。

第三章 克里斯托弗·希尔与英国革命研究

克里斯托弗·希尔（John Edward Christopher Hill，1912—2003）被誉为 20 世纪英语世界最伟大的史学家之一；[①] 他是 17 世纪英格兰研究的权威，尤其是他对英国革命做出的阐释，改变了我们对这场革命在英国历史进程中的地位的看法。他与 J. H. 普拉姆、杰弗里·埃尔顿以及劳伦斯·斯通等人，决定性地影响了都铎王朝至英国资本主义现代性的出现这段时期的解释。[②] 佛罗里达州立大学的理查德·格里弗斯（Richard L. Greaves）指出，在都铎王朝和斯图亚特王朝研究领域，或许除杰弗里·埃尔顿和劳伦斯·斯通之外，还没有史学家像希尔那样多产而富有争议。[③] 作为马克思主义史学家，他与爱德华·汤普森、霍布斯鲍姆、约翰·萨维尔、拉斐尔·塞缪尔以及乔治·鲁德等共产党历史学家小组的成员，致力于研究社会底层和大众的经历，倡导"自下而上的史学"，为新社会史的发展作出了积极的贡献。

[①] Harvey J. Kaye, *The British Marxist Historians: An Introductory Analysis*, London: Macmillan, 1995, p. 99.

[②] Geoff Eley, "John Edward Christopher Hill (1912 – 2003)," *History Workshop Journal*, No. 56 (Autumn 2003), p. 287.

[③] Richard L. Greaves, "Revolutionary Ideology in Stuart England: The Essays of Christopher Hill," *Church History*, Vol. 56, No. 1 (Mar., 1987), p. 93.

一、生平与著作

约翰·爱德华·克里斯托弗·希尔于 1912 年 2 月 6 日出生于约克，父母均是循道宗信徒（Methodists），他在宗教虔诚和道德严谨的氛围中长大。他将自己一生的政治和思想反叛归因于这种家庭氛围。循道宗传教士格雷戈里（T. S. Gregory）的平等主义学说对他产生了深刻影响，希尔后来写了一本书献给这位传教士。毫无疑问，希尔道德上的严谨和平等主义信念可以回溯到这种激进的新教背景，尽管他展现出来的是一种世俗异见者的姿态。

早在约克圣彼得中学就读期间，希尔就展露出了学术潜力。16 岁时，希尔参加了牛津大学贝利奥尔学院的入学考试，该学院两位评阅导师——维维恩·加尔布雷斯（Vivien Galbraith）与肯尼斯·贝尔（Kenneth Bell）——非常赏识他的能力，甚至担心他申请剑桥大学。[①] 1931 年，希尔进入牛津大学贝利奥尔学院学习，并且摘取了许多学术奖项。1934 年，希尔加入共产党，当时英国国内和国际政治环境让许多年轻人做出了相同选择。同年秋天，他获得万灵学院（All Souls College）研究生奖学金，这也体现了他早熟的学术天赋。1935—1936年，在牛津大学贝利奥尔学院的导师汉弗莱·萨姆纳（Humphrey Sumner）的建议下，他利用奖学金的资助，到莫斯科进行 10 个月的研究工作，正是这段时间，他学会了流利的俄语，与一些俄国史学家建立了良好的关系。俄国史学家论英国经济和社会史的作品引起了他的兴趣，也对他的历史思考产生了影响。回国后，希尔在卡迪夫大学学院做了两年助理讲师，其间，他准备参加国际纵队前往西班牙战斗，但是没有成功，不过，他积极参与帮助西班牙巴斯克流亡者的活动。1938 年，希尔回到贝利奥尔学院担任近代史教员。

二战期间，希尔一开始在情报部门服务。1943—1945 年间，他任职于外

---

① M. Kettle, "Christopher Hill," *Guardian*, 26 February 2003. http：//www. guardian. co. uk/news/2003/feb/26/guardianobituaries. obituaries.

交部北方局。1944 年，他与一位军官的女儿结婚，这段婚姻大约维持了 10 年时间。希尔在外交部的工作，后来招致了指责，有人指控他隐藏了自己的政治关系、以苏联地下工作者的身份办事并且就斯大林在东欧的意图提供一些不客观的建议。这些指控并没有坚实的事实根据。不过，它们与俄国研究委员会有关。事实上，希尔参与了这个研究委员会，并且是一个小组委员会的秘书，这个小组委员会为战后英国的俄语教学制订了一些暂时性计划。这个委员会考虑到，如果讲授俄语的俄国流亡者人数过多，可能会导致难题（流亡者敌对的看法会影响英苏关系），因此，委员会建议从其他教师中雇用俄国公民来教授俄语，这种做法在其他语言的讲授上很常见。这项建议显然是由整个委员会做出的，没有证据表明希尔在这类决定当中扮演了重要角色。①

战后，希尔返回牛津，重新开始自己的学院生涯。他也深深参与到共产党的各种活动中。这一时期，他的知识生活的核心就是参加"共产党历史学家小组"的会议，也为更广大的读者写了许多他后来所谓的"陈腐的党派作品"。史学家的集会一度向所有人开放，不过，希尔要求参加者出示盖有印戳的证件，以证明自己的身份。爱德华·汤普森一度声称自己"害怕"希尔。另一位"历史学家小组"的成员维克多·基尔南认为："希尔是一个具有一种使命感的人，这就需要一种清教徒的严峻"②。

英国共产党的规模比较小，要想有所作为，内部的团结很重要，然而，事情却向着相反的方向发展。二战之后，越来越多的党员对来自上面的指令产生怀疑，他们需要更多民主和言论自由。最终，一个旨在审视这些问题的委员会得以成立，希尔是成员之一。1956 年事件——赫鲁晓夫在苏共二十大上的秘密报告以及苏联入侵匈牙利——致使英共陷于混乱之中。1956 年 5 月

---

① Robin Briggs, "Hill, (John Edward) Christopher (1912 – 2003)," *Oxford Dictionary of National Biography*, http://www.oxforddnb.com/view/article/89437. 2012 – 11 – 22.

② V. G. Kiernan, "Christopher Hill – A Man with a Mission," http://www.spokesmanbooks.com/Spokesman/PDF/keirnan79.pdf.

和6月，约翰·萨维尔和汤普森分别发表作品，要求英国共产党积极回应赫鲁晓夫的揭露行为，并且对在党内禁止讨论的做法表示反对。他们很快创立《理性者》杂志，该杂志在1956年7月、9月和11月总共出了三期。一方面，这本杂志旨在促进讨论，推进共产党的改革。另一方面，正如萨维尔指出的，"共产党员的原罪之一就是在党外刊物批评党……我们认为，我们自己的独立期刊决没有分裂我们所属的党，或者更确切而言，我们为之献身的党"。① 杂志后来被勒令停刊，萨维尔和汤普森也退出了共产党，他们随之以《新理性者》取代了《理性者》。大量知识分子党员退党之际，希尔在党内多待了几个月，他当时是党内民主委员会的成员，而领导层希望借助该机构来安抚批评者，希尔无疑对此抱有一点希望。然而，让人失望的是，1957年，英共大会以压倒性多数否定了希尔和委员会其他成员提交的要求改革的少数派报告，希尔在这一年退出共产党。此后，希尔再也没有参与激进政治，尽管他依旧是一位左派人士，而且还与许多党员保持了可以回溯到他的共产党岁月的私人友谊。②

1952年，希尔参与了《过去与现在》的创刊工作，毫无疑问，这是英国马克思主义知识事业上的一件大事。刊物的编委会成员包括希尔顿、多布、霍布斯鲍姆以及考古学家柴尔德。从1952年到1968年，希尔一直是编委会成员之一；1970年，他接替A. H. M. 琼斯担任"过去与现在协会"会长。在任会长之后，他也一直为杂志审稿，并且参加编委会每年举行的夏季会议，与《过去与现在》的其他创建者讨论和审视杂志的方向和其他重要问题。杂

---

① J. Saville, "The Twentieth Congress and the British Communist Party," *Socialist Register*, 1976, pp. 6–7.

② Robin Briggs, "Hill, (John Edward) Christopher (1912–2003)," *Oxford Dictionary of National Biography*, http://www.oxforddnb.com/view/article/89437. 2012–11–22. "与许多共产党员一样，希尔对党内缺乏民主以及共产党不愿意批评苏联深感失望。这两个问题在1956年最后几周达到了紧要关头，尽管他直到第二年才离开……对那份批判性的少数派报告的拒绝，促成了他最终的退出"。参见 M. Kettle, "Christopher Hill," *Guardian*, 26 February 2003. http://www.guardian.co.uk/news/2003/feb/26/guardianobituaries. obituaries。

志反映的是一种多元的、具有挑战性的观点：在冷战氛围下继续马克思主义史学家和非马克思主义史学家之间的对话。它也为 20 世纪后期史学的繁荣作出了很大贡献。它的遗产包括许多关键的辩论：从现代早期革命的本质、17 世纪普遍危机到关于清教以及科学与宗教之关系的讨论。到 20 世纪 60 年代末，16 世纪和 17 世纪成为充满活力的研究领域，感兴趣的人超出了专家学者圈子。从很大程度上而言，这是希尔的成就。①

1965 年，希尔成为牛津大学贝利奥尔学院院长。希尔的当选，激起保守派的愤怒。不过，他的同事一致公认他对学院的忠诚，以及采取务实的、大家认可的行动的能力。希尔在任期内（1965—1978）为学院带来了变化：让学生代表参与学院管理，以及允许女性入学，这在希尔退休的后一年开始实施。最困难的问题来自 1968 年学生激进主义，希尔在这个问题上的感情很复杂。尽管他同情自由论者的反叛，但也厌恶姿态性政治和放纵。希尔以灵活的方式处理问题：尽可能避免正面冲突，在必要时强加纪律，私下向陷入困境的人提供帮助。②

事实上，从 20 世纪 50 年代开始，希尔就开始了自己丰富的历史写作生涯。17 世纪在当时并不是一个引人关注的研究领域，正是希尔改变了这种状况。事实上，在都铎—斯图亚特王朝史学家之间展开的激烈争论，也即 R. H. 托尼和埃尔顿引发的辩论，主要关注 17 世纪 40 年代革命之前更长期的进程。1956 年，希尔出版了《教会的经济问题》，他采取了相似的视角，通过强调宗教改革以来英国国教结构上的弱点，来解释国教对君主制的政治依赖。随后，希尔撰写了一系列著作，将 17 世纪中期的变动视为英国历史发展进程中的决定性事件。1958 年出版的《清教与革命》是一部文

---

① Geoff Eley, "John Edward Christopher Hill (1912 – 2003)," *History Workshop Journal*, No. 56 (Autumn 2003), pp. 289 – 290.

② Robin Briggs, "Hill, (John Edward) Christopher (1912 – 2003)," *Oxford Dictionary of National Biography*, http：//www. oxforddnb. com/view/article/89437. 2012 – 11 – 22.

集，关注的主题是所谓的"清教革命"，希尔在"序言"中强调了这场革命的复杂性，指出单一视角的危险性；在 1961 年的教材《革命的世纪：1603—1714》中，希尔对斯图亚特王朝的统治时期进行了分期论述，将其分为四个时期（1601—1640、1640—1660、1660—1688 以及 1688—1714），每个时期都从"叙述事件""经济""政治和宪政""宗教和思想"四个主要方面做出一致的考察；1964 年的《前革命时期英格兰的社会与清教》对清教主义进行了社会学分析，以新的角度考察了守安息日、清教对宣誓的反对以及清教徒对"纪律"的热衷等熟悉的主题，并且将清教视为一个特定社会群体——主要是"诚实、勤勉的英国人"——的意识形态；1965 年的《英国革命的思想起源》是 1962 年福特讲座的扩展版，追溯了内战时期激进主义的三大起源：罗利（Ralegh）的《历史》、柯克的普通法以及培根的经验主义；1973 年的《天翻地覆》则对革命时期平民激进主义做出了生动而迷人的研究；后来又在 1974 年出版文集《17 世纪英格兰的变化与连续性》以及在 1977 年出版了探究革命激进主义思想氛围的《弥尔顿与英国革命》。

1978 年，希尔从牛津大学退休，然后在开放大学工作了两年，最后回到牛津一座老宅居住。退休之后，希尔继续他的创作生涯，出版了一系列作品，例如 1980 年的《英国革命的思想影响》、1984 年的《失败的经历》、1993 年的《英语圣经与 17 世纪革命》等著作以及几本文集。2003 年 2 月23 日，希尔因脑萎缩在牛津一家疗养院去世。

二、希尔的英国革命研究

英国革命在英国历史进程中具有重要的地位，后来引起了史学家的广泛关注。克里斯托弗·希尔早在 1940 年就发表了论述这场革命的一本小册子，英共创始人之一的唐娜·托尔非常赞赏希尔的这部作品。① 如前所述，20 世纪 50 年代之后，希尔发表和出版了一系列论述 17 世纪和英国革命的作品，由此奠定了他在 17 世纪和英国革命史研究领域的权威地位。

在英国革命性质问题上，希尔坚持资产阶级革命说。在 1940 年的小册子《1640 年英国革命》中，希尔对 1640—1660 年间英国革命进行了解释，提出了资产阶级革命这个主题：保护封建旧秩序的政府权力被推翻，革命使权力转移到新阶级手中，同时，资本主义更快速地发展成为可能。在他看来，"内战是一场阶级斗争，议会击败国王，因为它得到城乡商业和工业阶级、自耕农、进步乡绅以及广大民众的热情支持"。② 希尔对内战的解释，引起了广泛争论。在马克思主义史学家当中，争论的焦点在于：16—17 世纪英格兰生产方式的特征以及英格兰绝对君主制的阶级基础。希尔认为，英国内战前的社会秩序本质上是封建的，内战导致了旧的社会秩序的终结。革命是资产阶级性质的，因为其结果是资本主义取代封建主义。这种观点，以及后来莫里斯·多布的主张，在马克思主义史学家当中占据主导地位，但也遭到其他一些马克思主义者的反对，比如，维克多·基尔南以及共产国际的领导人库琴斯基就表达了不同意见。后来，希尔放弃了 16 世纪英格兰必然是封建主义的立场，但是坚持英国革命是一场资产阶级革命。他声称："我发现，对于理解英国革命而言，马克思主义的资产阶级革命概念是一个很有用的模型"，但是"这个概念并不意味着革命是由资产阶级发动的"③，还认为"英国革命是由旧秩序的崩溃所引发的，它既不是资产阶级意志的产物，也不是长期国会领袖们的产物。但它最终为资本主义的发展

---

① 参见 D. Renton，"The Communist Party Historians and 1956," http：//www. dkrenton. co. uk/cp_ historians_ 1956. html. 2012 - 10 - 8。

② Christopher Hill, *The English Revolution*, 1640, London：Lawrence and Wishart, 1940. http：//www. marxists. org/archive/hill - christopher/english - revolution/.

③ C. Hill, *Change and Continuity in 17ᵗʰ Century England*, London：Weidenfeld and Nicolson, 1974, pp. 279 - 280.

确立了非常有利的条件"。① 由此可见，英国革命之所以是资产阶级革命，主要在于其结果更有利于资本主义的发展。

在英国革命中，希尔辨认出了两场相互联系的革命。其中的资产阶级革命成功了，它确立了财产的神圣权利和有产者的政治权力，并且为有产者思想意识的胜利扫除了一切障碍。另一场革命在新模范军提出自己目标的时候就开始了：主张向一切男性或几乎所有男性提供议会选举权、改革法律、保护地产所有权、宗教自由等。这场革命是"普通人"的革命，中产阶级以及更低阶层的人们参与其中。不过，希尔主要关注的，乃是革命中的激进团体及其思想主张，因为这些人表达的思想具有政治和文化意义，他们为现代社会的形成作出了贡献。希尔甚至羡慕雅各宾派在法国受欢迎的情景，叹息平等派在英国默默无闻。平等派要求政治民主，温斯坦莱和掘地派甚至还要求经济民主、共同耕种土地。喧嚣派（Ranters）认为土地是为每一个人而创造出来的，所有人是平等的。这些激进团体在革命年代——17世纪40年代到50年代——推动议会走得更远。

希尔强调了思想文化因素的重要作用。霍布斯鲍姆在论及共产党历史学家小组的集体贡献时，特别提到希尔在平民思想意识和社会思想史研究领域的贡献。② 希尔认为，思想史论述对于研究英国革命而言是必不可少的。在他看来，"一场伟大的革命不可能在缺少思想观念的情况下发生"③，"革命是由男人和女人制造的。革命的发生，思想观念上的变化必不可少"。④ 耶鲁大学戴维·昂德当（David Underdown）指出，希尔是一位思想史家，他不仅仅关注精英的思想，即那些生活于高雅文化世界的人们的思

---

① 转引自 Harvey J. Kaye, *The British Marxist Historians：An Introductory Analysis*，London：Macmillan，1995，p. 109。

② Eric Hobsbawm，"The Historians Group of the Communist Party," in M. Cornforth ed.，*Rebels and Their Causes*，Atlantic Highlands：Humanities Press Inc，1979，p. 44.

③ C. Hill，*Intellectual Origins of the English Revolution*，Oxford：Clarendon Press，1965，p. 1.

④ C. Hill，*Change and Continuity in 17ᵗʰ Century England*，London：Weidenfeld and Nicolson，1974，p. 282.

想，也关注通常被忽视的中产阶级和普通人的思想观念。希尔论述了弥尔顿、笛福、理查森（Richardson）、马弗尔（Marvell）以及其他许多重要的作者。不过，他最感兴趣的，乃是大众头脑中的想法以及它们如何对他们的行动产生影响。不管他讨论的是掘地派、喧嚣派和贵格会这种群体，还是一些个体，我们总能够在他的作品中发现思想观念与政治和社会环境之间存在的鲜活联系。①

在希尔看来，思想观念对于采取行动的个人来说很重要，不过，史学家同样也要重视培育了思想观念的环境。没有思想观念，革命无从发生，但是，革命并不是由知识分子制造的。希尔把 17 世纪知识分子领导阶层——小册子作家、清教徒、传教士、伦敦科学家、演讲者以及军队的鼓动者——置于一个更广阔的背景中，也就是经济的发展以及路德引发的对权威的冲击。当然，革命也不能归之于环境。在革命之前，领导层必须在认识上得到解放。② 如何做到这一点呢？首先，需要建立一套连贯的思想体系。希尔觉得，人们不会轻率地与过去决裂，如果没有一套替代性观念体系，他们不会挑战传统的标准。他承认，清教学说是最重要的思想体系，为人们接受革命做了思想上的准备。另外，像培根、罗利以及柯克也帮着破坏了人们对国家和教会所构成的旧秩序的信仰，这是一项很重要的工作，如果没有完成这项工作，政治革命就不可能发生。这些知识分子再加上清教学说，让人们为革命做好了准备。其次，建立与革命参与者的有机联系。要想创造认识上的解放，某些知识分子就得阐发一种替代性观念体系。在《英国革命的思想起源》中，希尔对比了传统知识分子和有机知识分子。前者是学院派/经院哲学家，忽视 1560—1640 年间的科学和知识革命；后者是

① David Underdown, "Puritanism, Revolution, and Christopher Hill," *The History Teacher*, Vol. 22, No. 1 (Nov., 1988), pp. 67 –68.

② Alan Johnson, "Christopher Hill and the Making of the English Revolution," *Solidarity*, 3/31, 29 May 2003. http：//www. workersliberty. org/publications/solidarity/solidarity – 331 – 29 – may – 2003.

培根、沃尔特·罗利、爱德华·柯克以及伦敦的科学家。有机知识分子要与普通人建立密切联系，领袖人物需要进入或培育各种机构和社会空间，促进对话、交流、教育和辩论。希尔对这类机构和空间——例如，酒馆和"成人教育运动"，以及从私立学院到新模范军等机构——做了大量论述。

希尔还论述了新教与资本主义的关系。他认为，清教徒不仅仅是那些想进行教会改革的加尔文派，也是一些希望改变整个社会的人，他们想实现自己的信仰，并且把父权制社会转变为更自律的、个人主义的甚至资本主义的社会。在 1640 年之前，清教学说不但吸引了贵族，也深深扎根于中间阶层和工业阶层的文化之中。在《新教与资本主义的兴起》一文以及其他作品中，希尔论述了这两大历史力量之间的关系。"人们不会因为是新教徒而成为资本家，也不会因为他们是资本家而成为新教徒"，但是，"在一个日益资本主义化的社会，新教学说有助于新价值的胜利"。①

三、希尔与马克思主义史学

希尔提倡一种整体史观和宏大视野，反对历史研究的专门化和细化，反对把历史分割为"政治史""经济史""宗教史"。② 他总是强调历史不同方面——不管是宗教与社会还是文学与政治——的相互联系。希尔在关于早期英格兰经济史的著作中指出："我的目的，就是强调政治与经济之间的相互作用，其中任何一种都没有被当作充分原因。"政治影响社会结构，也会影响民众的社会和经济生活。政治革命具有经济原因，政治革命也改变了英国的社会和经济生活，让 17 世纪的农业和商业革命成为可能，为 18 世

---

① Christopher Hill, "Protestantism and the Rise of Capitalism," in *Change and Continuity in Seventeenth – Century England*, London: Weidenfeld and Nicolson, 1974, p. 99.

② C. Hill, *Intellectual Origins of the English Revolution*, Oxford: Clarendon Press, 1965, p. 300.

纪工业革命做好了准备。① 在希尔看来，宗教、科学、政治以及经济之间的联系是无穷多样的，也是非常微妙的。②

就希尔的英国革命研究来说，他的早期文章所呈现的，乃是对一场资产阶级革命做出的阶级分析，不过，随着思想的发展和视野的扩大，他后来的作品提供了一种更复杂的图景：1640—1660 年间只是"革命世纪"的组成部分，尽管是一个重要的部分。希尔声称，总体而言，17 世纪中期的革命影响了"文学和艺术以及经济、政治、法律和社会"。③ 这种全景视角会矫正一些史学家只留意局部的倾向，也有助于反对下述观点：认为英国内战是一次不幸的历史事件，因为没有人策划，或者因为议会领袖常常宣称自己忠于王权和古代宪政。希尔鼓励我们扩大视野，去关注狭隘的宫廷和议会派系之外丰富的思想世界，去考虑书报检查制度的影响，去阅读那一时期的文献，从而促使我们把革命理解为具有强烈震撼性的历史事件。④ 希尔指出，要想对英国革命有一个正确认识，就得从总体上来分析当时社会："我们必须拓宽视野，以便囊括全部社会活动。像革命这种复杂的事件，必须从整体上来考察。无数的男男女女都参与了这一政治活动，不仅仅出于经济需要，也由于宗教和政治理想的驱动。"⑤

希尔与英国其他马克思主义史学家促进了"自下而上的"史学研究的繁荣。传统史学研究注重精英和统治阶级，忽视大众的经历和历史作用。20世纪前期和中期，随着社会的发展和世界格局的变化，"自下而上的"史学

---

① C. Hill, *Reformation to Industrial Revolution* 1530 – 1780, Harmondsworth and New York：Penguin Books，1969，p. 14.

② C. Hill, *Puritanism and Revolution*，London：Martin Secker and Warburg，1958，p. 29.

③ C. Hill, "The Pre – Revolutionary Decades," in *The Collected Essays of Christopher Hill. Volume I*：*Writing and Revolution in* 17ᵗʰ *Century England*，Brighton：The Harvester Press，1985，p. 4.

④ C. Hill, "The Pre – Revolutionary Decades," and "Censorship and English Literature," in *The Collected Essays of Christopher Hill. Volume I*：*Writing and Revolution in* 17ᵗʰ *Century England*，Brighton：The Harvester Press，1985，pp. 3 – 71.

⑤ C. Hill, *Puritanism and Revolution*，London：Martin Secker and Warburg，1958，p. 31.

研究开始出现，并引起史学家的关注和重视。这种研究强调普通人也有自己的历史，承认他们对历史进程——不管是历史变化还是连续性——所起的作用比我们以往认为的重要许多。这就意味着，历史探究的视角要从贵族、绅士、商人和牧师转移到农民、工匠和穷人身上，考察他们在英国革命中的重要角色。因为人们日益觉得，普通人能够从大众运动的历史中获得启发，能够改变世界。① 包括希尔在内的英国马克思主义史学家，正是这种历史研究的有力倡导者和实践者。他们都非常尊重唐娜·托尔，声称"她让我们感觉到……历史不是书面文字，不是国王和首相的活动，也不是纯粹的事件。历史是普通民众、我们的民众的汗水、鲜血、泪珠和胜利"。②

希尔认为，史学家不得停留在事件的表层，他们的兴趣应当广泛，要超越政府文件、法案和法令以及法官和地方行政官员的决定，要仔细地、批判性地倾听歌谣、喜剧、小册子、报纸发出的声音，要利用每一种资料来帮助自己理解人民是如何生活的，以及他们的感受为何与我们不一样，就骚乱者而言，要尽量理解他们的动机，不管他们被贴上了何种标签。③

在《天翻地覆》的"导言"中，希尔描述了革命时期来自底层的各种激进思想。耶鲁大学戴维·昂德当的《普莱德清洗》（1971）也是论述英国革命的著作，希尔比较了自己的著作与昂德当的作品所采取的不同方法："他（昂德当）采取的是上层的视角，来自白厅的视角，而我采取的是小人物的视角。我们两人的索引包含完全不同的名单。"④ 这也解释了希尔为何

---

① Brian Manning, "The Legacy of Christopher Hill," *International Socialism Journal*, Issue 99 (Summer 2003). http：//www. cddc. vt. edu/marxists/history/etol/writers/manning/2003/xx/chill. htm.

② John Saville ed. , *Democracy and the Labour Movement：Essays in Honour of Dona Torr*, London：Lawrence and Wishart, 1954, pp. 7 – 9. 转引自 David Renton, "Studying Their Own Nation without Insularity? The British Marxist Historians Reconsidered," *Science & Society*, Vol. 69, No. 4 (Oct. , 2005), p. 560。

③ 参见 Brian Manning, "The Legacy of Christopher Hill," *International Socialism Journal*, Issue 99 (Summer 2003). http：//pubs. socialistreviewindex. org. uk/isj99/manning. htm.

④ C. Hill, *The World Turned Upside Down*, London：Temple Smith, 1972, p. 11.

不遗余力地探究"不能发言的"和"沉默的"大众的声音。

希尔、霍布斯鲍姆和汤普森等人丰富和发展了马克思主义理论。在第一代英国马克思主义史学家当中,希尔在方法论上最敏锐。他为马克思主义历史书写提出了六大标准:(1)经济状况的核心地位;(2)阶级的角色;(3)思想意识的重要性;(4)人类信仰和价值的相对性;(5)文献材料(档案和历史器物)高于文学性材料(信件和日记);(6)用于理解个人的研究内容的哲学或世界观。[1]

在希尔看来,马克思主义研究方法完全不是一种障碍,一些以英文创作的最好的文化史作品,就是由马克思主义者或受马克思主义影响的史学家完成的,他也提到,甚至法国的布罗代尔和美国的 T. S. 库恩(T. S. Kuhn)等人也赞赏性地回到马克思。希尔明确指出,受马克思主义影响的史学家拥有一种优势:他们把历史视为一个整体,认为社会的文化和经济之间存在联系。这种视角有助于避免"懒惰的过度简化",激发人们去思考。[2] 事实上,他和汤普森等人让英国马克思主义历史编纂学在经验上变得可靠和负责,从而也就能够与英国更广大的史学家群体展开辩论,他一直让这种史学得到思考、了解、发展以及产生影响力。[3]

英国马克思主义史学家充分运用和发展了马克思主义阶级分析法。罗德尼·希尔顿关注中世纪的农民反抗,汤普森夫妇、约翰·萨维尔以及霍布斯鲍姆等人关注工人阶级的斗争经历。希尔指出,英国革命是一场社会革命、一场资产阶级革命,它极大地推动了资本主义的发展。同时,英国

---

① Christopher Hill, "Marxism and History," *The Modern Quarterly*, 3:2 (Spring 1948), pp. 55 – 58. 转引自 Edwin A. Roberts, "From the History of Science to the Science of History: Scientists and Historians in the Shaping of British Marxist Theory," *Science & Society*, Vol. 69, No. 4, October 2005, pp. 546 – 547。

② Christopher Hill, *The Collected Essays of Christopher Hill. Volume* 3: *People and Ideas in 17th Century England*, Brighton: The Harvester Press, 1986, pp. 4 – 5.

③ J. C. Davis, "Puritanism and Revolution: Themes, Categories, Methods and Conclusions (review article)," *The Historical Journal*, Vol. 34, No. 2 (Jun., 1991), pp. 479 – 480.

革命也是一场民主革命，尽管这场民主革命在各方面遭到了挫败。由此可见，希尔的"革命的世纪"是一个"阶级对抗""阶级敌视""阶级紧张""阶级冲突和斗争"的时期。希尔对17世纪英国斗争和动荡的解释，符合马克思主义史学家的阶级决定理论。不过，他没有局限于政治经济学或政治社会学，他的作品涉及文化社会学和17世纪英国各种思想的发展。在他看来，阶级斗争和阶级经验不仅仅是经济上的或政治上的，也不仅仅是政治—经济上的，而是广义的社会上的。[1]

希尔努力消除马克思主义史学的经济决定论倾向，在《英国革命的思想起源》中，他告诫人们警惕经济决定论，"马克思本人并不认为，人们的思想没有自身的历史，而仅仅是他们经济需求的简单反映；但是，与马克思本人相比，他的一些后继者，包括一些不承认自己是马克思主义者的人，更像经济决定论者"。[2] 事实上，希尔和其他马克思主义史学家通过他们的历史研究，为超越基础—上层建筑比喻及其经济决定论倾向作出了巨大贡献。[3]

四、希尔与他的批评者

希尔意识到，许多英国学者厌恶革命，他们把革命与邪恶的欧洲大陆和外国人联系在一起；修正主义史学家甚至声称，17世纪中期的革命是一次意外，并没有长期的原因或影响。[4] 在总体史的视野下，希尔批评了英国革命"偶然说"。他指出，一些人之所以得出这种结论，原因在于，他们的关注点

① Harvey J. Kaye, *The British Marxist Historians: An Introductory Analysis*, London: Macmillan, 1995, p. 100.

② Christopher Hill, *Intellectual Origins of the English Revolution*, Oxford: Clarendon Press, 1965, p. 3.

③ Harvey J. Kaye, "History and Social Theory: Notes on the Contribution of British Marxist Historiography to Our Understanding of Class," *Canadian Review of Sociology/Revue canadienne de sociologie*, Volume 20, Issue 2 (May 1983), p. 175。

④ Christopher Hill, "The Order and the Memory: Some Problems of the English Revolution," http://www.library.vanderbilt.edu/Quaderno/Quaderno4/Q4.C2.Hill.pdf. 2013-6-5.

过于狭隘，即主要考察乡绅和议会成员。希尔建议他们的视野要更开阔一些，去考察更广泛的领域。他声称："如果你关注的历史时期过于短暂，那么很可能失去视角。事情看起来更像是被偶然事件决定的……离树木远一点，以便看到整片森林，这是很重要的"。① 正是通过一种整体研究和综合考察，希尔率先表明，17 世纪中期英格兰的革命不仅仅是一场宪政革命，也不是狭义的宗教冲突，而是一场多面的社会革命，它具有世界历史意义，而我们只有采取务实的态度，才能理解其真正的含义。

有论者指出，或许很多人同意希尔的看法，即内战并不完全是意外事件和偶尔的错误导致的结果，不过，大家也不会使用希尔所使用的社会—经济术语来分析 17 世纪早期英格兰的政治张力。其他一些长期存在的重要因素促进了战争的爆发，比如王国的财政危机，对反宗教改革和教皇的恐惧，以及对詹姆斯一世和查理一世同情罗马天主教的怀疑情绪。②

一些史学家不同意希尔把英国内战解释为一场资产阶级革命，也不赞同以阶级和阶级斗争来理解 17 世纪英国的历史。他们认为，在工业革命之前的 17 世纪的英格兰，只存在一个阶级，那就是统治阶级。③ 但是希尔认为，阶级通过其成员的客观地位——相对于生产力和其他阶级而言——来界定，人们在反对共同敌人的过程中意识到了共同利益，在称之为"阶级意识"之前，这场斗争会经历很长一段时期。④ 希尔的这种观点与汤普森的很相似，汤普森

---

① 转引自 Alan Johnson, "Christopher Hill and the Making of the English Revolution," *Solidarity*, 3/31, 29 May 2003。

② Thomas Ahnert, "Review: The Varieties of Contexts in Early Stuart Intellectual History," *The Historical Journal*, Vol. 44, No. 2 (Jun., 2001), p. 567.

③ 希尔对这种单一阶级论进行了反驳，参见 Christopher Hill, *Change and Continuity in 17th Century England*, London: Weidenfeld and Nicolson, 1974, pp. 205 –218。

④ Christopher Hill, "A Bourgeois Revolution?," in J. G. A. Popock (ed.), *Three British Revolutions*: 1641, 1688, 1776, Princeton: Princeton University Press, 1980, p. 130. 转引自 Harvey J. Kaye, "History and Social Theory: Notes on the Contribution of British Marxist Historiography to Our Understanding of Class," *Canadian Review of Sociology/Revue canadienne de sociologie*, Volume 20, Issue 2 (May 1983), p. 175.

在《英国工人阶级的形成》中声称："我强调阶级是一种历史现象，而不把它看成一种'结构'，更不是一个'范畴'，我把它看成是在人与人的相互关系中确实发生（而且可以证明已经发生）的某种东西……当一批人从共同的经历中得出结论（从前辈那里继承或亲身体验到的经历），感觉到并明确说出他们之间的共同利益，并且他们的利益与其他人不同（而且常常对立）时，阶级就产生了。"①

有人指责希尔在材料选择上的偏见，即选取自己想要的材料，以一种简化的方式将宗教与阶级利益等同起来。不管如何定义，把清教等同于中产阶层和工业阶层文化的做法，会导致很多困难。这种做法在伦敦和一些棉织业中心不会导致什么问题，但是，在东英格兰以外的农耕地区和牧区则不适用，那里的自耕农、工匠和小商人更有可能反对而不是支持清教改革的各种严峻要求。②

同样以研究 17 世纪著称的史学家 J. H. 赫克斯特（J. H. Hexter）与希尔展开了对话。③ 赫克斯特在 1975 年《泰晤士报文学副刊》上发表的文章评论了希尔的一部著作，即《17 世纪英格兰的变化和连续性》。他攻击希尔的方法以及希尔对 17 世纪史学的贡献，批评希尔拼凑材料以迎合预想的模式、没有认识到——更别提讨论和处理——相互矛盾的证据材料，没有承认主题的限度，从而未能尊重职业史学家的责任。不过，这场争论的核心，在于希尔在"过渡"问题上的立场。希尔考察了从封建主义向资本主义过渡的一个方面，即新教与资本主义兴起的关系。在《新教与资本主义的兴起》一文中，希尔论述了清教学说有助于增强个人在良知上的信心和世俗事务上的独立。

---

① ［英］E. P. 汤普森著：《英国工人阶级的形成》，钱乘旦等译，译林出版社 2001 年版，第 1—2 页。

② David Underdown, "Puritanism, Revolution, and Christopher Hill," *The History Teacher*, Vol. 22, No. 1（Nov., 1988），p. 69.

③ 他们的辩论参见：J. H. Hexter, "The Burden of Proof," *Times Literary Supplement*, 24 October 1975；Christopher Hill, "Reply to Hexter," *TLS*, 7 November 1975；and J. H. Hexter, "Reply to Hill," *TLS*, 28 November 1975。

赫克斯特则指出，清教牧师布道的对象并不是资产阶级受众，当时也很难确定谁是资产阶级，谁不是资产阶级。一些布道文的内容与资本主义无关，希尔却拒绝引用这些段落，因此误导了读者。[1] 不过，希尔从来没有说清教布道积极地唤起了商人的注意，或者清教神学旨在吸引资本主义者而不是拯救灵魂。希尔只是认为清教神学的一些因素投合个人主义倾向。[2]

戴维·昂德当指出，希尔过于关注激进的少数派，而不太关心不那么激进的多数派，因此也就没有明确地解释为何旧秩序的很多东西保留了下来。这也与他主要依靠出版的材料而不是使用地方法院的原始文档有关。尽管希尔的作品大大促进了我们对那些推动 17 世纪英格兰变化的社会和思想形态的理解，但是，它们基本上没有阐明那些顺从的大众。我们需要去理解他们，如果我们想要了解英国革命的局限和成就、失败的原因以及旧秩序的大量残留物的话。大众对复辟王朝的默认不能简单说成是精英的操控。对家长制家庭以及有序统一的地方社会的传统信念，还有强大的吸引力。这些信念的持续存在，也解释了为何贵族和国教的主导地位在整个 18 世纪都那么坚固。[3]

事实上，在《英国革命的思想起源》一书中，希尔就材料的取舍做出了解释："我挑选出一些在我看来支持自己立场的证据材料。因此，我希望我没有压制那些与我的立场相反的材料，我经常……忽略一些我觉得是'客观中立的'材料……我的目的不是写作一本权威著作，只是希望开始一场争论。"[4]美国学者哈维·凯认为，就清教与资本主义的关系而言，希尔一方面承认清教学说和资本主义发展之间的联系，同时也指出清教学说在促进资本主义发

---

[1] 参见 William G. Palmer, "The Burden of Proof: J. H. Hexter and Christopher Hill," *The Journal of British Studies*, Vol. 19, No. 1 (Autumn 1979), p. 124。

[2] William G. Palmer, "The Burden of Proof: J. H. Hexter and Christopher Hill," *The Journal of British Studies*, Vol. 19, No. 1 (Autumn 1979), p. 125.

[3] David Underdown, "Puritanism, Revolution, and Christopher Hill," *The History Teacher*, Vol. 22, No. 1 (Nov., 1988), pp. 72 – 73.

[4] C. Hill, *Intellectual Origins of the English Revolution*, Oxford: Clarendon Press, 1965, pp. vii, viii.

展的同时，也可能起妨碍作用，因为清教徒的活动和实践指向激进的民主政治。此外，新教学说吸引了不同人群，在不同地区对资本主义的发展所起的作用也不一样。①

希尔学识渊博，即使一些最严厉的批评者也承认，希尔比其他任何学者更了解 17 世纪的英国。毫无疑问，希尔会受到指责和批评，他本人也会在一些本质问题上捍卫自己，不过，他愿意承认自己的一些疏忽，并且强调所有历史观点的临时性本质。希尔认为，史学家应当尽可能将过去的各个层面联系起来，必须大方地思考这种联系，即便无法证明它们。或许，他夸大了 17 世纪英格兰变化的程度和速度，更多通过材料的选择而不是严谨的理论来进行论证，不过，他的工作具有丰富的创造性。②

希尔在公众头脑中确立了 17 世纪是"革命的世纪"的形象。事实上，希尔就是英国革命的同义词，就好像 1540—1640 年间被称为托尼的世纪一样，17 世纪成为"希尔的世纪"。希尔在英国革命史领域所具有的巨大影响力，可以归因于他完成的大量著作和文章，以及他与其他史学家的不断辩论；也归因于他渊博的知识，包括文学、法律、科学以及宗教和经济知识；还归因于一个事实，即他的工作设定了议程和标准，研究 17 世纪的史学家都得就此做出回应，不管他们对希尔的方式和解释采取赞同还是反对态度；尤其归因于他从马克思主义那里吸收的灵感。③

---

① Harvey J. Kaye, *The British Marxist Historians: An Introductory Analysis*, London: Macmillan, 1995, pp. 113 – 115.

② Robin Briggs, "Hill, (John Edward) Christopher (1912 – 2003)," *Oxford Dictionary of National Biography*, http://www.oxforddnb.com/view/article/89437. 2012 – 11 – 22.

③ Brian Manning, "Christopher Hill – Turning point in history," *Socialist Review*, Issue 272, 2003. http://pubs.socialreviewindex.org.uk/sr272/manning.htm.

第四章　维克托·基尔南：
帝国主义批评者

　　维克托·基尔南（Victor Kiernan，1913—2009）是欧洲殖民扩张和帝国主义的有力批评者。与同时代的爱德华·汤普森、克里斯托弗·希尔、罗德尼·希尔顿以及霍布斯鲍姆等人相比，基尔南在世时受到的公开赞美很少。不过，印度史学家慕克吉（Rudrangshu Mukherjee）指出，英国马克思主义史学家大多"承认基尔南是他们所有人当中最博学、阅读最广泛的人"。[1] 霍布斯鲍姆高度评价了基尔南的成就，他声称，20 世纪 60 年代以来英国史学产生的全球冲击力很大程度上要归功于基尔南的影响。[2] 基尔南具有一种全球视野，论述了殖民主义和帝国主义在亚洲、美洲、非洲大陆以及南太平洋地区的侵略扩张。国内学界对基尔南这个人物还相当陌生，探究他的思想有助于我们更全面地了解英国乃至欧洲马克思主义史学理论的发展。

---

[1]　转引自 John Trumpbour，"Victor Kiernan: Historian of Humankind," *The Nation*，2 March，2009。
[2]　Eric Hobsbawm，"Victor Kiernan," *The Guardian*，18 February，2009. http://www.theguard-ian.com/books/2009/feb/18/victor-kiernan-obituary.

一、生平与著作

维克托·基尔南 1913 年 9 月 4 日出生在兰开夏郡一个中下层中产阶级家庭，父亲是曼彻斯特船舶运河公司葡萄牙语和西班牙语翻译，基尔南就读曼彻斯特文法学校之前，就学习了这两种语言，在文法学校又学习希腊语和拉丁语。1931 年，他进入剑桥大学三一学院攻读历史，1934 年获得学士学位，1937 年获得硕士学位，随之成为三一学院研究员。在剑桥期间，基尔南与许多亚洲尤其是印度留学生建立了联系和友谊。

1934 年，基尔南加入共产党。我们不难理解基尔南对共产主义的信仰，对他那一代许多人来说，大萧条使得资本主义即将崩溃，而纳粹主义似乎是文明的最后威胁，在许多史学家和科学家眼中，共产主义和苏联看起来是最好的替代方案。后来，基尔南不满英国共产党对苏联镇压匈牙利革命做出的麻木不仁的反应，也因为党内缺乏民主，于 1959 年退党，不过此后依旧是左派的同情者，自称"没有左派敌人的独立马克思主义者"，并且始终反对帝国主义。

在剑桥大学担任研究员期间，基尔南把考察对象锁定在 19 世纪英中关系领域。这项研究成果就是他第一本重要著作《1880—1885 年间英国在中国的外交政策》[①]，这部作品揭示了他对非欧洲世界的兴趣。一方面，这是一部传统的著作，关注外交家和政治家的意志和思考，即在 19 世纪晚期中国和亚洲谋求实现各自国家的野心和利益。另一方面，它也力图创新，试图阐明外交政治与经济力量联系在一起的方式，从而把看似独立的外交事务和经济史结合起来。此外，基尔南还从马克思主义视角进行探讨，分析了中国历史上的

---

① V. G. Kiernan, *British Diplomacy in China*, 1880 *to* 1885, Cambridge: Cambridge University Press, 1939.

生产方式、中国的社会结构及其与国家的关系，以及中国的阶级冲突。[①]

1938 年，基尔南决定去一趟印度，去亲身体验那里的政治环境，并且也制订了一些历史研究计划。他还带去了共产国际给印度共产党的一份文件，其主旨是：莫斯科正在寻求与英国缔结集体安全条约，因而当前不可能为印度共产党争取合法地位。在抵达印度后不久，基尔南与印度一位舞蹈家和政治活动家尚塔·卡莉达斯·甘地（Shanta Kalidas Gandhi）结婚（1938 年相识于伦敦，1951 年正式离婚）。基尔南在印度一直待到 1946 年 7 月，主要在拉合尔的锡克民族学院（Sikh National College）与阿奇森学院（Aitchison College）教书。其间，他继续考察英国在亚洲的帝国主义，并且完成了一部篇幅短小的外交史专著：《梅特卡夫的拉合尔使命》（1943）。他也对伟大的乌尔都语进步诗人伊克巴尔（Iqbal）和法伊兹（Faiz）产生了兴趣，并且翻译了他们的作品。

在印度期间，基尔南并不是印度政治发展的旁观者，他参与了印共一些活动，包括演讲、广播播音、翻译和编辑小册子等。他是印共领导人 P. C. 乔希（P. C. Joshi）的朋友，在印度同志们身上发现了许多非凡的品质。不过，印共僵化的教条主义、官僚主义和好斗的民族自尊，让基尔南感到恼怒不已。在印度八年时间，基尔南未曾听见哪怕有一个理论观点得到讨论。尽管如此，基尔南在回顾这段与印共成员的生活和工作岁月时，称之为"我一生中最令人振奋的经历"。[②]

在一些印度人士看来，基尔南的印度之旅非常重要。基尔南的学生普拉卡什·卡拉特（Prakash Karat）认为，如果基尔南没去印度，那么伊克巴尔和法伊兹的诗歌不可能那么快就被翻译成英文，基尔南也不会完成"马克思论

---

① Harvey J. Kaye, "Introduction", in V. G. Kiernan, *Imperialism and Its Contradictions*, London: Routledge, 1995, p. 6.

② 参见 Bhupendra Yadav, "Kiernan: Historian of Imperialism," *Economic and Political Weekly*, Vol. 44, No. 24 (Jun. 13 – 19, 2009), p. 27。

印度"的文章，也不会论述英帝国主义与其最重要殖民地之间的关系。① 美国学者哈维·凯也指出，印度经历对基尔南而言极其重要。它强化和扩大了基尔南原有的兴趣：他对帝国主义和殖民主义的研究又纳入了民族主义和民族国家形成问题，他一生保持着对印度次大陆政治和文化的迷恋和关注。这种经历也大大促进了基尔南的帝国主义和殖民主义观的发展。②

1946 年，基尔南回到剑桥三一学院，同年加入英国共产党历史学家小组。基尔南很快需要另谋教职，但因政治立场问题，他申请剑桥和牛津大学的教席都没有成功。1948 年，基尔南终于在爱丁堡大学历史系谋得职位，因为他于 1939 年出版的论中国的著作给外交史学家理查德·佩尔斯（Richard Pares）留下了深刻印象。1970 年，他开始任近代史讲座教授（Personal Chair），1977 年退休。

在爱丁堡大学执教期间，基尔南继续着自己的政治活动，不但参与史学家小组的活动，也在朝鲜战争爆发后加入英中友好协会。《过去与现在》创刊之后，他与刊物保持着密切关系，在 1952 年第一期上发表了文章，也参与该杂志于 1953 年发起的第一场辩论，1973—1983 年间担任杂志的编委。

基尔南回国之后出版的第一部重要著作是《西班牙历史上的 1854 年革命》（1966），该作品旨在填补英国学者在 19 世纪西班牙历史研究上的一个空白。基尔南利用了大量西班牙政治小册子和报纸，同时也查阅了英国和其他的外交档案材料，对这场革命做出了详细的探究，他把 1854 年革命视为旧自由主义的一个顶点以及一种新社会革命的初现。③

20 世纪 60 年代以来，基尔南重点关注欧洲帝国和帝国主义，完成了一系

---

① Prakash Karat, "Victor Kiernan and the Left in India," http：//indiacurrentaffairs. org/victor – kiernan – and – the – left – in – india – prakash – karat/.

② Harvey J. Kaye, "Introduction", in V. G. Kiernan, *Imperialism and Its Contradictions*, London：Routledge, 1995, p. 7.

③ John N. Schumacher, "Review of *The Revolution of* 1854 *in Spanish History* by V. G. Kiernan," *The Catholic Historical Review*, Vol. 55, No. 3 (Oct. , 1969), pp. 504 – 505.

列相关论文和著作。其中最著名的作品是《人类的主人：欧洲帝国时期对其他文化的态度》（1969），基尔南考察了第一次世界大战之前一个多世纪欧洲人和非欧洲人对彼此的认识。萨义德将《人类的主人》视为影响他创作《东方学》（1978）的一部重要作品。随后出版的《马克思主义与帝国主义》（1974）是一本文集，第一篇"导论"评析了马克思主义的帝国主义理论，后面的文章涉及英国在印度的殖民统治、欧美帝国主义比较分析和农民革命。《美国的新帝国主义：从白人殖民到世界霸权》（1978）对美国尤其美国资本主义进行了不遗余力的抨击，基尔南把扩张和帝国主义当作美国发展的核心。在《1550—1600 年间欧洲的国家和社会》（1980）中，基尔南考察了绝对主义国家的出现。《从征服到崩溃：1815—1960 年间欧洲的帝国》（1982）对英国、荷兰、法国、葡萄牙、俄国以及西班牙在世界各地的帝国主义活动进行了专题考察。基尔南还参与编纂了《马克思主义思想词典》[①]（1984），并且撰写了题材广泛的词条，内容涉及宗教、革命、战争、基督教以及马克思时代的帝国等。哈维·凯编辑了基尔南的三部文集：《历史、阶级和民族国家》（1988）、《诗人、政治与人民》（1989）以及《帝国主义及其冲突》（1995）。印共领导人、基尔南的学生普拉卡什·卡拉特编辑了《超越时间与大陆》[②]（2003），这是献给基尔南 90 华诞的文集。除了编者简短的"序言"以及霍布斯鲍姆和哈维·J. 凯的两篇文章（对史学家基尔南做出了评价）之外，还收录了基尔南在 1959 年离开共产党之后创作的关于印度的八篇文章。在前四篇文章中，基尔南以历史学家的身份讨论印度问题，接下来两篇文章以文学批评家的身份评论法伊兹和伊克巴尔的诗歌，剩下的两篇文章回忆自己的印度岁月。2009 年 2 月 17 日，基尔南逝世于苏格兰家中。2010 年 10 月，剑桥大学南亚研究中心召开了一场纪念基尔南的学术研讨会。

---

① Tom Bottomore et al (eds.), *A Dictionary of Marxist Thought*, Oxford: Blackwell, 1983.

② Prakash Karat (ed.), *Across Time and Continents: a Tribute to Victor G. Kiernan*, New Delhi: Left-Word Books, 2003.

二、帝国主义理论分析

帝国主义是世界历史的重要内容，也是马克思主义理论家关注的焦点之一。"帝国主义"一词最初于 19 世纪 30 年代在法国得到使用，被用来描述欧洲国家对非欧洲领土的控制。[①]《简明不列颠百科全书》做如下界定："一国在本国领域之外违反当地人民的意愿而对其实行控制的政策……"[②] 许多马克思主义者也给出了自己的定义，列宁宣称："如果必须给帝国主义下一个尽量简短的定义，那就应当说，帝国主义是资本主义的垄断阶段。"[③]

在英国马克思主义史学家群体中，基尔南是唯一一位倾其一生研究欧美帝国主义的学者。基尔南对欧洲殖民扩张和帝国主义的关注，开始于 20 世纪 30 年代的剑桥岁月，那时，他结识了在剑桥留学的印度、中国和非洲的民族主义者，并且开始阅读列宁和布哈林论帝国主义的作品。此后，基尔南一直专注于欧洲的海外扩张和军事征服研究，他不但考察欧洲帝国主义的形成与影响，也分析了美国的新帝国主义及其特征。

首先，基尔南批评了英国学术界对帝国主义主题的忽视，并肯定了它的重要性。基尔南指出，一些学术性历史书写仅仅把它看成某种离奇的错误或无稽之谈，很显然，"如果这样……我们很快就会容许自己忘却历史上绝大多数的不愉快"。[④]

基尔南很清楚，帝国主义并不像一些英国学者所认为的那样已经成为明日黄花，与当前没有太多关联性。[⑤] 他的看法恰恰相反，他明确指出，与几乎

---

① Bhupendra Yadav, "Kiernan: Historian of Imperialism," *Economic and Political Weekly*, Vol. 44, No. 24（Jun. 13 – 19, 2009）, p. 27.

② 《简明不列颠百科全书》第 2 卷，中国大百科全书出版社 1985 年版，第 602 页。

③ 《列宁选集》第 2 卷，人民出版社 2012 年版，第 650 页。

④ V. G. Kiernan, *Marxism and Imperialism*, London: Edward Arnold（Publishers）Ltd, 1974, p. vii.

⑤ V. G. Kiernan, *Marxism and Imperialism*, London: Edward Arnold（Publishers）Ltd, 1974, p. 68.

所有其他主题相比，帝国主义能够让我们更好地了解人和人类社会的本质，那就是人类社会（最原始的社会除外）呈现出的由不平等阶级构成的社会等级秩序。①

其次，基尔南试图对帝国主义做出界定。基尔南曾经赞同性地引用了第三国际在 1922 年提出来的一种看法，即"帝国主义的本质，在于利用世界经济不同地区生产力发展的不同阶段来获取垄断性超额利润"，他认为这一定义同时适用于资本主义和帝国主义。基尔南还指出："可以说，现今的帝国主义就是通过各种方式在国外施加强制和胁迫，以此勒索单纯的商业贸易无法获得的利润。以此观之，它可以被视为资本主义时代'超经济强制'（一切封建统治的标志）的延续或复活。"② 有论者敏锐地指出，基尔南的这种定义，与经典马克思主义的帝国主义概念存在很大不同。③

但是，基尔南又觉得帝国主义的含义始终不太清晰，"对英国这种拥有大片海外领地的国家来说，它自然意味着不断增加土地和殖民地的野心。对其他欧洲国家来说，它很可能有着更宽泛的指涉：权力政治，也就是使用或威胁使用武力来赢得顺服者，其中包括被打败的商业竞争者"④。他认为"帝国主义始终难以定义。它形式多变，贯穿整个历史；现代资本主义赋予它特殊的新形式"⑤。

第三，考察新殖民主义。基尔南认识到，在直接统治基本消失之后，新殖民主义接踵而至。在他看来，资本主义依旧具有活力，具备精神或政治上

---

① V. G. Kiernan, *Marxism and Imperialism*, London: Edward Arnold (Publishers) Ltd, 1974, p. vii.

② V. G. Kiernan, *America: the New Imperialism from White Settlement to World Hegemony*, London: Zed Press, 1980, p. ix.

③ Neil Davidson, "There's no place like America today," *International Socialism*, Issue 109, 2006. http://isj.org.uk/theres–no–place–like–america–today/. 2015 – 9 – 8.

④ V. G. Kiernan, *Marxism and Imperialism*, London: Edward Arnold (Publishers) Ltd, 1974, pp. 19, 1.

⑤ V. G. Kiernan, *America: the New Imperialism from White Settlement to World Hegemony*, London: Zed Press, 1980, p. ix.

的适应性。它已经发生了改变，并且能够做出进一步改变。就不发达地区而言，它现在是一种新殖民主义，并且呈现出各种形式——这取决于地方领导的能量、外国利益介入当地资源的程度以及其他因素。从最低层面来说，这是旧殖民方法的一种改进，它放宽了对一些事情的限制，促使进一步发展成为可能。他认为这种情况类似于 1861 年俄国农奴制解放：没有永久性地解决任何问题，但解放农奴是俄国历史上一个新时代的标志。[①]

基尔南把美国的资本主义视为新殖民主义最重要的体现。他指出，我们一直听闻"美帝国主义"这种说辞。对保守派来说，它只是一对词语，像独角兽一样虚幻；对自由派来说，它是一件长期存在、令人尴尬的事；对许多左派来说，它就是敌人，人类的敌人。它的特征和发展趋势与整个世界息息相关，但要想真真切切地看清它们却相当困难。[②]

在《美国的新帝国主义》这部著作中，基尔南对美国的历史和政治做出了尖刻的评论，同时也敏锐地认知到和正确评价了美国发展过程中特有的张力和冲突。[③] 他在著作的开头声称："在这片新土地上，始终存在一种二元性：一种深刻的灵魂分裂，有如黑白人种之间的种族分裂一样。对新生活的渴望从来没有完全屈服于我们先辈所说的'肉欲和恶魔的世界'。但是后面这些诱惑一直强劲有力，帝国主义的欲望——贯穿整个美国历史，最终成为其最引人注目的特征——就是后果之一。"[④] 毫无疑问，基尔南的这部著作摧毁了美国人一直坚持的一个强有力的神话，即美国从来就不是

---

① Victor Kiernan, "The Peasant Revolution: Some Questions," *The Socialist Register*, 1970, pp. 14 – 15.

② Victor Kiernan, "Imperialism, American and European: Some Historical Contrasts," *The Socialist Register*, 1971, p. 21.

③ 这部作品也遭到了严厉批评："它从头到尾充斥着过时的解释"，"显而易见的事实错误"和"荒谬可笑的观点"。参见 Paul S. Holbo, "Review of *America: the New Imperialism from White Settlement to World Hegemony* by V. G. Kiernan," *Pacific Historical Review*, Vol. 51, No. 3 (Aug., 1982), pp. 344 – 345。

④ V. G. Kiernan, *America: the New Imperialism from White Settlement to World Hegemony*, London: Zed Press, 1980, p. 1.

一个"殖民"国家。它表明,美帝国主义有别于欧洲帝国的扩张,美帝国建构的是一种新殖民主义。

基尔南对欧洲和美国的帝国主义做出了比较分析。在《美欧帝国主义的历史比较》一文中,基尔南考察了美国扩张的历程,并且将之与现代欧洲的扩张进行比较,由此指出了两者之间的相似和重大差异。在欧洲,每个国家都是通过多年的战争而形成,扩张意味着用武力征服;在美国,征服意味着通过贸易、技术来获取利润、影响力甚至权力,战争只是最后的手段。基尔南还认为,美国反抗英国也是一种初期的扩张主义,而西进运动是自由拓殖者的一场"人民的帝国主义",是一种现代资本主义活动。①

第四,基尔南根据自己对帝国主义的理解,批判性考察了一些马克思主义者的帝国主义理论。这种分析集中体现在文集《马克思主义与帝国主义》(1974)的第一章。这本论文集包括一篇"导论"和六篇发表过的文章。在"导论"中,基尔南评论了霍布森、伯恩斯坦、考茨基、李卜克内西、希法亭、罗莎·卢森堡、布哈林以及列宁等人的帝国主义理论。

英国作为曾经最大的殖民帝国,它的扩张经历无疑让许多英国学者很感兴趣,经济学家霍布森的《帝国主义》(1902)就试图系统阐释帝国主义理论。霍布森重点分析了资本输出,认为低工资和购买力不足导致资本外流,他的补救方法在于提高生活水准。基尔南指出,霍布森的著作对英国社会主义者或费边主义者没有留下什么印象,在欧洲大陆,它则促进了"帝国主义"一词的传播。最重要的是,霍布森的《帝国主义》为资本集中和资本输出理论——帝国扩张的主要动力——奠定了基础。②

在德国,伯恩斯坦发起对马克思主义的"修正"运动,他主张通过议

---

① Victor Kiernan, "Imperialism, American and European: Some Historical Contrasts," *The Socialist Register*, 1971, pp. 22–24.
② Victor Kiernan, "Farewells to Imperialism: Some Recent Studies of Imperialism," *The Socialist Register*, 1964, p. 259.

会道路实现社会主义，希望社会主义者接受资本主义以及德国的对外扩张。他本人对德国占领青岛无动于衷，觉得没有理由认为欧洲的统治一定要伤害当地人民。布尔战争之后，德国的社会主义者才开始严肃地思考帝国主义问题。左派社会主义者起了主要作用，伯恩斯坦为资本主义的辩护受到谴责。1907 年，卡尔·李卜克内西在《军国主义和反军国主义》这部作品中讨论了帝国主义，公开谴责军国主义和军备的主导地位。卡尔·考茨基也是研究"新帝国主义"的学者，基尔南肯定了前者在这个主题上的一些见解，同时就他的一些论述表达了不同立场。奥地利马克思主义经济学家希法亭的《金融资本》（1910）也探究了帝国主义问题。希法亭把金融资本与卡特尔的扩张联系在一起，并且指出，金融的主导地位以及愈演愈烈的关税战促进了资本输出，因此也导致"资本主义制度在世界范围的传播"。在基尔南看来，希法亭"探讨了一些重要问题，但没有考虑民族差异，没有提供一个框架来评价欧洲的'帝国主义'"。基尔南还高度评价了罗莎·卢森堡，称赞她"或许是这个世纪最著名的女性，对帝国主义进行了深刻的探究"，"罗莎·卢森堡的理论的主要优点，在于它强调资本主义从来就不是孤立存在的；'资本主义扩张到新地区'是过去两百年'巨大的世俗繁荣'的'主要结果'"。①

在俄国，马克思主义理论家布哈林于 1915 年完成了《世界经济与帝国主义》，列宁为该书写了"序言"，并且赞同其中的主要观点。基尔南指出："就帝国主义理论来说，他们两人的观点大体相同，他们有能力在基本的经济因素上达成一致，这或许让他们局限于某种狭隘的经济研究。"② 但是，布哈林的著作在俄国未能通过审查，直到布尔什维克夺取政权之后才出版。

---

① V. G. Kiernan, *Marxism and Imperialism*, London：Edward Arnold（Publishers）Ltd, 1974, pp. 8 – 14, 15, 17, 18.

② V. G. Kiernan, *Marxism and Imperialism*, London：Edward Arnold（Publishers）Ltd, 1974, p. 28.

因此，列宁当时觉得有必要亲自写一本论帝国主义的著作。事实上，早在1912 年，列宁就开始做关于帝国主义的笔记，内容摘自 148 本著作和 232篇文章，涉及四种语言，其中以德语作品居多。① 1917 年，列宁出版了《帝国主义》一书，从马克思主义视角分析了帝国主义，并且提出了"帝国主义是资本主义的垄断阶段"这一著名论断。

基尔南指出，列宁"并不是一位原创性思想家，而是一名伟大的对各种思想进行综合者（systematizer）：这类人也不可或缺，他们深化和统一大量的思想，并且为其提供更坚固的基础"。② 确实，列宁在写作过程中批判和综合了许多帝国主义理论，并且肯定了霍布森和希法亭在这个问题上的成绩，当然也指出了他们的不足。③ 基尔南认为，列宁当时迫切关注的，与其说是帝国主义，不如说是战争，即与 1914 年战争相关的两大问题：战争为何爆发？各国人民为何支持它？而帝国主义为他提供了开启这两把锁的钥匙。欧洲卷入战争是因为资本主义发展到了集中和垄断阶段，需要争夺国外领土。战争之所以得到广大支持，是因为统治阶级通过让境况较好的工人享受到帝国盛宴的一点好处来迷惑他们或消除他们的斗志。④

在基尔南看来，由于列宁的理论似乎是对第一次世界大战的解释，因此，二战之后，它丧失了某些实用性，因为资本主义国家之间的战争事实上变得不太可能。⑤ 他宣称，"列宁的'最高阶段'并不是最后阶段，而仅仅是倒数第二个阶段或者更靠前的阶段，我们生活时代的帝国主义（以美

---

① V. G. Kiernan, *Marxism and Imperialism*, London: Edward Arnold (Publishers) Ltd, 1974, p. 16.

② V. G. Kiernan, *Marxism and Imperialism*, London: Edward Arnold (Publishers) Ltd, 1974, p. 37.

③ 《列宁选集》第 2 卷，人民出版社 2012 年版，第 583 页。

④ Victor Kiernan, "Farewells to Imperialism: Some Recent Studies of Imperialism," *The Socialist Register*, 1964, pp. 259 – 260.

⑤ Victor Kiernan, "Imperialism, American and European: Some Historical Contrasts," *The Socialist Register*, 1971, pp. 21 – 22.

国作为典型）属于一个不同的范畴"。① 他同时也承认了列宁帝国主义分析的价值，声称"它的轻视者没有找到更好的解释，一些人为了避免麻烦和尴尬而弃用'帝国主义'一词"，但是"假装现代史上不存在帝国主义这种事物，完全是一种昏聩无知；同样，任何尝试着解释帝国主义而无视列宁的做法，必定比列宁本人的解释更不完美"。②

三、文化帝国主义批判

在英国马克思主义史学家当中，基尔南开拓了文化帝国主义研究。③ "文化帝国主义"这个概念的涵盖面很广，主要是指西方发达国家利用其文化优势，实现对不发达国家和地区的控制，也即把西方的一套价值、信念、知识、行为规范和生活方式强加给其他国家和地区的人民。④ 文化帝国主义的理论渊源，可以回溯到意大利的葛兰西、法国的弗朗兹·法农和德国的法兰克福学派，这一理论的主要代表人物还包括萨义德、汤林森、亨廷顿等人。⑤ 基尔南的一些作品讨论过葛兰西、法农和萨义德的思想。在《人类的主人》（1969）以及其他作品中，他考察了帝国主义意识形态与欧洲白人至上主义的本质、发展及其影响。

首先，基尔南分析了欧洲人自信的来源。对美洲大陆的征服，为欧洲人带来的不仅仅是丰富的资源，还极大地鼓舞了欧洲人的信心："西班牙人

---

① V. G. Kiernan, *Marxism and Imperialism*, London: Edward Arnold (Publishers) Ltd, 1974, p. 61.

② V. G. Kiernan, *Marxism and Imperialism*, London: Edward Arnold (Publishers) Ltd, 1974, pp. 67 - 68.

③ Bhupendra Yadav, "Kiernan: Historian of Imperialism," *Economic and Political Weekly*, Vol. 44, No. 24 (Jun. 13 - 19, 2009), p. 26.

④ 王晓德：《"文化帝国主义"命题源流考》，《学海》2009 年第 2 期，第 32 页。英国学者汤林森指出，"文化帝国主义"是一个难以定义的术语，他对这个概念的讨论，参见［英］汤林森著《文化帝国主义》，冯建三译，上海人民出版社 1999 年版，第 4—15 页。

⑤ 齐峰：《西方文化帝国主义理论研究》，吉林大学博士学位论文，2015 年，第 2—3 章。

与其他欧洲人永远也不会忘记这段令人陶醉的记忆：一小撮白人在眨眼之间便征服了两个庞大帝国。这个成功抵消了土耳其人在欧洲的胜利，并持续让欧洲人对自己的武力与未来充满信心。"①

欧洲人对殖民地人民的熟悉和了解，强化了他们的优越感。基尔南指出，英国人一度相当礼敬印度的婆罗门阶级。但是，英国人在印度殖民越久，越熟悉印度，便越瞧不起印度，他们自认为是比印度任何种姓阶级更优越的阶级："英国人总觉得印度下属或同事缺乏男子气概，不够独立"，而且"英国人总认为这些特质来自种族而非文化因素"。就非洲来说，"欧洲人一直觉得非洲人是天生当奴隶的种族"，西非人肤色最深，与欧洲人肤色差异最大，因此欧洲人认为他们最低等。② 而殖民地许多人对欧洲生活方式的羡慕和模仿，会进一步增强欧洲人的自满。同时欧洲人相信，只有基督教能结合上天的谦卑与人类理性。③

在欧洲海外扩张过程中，传教士扮演了重要角色，他们的成就复活了长期衰微的宗教精神。近代早期，传教士的报告为大量欧洲人提供了外部世界的图景。作为"在场者"，这些人就是欧洲的眼睛和耳朵。但是，传教士具有自身的偏见。④ 在印度，有传教者把印度民族性总结为"盲从、欺伪、纵欲、贪婪"，有的指出印度教徒不诚实、缺乏道德勇气。不过，基尔南并没有对传教士做出一种单一的描述，他也承认这些人在科技和教育方面为殖民地人民带去了一些新的因素。

其次，基尔南考察了欧洲的扩张对欧洲人自我认同和自我理解造成的影响。欧洲的征服活动激发了一种长久存在的欧洲"文明"意识。近代以

---

① ［英］维克托·基尔南著：《人类的主人：欧洲帝国时期对其他文化的态度》，陈正国译，商务印书馆2006年版，第11页。

② ［英］维克托·基尔南著：《人类的主人：欧洲帝国时期对其他文化的态度》，陈正国译，商务印书馆2006年版，第23、55、212、223页。

③ ［英］维克托·基尔南著：《人类的主人：欧洲帝国时期对其他文化的态度》，陈正国译，商务印书馆2006年版，第345页。

④ V. G. Kiernan, *Imperialism and Its Contradictions*, London: Routledge, 1995, pp. 155 – 156.

来，欧洲国家在欧洲境内和世界其他地区纷争不断，不过，在向外扩张过程中，它们也意识到了欧洲国家拥有一些共同的习俗和制度。例如，"西北欧的军事技术是一致的，经济是整体的，表现出劳力分工的经济体"，"尽管各国彼此征伐，欧洲国家仍然感受得到它们与其他大陆的差异"。欧洲各国了解到，它们属于同一文明：在理性思考、世俗事务、科学发展上，有着共同的利益；尽管各国发展程度不一样。对肤色与文化的看法，是欧洲意识兴起过程中的一大特点。基尔南进而指出，"欧洲集体意识中的重要元素之一，就是认为欧洲所有民族都长得差不多"，因此，"欧洲人总给非欧洲人一个印象：欧洲人属于同一种族"。[①]

欧洲与外部世界的对比，促使它最充分地认识了自己以及它们的共同点，"它自认为是与野蛮主义对立的文明。这种对照贯穿 19 世纪的思维；它自然与进步观念联系在一起，即相信欧洲在向前推进，其他地区至多也就是停滞不前而已"。基尔南对欧洲人的这种认识做出了批评，他认为，欧洲从来就不是同质的，它总是受到社会和文化冲突以及各种矛盾的驱动，"就分裂和自相矛盾的程度而言，没有哪种文明比得上创造了民主制度和法西斯主义、议院和毒气室的（欧洲）文明"。[②]

在基尔南看来，欧洲的帝国建构歪曲了欧洲人对欧洲历史的理解。一些人过高地评价了罗马帝国，用一层面纱掩盖了它的野蛮行径以及对其他文化的破坏。而一些英国作家也颂扬入侵的诺曼人是文明携带者，很少提到撒克逊农民被降低到农奴的境地。现代史学家通常不加批判地赞美 16 世纪和 17 世纪欧洲的绝对君主制，原因之一在于 19 世纪和 20 世纪的欧洲正在将一种"绝对主义的"政府形式强加到亚非地区，从而确立"秩序"，约束当地封建贵族。身处亚非地区的欧洲人毫不怀疑自己就是新的弥赛亚，

---

① ［英］维克托·基尔南著：《人类的主人：欧洲帝国时期对其他文化的态度》，陈正国译，商务印书馆 2006 年版，第 16—17 页。

② V. G. Kiernan, *Imperialism and Its Contradictions*, London：Routledge, 1995, p. 154.

为黑暗大陆带去了法律和秩序。①

第三，基尔南抨击了欧洲殖民者一些自以为是的看法和认识。由于技术和体制上的优势，欧洲人很长一段时期在世界各地未遭到有力反抗，以至于他们认为自己是受欢迎的。基尔南指出，这种认识与错误、幻觉以及偏见交织在一起。在他看来，欧洲关于其他地区的图景通常是印象主义或表现主义的，而不是现实主义的。② 随着殖民地民族意识的觉醒，对欧洲殖民统治的反抗也越来越激烈。

马克思早就对殖民主义做出了经典论述，他在《不列颠在印度统治的未来结果》（1853）中写道："英国在印度要完成双重的使命：一个是破坏的使命，即消灭旧的亚洲式的社会；另一个是重建的使命，即在亚洲为西方式的社会奠定物质基础。"③ 马克思的"双重使命说"引起了广泛讨论。基尔南也就马克思对印度的关注做过专门论述。④

不过，西方思维通常会认为，尽管殖民主义留下了许多可耻的纪录，但是它拯救了落后或停滞的社会，为它们提供了更好的治理，让它们摆脱了孤立状态，帮助它们融入世界市场和世界文明之中。基尔南指出，马克思主义者对殖民统治带来的大部分所谓积极好处表示怀疑，更多地指出了这种统治的掠夺动机。⑤

殖民统治者引以为傲的，是他们为殖民地带来的所谓秩序。基尔南强调这种秩序或许"在亚洲具有更多的积极含义，因为它意味着对私人权利……尤其生命和财产的保证"，不过，他也指出，"秩序井然好过无序（对于广大农民而言）这个教条，很少受到安逸的史学家的质疑"。他认为，殖民者对秩序的强调，也是他们心理的一种反映，因为他们所想到的，不仅

---

① V. G. Kiernan, *Imperialism and Its Contradictions*, London: Routledge, 1995, p. 158.

② V. G. Kiernan, *Imperialism and Its Contradictions*, London: Routledge, 1995, pp. 145 – 146.

③ 《马克思恩格斯文集》第 2 卷，人民出版社 2009 年版，第 686 页。

④ V. G. Kiernan, "Marx and India," *Socialist Register*, 1967, pp. 158 – 189.

⑤ V. G. Kiernan, *Imperialism and Its Contradictions*, London: Routledge, 1995, pp. 121 – 122.

仅是殖民地的混乱，还有国内的阶级矛盾。①

基尔南相信，一切征服都与丑陋相伴，殖民主义和帝国主义无疑对殖民地造成了消极的、灾难性的影响：第三世界广泛存在的族群和不同宗教之间的矛盾和冲突、土著部落的消失、农民的沉重负担、殖民地军人和军队的"祸害"等。

第四，基尔南从文化心理角度探究了殖民统治对殖民地人民造成的消极影响。20 世纪 50 年代晚期，弗朗兹·法农等作家率先在法属非洲探究帝国主义的文化和心理影响，法农第一个指出，帝国主义破坏了殖民地的文化和历史意识。② 基尔南显然熟悉法农的理论。在他看来，"文化帝国主义"能够非常明显地展现在基础教育当中。为了让臣民温顺，统治者向他们呈现的世界形象旨在"增强他们的疏离感和消极性"，并且强调它是固定不变的。"更宽泛而言，帝国意识形态结合了傲慢自大，意在让它的属民相信自己的缺陷"。由此可见，对于前殖民地人民来说，精神上的"去殖民化"显得异常艰难。③

事实上，在考察帝国主义时，基尔南并没有采取非此即彼的两分法，而是做出了辩证的分析。例如，在帝国主义与殖民地发展之间关系问题上，基尔南批评了以安德烈·贡德·弗兰克为代表的依附理论家。依附理论家认为，欧洲的发展和第三世界的欠发展是对立的两极，是一种简单的关系和帝国主义剥削进程的结果；而第三世界许多代言人也赞同"依附理论"，认为他们国家的"欠发展"是欧洲造成的。基尔南回应了这种立场，他认为事情要更复杂。在他看来，把国家的贫穷归咎于外国的剥削而不是自身的任何缺陷，有利于抚慰穷国的自尊；富人阶级当然也会支持这种说法，因为他们由此得以开脱。基尔南认为西欧之外的国家背负了过于沉重的历史包袱，很难通过模

---

① V. G. Kiernan, *Imperialism and Its Contradictions*, London：Routledge, 1995, pp. 106, 158 –159.

② Bhupendra Yadav, "Kiernan：Historian of Imperialism," *Economic and Political Weekly*, Vol. 44, No. 24（Jun. 13 – 19, 2009）, p. 27.

③ V. G. Kiernan, *Imperialism and Its Contradictions*, London：Routledge, 1995, pp. 113 –114.

仿西方取得进步，当然日本是一个例外。① 基尔南在同情殖民地人民的遭遇时，也会揭露他们自身的一些恶习或野蛮行径，比如印度寡妇殉葬和中国妇女缠足。因此，哈维·凯指出，基尔南的历史观具有一种悲剧色彩。一方面，他把帝国主义视为进步的，至少在某种程度上如此；另一方面，又认为帝国主义必然"毁坏"殖民者和被殖民者。②

基尔南很清楚，帝国主义永远也不应当被简化为单一维度，比如国际关系领域的外交阴谋或马克思主义研究中的经济思考和经济关系。他也意识到，帝国的形成和瓦解总是会带来权力和反抗——它们是殖民者和被殖民者的生活与文化的决定因素。他洞悉到现代帝国主义和殖民主义的历史充斥着大量冲突，无论好坏，这些冲突至今影响着后帝国时代的经历和各种可能性。③

四、本章小结

基尔南坚定地认同英国马克思主义史学传统，与其他马克思主义史学家有着共同的关注点：从封建主义向资本主义的过渡、现代英国的形成、马恩"阶级斗争"理论的影响、底层史学（关注和同情社会底层）等。不过，他与其他人又不太一样，汤普森、约翰·萨维尔、拉斐尔·塞缪尔、罗德尼·希尔顿甚至霍布斯鲍姆都致力于恢复平凡小人物的生活和斗争，基尔南尽管也考察了劳工和农民等下层民众的经历，但是他主要关注包括贵族和资产阶级在内的统治阶级的雄心抱负。另一个不同之处在于，基尔南长期致力于世界史和国际问题研究，尤其在现代欧洲帝国主义和殖民主义研究领域作出了突

---

① V. G. Kiernan, *Imperialism and Its Contradictions*, London: Routledge, 1995, pp. 99 - 100. 关于欧洲之外国家进行现代化的可能性，还可参见［英］基尔南著《人类的主人：欧洲帝国时期对其他文化的态度》，陈正国译，商务印书馆 2006 年版，第 19 页。

② Harvey J. Kaye, "Introduction," in V. G. Kiernan, *Imperialism and Its Contradictions*, London: Routledge, 1995, pp. 14 - 15.

③ 参见 Harvey J. Kaye, "Introduction," in V. G. Kiernan, *Imperialism and Its Contradictions*, London: Routledge, 1995, p. 5。

出贡献。从 20 世纪 30 年代晚期开始，基尔南就在探究帝国主义和殖民主义的起源、活动及其影响，由此为历史研究开辟了新领域。①

英国左派史学大师霍布斯鲍姆肯定了基尔南在帝国主义研究领域的贡献，声称"我们最好把基尔南当作去欧洲化（de – Europeanization）和后殖民史学的先驱来铭记"。同时，他也指出了基尔南对马克思主义的贡献，"他一直在为正统马克思主义寻求一种更加现实的方案，他的努力促使史学家小组成员以及他自己的批评者接受了一种开放的、批判性的马克思主义"。②

---

① Harvey J. Kaye, "Introduction," in V. G. Kiernan, *Imperialism and Its Contradictions*, London: Routledge, 1995, p. 5.

② Eric Hobsbawm, "Victor Kiernan," *Past and Present*, No. 208（August 2010）, pp. 7 – 8.

第五章　约翰·萨维尔与英国劳工史学

约翰·萨维尔（John Saville，1916—2009）是二战后英国最重要的马克思主义史学家之一，"始终坚守着对他有塑造之功的英国和欧洲左派传统，是研究英国和欧洲经济史与社会史的严谨学者"①，是一位有着"国际声望的经济史学家和劳工史学家"②。萨维尔尤其在英国左派运动、劳工传记词典编撰、劳工史重要问题研究、口述史以及档案材料建设等方面，取得了突出成就，备受称道。

一、生平与著作

约翰·萨维尔于 1916 年 4 月 2 日出生于林肯郡，母亲是林肯郡人，父亲是希腊人，于第一次世界大战期间应征参加希腊军队，1916 年死于战场。20世纪 20 年代早期，母亲改嫁，萨维尔与母亲和继父阿尔弗雷德·萨维尔在埃塞克斯长大。1934 年，萨维尔作为奖学金得主进入伦敦经济学院学习经济地

---

① Alun Howkins, "John Saville (1916 – 2009)," *History Workshop Journal*, Issue 70, Autumn, 2010, p. 305.

② John McIlroy, "John Saville, 1916 – 2009," *Labour History Review*, Vol. 74, No. 3, December, 2009, p. 330.

理学，1937 年以优异成绩毕业。

在 20 世纪 30 年代，伦敦经济学院与牛津和剑桥大学是英格兰高校三大共产主义运动中心。当时伦敦经济学院有哈耶克、莱昂内尔·罗宾斯（Lionel Robbins）、R. H. 托尼和拉斯基（Harold Laski）以及大学生共产主义。拉斯基是当时英国最有声望的激进学者。不过，拉斯基与学生党员的关系有点复杂。一方面，他同情和鼓励左派学生，表达了一些相同的关怀；另一方面，他深深扎根于社会民主主义传统（在这一点上，他受到左派学生的谴责），忠于工党，后来还担任重要职务。就学生党员而言，他们一直厌恶工党领袖。由此可见，拉斯基对他的一些同事来说，具有颠覆性，但是对革命学生而言，就显得有点保守了。[①]不过，他对萨维尔影响很大。萨维尔经常去听他的讲座，也承认拉斯基激发了他的阅读和学习热情以及对现实政治活动的参与。

在入学两个星期后，萨维尔加入学校的社会主义协会，两个月之后，即 1934 年秋，萨维尔加入共产党，并积极参与当时的一些活动，比如支持西班牙共和国，反对绥靖政策。

英国杰出的马克思主义思想家拉尔夫·米利班德解释了 20 世纪 30 年代早期许多青年同情左派和加入共产党的现象，那是多种因素综合作用的结果：失业与大萧条、保守主义的反动面孔、英帝国主义的黯淡现实、劳工主义明显的缺陷、法西斯主义的兴起、马列主义的魅力、通过奋斗建设新世界的前景、苏联对这种世界的建设以及需要捍卫她免遭旧世界的威胁。[②]

萨维尔也为自己的那种选择做出了类似的解释。促使他加入共产党的因素在于：对那些遭受经济大萧条折磨的人们的同情，对 1931 年工党采取的行

---

① Ralph Miliband, "John Saville: a Presentation," in David E. Martin and David Rubinstein (eds.), *Ideology and the Labour Movement: Essays Presented to John Saville*, London, 1979, pp. 17 – 8. http://books. google. co. uk/books? id = xs4OAAAAQAAJ&printsec = frontcover&hl = zh – CN#v = onepage&q&f = false.

② Ralph Miliband, "John Saville: a Presentation," in David E. Martin and David Rubinstein (eds.), *Ideology and the Labour Movement: Essays Presented to John Saville*, London: Croom Helm, 1979, pp. 16 – 17.

动的厌恶（工党首相拉姆齐·麦克唐纳削减失业救济金，与保守派一起组建
"国民政府"），尤其重要的是对法西斯主义威胁日益加剧的担心。①

这种背景对萨维尔的思想发展而言非常重要。20 世纪 30 年代中期，斯大
林出于与英法结盟反对德国的考虑，要求共产国际领导下的各国共产党支持
"人民阵线"战略。正是在这一战略得到阐释和推行的时候，萨维尔加入了共
产党，因此，人民阵线主义自此之后就影响了他的政治见解。②

1940 年 4 月，萨维尔应征入伍，一开始在炮兵部队服役，1943—1946 年
间又被派往印度。印度的经历影响了萨维尔的一生。一方面，他目睹了印度
贫困和受剥削的程度，以及英国人在印度表现出来的根深蒂固的种族主义；
另一方面，他与印度共产党取得联系，帮助他们出版小册子和党的周刊《人
民的战争》。萨维尔觉得，让人印象最深刻的是"全职的工人党员的自我牺牲
和奉献精神"，倾听他们讲述地下工作和狱中生活，是令人振奋和使人冷静的
经历。同时，他也认识到了西方殖民统治的现实。他在厌恶帝国主义的同时，
共产主义信念也得以强化。③

1947 年，萨维尔担任约克郡赫尔大学学院（后来的赫尔大学）经济史助
理讲师一职，此后 35 年一直在该校任教。他参与了许多政治活动，比如《工
人日报》的义卖，参加讨论工业、港口和住房问题的会议，也公开组织各阶
级声援工会会员。在赫尔，萨维尔与很多激进分子联系密切。

萨维尔也是 1946 年成立的英国共产党历史学家小组的成员。这个小组吸

---

① Paul Blackledge, "A Life on the Left," *International Socialism*, Issue 105. http：//www. isj.
org. uk/? id＝66.

② Paul Blackledge, "A Life on the Left," *International Socialism*, Issue 105. http：//www. isj.
org. uk/? id＝66.

③ Kevin Morgan, "The Good Old Cause," in David Howell, Dianne Kirby, Kevin Morgan（eds.），
John Saville：Commitment and History：Themes from the Life and Work of a Socialist Historian, London：Law-
rence & Wishart, 2010. p. 17. http：//www. lwbooks. co. uk/books/extracts/morgan. pdf.

引了一批后来享誉英国乃至世界的优秀史学家。小组有定期的讨论①，参与者有克里斯托弗·希尔、唐娜·托尔、维克多·基尔南、霍布斯鲍姆以及汤普森夫妇等人。在小组中，他发现了历史与政治的结合，这种结合将体现在他一生的写作中。小组成员们早期的作品都关注经济史，例如希尔的《教会的经济问题》，霍布斯鲍姆在生活标准问题大讨论中扮演的角色，不过许多人后来转向社会史和文化史研究，而萨维尔一直保持经济史学家的身份。他于1957 年出版的《农村去人口化研究》，至今仍然是这方面的一流作品。② 史学家小组的经历对萨维尔影响巨大，即便在半个世纪之后，他依旧将史学家小组描述为"我思想生涯最具创造力、最有用和最有益的时期"，这个时期拓宽了他的思想视野，增长了他的历史智慧。③

在 20 世纪 40 年代和 50 年代，萨维尔在教学和行政事务方面表现突出，也是图书馆委员会的忠实成员。他广泛参加大学生活的各个方面，同时为赫尔大学成人教育学生上课。萨维尔所在的经济系会接纳许多社会主义活动家、劳工史家和社会史家。该系不但在学术上很有声望，也在社会主义忠诚方面表现抢眼。④

1956 年之前，许多人都认同苏联，尽管存在 20 世纪 30 年代"大清洗"以及《苏德互不侵犯条约》，但是，苏联人在反法西斯战争中作出的贡献和牺牲，让这些看起来不那么重要。1956 年，赫鲁晓夫在苏共二十大做的秘密报告被披露之后，萨维尔曾经在党刊《世界新闻》上发表了一封信，提出一些

---

① 关于英国共产党历史学家小组的特征与史学活动，可参见初庆东、梁民愫《论英国马克思主义史学编纂的形成》，《史学理论研究》2013 年第 3 期，第 61—65 页。

② Alun Howkins, "John Saville (1916 – 2009)," *History Workshop Journal*, Issue 70 (Autumn 2010), p. 307.

③ Kevin Morgan, "The Good Old Cause," in David Howell, Dianne Kirby, Kevin Morgan (eds.), *John Saville: Commitment and History: Themes from the Life and Work of a Socialist Historian*, London: Lawrence & Wishart, 2010, p. 25. http://www. lwbooks. co. uk/books/extracts/morgan. pdf.

④ John McIlroy, "John Saville, 1916 – 2009," *Labour History Review*, Vol. 74, No. 3 (December 2009), p. 332.

问题，要求党的领导做出回答。然而，令萨维尔无法接受的是，英共竟然不能容忍内部讨论。他决定与汤普森创办一种促进党内争论的刊物，即后来的《理性者》杂志。做出这种决定并非易事，萨维尔后来回忆道："我们是忠诚的党员……党员的原罪之一，就是在党外刊物公开批评党组织……因此，我们认为，我们这份独立的刊物不是为了分裂我们所属的党，或者更确切而言，我们为之奉献的党。"①

《理性者》第一期只印刷几百册，几周之内就售完了。到 1956 年 8 月初，萨维尔和汤普森收到将近 300 封回信，绝大多数回信者支持他们的做法。他们也收到更多关于英共出版物压制讨论以及英国共产党分部难以展开真正辩论的证据。他们受到鞭策，决定继续前进。后来，在英共约克郡支部召开的一次会议上，萨维尔和汤普森被要求出席为自己的行为做出解释。萨维尔向 8 月 10 日会议递交了一份发言陈述，他与汤普森就陈述内容进行过交流。这份陈述表达了他们当时的立场："有必要一开始予以强调的是，创办《理性者》完全是出于为党的整体利益考虑。一些人力图将它当作一份'反对派'杂志，说它旨在对党的领袖人物做出毁灭性或宗派性抨击，这完全是错误的看法。我们在第一期上已经说得很清楚了。"②

不过，8 月 18 日共产党约克区召开的会议要求萨维尔和汤普森停刊，在 26 日再次重申这一决定，并且向上级反映了情况。8 月 31 日在伦敦召开的一次政治委员会的会议上，萨维尔和汤普森再次表达了他们的看法，他们的观点后来刊登在 9 月 22 日的《世界新闻》上，主要内容为：第一，党内存在一次重大危机；第二，大量批判性信件被党的刊物拒绝发表；第三，民主集中制要想可行，必须有自由和公开的讨论；第四，他们不是在搞宗派活动。政

① John Saville, "The Twentieth Congress and the British Communist Party," *The Socialist Register*, 1967, p. 7.

② John Saville, "The Twentieth Congress and the British Communist Party," *The Socialist Register*, 1967, pp. 8 - 9.

治委员会要求他们再好好考虑。汤普森觉得自由讨论应当继续下去。随之他们赶在执行委员会9月会议前一天发行了第二期。这次会议再次要求他们停刊。如果他们执意违背这次会议的决议，他们很可能受到纪律处分——开除党籍或留党察看。10月初，他们做好了准备：发行第三期，同时声明为了党的利益停刊。萨维尔感觉到党不会对他们做出宽大处理。①

在第三期的长篇社论中，他们宣称停刊，以免"《理性者》事件"分散人们对一个核心问题——所有党员的讨论权——的注意力。在整个社论中，萨维尔和汤普森都在强调他们为之斗争的讨论权这一基本原则。第三期的社论也谴责苏联入侵匈牙利，要求读者在这件事情上与支持苏联入侵的英共领导层划清界限。萨维尔和汤普森受到留党察看的处分，他们很快退党，觉得英共不再值得信赖（如果不是匈牙利事件，萨维尔还准备留在党内）。党内环境恶化，匈牙利事件之后，党内的反智态度显得更加明显。

退党之后，萨维尔和汤普森以《新理性者》（1957年夏天发行第一期）取代了《理性者》。1960年，在发行10期之后，该杂志与《大学与左派评论》合并，《新左派评论》由此诞生。尽管萨维尔也是《新左派评论》编委会的成员，但是他对这份杂志不太感兴趣。1964年，他与伦敦经济学院讲授政治的拉尔夫·米利班德创办年刊《社会主义纪事》，并且担任编辑20多年。编辑们宣称杂志"是对运动和观念的一种纵览"，由此突出他们某种程度的客观性和学术性视角。不过，刊物无疑是社会主义左派的阵地。

萨维尔也积极参与20世纪50年代末和60年代初核裁军运动。1968年，他支持学生占领活动，在他们占领的行政大楼发表演讲，为此一度失去了他的教席。他也是"学术自由与民主委员会"的关键人物。1970年，他加入"争取学术自由和民主运动"组织，因为1968—1969年间的动荡导致了学术自由受到抨击，这场运动就是一种相应的反应。萨维尔、米利班德以及伦敦

---

① John Saville, "The Twentieth Congress and the British Communist Party," *The Socialist Register*, 1967, pp. 10 – 12.

经济学院另一位公共法教授约翰·格里菲思（John Griffith）是这个压力集团的领袖。

1972年，萨维尔担任赫尔大学新成立的经济与社会史学系教授职位，他就职演讲的题目是"马克思主义与历史学"。他参加了1969年12月在英国录音学会（the British Institute of Recorded Sound）举行的口述史学家第一次会议。1973年，口述史学会成立，萨维尔担任副会长，1976—1987年间又担任会长。1981年，他担任劳工史研究学会会长一职。1982年，萨维尔从赫尔大学退休，此后，他又出版了一些重要著作。2009年6月13日，萨维尔在谢菲尔德一家疗养院去世。

二、劳工研究与词典编撰

萨维尔是"非常受人尊敬的劳工史学家"①，他大大促进了英国劳工史学和社会主义史学的发展。他的贡献主要体现在他的编辑活动以及对一些劳工问题的探究上。可以说，他对劳工史中各种"问题"的评论，具有国际影响力，会吸引那些关心这一学科的人。萨维尔认为，激进派和社会主义者尤其应当潜心于他们过去的历史，而劳工运动的所有阶层往往都从过去寻找灵感和正当理由。②

19世纪后期，一些人开始关注工业革命问题，其中包括索罗尔德·罗格斯（Thorold Rogers）、J. R. 格林（J. R. Green）以及托尼和哈蒙德夫妇。他们的作品对现代资本主义的经济和社会影响进行了令人印象深刻的控诉。不过，萨维尔认为，尽管这种激进传统书写了普通人的历史，但是，这些作品

---

① Paul Thompson, "John Saville: 1916 –2009," *Oral History*, Vol. 37, No. 2 (Autumn 2009), p. 32.
② John Saville, "The Radical Left Expects the Past to Do Its Duty," *Labor History*, Volume 18, Issue 2, 1977, p. 267.

存在许多不足，尤其是理论上的不足。[①] 伴随着对工业革命的关注，一些人开始考察工人阶级的起源及其社会和政治发展。1894 年，韦伯出版了《工联主义的历史》。同一年，甘米奇（Gammage）的《宪章运动史》重新发行。此后 20 年，英国出版了许多论述劳工的作品。G. D. H. 科尔、拉斯基以及 H. L. 比尔斯（H. L. Beales）在这种传统中成长起来，他们三人对两次世界大战之间的工人阶级研究产生了重大影响。但是，他们代表的左派社会主义传统并没有在知识分子当中发展壮大。

在萨维尔看来，英国激进社会主义传统存在三大不足：其一，未能认识到阶级斗争在历史发展过程中的关键作用；其次，认为政府和国家机器在社会中保持中立姿态；第三，几乎完全忽视 19 世纪英国经济的帝国主义基础，低估殖民剥削对英国人民的经济和政治发展造成的影响。[②]

1934 年，唐娜·托尔编辑了一本英文版马恩通信选集。有一两所大学也开始了工人阶级历史的研究。但是，在两次世界大战之间，社会史和劳工史依然游离于历史学院的课程大纲和教学之外。萨维尔认为，在二战爆发前夕，劳工史远远没有获得学术上的尊敬。[③]

萨维尔指出，二战之后 30 年，历史研究出现较快发展，劳工史是主要的扩展领域。牛津和剑桥大学一些博士学位论文探究了费边主义。1954 年，亨利·佩林（Henry Pelling）的《工党的起源》的出版，标志着学院学者迈入劳工史领域。1958 年，他与人合作的著作《1900—1906 年间的劳工与政治》出版。1958 年，阿萨·布里格斯（Asa Briggs）编辑的论地方宪章运动的文集《宪章运动研究》出版。布里格斯当时名声很大，后来成为 1960 年成立的

---

① John Saville, "Labour Movement Historiography," *Universities and Left Review*, Issue 3 (Winter 1958), pp. 73 – 74.

② John Saville, "Labour Movement Historiography," *Universities and Left Review*, Issue 3 (Winter 1958), p. 75.

③ John Saville, "The Radical Left Expects the Past to Do Its Duty," *Labor History*, Volume 18, Issue 2, 1977, p. 269.

"劳工史研究学会"第一任会长。学会成立之后,每两年组织一次讨论会,出版两年一期的会刊。1954年,汤普森出版了《威廉·莫里斯》,不过当时并没有什么影响。1963年,他出版了《英国工人阶级的形成》,该书是战后劳工史研究领域的杰作,在大西洋两岸产生了广泛影响。①

从20世纪50年代晚期开始,劳工史研究发展很快,这个主题进入本科生和研究生课程。1965年成立的"社会科学研究委员会"资助这种研究;一些新成立的大学也作出了贡献,它们的课程更灵活,也更愿意去试验学科的交叉。英国的许多图书馆也在20世纪50年代末期积极鼓励劳工资料的收集。到20世纪70年代后期,英国的劳工史研究和教学得到确立,并且继续发展,超过了除法国之外的欧美国家。除了全国性学会之外,英国各地成立了地方性劳工史学会,它们大多数也创办自己的刊物。与此同时,许多研究资料也更容易获得。不过,在萨维尔看来,此时劳工史远远没有与其他领域的历史研究和教学很好地融合在一起。②

1977年,萨维尔指出了当时劳工史研究领域存在的三大问题。首先,存在一种倾向,即以一种浪漫主义的观点来看待工人阶级的制度和文化,这种倾向鼓励对劳工运动的普遍发展做出辉格式理解,也鼓励对劳工史进行某种古物式研究,口述方法的使用强化了后一种倾向。其次,历史研究日益专门化,致使史学家各自为政,相互隔绝。这是困扰英国历史学的主要问题,它也是劳工史的问题。对工人阶级制度和运动的研究,往往在孤立的情况下进行,脱离了社会的其他组成部分。研究者未能将工人阶级置于社会关系的整体中加以考察。第三,方法和理论问题。劳工史讲述社会中工人阶级的故事,在这个社会中,各种社会参数主要不是自己决定的,而是由其他社会因素和

---

① John Saville, "The Radical Left Expects the Past to Do Its Duty," *Labor History*, Volume 18, Issue 2, 1977, pp. 269-270.

② John Saville, "The Radical Left Expects the Past to Do Its Duty," *Labor History*, Volume 18, Issue 2, 1977, pp. 271-272.

社会阶级决定的，其中也包括"客观的"历史发展。当然，劳工史学家必须分析来自下层的压力对这些参数做出的修正。不过，劳工史学家需要掌握一种研究方法，它能够分析国家的角色、统治阶级与国家权力的关系以及社会阶级之间的互动。①

除了关注劳工史学的发展及指出其存在的不足，萨维尔本人也推进了劳工研究。他对劳工史的贡献，主要体现在他的一系列相关活动和研究上。萨维尔是1960年成立的"劳工史研究学会"创始人之一，他与人合编了三卷本《劳工史文集》（出版于20世纪60年代至70年代），而他编撰的《劳工传记词典》（*Dictionary of Labour Biography*），则被认为是劳工史领域一项不朽的成就。

玛格丽特·科尔在丈夫去世之后，将科尔为编撰一部工人传记词典而收集的材料转交给萨维尔，由萨维尔继续这一事业。词典编委会成员包括萨维尔、布里格斯、科尔夫人以及伦敦经济学院退休的经济史家兰斯·比尔斯（Lance Beales）。萨维尔是主编，爱德华·汤普森的夫人多萝西·汤普森被选为兼职研究员。学会审定了撰稿人名单。《劳工传记词典》于1972年出版了第1卷，到2000年萨维尔辞去主编职位时，总共出了10卷。萨维尔不但修改和润色来稿，而且也撰写了大量词条。这项工程见证了萨维尔的干劲、决心、毅力、学识以及自我牺牲精神。霍布斯鲍姆在《卫报》上的纪念文章指出，萨维尔最应当被人们铭记的，是他主编了《劳工传记词典》和三卷本《劳工史文集》。② 拉尔夫·米利班德在评价《劳工传记词典》时声称："在此后100年间，它将成为劳工史学家不可或缺的资料。"③

---

① John Saville, "The Radical Left Expects the Past to Do Its Duty," *Labor History*, Volume 18, Issue 2, 1977, pp. 272 – 273.

② Eric Hobsbawm, "John Saville," *The Guardian*, Tuesday 16 June 2009. http: //www. guardian. co. uk/books/2009/jun/16/obituary – john – saville/print.

③ Ralph Miliband, "John Saville: a Presentation," in David E. Martin and David Rubinstein eds. , *Ideology and the Labour Movement: Essays Presented to John Saville*, London: Croom Helm, 1979, p. 29.

除了参加劳工史研究学会的活动、编辑词典和文集之外，萨维尔对劳工运动的一些重要问题进行了深入探究，其中包括宪章运动、劳工主义以及福利国家和社会主义的未来等主题。

萨维尔早在 20 世纪 50 年代早期就开始关注宪章运动。1952 年，他写了一篇论述 1848 年宪章运动的文章，即发表在《现代季刊》上的《1848：革命年代的宪章运动》。在文中，他认为 4 月 10 日游行示威并非标志着运动的最终失败，相反，运动的战斗性增强了，直到夏天政府逮捕最重要的领袖人物。萨维尔也为捷克斯洛伐克和法国共产党期刊撰写关于宪章运动的稿子。而他最重要的劳工研究著作，无疑是《1848：英国政府和宪章运动》①。

这本著作共 5 章，另外有长篇"绪论"和"结语"。这部作品考察了政府权力所有者与所谓的英国和爱尔兰危险分子之间的相互关系，在革命的巴黎（2 月起义）、动荡的爱尔兰以及英国（宪章运动）的三重威胁中来分析英国国内政治。在作品中，萨维尔回到了 20 世纪 50 年代对宪章运动和阶级斗争的关怀。在前人研究的基础上，他考察政府在这场运动中扮演的角色。他用文献证明了政府对 1838—1839 年间下层威胁的镇压、政府官员"冷酷无情的算计"以及高压政治的长期后果。有人把宪章运动的衰落归因于统治阶级的妥协和工人阶级政治意识的变化，萨维尔觉得，这种观点是不充分的。

在萨维尔看来，英国政府之所以平安渡过这次危机，是由于中央和地方行政机器以及压迫力量共同作用的结果。他将 1832 年之后的政府视为本质上"资产阶级性质的"，地方权力日益掌握在中产阶级手中。中央政府依旧由传统贵族统治者掌控，他们谨慎地追求着大致与资产阶级利益相一致的社会和经济政策。因此，1848 年的真正意义，与其说在于各种力量汇集在一起争取

---

① John Saville, 1848, *The British State and the Chartist Movement*, Cambridge：Cambridge University Press, 1987.

民主的转变，不如说在于认识到了英国有产者的共同利益。①

　　该著作重申了一种经典的阐释，即宪章运动是一场革命的、工人阶级的运动，被掌握镇压机器的人和有产者，也即无产阶级的阶级敌人击败了。萨维尔赞同汤普森的观点，即认为工人阶级于 1832 年在英格兰形成。萨维尔将宪章运动当作一场工人阶级的运动，英勇而富有创造性，但是在武器和策略上远远不如贵族和中产阶级敌人。②

　　除了关注宪章运动，萨维尔也分析了劳工主义，这种分析是他对英国劳工史作出的最有特色、最有影响的贡献之一。在《英国的劳工运动》③ 中，萨维尔声称，劳工主义（Labourism）一方面鼓励工人维持自身的阶级感，另一方面又接受在政治社会中的从属地位。事实上，自加入共产党之后，萨维尔的社会主义就一直拒斥劳工主义。在退党之后，他也没有像亨利·科林斯（Henry Collins）和罗伊登·哈里森（Royden Harrison）等人那样转向工党。他既不赞同托派运动，也不能容忍工党，认为工党一直在背叛工人阶级的真正利益，"在许多同时代人抛弃马克思主义的观点和方法时，他对它们一直深信不疑"④。1964 年，当大多数新左派成员为哈罗德·威尔逊喝彩时，萨维尔明确指出，威尔逊政府不会向激进的方向前进。⑤ 1967 年，他更加坚决地认为，劳工主义与社会主义没有什么关系；工党从来就不是也无力成为社会主义发展的媒介；在社会主义政府出现之前，劳工主义幻觉的毁灭是必然要经历的一个阶段。⑥

---

　　① James Epstein, "A Review of John Saville's *The British State and the Chartist Movement*," *The American Historical Review*, Vol. 94, No. 3 (Jun., 1989), p. 764.

　　② Jonathan Schneer, "A Review of John Saville's *The British State and the Chartist Movement*," *The Journal of Economic History*, Vol. 48, No. 3 (Sep., 1988), p. 742.

　　③ J. Saville, *The Labour Movement in Britain*, London：Faber & Faber, 1988.

　　④ Alun Howkins, "John Saville (1916 – 2009)," *History Workshop Journal*, Issue 70 (Autumn 2010), p. 308.

　　⑤ R. Miliband and J. Saville, "Labour Policy and the Labour Left," *The Socialist Register*, 1964, p. 152.

　　⑥ J. Saville, "Labourism and the Labour Government," *The Socialist Register*, 1967, p. 68.

在萨维尔看来，劳工主义的一大不足在于错误地相信政府的中立性。[①] 他确信，资本主义向社会主义过渡需要借助另一种完全不同的政治传统，只有训练有素的组织才能够向资本主义社会的强大秩序发起挑战。[②] 在 1970 年一篇文章中，萨维尔宣称，一种新型的社会主义政党是必要的，国际社会主义可以成为这样的组织，如果它有所改变的话。不过，当时还不存在这种政党。[③] 后来国际社会主义改名为社会主义工人党（SWP），不过萨维尔并没有加入这个组织或其他类似组织。自 1956 年之后，萨维尔一直认为一种新型社会主义政党是必需的，但是组建它的时机并不成熟。

福利国家与社会主义之间的关系是劳工政治关注的又一个话题。这也是萨维尔在 20 世纪 50 年代中期探究的主题之一。他的这种分析至今仍然具有有效性和借鉴意义。

或许，有人认为福利国家是通向社会主义的中途停靠站的组成部分。不过，萨维尔对这种观点做出了反驳。在他看来，福利国家是三种主要因素相互作用的结果。首先，工人阶级反抗剥削的斗争；其次，工业资本主义对更加高效的运作环境的需求，以及对高效的生产性的劳动力的需求；第三，有产者认识到必须为政治安全付出代价。[④]

萨维尔认为，英国福利国家是维多利亚时代自助理想的 20 世纪版。英国的福利国家是在成熟的资本主义社会中发展起来的，统治阶级在处理公共事务方面经验丰富、技巧众多，因此，它的发展显得很缓慢，也是受到控制的；在那里，私有财产的核心利益从来就没有受到严重挑战。在英国，资本财富的分配一如既往地不平等，尽管收入分配受到了劳工运动的政治压力的影响。

[①] J. Saville, "Labourism and the Labour Government," *The Socialist Register*, 1967, pp. 53, 56.

[②] J. Saville, *Memoirs from the Left*, London, 2003, p. 165. 转引自 Paul Blackledge, "A Life on the Left," *International Socialism*, Issue 105. http：//www. isj. org. uk/? id＝66。

[③] J. Saville, "Britain：Prospects for the Seventies," *The Socialist Register*, 1970, pp. 212, 208.

[④] John Saville, "The Welfare State：An Historical Approach," *The New Reasoner*, number 3, Winter 1957－58, pp. 5－6.

萨维尔指出，在所有资本主义国家，各种强大的力量抗拒着平等主义的措施。①

　　萨维尔明确指出，福利国家的改革体现了无数人的渴望和成就，没有他们的斗争和牺牲，这些社会服务就不可能存在。在这些经济和政治斗争中，劳工阶级发展了一些新的方式，获得了更多的经验，也愈发成熟。因此，许多人也据此相信，这些发展为未来提供了一种保障，也确保了向社会改革道路的持续前进。不过，萨维尔认识到问题依旧存在。首先，尽管我们不能说英国高水平的生活以及社会服务主要源自殖民剥削，不过，殖民地确实作出了很大贡献，这一点不容忽视。其次，社会改革与社会主义长期目标之间的关系问题。在英国，社会主义者发现他们面对的是一个政治稳定、经济效率合理的社会。与欧洲其他国家相比，英国人的生活水平高，尽管福利国家的缓冲效应被夸大了，但是，我们不能无视它。生活水平的提高带来了自相矛盾的结果：一方面，这是斗争的结果，劳工运动随着这种成功也变得更加强大；另一方面，社会和经济改革很容易被纳入经济体制之中，因此，人们在观念上出现了混乱，追问自己到底取得了什么成就。观念上的这种混乱无疑会削弱社会主义的目标和原则。劳工领导层日益中产阶级化，工会领袖中上层体现出了明确无误的官僚作风；劳工运动的普通参与者对激进社会变化的冲动也在逐步减弱。一些人看到劳工运动人数的增长，但是忽略了同样重要的层面，即工人阶级力量和组织在目标上变得更加模糊不清。因此，萨维尔觉得，关键的问题是"目标"的界定。②

　　萨维尔指出，以上都是劳工运动的一些宏大问题，自19世纪80年代以来，它们就成为社会主义讨论的焦点。关于福利国家之本质的许多混乱状况，

　　① John Saville, "The Welfare State: An Historical Approach," *The New Reasoner*, number 3, Winter 1957–58, p. 24.

　　② John Saville, "The Welfare State: An Historical Approach," *The New Reasoner*, number 3, Winter 1957–58, pp. 24–25.

必须要澄清和了结。在萨维尔看来，劳工运动不能再按照当时的状况继续下去，"如果我们要坚持社会主义社会的理想，我们首先必须对社会主义社会从中产生的当前社会做出现实主义的分析"。①

三、底层史观

在《口述史》的一期特刊上，萨维尔概述了自己对历史的态度："历史不仅仅是一种消遣。毫无疑问，从事历史研究是令人愉悦的，更是一种智力上令人振奋的活动；不过，历史是我们文化的、政治的过去的重要组成部分。它对于我们理解自身和今天的社会生活而言，显得至关重要。"②

由此可见，在萨维尔看来，历史研究从来就不是纯粹的学院活动，也不是古物式研究，过去的重要性在于它是如何阐明现在的，体现在为劳工阶层和社会主义事业的斗争中。他在1957年参加的一场左派会议中说道："我们必须停止夸夸其谈，去建构一套对英国工人阶级有意义的马克思主义思想观念。这意味着研究我们自己的工人阶级运动及其几乎不为人知的历史。"从他的教学以及出版的作品中，我们不难看到阶级斗争的内容。有评论者指出"萨维尔先生似乎决意重启过去的战斗"，他自己也不无幽默地引用这种看法，并且补充道"没错，我就是这样!"。萨维尔的作品探究了劳工主义意识形态，资本主义国家如何适应和抵制对它的权威的挑战，以及福利在资本主义制度中的作用。在《劳工传记词典》第十卷中，萨维尔指出，他并不仅仅对劳工运动的精英感兴趣，"必须记载无数普通人的奉献和自我牺牲，没有他们的

---

① John Saville, "The Welfare State: An Historical Approach," *The New Reasoner*, number 3, Winter 1957-58, p. 25.

② 转引自 Paul Thompson, "John Saville: 1916-2009," *Oral History*, Vol. 37, No. 2 (Autumn 2009), p. 33。

话，工会组织和政治团体就无法在英国社会和政治生活中立足"。①

萨维尔非常强调底层的经历和历史。事实上，这也是英国马克思主义史学家倡导的"自下而上的"历史研究。作为劳工史学家，萨维尔早在 1958 年就指出，"研究工人阶级的历史，对于矫正当前的怀疑而言是必要的，也是为未来的行动提供一种指南。这种研究不仅仅是为了提醒我们留意过去的背叛行为和失败。更重要的是要正确评价人民大众发展他们的组织机构以及少数人形成社会主义意识的方式……在试着理解英国劳工运动的动力时，我们应该为自己重现过去人们为了更美好社会而奋斗和牺牲的传统。劳工运动的历史就是普通人反抗压迫和不义的故事：他们的成就和失败已经融入我们自己的生命中。他们的看法以及对他们的努力做出适当的理解，就是我们今天的出发点"。②

对于劳工史和社会主义史学中存在的把底层史学简化为古物研究的做法，萨维尔进行了严厉批评。正如前面所说的，对他而言，历史研究的意义在于当下。萨维尔在关注底层的时候，也没有忽视上层。事实上，萨维尔史学的巨大力量在于，它往往将阶级斗争当作一种双向的过程。他的著作《1848 年：英国政府与宪章运动》考察了政府在破坏这场运动中扮演的角色，而不仅仅关注宪章派的要求。萨维尔综合下层运动与上层（政府和有产者）运动的能力，让他的著作有别于一般的劳工史研究。共产党历史学家小组和新左派背景，致使萨维尔无法追随传统史学家的研究路径——寻找档案，挖掘信息，完全无视由此完成的（发表或出版的）文章的意义。当代史学在后现代主义者与经验主义者之间的争论中被撕裂了，而萨维尔从事的马克思主义史学克服了理论与事实之间的对立。与后现代主义者不一样的是，他的作品对原始

①　David Martin *et al*，"John Saville（1916 – 2009），Appreciations and Memories，" *Labour History Review*，Vol. 75，No. 1（April 2010），p. 116.

②　John Saville，"Labour Movement Historiography，" *Universities and Left Review*，Issue 3（Winter 1958），p. 77.

材料做了严肃的考察；与传统的经验主义史学不同的是，他的马克思主义为他提供了一种有利的位置，他可以由此证明他的研究方法。因此，萨维尔的历史写作都是为了讲述当代争取自由的斗争，他的作品丝毫没有让人感觉到古物研究的癖好，即使是他协助编撰的《劳工传记词典》也是如此，该词典也是为了帮助社会主义者通过更好地理解自己的过去来创造未来。①

　　萨维尔一生都在关注苦难和流血，关注世界绝大多数地区遭受的社会和经济掠夺，与此同时，他对社会主义事业一直满怀信心。在为庆祝他80华诞召开的一场讨论会上，许多与会者的文章指出了社会主义貌似的衰落，表露出了沮丧情绪。萨维尔鼓励大家，指出当时存在许多草根运动在反对撒切尔对社会的进攻：反对关闭地方医院、反对削减福利以及要求更好地保护老人与小孩等弱势群体。萨维尔提醒大家说，这些运动可能并非必然自我等同于社会主义，不过，这里面存在社会主义复兴的种子。他向大家保证，社会主义会东山再起，凤凰涅槃。在2002年一次私人交谈中，萨维尔坚信当代资本主义制度不可能永远存在，社会主义者有责任保持他们的忠诚和团结。②

---

　　① Paul Blackledge, "A Life on the Left," *International Socialism*, Issue 105. http：//www. isj. org. uk/？ id＝66.

　　② David Martin *et al*, "John Saville (1916 – 2009), Appreciations and Memories," *Labour History Review*, Vol. 75, No. 1 (April 2010), pp. 122, 123.

第六章 罗德尼·希尔顿的中世纪社会研究

罗德尼·希尔顿（Rodney Howard Hilton，1916—2002）专攻中世纪社会经济史，尤其在中世纪晚期英格兰乡村社会研究上成就卓著。希尔顿在其一系列作品中，着重探讨了封建主义的本质、农村社会和农业经济、农村"封建社会"的阶级关系、农民反抗和起义、封建社会的动力、封建主义的危机及其向资本主义的过渡，同时也对中世纪城镇和妇女问题做了探究。希尔顿是底层史学的倡导者，强调劳动群众在历史进程中的积极作用，他的探究拓宽了英国史学研究的领域，促进了新社会史的发展。国外学界对罗德尼·希尔顿史学成就的讨论，主要涉及封建主义和英格兰农民问题、从封建主义向资本主义过渡问题及其农民的分化，以及希尔顿生平和学术成就。[①] 国内史学界对英国马克思主义史

---

① Harvey J. Kaye, *The British Marxist Historians: an Introductory Analysis*, London: Macmillan, 1995, chapter 3; S. R. Epstein, "Rodney Hilton, Marxism and the Transition From Feudalism to Capitalism," *Past and Present*, Volume 195, Issue supplement 2 (January 2007), pp. 248 –269; Terence J. Byres, "Differentiation of the Peasantry under Feudalism and the Transition to Capitalism: In Defence of Rodney Hilton," *Journal of Agrarian Change*, Vol. 6, No. 1 (January 2006), pp. 17 –68; Terence J. Byres, "Rodney Hilton (1916 –2002): In Memoriam," *Journal of Agrarian Change*, Vol. 6, No. 1 (January 2006), pp. 1 –16; Christopher Dyer, "Introduction: Rodney Hilton, Medieval Historian," *Past and Present*, Volume 195, Issue supplement 2 (January 2007), pp. 10 –17; Eric Hobsbawm, "The Historians Group of the Communist Party," in M. Cornforth ed., *Rebels and Their Causes*, London: Lawrence and Wishart, 1978, pp. 21 –47; E. J. E. Hobsbawm, "Hilton, Rodney Howard (1916 –2002)," *Oxford Dictionary of National Biography*. http://www. oxforddnb. com/view/article/76982.

学颇为重视，近年来也出版和发表了不少优秀成果，不过对罗德尼·希尔顿的关注和研究有待加强，目前所见的专门研究，主要涉及希尔顿的封建主义和农民研究以及他关于英格兰农奴制发展及其衰落的探析。[①]

一、生平与著作

罗德尼·霍华德·希尔顿1916年11月17日出生于兰开夏郡米德尔顿（Middleton），祖父和外公曾是织工，都参与了激进的政治活动，父母均为上帝一位论者（Unitarian）和独立工党的积极分子。希尔顿的父亲最初也是织工，后来成为一家合作社管理者。可以说，他的家庭与兰开夏郡工人阶级激进的历史紧密结合在一起。[②]

1935年，希尔顿进入牛津大学贝利奥尔学院学习，第二年加入共产党学生支部。在该学院，他遇到了中古史学家加尔布雷斯（V. H. Galbraith）和理查德·萨瑟恩（Richard Southern），以及研究17世纪英国史的马克思主义史学家克里斯托弗·希尔。在加尔布雷斯和萨瑟恩的影响下，希尔顿从劳工史转向中世纪史研究，重点关注地主—农民关系。大学期间，希尔顿积极参加劳工俱乐部和共产党组织的活动，并很快成为主要人物之一。在20世纪30年代晚期的动荡岁月中，他也努力从事研究工作。到1940年，希尔顿已经取得了博士学位，指导老师为雷金纳德·伦纳德（Reginald Lennard），论文主题为中世纪后期莱斯特郡庄园经济的发展。

---

① 国内学界关于罗德尼·希尔顿的讨论和研究主要包括：庞卓恒：《让马克思主义史学弘扬于史坛——访英国著名马克思主义史学家希尔顿》，《史学理论》1987年第3期；刘雅宁、梁民愫：《底层社会视野与封建主义研究——罗德尼·希尔顿史学思想探论》，《江西师范大学学报》2006年第6期；刘雅宁：《罗德尼·希尔顿的史学思想探论》，江西师范大学硕士学位论文，2007年；张广智主编：《史学之魂：当代西方马克思主义史学研究》，复旦大学出版社2011年版，第3章第5节；孙义：《罗德尼·希尔顿英格兰农奴制研究评析》，哈尔滨师范大学硕士学位论文，2015年。

② E. J. E. Hobsbawm, "Hilton, Rodney Howard (1916 – 2002)," *Oxford Dictionary of National Biography*. http://www. oxforddnb. com/view/article/76982 ［2012 – 11 – 22］.

　　二战爆发后，希尔顿应征入伍。1940 年至 1946 年间，希尔顿在北非、叙利亚、巴勒斯坦以及意大利等地服役。他的政治立场促使他经常与当地人民和共产党员来往。作为历史学家，他能够切身观察农民，并且在战后保持了对中世纪近东的兴趣。希尔顿的学生克里斯托弗·戴尔指出，希尔顿似乎不愿意过多提及二战期间的军旅生涯，不过，这种经历显然对他产生了深远影响。[①]

　　1946 年，希尔顿受聘于伯明翰大学。当时，共产党员身份妨碍了希尔顿的职业前景，这也是英国许多共产党知识分子的共同遭遇。不过，希尔顿于 1956 年退党之后，情况有所改变。1963 年，他荣任伯明翰大学中世纪社会史教授，20 世纪 60 年代晚期，担任历史系主任，1977 年当选英国人文社会科学学院院士。

　　1946 年，希尔顿与霍布斯鲍姆、维克托·基尔南以及克里斯托弗·希尔等人主张成立"共产党历史学家小组"。据霍布斯鲍姆的回忆，小组的成立"源自一次与莫尔顿的《人民的英国史》修订版有关的会议"。[②] 事实上，"共产党历史学家小组"的成员不仅仅局限于后来取得巨大成功的史学家。[③] 霍布斯鲍姆指出，除了大学和中学教师之外，它是一群年纪通常较大之人的集合，他们除了党员身份和热心于马克思主义和历史之外，不再具有其他的共同点。根据霍布斯鲍姆的表述，该小组不是一个宗派组织，而是一个真正合作性组织，其成员通过不断相互交流来从事自己的工作；它也不是以某位教师或著作为中心建立起来的"学派"；即使那些备受尊敬的成员也没有要求权威地

　　① Christopher Dyer, "Rodney Hilton," *The Guardian*, 10 June 2002. http://www. guardian. co. uk/news/2002/jun/10/guardianobituaries. humanities.

　　② Eric Hobsbawm, "The Historians Group of the Communist Party," in M. Cornforth ed., *Rebels and Their Causes*, London: Lawrence and Wishart, 1978, p. 21.

　　③ 关于"共产党历史学家小组"更详细的介绍，比如小组成员概况和分组情况等，可参见初庆东《英国共产党历史学家小组研究（1946—1956）》，南京大学硕士学位论文，2012 年。

位，而其他人也不会那么对待他们。① 可以说，"共产党历史学家小组"主要是一个平等的学术性组织，希尔顿是该小组当中"唯一一位专门研究中世纪的成员"②。

希尔顿和霍布斯鲍姆都承认，剑桥大学经济学家莫里斯·多布的《资本主义发展研究》（1946）对小组产生了重要影响。霍布斯鲍姆声称："对我们产生关键影响的主要历史著作是多布的《资本主义发展研究》，它阐述了我们主要的和核心的问题……为我们提供了理论框架"③。在希尔顿看来，尽管多布使用了大量非马克思主义的二手材料，但是，他的这部原创性作品"讨论了一个非常重要的主题"，"对资本主义做出了马克思主义的阐释"。多布也提出了一些假设来解释重大的历史发展，力图探究社会—政治形态之"主要动力"的本质，并且揭示那些摧毁封建主义的各种力量。④ 希尔顿后来依据大量一手材料对多布提出的"主要动力"和破坏性力量做了进一步分析。

1952 年，《过去与现在》创刊，希尔顿是杂志创始人之一，长期与杂志保持紧密关系，并且对杂志风格产生了很大影响。⑤ 希尔顿本人为杂志撰写了许多文章，参与和促进了对一些问题的讨论，这些作品引起了广泛关注。他也鼓励一些学者为杂志撰稿，其中不乏英国之外的人。此外，他还评审了上千份稿件。⑥

尽管杂志的创立与共产党史学家的努力联系在一起，不过，杂志也欣然接纳"共产党历史学家小组"之外的史学家和非马克思主义者。约翰·莫里

---

① Eric Hobsbawm, "The Historians Group of the Communist Party," in M. Cornforth ed., *Rebels and Their Causes*, London: Lawrence and Wishart, 1978, pp. 25, 32 – 33, 43 – 44.

② Christopher Dyer, "Introduction: Rodney Hilton, Medieval Historian," *Past and Present*, Supplement 2, 2007, p. 12.

③ Eric Hobsbawm, "The Historians Group of the Communist Party," in M. Cornforth ed., *Rebels and Their Causes*, London: Lawrence and Wishart, 1978, pp. 23, 38.

④ Rodney Hilton (ed.), *The Transition from Feudalism to Capitalism*, London: New Left Books, 1976, "Introduction", pp. 10 – 12.

⑤ Chris Wickham, "Rodney Hilton," *History Today*, 52 (September 2002), pp. 6 – 7.

⑥ Peter Coss, "R. H. Hilton," *Past and Present*, No. 176 (August 2002), p. 7.

斯一开始主张用《马克思主义历史研究通讯》（*Bulletin of Marxist Historical Studies*）作为杂志名，不过这个建议很快被抛弃了。创刊人意识到，他们需要一种内容更广博的刊物。因此，从一开始，《过去与现在》就不是为马克思主义史学研究量身打造的期刊，而是马克思主义史学家和非马克思主义史学家在共同关注历史研究和历史讨论的基础上进行合作的平台。《过去与现在》致力于恢复战前广泛团结的方针，而不是区分马克思主义者与非马克思主义者。[①]

1956 年，希尔顿出于对英国共产党僵化立场的不满和对斯大林一些做法的反感，选择退出英国共产党（20 世纪 80 年代重新加入，不过，那时的英国共产党已今非昔比），并立马支持新左派。希尔顿退出英共并不意味着他放弃了马克思主义信仰。他的学生克里斯托弗·戴尔指出，在 1956 年之后，希尔顿"坚持马克思主义的历史解释传统"，"专注于马克思主义思想"，同时以开放的姿态迎接知识的新发展，并且受到像马克斯·韦伯这样的非马克思主义思想家的影响。[②]

希尔顿倾其一生关注中世纪英格兰社会和农民问题，在这些领域发表了大量论文并出版了一些很有影响力的著作。[③] 他是《农民研究杂志》编委会成员，2001 年开始又担任新创刊的《农业变化杂志》的编委。2002 年，希尔顿去世。2003 年 9 月，伯明翰大学举办了纪念这位著名中世纪史学家的学术研讨会，题为"罗德尼·希尔顿的中世纪（400—1600）"。后来出版了会议文集

[①]　Christopher Hill, R. H. Hilton and E. J. Hobsbawm, "Past and Present：Origins and Early Years," *Past and Present*, No. 100 (August 1983), pp. 4–5.

[②]　Christopher Dyer, "Introduction：Rodney Hilton, Medieval Historian," *Past and Present*, Supplement 2, 2007, p. 11.

[③]　这方面的著作主要有：1947 年出版的博士学位论文《14—15 世纪莱斯特郡庄园经济发展》；与费根（H. Fagan）合著的《英格兰 1381 年起义》（1950）；《中世纪社会》（1966）；《中世纪英格兰农奴制的衰落》（1969）；《农奴争得自由》（1973）；《中世纪晚期英格兰的农民》（1975）；1984 年与特雷弗·阿什顿（Trevor Aston）合编出版的文集《英格兰 1381 年起义》。

《罗德尼·希尔顿的中世纪：一些历史主题的探究》①。这部文集探讨了五大主题：领主—农民的关系、农民社会、城市发展、反叛以及从封建主义向资本主义的过渡。这本文集反映了希尔顿关注和研究的主题，同时也体现了希尔顿倡导的研究方法——从总体上（包括心态和思想文化层面）来研究中世纪社会——的影响。

二、中世纪的农民及其反抗

英国马克思主义史学家是"自下而上的历史"（或底层史学）的有力倡导者和实践者，他们结合英国的实际，通过借鉴、吸收和创造性运用马克思主义理论，来考察社会下层的生活和经验，强调他们在历史进程中扮演的积极角色。希尔顿是中世纪经济社会史专家，探讨了封建主义、封建生产关系、农民运动和阶级斗争、中世纪城市、封建主义的危机及其向资本主义过渡等问题。作为马克思主义史学家和底层史学的代表人物，希尔顿非常注重劳动群众在历史上的作用，尤其关注中世纪英国农村经济和农民问题。他指出，在世界历史上，从亚洲到美洲，从古代到现代，随处可见地主阶级对处于屈从地位的农民的剥削。然而，农民长期未受到史学家应有的重视。希尔顿的探究大大改变了这种境况，他在一系列作品中考察了农民的社会和经济状况以及他们的抗争活动，指出农民在中世纪社会扮演了重要角色，推动了社会的发展。

首先，界定农民概念的内涵。在中世纪社会，绝大多数人是农民，因此，要想对这种社会有一个透彻的了解，就得考察农民问题。在《中世纪晚期英格兰的农民》第一章（题为"作为一个阶级的农民"）中，希尔顿探讨了

---

① Christopher Dyer, Peter Coss, and Chris Wickham eds., *Rodney Hilton's Middle Ages: an Exploration of Historical Themes*, Oxford: Oxford University Press, 2007.

"农民"这个词的内涵。① 他首先考察了各种论述农民问题的文献，以及它们对农民做出的定义和理论分析。这类作品可分为两大类，第一类是史学家的研究，第二类是人类学家和社会学家的研究。史学家对农民的研究缺乏批判性，只是全盘接受"社会的自我评价，也即统治阶级知识分子的评价"，社会学家和人类学家的研究缺乏一种历史维度，也难以令人满意。

希尔顿宣称："我主张把农民定义为一个阶级，由它自身在社会物质需求的生产中的地位决定，而不是把它定义为一个由尊严或荣誉来决定的身份群体。"这种界定有助于概括农民的共同特征。他认为农民有五大必不可少的要素：（1）他们占有（即便不拥有）他们赖以为生的农业生产工具；（2）他们以家庭（主要通过家庭劳动力）为单位经营他们的土地；（3）他们通常结合在比家庭更大的单位村庄内，村庄拥有或多或少的共同财产和集体权利；（4）辅助性工人（Ancillary workers）——如农业工人、工匠或建筑工人——来自他们阶层，因此也是农民的组成部分；（5）他们通过生产出超过自己生活和经济再生产所需的产品，来供养各个阶级和各种制度，比如地主、教会、政府和城市。②

其次，探讨中世纪英国和欧洲农民受到的压迫和农民反抗活动。在欧洲中世纪社会，农民是主要劳动者，也是社会物质财富的创造者。英国在 12 世纪确立封建制度之后，农民就生活在封建领主剥削和压迫之下。农民为了生存，就得租种领主的土地，由此就得缴纳实物或货币地租，还得服劳役。此外，农民还得承担各种税负。农民遭受的压迫太沉重，他们没有动力、也没有资金来进行再生产，导致封建社会生产力受到束缚，效率低下，最终，领

---

① R. H. Hilton, *The English Peasantry in the Later Middle Ages*, Oxford: Clarendon Press, 1975, pp. 3 – 13.

② R. H. Hilton, *The English Peasantry in the Later Middle Ages*, Oxford: Clarendon Press, 1975, pp. 12, 13.

主—农民之间矛盾激化，引发阶级对抗甚至农民起义，造成封建主义的
危机。①

　　希尔顿强调指出，欧洲农民的反抗具有悠久的传统。根据 9 世纪初法国
阿基坦王国国王丕平一世的一条法律条文的记载，一所修道院地产上的隶农
因不满所服的劳役和所缴纳的地租而来到国王面前申辩；9 世纪末期，在意大
利北部米兰地区，一所修道院院长与大约 40 位教会地产的佃户也就地租和劳
役产生了纠纷。② 不过，中世纪早期农民运动一般局限于单个村子范围，目的
在于对村子与领主之间不平衡的关系进行细微的修改，而不是彻底改变或废
除这种关系，农民运动获得的最大成绩，是富农领导下的某种形式的自治。
相较之下，中世纪晚期农民运动的一大特点就是其地理范围扩大了，包含许
多村庄的地区都卷入其中，对既存的社会和政治关系具有颠覆性的目的也得
到了宣扬或至少隐含在农民的各种活动中，另外，中世纪晚期农民运动更大
程度的广阔性还体现在思想观念和社会心态领域。③

　　希尔顿多次在欧洲农民运动的背景下探讨了英国 1381 年农民起义。《1381
年之前英格兰农民运动》（1949）一文分析了这场大起义之前农民阶级的状
况。希尔顿指出领主—农民关系的剥削性质，讨论了农民对领主压迫的反抗，
认为农民"不但在反抗经济压迫，也在争取更广泛的人权"。④ 在与费根（H.
Fagan）合著的《英格兰 1381 年起义》（1950）一书的"导论"中，希尔顿阐
明了写作这部作品的两大意图：其一，纠正以前史学研究对这场农民反抗运
动的偏见，重新阐释被压迫者的动机和目的；其次，以往就引发这次起义的

　　① 张广智主编：《史学之魂：当代西方马克思主义史学研究》，复旦大学出版社 2011 年版，第
112—118 页。

　　② R. H. Hilton, *Bond Men Made Free: Medieval Peasant Movements and the English Rising of* 1381,
London and New York: Routledge, 2003, pp. 65–66.

　　③ R. H. Hilton, *Bond Men Made Free: Medieval Peasant Movements and the English Rising of* 1381,
London and New York: Routledge, 2003, p. 95.

　　④ R. H. Hilton, "Peasant Movements in England before 1381," *The Economic History Review*, New
Series, Vol. 2, No. 2 (1949), p. 135.

危机做出的分析,是不充分的或错误的,因此有必要予以重新评价。希尔顿
进而指出,这场反叛并不是突然和偶然发生的,而是许多复杂而相互关联的
对抗导致的结果,其中领主和农奴之间的矛盾是最根本的。[1] 在《农奴争得自
由:中世纪农民运动与英格兰1381年起义》一书第二部分中,希尔顿从起义
的主要事件、一般背景、反叛发生的地域、反叛者的社会构成、叛乱者的同
盟军以及组织和目的等方面,比较详细地分析了这场反抗活动。[2] 希尔顿在后
来编辑的一本相关文集的"导言"中,再次强调这场运动并非民众不满的突
然爆发,而是地主和佃农之间长期斗争的一个高潮。[3]

第三,考察农民阶级的分化及其意义。英国在封建化过程中以及封建制
度建立之后,农民不断出现分化。1947年,希尔顿出版了博士学位论文
《14—15世纪莱斯特郡庄园经济的发展》。在这本著作中,他对农民的社会分
化做出了重要分析,认为这种分化是推动英格兰乡村向充分的资本主义转变
的重要力量之一。在希尔顿看来,农民的分化是14—15世纪英格兰乡村最重
要的发展之一。[4] 一小群富裕农民——英格兰资本主义农场主的先驱——的
增长,必定与租赁的发展联系在一起,而竞争激烈的土地占有形式,又与
更加自由的土地市场紧密联系在一起。向资本主义农场的转变,有待富有
农民租赁更多庄园地产。这无疑需要时间。但是,他们的力量日益壮大,
以及与封建领主阶级进行斗争的可能性,都有助于这种转变。因此,英格
兰向资本主义转变的特有本质是一种来自下层、来自封建主义内部的"农

---

[1] R. H. Hilton and H. Fagan, *The English Rising of* 1381, London: Lawrence and Wishart, 1950, "Introduction", pp. 9 – 10, 13.

[2] R. H. Hilton, *Bond Men Made Free: Medieval Peasant Movements and the English Rising of* 1381, London and New York: Routledge, 2003, part II.

[3] R. H. Hilton, "Introduction," in R. H. Hilton and T. H. Aston eds., *The English Rising of* 1381, *Cambridge*: Cambridge University Press, 1984, p. 3.

[4] Rodney Hilton, *The Economic Development of Some Leicestershire Estates in the* 14th *and* 15th *Centuries*, Oxford: Oxford University Press, 1947, pp. 94 – 5. 转引自 Terence J. Byres, "Rodney Hilton (1916 – 2002): In Memoriam," *Journal of Agrarian Change*, Vol. 6, No. 1 (January 2006), p. 5。

民资本主义"。① 这样一来，英格兰乡村出现了两大重要阶级：资本主义性质的农场主和农业无产阶级。当然，这种两极分化经历了很长时间。

1965 年，希尔顿发表了两篇文章，即《英格兰的自由与隶农制》与《封建社会的地租与资本形态》，1969 年出版了《中世纪英格兰农奴制的衰落》。在这些作品中，他继续分析了封建英格兰农民分化问题及其对资本主义发展的意义。在 1978 年的《封建主义的危机》一文中，他再次强调农民的社会分化，指出富农阶层在 15 世纪末期已经与其他农民分离，并积极追求自身的利益，这一阶层也将在稍后资本主义发展过程中扮演重要角色。②

在 1974 年发表于《农民研究》杂志上的《中世纪农民——何种教训?》一文中，希尔顿进一步指出，中世纪英格兰乡村并不是"平等的社会"，当时存在明显的阶层分化：富农和中农与贫农或无地农民之间的区分。富农逐渐转变为正在出现的资产阶级的构成要素，他们是扩张和积累的代理人，贫农命中注定成为乡村和城市无产阶级大军组成部分。③ 希尔顿对农民分化之重要意义的论述得到伦敦大学学者特伦斯·拜勒斯（Terence J. Byres）的赞同，后者在一篇探讨希尔顿与"过渡"问题的文章中声称，"如果不讨论封建社会农民事先的分化进程，我们就无法理解在英格兰发生的过渡的本质。"④

希尔顿不但讨论中世纪农民经济和农民反抗活动，还探讨了农民阶级的意识和文化。希尔顿表示："尽管中世纪社会被剥削阶级的观点没有在当时浪漫主义的、法律的、哲学的和历史的文献中得到表达，但这并不意味

---

① Terence J. Byres, "Rodney Hilton (1916 – 2002): In Memoriam," *Journal of Agrarian Change*, Vol. 6, No. 1 (January 2006), p. 5.

② Rodney Hilton, "A Crisis of Feudalism," *Past and Present*, No. 80 (August 1978), pp. 15 – 17.

③ 参见 Terence J. Byres, "Rodney Hilton (1916 – 2002): In Memoriam," *Journal of Agrarian Change*, Vol. 6, No. 1 (January 2006), pp. 10 – 12。

④ Terence J. Byres, "Differentiation of the Peasantry under Feudalism and the Transition to Capitalism: In Defence of Rodney Hilton," Journal of Agrarian Change, Vol. 6, No. 1, January 2006, p. 68.

着它没有自己的表达方式"——有些低级牧师不但是农民出身，同时也很同情他们的期待，而一些政治歌谣和反抗诗也能体现农民的心声。① 在农民是否具有自己"独立自主的文化"这个问题上，希尔顿认为，中世纪农民的文化并没有脱离统治阶级的文化，不过，领主与农民之间确实存在文化上的差异。尽管统治阶级的观念被灌输给农民，但是我们不要误以为农民会原封不动地接受领主向他们说教的社会秩序，统治阶级的意识形态并没有完全决定农民的世界观。在《中世纪社会》一书中，希尔顿指出了一种更为复杂的农民世界观。希尔顿甚至认为，中世纪农民发展出了一种消极的阶级意识，即对"土地贵族"、有时对所有富人的憎恨。在英国 1381 年农民起义中，出现了一种积极的阶级意识，反抗者认识到了农民和其他生产者的相互利益，在某种程度上形成了长期的政治行动方案。②

三、从封建主义向资本主义过渡问题

罗德尼·希尔顿的学生、莱斯特大学中世纪史教授克里斯托弗·戴尔指出，阶级冲突和从封建主义向资本主义过渡之类的观念贯穿希尔顿的作品。③ 事实上，封建主义向资本主义过渡问题的大讨论，由剑桥大学马克思主义经济史家莫里斯·多布的《资本主义发展研究》（1946）一书引发。④ 这场争论首先发生在美国马克思主义经济学家保罗·斯威齐（Paul Sweezy）

---

① R. H. Hilton and H. Fagan, *The English Rising of* 1381, London: Lawrence and Wishart, 1950, pp. 82 – 83.

② Harvey J. Kaye, *The British Marxist Historians: an Introductory Analysis*, London: Macmillan, 1995, pp. 90 – 92.

③ Christopher Dyer, "A New Introduction", in R. H. Hilton, *Bond Men Made Free: Medieval Peasant Movements and the English Rising of* 1381, London and New York: Routledge, 2003, p. viii.

④ 相关中文资料参见程汉大《多布与封建主义向资本主义过渡问题的讨论》（《山东师范大学学报》1990 年第 4 期）；罗峻《莫里斯·多布的经济史思想探析》（江西师范大学硕士学位论文，2013 年，第 27—33 页）；［美］罗伯特·布伦纳《多布论封建主义向资本主义的过渡》，王瑞雪、王葳蕤译，（《江海学刊》2012 年第 2 期）。

和莫里斯·多布之间，后来又扩展到马克思主义者与非马克思主义者之间。1950 年，斯威齐在《科学与社会》杂志发表了评论《资本主义发展研究》的文章。他批评多布把封建主义等同于农奴制，认为封建主义是一种保守的、静止的制度，强调外部力量尤其"远距离贸易"对封建主义瓦解所起的作用。多布随之做出答复。他指出，一方面，斯威齐夸大了封建主义的静止性和长途贸易的作用；另一方面，斯威齐忽视了作为封建社会主要动力的阶级斗争的作用。① 多布—斯威齐之争也吸引了英国马克思主义史学家希尔顿、希尔、霍布斯鲍姆以及日本、法国和意大利的历史学者②。

希尔顿积极参与"过渡"问题的讨论，1953 年，他在《科学与社会》发表了一篇文章回应斯威齐③，后来还编辑了这场讨论的文集，即《从封建主义向资本主义的过渡》（1976），并且撰写了一篇"导论"。④ 有论者指出，在马克思主义的同情者或者更具理论倾向的史学家看来，希尔顿在 40 多年时间几乎独自一人为多布的"过渡理论"建立了坚实的经验基础，他为这场争论确定的许多参数，一直沿用至今⑤。

希尔顿在《从封建主义向资本主义的过渡》（1953）一文第一部分、《封建主义与资本主义的起源》（1976）、《封建主义的危机》（1978）以及其他作品中，对诸多相关问题做了讨论。

首先，关于封建主义的本质。希尔顿认为有必要对"封建主义"一词

---

① Paul M. Sweezy and Maurice Dobb, "The Transition from Feudalism to Capitalism," *Science & Society*, Vol. 14, No. 2 (Spring 1950).

② 他们的讨论文章参见 R. H. Hilton ed., *The Transition from Feudalism to Capitalism*, New Left Books, 1976。

③ R. H. Hilton and Christopher Hill, "The Transition from Feudalism to Capitalism," *Science & Society*, Vol. 17, No. 4 (Fall 1953).

④ 这篇导论同年又以"封建主义与资本主义的起源"为题发表在《历史作坊》杂志上，参见 Rodney Hilton, "Feudalism and the Origins of Capitalism," *History Workshop*, No. 1 (Spring 1976), pp. 9 – 25。

⑤ S. R. Epstein, "Rodney Hilton, Marxism and the Transition from Feudalism to Capitalism," http: //www2. lse. ac. uk/economicHistory/pdf/WP9406Epstein. pdf [2012 – 10 – 22].

做出界定。他指出，马克思在使用这个术语的时候，用它来描述一种社会制度，其主要特征就是军事性土地贵族对社会其余人员（主要是农民）的支配。希尔顿还指出，把封建主义当作一种生产方式是十分必要的。从马克思主义的认识出发，封建生产方式的本质在于地主与处于从属地位的农民之间的剥削关系。在这种关系中，超出农民生存所需的剩余——直接劳动或实物或货币地租——以强制性方式转移到地主手中。[①]

希尔顿肯定了布洛赫在封建主义研究领域的贡献。在希尔顿看来，布洛赫的作品在拓宽封建主义研究框架方面意义深远。布洛赫力图撰写欧洲封建主义的"整体史"，他不是马克思主义者，也没有明确提出一种阶级分析法，但是他的研究也关注领主与农民的关系问题：在《法国农村史》（1931）中，强调农民与土地和领主的关系；在《封建社会》（1940）中，也关注领主—农民关系，尽管很大程度上聚焦于领主—封臣关系。[②]

第二，关于封建主义的动力。希尔顿指出，在最初的辩论者当中，除斯威齐外，其他人都拒绝如下观点：封建生产方式是静止的和自我长存的，无法创造它自身转变的前提条件，因此需要外部力量来打破它的平衡。为了回应批评，斯威齐抛出了一个问题：封建生产方式的主要动力是什么？

在原始社会解体和资本主义社会开始之前的时代，社会发展的必要前提条件，就是超出生存需要之外的剩余产品的增长。而剩余产品的增加又取决于生产力——工匠和农民的生产工具和技艺——的发展。反过来，生产力的发展依赖剩余产品的规模和使用。为了理解生产力与剩余产品之间辩证关系所引起的生产方式（封建制度）的兴衰，就有必要考虑生产关

---

① Rodney Hilton，"Feudalism and the Origins of Capitalism," *History Workshop*，No. 1（Spring 1976），pp. 24, 22.

② Harvey J. Kaye，*The British Marxist Historians: an Introductory Analysis*，London: Macmillan，1995，p. 75.

系。^① 在封建社会，这是指主要阶级即领主与农民之间的关系。

封建社会生产方式的主要特征，就是生产工具的主人（地主）想方设法把直接生产者所有剩余产品据为己有。当然，在欧洲封建主义发展的不同时期，直接生产者会有所变化，经济制度的一些方面也会有所改变，地主的剥削方式也会不一样。不过，有一点是肯定的，即统治阶级以各种方式让封建地租——强行夺取的直接劳动者的剩余——最大化。^②

希尔顿认为，农民剩余劳动或剩余产品向统治阶级的转移，是技术进步和封建组织得以改善的根本原因。这也构成了简单商品生产、领主现金收入、国际奢侈品贸易和城市化的基础。农民对领主转移剩余的反抗，对于农村地区的发展、自由占有权（free tenure）的延长和地位的提高、农民和工匠经济的解放来说，显得至关重要。^③ 简而言之，领主与农民围绕地租展开的斗争，成为中世纪社会的"主要动力"^④。

不过，在社会发展动力问题上，希尔顿拒绝一些马克思主义者提出的经济基础单一决定论，也反对一些马克思主义者过度强调阶级冲突而牺牲经济因素的做法。在他看来，一种社会形态的各个方面——包括经济基础、生产的阶级关系以及法律、政治和意识形态上层建筑——是相互依存的。真正的马克思主义者不应当接受单一决定论，而要认识到各种因素的相互关联，同时要优先考虑社会阶级关系的物质基础。^⑤

第三，关于城镇的起源。希尔顿认为，早在 3 世纪危机之际，城镇生活

---

① R. H. Hilton and Christopher Hill, "The Transition from Feudalism to Capitalism," *Science & Society*, Vol. 17, No. 4 (Fall 1953), pp. 342 – 343.

② R. H. Hilton and Christopher Hill, "The Transition from Feudalism to Capitalism," *Science & Society*, Vol. 17, No. 4 (Fall 1953), pp. 343 – 345.

③ Rodney Hilton, "Feudalism and the Origins of Capitalism," *History Workshop*, No. 1 (Spring 1976), p. 22.

④ R. H. Hilton and Christopher Hill, "The Transition from Feudalism to Capitalism," *Science & Society*, Vol. 17, No. 4 (Fall 1953), p. 345.

⑤ 转引自 Brian Manning, "A Voice for the Exploited," *Socialist Review*, Issue 265 (July/August, 2002). http：//www. socialistreview. org. uk/article. php? articlenumber = 8063。

就在收缩，以农奴劳动为基础的自给自足的地产开始支配罗马帝国的社会结构。东西方贸易也在收缩，因为西方的黄金支付能力变得越来越小。事实上，阿拉伯人并没有切断东西方贸易，相反，他们还会支持这种往来。中世纪低水平的市场生产仅仅是罗马帝国以来经济发展的一种延续而已。10世纪末期，商品生产发展的一些重要迹象出现了。地方性市场开始扩展为城镇，城镇生活的发展是封建社会内部各种社会和经济力量的发展带来的，而不是外部影响（流动的商人）造成的。因此，在希尔顿看来，那种把欧洲封建主义经济中贸易和变化的复兴归因于长途贸易的看法，是站不住脚的。[①]

希尔顿进而指出，封建社会经济发展——与地租斗争和封建主义政治上的稳定联系在一起——的特点体现为社会剩余产品总量的增加。这才是商品生产发展的基础。这也意味着在自然经济时期，有更多剩余产品可以用来交换。因此，10世纪或11世纪中世纪市场中心和城镇的扩张，基本上以简单商品生产为基础。[②]

四、中世纪英国和法国的城市

希尔顿的中世纪社会研究不但考察农民社会和"过渡"问题，还十分关注中世纪的城市。他强调中世纪城市与封建制度的紧密联系，指出这种城市是封建社会的有机组成部分。

中世纪城镇是许多学者尤其那些关注西方城市化早期发展和中世纪经济的学者的研究主题。对于寻求市场制度起源的人来说，这种城镇具有特

---

① R. H. Hilton and Christopher Hill, "The Transition from Feudalism to Capitalism," *Science & Society*, Vol. 17, No. 4 (Fall 1953), pp. 341 – 342.

② R. H. Hilton and Christopher Hill, "The Transition from Feudalism to Capitalism," *Science & Society*, Vol. 17, No. 4 (Fall 1953), p. 347.

别的吸引力，因为它具有持续积累和劳动分工的能力。尽管我们很难把后中世纪（post‐medieval）时期资本主义的兴起回溯到城市经济，不过，资本主义的各种价值和制度都源自中世纪欧洲的商业城镇。与众不同的是，希尔顿从另类视角对中世纪城镇做出了探讨。①

希尔顿早在 20 世纪 60 年代就开始关注中世纪城镇，1967 年发表《论中世纪城市不动产问题》，1975 年出版的《中世纪晚期英格兰的农民》第五章题为"作为农民社会之组成部分的小城镇"。希尔顿后来又发表了一系列相关文章，主要有：《英格兰封建社会的城市》（1979）、《领主、市民与小贩》和《小城镇与城市化》（1982）、《黑死病之前英格兰小城市社会》（1984）、《中世纪市镇与简单商品生产》（1985）、《低层次的城市化》（1996）。希尔顿城市研究的重要著作是 1992 年出版的《中世纪英法城镇比较研究》②。我们现在主要分析这部作品的内容。

《中世纪英法城镇比较研究》考察了 11—14 世纪英法两国市镇在中世纪社会中的地位。由著作名称可知，希尔顿旨在对英法两国城市进行比较分析。他考察了两国城市呈现出的差异性：法国人口众多，相应地，大城市也更多，英国小市镇（market towns）更多；法国城市网络基于主教城市，而英国大多数大型城镇都是皇家自治市；法国城市有时候包含了一些拥有明确权限的核心居住区，英国不存在这种情况；英国城镇受商人支配，而法国城市统治者是律师或皇室官员，如此等等。③尽管存在这些差异，不过，两国城市的特权大体上相似：城市市民人身受到法律保护，不受专横的封建司法权的压制；城市法庭使用简化的法律程序；城市不动产的占有

---

① Paul M. Hohenberg, "Review of *English and French Towns in Feudal Society* by R. H. Hilton," *The Journal of Economic History*, Vol. 56, No. 3 (Sep., 1996), p. 710.

② R. H. Hilton, *English and French Towns in Feudal Society*, Cambridge：Cambridge University Press, 1992.

③ David Nicholas, "A Review of *English and French Towns in Feudal Society* by R. H. Hilton," *The Economic History Review*, New Series, Vol. 46, No. 4 (Nov., 1993), pp. 827‐828.

是免费的；城市市民不受领主欺诈；财产安全，不会被任意夺取；城市具有不同程度的金融自主权，市民通常享有征收各种税收的权利（这些权利原属王室的或封建领主的官员）；城市享有不同程度的政治和行政自主权。①

希尔顿的真正意图，在于讨论中世纪城市与控制乡村的封建制度的关系：城镇在多大程度上或以什么方式远离封建社会或反对它呢？它们在多大程度上意欲破坏它？希尔顿坚信封建主义对中世纪史学家来说是一个有用的概念，他在讨论时，超越了领主—附庸关系，强调封建主义是一种社会形态，在这种社会中，英法城市就是从中世纪早期城市化的起步中发展而来。希尔顿力图表明，与以往人们所承认的相比，中世纪城镇与封建结构有着更多共同之处，城市资产阶级的价值或行为并不是反封建的，市镇的利益通常并没有与封建社会相冲突。② 希尔顿得出结论：中世界城市不是资本主义的孤岛，而是封建社会不可分割的组成部分。克里斯托弗·戴尔指出，希尔顿在城市史阐释方面扮演了一个重要角色，他是在封建主义背景中来论述城市问题，而不是将城市当作现代社会的开端。③

希尔顿首先对城镇做了界定。在他看来，一个城镇有别于一个村庄之处，在于前者拥有一个永久性市场以及城镇居民不需要生产自己的生活资料即农产品，而是主要致力于制造业和贸易，他进而指出，"不管大小……职业上的异质性乃城镇的本质特点"④。希尔顿认为，城镇不仅仅对教会/封建精英的一些成员造成威胁，它们也是一种必要之物——为他们提供奢侈品，也提供重要的收入之源，因为城镇主人通常也是封建主，尤其是教会人士。在希尔顿看来，城镇通常受到封建利益的统治和支配，商人或工匠

① R. H. Hilton, *English and French Towns in Feudal Society*, Cambridge：Cambridge University Press, 1992, p. 128.

② Lorraine Attreed, "A Review of *English and French Towns in Feudal Society* by R. H. Hilton," *Speculum*, Vol. 69, No. 1 (Jan., 1994), p. 174.

③ Christopher Dyer, "Rodney Hilton," *The Guardian*, 10 June 2002.

④ R. H. Hilton, *English and French Towns in Feudal Society*, Cambridge：Cambridge University Press, 1992, p. 6.

常常与封建社会某个阵营结盟来获得优惠。希尔顿还表明，城镇社会内部缺乏团结：商人利益与封建利益经常相互一致而不是相互冲突；这两个精英群体会联合起来以税收形式剥削城镇下层和乡村人口。[1] 从社会层面来看，即便小城镇也不是同质性的，贫困工人和城镇寡头之间存在阶级冲突，这类似农民与地主之间的矛盾。希尔顿由此表明，中世纪城镇是中世纪社会的组成部分。

希尔顿强调城市与封建社会的一致性，认为市镇对封建精英——国王、教俗贵族——的不满无关紧要，因为他们分享着如此之多的价值和目的。不过，他的这种观点也遭到了质疑。有论者指出，希尔顿的这种看法掩盖了许多城镇为了从它们主子那里获得基本的统治、司法和经济特权而展开的反抗活动，也忽略了市镇与地方权贵之间存在的紧张而敌对的关系。[2]

希尔顿还受到其他反驳，比如低估了城乡差异的重要性。在中世纪城镇，尽管财富不是身份的唯一基础，不过，与乡村社会相比，它在城镇扮演了更重要的角色。同样，与农业经济相比，城市的市场参与度和货币化程度更明显。简而言之，中世纪城镇既是封建社会的一部分，同时又与这种社会的主要规范格格不入。[3] 此外，还有其他一些批评意见：希尔顿的讨论主要局限于英格兰和法国北部，很少涉及法国南部、低地国家和意大利地区，而且证据主要来自英国文献资料，对法国的探究主要依靠二手文献。[4] 另外，有人认为他的分析也不够重视法律，而英格兰普通法和法国罗

---

[1] Constance Berman, "A Review of *English and French Towns in Feudal Society* by R. H. Hilton," *Albion: A Quarterly Journal Concerned with British Studies*, Vol. 25, No. 4 (Winter 1993), p. 659.

[2] Lorraine Attreed, "A Review of *English and French Towns in Feudal Society* by R. H. Hilton," *Speculum*, Vol. 69, No. 1 (Jan., 1994), p. 175.

[3] Paul M. Hohenberg, "Review of *English and French Towns in Feudal Society* by R. H. Hilton," *The Journal of Economic History*, Vol. 56, No. 3 (Sep., 1996), pp. 710, 711.

[4] 希尔顿在"导论"中提前对这些批评意见做了回应，参见 R. H. Hilton, *English and French Towns in Feudal Society*, Cambridge: Cambridge University Press, 1992, pp. 1 – 2。

马法传统对行会之类的法人团体的权限有着不同规定。①

　　希尔顿在《中世纪英法城镇比较研究》的"序言"中表示，他的这种探究乃一种冒险，因为他对中世纪社会和经济史的考察，主要关注农业和农民，而不是城市问题。而他本人对城市史的研究，是以小市镇而不是以大城市为主。此外，他宣称自己还忽略了城市史的许多方面：城镇内部普遍的和具体的经济发展，国际性和地区性贸易模式；城镇与它们的农村腹地的经济联系；城市体制的和政治的发展；等等。②

　　虽然受到各种质疑和批评，不过，希尔顿的分析毫无疑问补充和丰富了中世纪城镇研究，以一种重要而新颖的视角探究了包括城镇在内的中世纪社会和封建主义的本质。

五、希尔顿的史学贡献

　　罗德尼·希尔顿的史学探究为后世学者留下了丰富的学术遗产，尤其在史学理论和方法以及马克思主义理论方面为我们提供了启示和借鉴。

　　首先，他的史学思想和实践推动了新社会史的发展。二战以来，社会底层在历史发展进程中扮演的积极角色日益受到更多关注，许多史学家开始目光"向下"，关注人民群众对历史的推动作用。在二战前后兴起和繁盛起来的英国马克思主义史学流派，在这方面表现得尤为引人注目。作为英国马克思主义史学的重要代表人物之一，希尔顿也抛弃了以往那种只关注精英和政治、法律制度的研究路径，着力考察中世纪欧洲大陆和英格兰农民阶层的经历及其历史贡献。在《英格兰 1381 年起义》一书"导论"中，

①　Steven A. Epstein, "Review of *English and French Towns in Feudal Society* by R. H. Hilton," *The American Historical Review*, Vol. 98, No. 5 (Dec., 1993), p. 1589.

②　R. H. Hilton, *English and French Towns in Feudal Society*, Cambridge：Cambridge University Press, 1992, p. xi.

希尔顿和合作者批评此前研究这一主题的学者，声称这些人多多少少有意或无意地受到官方文献的欺骗，并表明自己要重建未受到充分记载的被压迫者而不是压迫者的动机和目的。希尔顿的研究不但出于历史关怀，也出于现实考虑：不但为了纠正和重新评估起义的历史，也是为了向英国人民"呈现他们为大众自由而战斗的传统的一个部分"①。后来，在《中世纪社会》一书中，希尔顿重申了自下向上研究历史的必要性，"较之于自上而下来看待社会，自下向上的视角可以让我们更准确地了解整个社会和国家"②。

其次，在当今欧美史学研究呈现"碎片化"趋势之际，希尔顿的整体史研究显得尤为重要。希尔顿指出，史学家必须从总体上把握人类社会，"应当研究一个社会的社会、经济和政治层面的相互关系"③。他本人关于英格兰农奴制的研究，就结合了政治、经济与人口以及文化等方面的因素。

第三，希尔顿坚持理论和实际的密切结合。他强调史学探究要致力于大量的档案研究，要始终对假说进行严格的检验。正是这种埋头于档案材料的工作，使得他的作品具有了重要的权威性和广泛而持久的影响，"希尔顿坚实的档案研究为他建构解释和概括框架提供了权威性，这种框架说服、启发以及深深影响了许多并不赞同他的政治观点的学者"④。希尔顿对那些与实践相脱节的理论心存疑虑，"作为一个接受历史唯物主义基本原理的人"，"我更多地关注对实际的历史进程的解释，而不是纯粹理论领域的争

---

① R. H. Hilton and H. Fagan, *The English Rising of* 1381, London: Lawrence and Wishart, 1950, pp. 9, 10.

② 转引自 Harvey J. Kaye, *The British Marxist Historians: an Introductory Analysis*, London: Macmillan, 1995, pp. 85 – 86。

③ R H. Hilton, "Capitalism – What's in a Name?," *Past & Present*, No. 1 (Feb., 1952), p. 38.

④ C. Wickham, "Rodney Hilton," *History Today*, 52 (September 2002), p. 6.

论"。①

　　第四，希尔顿的史学探究促进了马克思主义理论的发展。希尔顿对中世纪社会和经济的诸多方面做出了探讨，"他在这方面的独特贡献在于带来了一种马克思主义视角"，"但是他并不是教条地使用马克思主义，而是以经验研究检验理论"。② 例如，一方面，他运用阶级斗争理论来探讨中世纪社会，认为中世纪社会变化和发展的"主要动力"是领主和农民之间的阶级斗争，同时也不否定经济力量的重要作用。另一方面，与克里斯托弗·希尔、爱德华·汤普森以及霍布斯鲍姆等人一样，希尔顿也反对简单的经济决定论。尽管希尔顿的大多数作品对中世纪封建主义进行政治—经济研究，不过，他并没有把领主与农民之间的斗争简化为经济关怀，而是强调史学家应当关注法律、政治、艺术和宗教等领域。他明确指出，"如果封建主义和资本主义仅仅被当作经济史的不同阶段，那么它们就是不可理解的。我们必须从整体上来考察社会及其运动，否则的话，我们就无法正确评价社会的经济基础与它的观念和制度之间的冲突与不平衡发展所具有的意义"③。

　　希尔顿不是教条的马克思主义史学家，在他看来，马克思主义学说不应该成为一种封闭的体系，而是需要吸收非马克思主义学说的积极贡献。通过把马克思主义理论应用到英国的历史和社会现实，通过理论与实践的紧密结合，希尔顿深入分析了英国社会乃至世界其他地区的诸多问题。他与英国其他马克思主义史学家的努力，推动了英国史学和国际史学的繁荣，也富于创造性地继承和发展了马克思主义理论。

---

　　① 转引自 Brian Manning, "A Voice for the Exploited," *Socialist Review*, Issue 265 (July/August 2002). http://www. socialistreview. org. uk/article. php? articlenumber = 8063。

　　② Christopher Dyer, "A New Introduction," in R. H. Hilton, *Bond Men Made Free: Medieval Peasant Movements and the English Rising of* 1381, London and New York: Routledge, 2003, p. viii.

　　③ R H. Hilton, "Capitalism – What's in a Name?," *Past & Present*, No. 1 (Feb., 1952), p. 42.

第七章　艾瑞克·霍布斯鲍姆的
劳工史学

　　霍布斯鲍姆（Eric Hobsbawm，1917—2012）关注的主题非常广泛，包括欧洲历史进程、劳工问题、社会盗匪、马克思主义和共产主义以及民族主义和爵士乐等。这些主题涵盖的地域不仅仅局限于发达的欧美社会，也涉及广大第三世界国家和地区。英国史学家理查德·J. 埃文斯（Richard J. Evans）认为，霍布斯鲍姆在 2012 年去世之前的许多年里，一直是世界上最著名的、读者群体最广泛的历史学家，他的著作被翻译成了五十多种语言。[①] 霍布斯鲍姆最为人熟知、最受称道的作品，无疑是对欧洲和世界历史进程做出的探究，即"年代四部曲"。国内学界从多个层面对霍布斯鲍姆的史学思想进行了介绍和分析，不过，就他的劳工史研究而论，这一领域显然还没有得到足够多的关注。[②] 有鉴于此，我们这里尝试对霍布斯鲍姆的劳

　　① Richard J. Evans, *Eric Hobsbawm：A life in History*, Oxford：Oxford University Press, 2019, "Preface", p. vii.
　　② 国内相关研究参见张亮《艾瑞克·霍布斯鲍姆与工人阶级：范式、理论及其当代评价》,《理论探讨》2017 年第 3 期；姜芃、沈坚、陈新、孙立新《马克思主义史学思想史》第 5 卷《外国马克思主义史学（上）》，中国社会科学出版社 2015 年版，第一章第四节；金寿铁《艾瑞克·霍布斯鲍姆："底层历史"的开拓者》,《学术评论》2014 年第 1 期；万金昌《底层史学与劳工研究：以霍布斯鲍姆为中心的考察》，重庆师范大学硕士学位论文，2013 年；梁民愫《马克思主义理论与实践：霍布斯鲍姆的史学研究》，社会科学文献出版社 2009 年版；梁民愫《英国学派与历史学家：霍布斯鲍姆的马克思主义史学》，社会科学文献出版社 2020 年版；梁民愫《进步史观与下层视野：霍布斯鲍姆的社会历史观探讨》,《历史教学问题》2005 年第 5 期；王立端《霍布斯鲍姆阶级意识理论评述》,《漳州师范学院学报》2002 年第 3 期；王立端《阶级和阶级意识理论的重构》,《三明高等专科学校学报》2003 年第 1 期。

工史研究做出探析。霍布斯鲍姆的劳工研究涉及广泛的空间和众多的主题，他既讨论英国和欧洲的劳工运动及其发展，也探究欧洲之外的劳工问题；不但讨论农民的抗争，更注重分析工人阶级的运动及其反抗活动；不但留意劳工组织，更关注工人阶级的生活与经历。我们主要从劳工史和阶级意识问题、工人阶级文化、劳工生活水准、劳工贵族以及英国劳工运动的发展等五个方面，来探析霍布斯鲍姆在劳工史研究领域的核心主张和主要成就。

一、生平与著作

霍布斯鲍姆 1917 年出生在埃及亚历山大，父亲来自伦敦东区，具有波兰犹太血统，母亲出身于奥地利犹太中产阶级家庭。2 岁时，霍布斯鲍姆随父母来到维也纳。1929 年，父亲去世，两年后，母亲也去世，霍布斯鲍姆后来由柏林的叔叔抚养。根据霍布斯鲍姆的回忆，1931—1933 年间的柏林是"世界上最有活力的地方"。他很快加入德国共产主义青年团分支机构"社会主义学生协会"，成为一名共产主义者。1933 年，希特勒上台，霍布斯鲍姆移居伦敦，随后就读于伦敦中区圣玛丽勒本文法学校。在就读剑桥之前的三年时间里，霍布斯鲍姆进行了广泛阅读，并且试着"从马克思主义的角度"来诠释所读到的东西。[1]

1935 年，霍布斯鲍姆获得剑桥奖学金，1936 年进入剑桥大学国王学院。在抵达剑桥之际，他就下定决心要加入共产党并投身政治。[2] 同年，他顺利加入共产党。霍布斯鲍姆发现共产主义是一个包容性的共同体，超越了国籍、种族和宗教等划分人的因素。在剑桥求学期间，经济史教授穆尼亚·波斯坦

---

[1] ［英］霍布斯鲍姆著：《趣味横生的时光：我的 20 世纪人生》，周全译，中信出版社 2010 年版，第 116 页。

[2] ［英］霍布斯鲍姆著：《趣味横生的时光：我的 20 世纪人生》，周全译，中信出版社 2010 年版，第 122 页。

（Munia Postan）对他产生了重要影响，霍布斯鲍姆宣称波斯坦是"让我通往更广阔天地的桥梁"。[①] 二战后，霍布斯鲍姆重回剑桥，在波斯坦的指导下，以费边社为论文主题获得剑桥大学博士学位。

第二次世界大战期间，霍布斯鲍姆曾在英国皇家工兵部队（Royal Engineers）和皇家陆军教育团（Royal Army Educational Corps）服役。霍布斯鲍姆自认为这段服役期间是他"一生中最窝囊的日子"，"毫无建树"。[②] 不过，实际情况可能并非如此。除了少数军官，霍布斯鲍姆所在的野战工兵连是纯粹由工人阶级组成的单位，在那里，他可以直面英国工人阶级，而这个阶级是他后来众多研究主题之一。作为坚定的马克思主义者，霍布斯鲍姆很清楚工人阶级的需求和思考。但是，在近距离观察之后，他发现工人阶级似乎怀有不太一样的、更加平凡的、通常也是右派的兴趣和期待。他后来了解到，这不仅仅是英国的情况，意大利南部也是如此。[③]

1947 年，霍布斯鲍姆成为伦敦大学伯贝克学院历史系讲师（1970—1982年间任教授，1982 年任荣休教授）。冷战时期的政治氛围对左派学者不太有利，霍布斯鲍姆谈到了英国不太强烈的麦卡锡主义对马克思主义学者的影响。他指出，大约从 1948 年开始，英国就出现了一场广泛的行动，旨在把已知的共产党员排斥在与英国公共生活相关的职务之外，尽管其做法不像美国那般歇斯底里。就霍布斯鲍姆本人来说，冷战开始于 1948 年 5 月，因为英国外交部拒绝批准他第二度前往德国"再教育"德国人的工作。当时的公共政策鼓励歧视，共产党员被视为潜在的叛徒或卖国贼，受到上司与同事的怀疑。[④] 不过，霍布斯鲍姆表示，尽管"十年得不到晋升，但没有人把你撵走"，虽然那

---

① ［英］霍布斯鲍姆著：《趣味横生的时光：我的 20 世纪人生》，周全译，中信出版社 2010 年版，第 341 页。

② ［英］霍布斯鲍姆著：《趣味横生的时光：我的 20 世纪人生》，周全译，中信出版社 2010 年版，第 189 页。

③ Daniel Snowman, "Eric Hobsbawm," *History Today*, January 1999, p. 17.

④ ［英］霍布斯鲍姆著：《趣味横生的时光：我的 20 世纪人生》，周全译，中信出版社 2010 年版，第 212 页。

是"一个糟糕的时期，但是，英格兰的情况绝对没有美国的那么糟"。①

霍布斯鲍姆是 1946 年成立的"共产党历史学家小组"成员之一，小组主要成员还包括克里斯托弗·希尔、罗德尼·希尔顿、拉斐尔·塞缪尔以及汤普森夫妇等。一方面，小组通过研讨会、聚会、小册子和通讯来进行共产党的教育和宣传；另一方面，也通过"四个分部"推进理论发展。总体而言，这个群体强调大众革命传统和草根运动的社会环境，注重被主流历史学派忽视的边缘群体和大众。史学家小组对霍布斯鲍姆的影响很大，他认为小组的讨论和探究极具启发性，"有助于我们推进我们自己的历史发展"②，而史学家小组在伦敦举办会议的场所"或许就是让我们真正成为历史学家的地点"③。这个小组并不是封闭性的，小组成员有意识地建立与学术体制内反对 T. S. 阿什顿和休·特雷弗—罗珀这种右派史学家的非马克思主义者的合作。1952 年，霍布斯鲍姆与其他人一起创办了《过去与现在》杂志。一开始，共产党员在编委会成员中占多数，1958 年之后，非马克思主义者占编委会成员的多数。

1954 年至 1955 年间，应苏联国家科学院的邀请，霍布斯鲍姆与"共产党历史学家小组"其他三位成员，即英国革命史专家克里斯托弗·希尔、拜占庭学家罗伯特·布朗宁和《英国人民史》的作者莫尔顿参观访问了苏联，亲身体验了一种教条而令人窒息的苏联模式，这让他感到很沮丧。④ 不过，对他以及其他英国左派知识分子而言，尽管苏联存在一些严重缺陷，但是它依旧是"取得巨大成绩、具有社会主义的无限潜力"的国家。在整个冷战时期，

---

① Pat Thane and Liz Lunbeck, "An Interview with Eric Hobsbawm," *Radical History Review*, Issue 19 (Winter 1978 – 1979), p. 120.

② Danny Millum, "Eric Hobsbawm (interview)," http://www. history. ac. uk/makinghistory/resources/interviews/Hobsbawm_ Eric. html.

③ [英] 霍布斯鲍姆著：《趣味横生的时光：我的 20 世纪人生》，周全译，中信出版社 2010 年版，第 230 页。

④ [英] 霍布斯鲍姆著：《趣味横生的时光：我的 20 世纪人生》，周全译，中信出版社 2010 年版，第 241 页。

霍布斯鲍姆都将苏联视为抗拒美国帝国主义的必要制衡力量。① 事实上，在1948—1951 年间，霍布斯鲍姆为一家由共产党掌管的杂志《新中欧观察家》（*New Central European Observer*）撰写了大约 20 篇文章，这些文章表现出毫不含糊的正统立场：捍卫俄国外交政策、批评铁托以及不断警示西德正在被动员起来对付俄国阵营的危险性。霍布斯鲍姆这一时期的论述表明，他坚信俄国和东欧国家体现出了一种新的、更高程度的社会组织，所有声称支持工人阶级之人的首要责任，就是捍卫这些国家。②

1956 年苏联干涉匈牙利事件，导致英国共产党内部出现一次巨大危机，党内矛盾公开化。在这场危机中，三个问题交织在一起：赫鲁晓夫的"秘密报告"和匈牙利革命、党内民主问题、共产党在与工党关系上的策略问题。霍布斯鲍姆参与到这三个问题的辩论之中。他在给《工人日报》的一封信中，表明了自己对苏联干预匈牙利事件的模棱两可的态度。一方面，他声称"如果我们处于苏联政府的立场，那么我们应该进行干预；如果处于南斯拉夫政府的立场，我们应该赞成这种干预"；另一方面，霍布斯鲍姆又有所保留，觉得镇压匈牙利的民众起义至多也只能称为一种"可悲的必要性"，"在衷心支持发生在匈牙利的事件之际，我们也应该公开我们的想法，即苏联应当尽快撤军"，"要想人民对我们的诚实和判断有信心，英国共产党应该公开表达这种观点，如果他们没有这种信心，我们又怎么能够期待他们会追随我们呢"。③

霍布斯鲍姆也就党内生活提出了尖锐的意见。当时，一些人完全抛弃了民主集中制，霍布斯鲍姆认为，"我们的党应该坚持民主集中制"，不过，党

① Mark Solomon, "An Engagement of Head and Heart: Eric Hobsbawm's 20th Century," *Science & Society*, Vol. 71, No. 3 (July 2007), pp. 357–358.

② Norah Carlin & Ian Birchall, "Kinnock's Favourite Marxist: Eric Hobsbawm and the Working Class," *International Socialism Journal*, Series 2, No. 21 (Autumn 1983). http://www. marxists. de/workmvmt/birchcarl/hobsbawm. htm.

③ 转引自 Norah Carlin & Ian Birchall, "Kinnock's Favourite Marxist: Eric Hobsbawm and the Working Class," *International Socialism Journal*, 2: 21 (Autumn 1983). http://www. marxists. de/workmvmt/birchcarl/hobsbawm. htm。

的一些具体活动要做出调整，以便可以感受到来自下面的压力，要有争论和更多讨论，少数派要受到尊重，领导层也要愿意承认自己可能会出错。霍布斯鲍姆也对党的策略提出批评，认为党没有遵循广泛的左派联盟所要求的逻辑，同时也批评了党在和平运动上的失败以及宗派主义。[①]

这次危机致使史学家小组分裂，包括希尔和汤普森等人在内的许多著名成员退党。霍布斯鲍姆显然也考虑过退党，但他最终选择留在党内。在《趣味横生的时光》中，霍布斯鲍姆对自己的选择做出了解释：首先，他开始接触共产主义的时候，不是作为一个待在英伦三岛的英国人，而是一个目睹魏玛共和国崩溃的中欧人。等到他入党之际，共产党员身份不仅意味着反抗法西斯主义，同时也表示着世界革命。其次，这是他那一代人的选择。霍布斯鲍姆认为自己搭上了第一代共产主义者的末班车，对这些人来说，十月革命是衡量政治世界的中心点。霍布斯鲍姆最后指出："在我过来的那个地方以及在我所处时代加入此运动的人，比起后来于其他地点入党者更难断绝与共产党的关系"[②]。

1956 年之后，英国第一代新左派出现，他们以《新理性者》和《大学与左派评论》杂志为核心。霍布斯鲍姆也为这两家杂志撰稿，以这种方式维持与新左派的团结一致。20 世纪 60 年代，他敏锐地感受到了塑造新一代左派的各种力量。他为古巴革命欢呼，分析美国黑人民权运动，也预测到了美国在越南的失败。霍布斯鲍姆一度将 20 世纪 60 年代学生运动视为一种"原始反叛"。他是 1968 年学生运动的见证者，当时身在巴黎，写了一篇文章从经典马克思主义视角来评论这场学生运动。后来在反思 1968 年时，他觉得这种骚乱与其说是革命左派的最后一击，不如说是左派广泛分裂的组成部分。霍布

---

① 参见 Norah Carlin & Ian Birchall, "Kinnock's Favourite Marxist: Eric Hobsbawm and the Working Class," *International Socialism Journal*, 2: 21 (Autumn 1983). http://www. marxists. de/workmvmt/ birchcarl/hobsbawm. htm。

② ［英］霍布斯鲍姆著：《趣味横生的时光：我的 20 世纪人生》，周全译，中信出版社 2010 年版，第 263—264 页。

斯鲍姆对脱离经济/阶级关怀的身份政治不感兴趣，在他看来，这种政治完全是一种自我陶醉，最终会打击和排斥真正受到经济和政治压迫的人们。身份政治导致左派四分五裂和自相残杀，妨碍一切形式的人民阵线反对西方自由市场的共识，致使左派在政治上显得无能为力。①

20 世纪 60 年代晚期，霍布斯鲍姆对极左派越来越不耐烦，也日益认为自己的任务就是清除渗透到"左"派中的各种异端邪说，捍卫共产主义传统。他强烈批评嬉皮士和新左派将切·格瓦拉视为英雄，认为格瓦拉主义（Guevarism）无法成为拉美正统共产党可靠的替代方案。1979 年 10 月，霍布斯鲍姆成为《今日马克思主义》编委之一，这家刊物是英国共产党内部"欧洲共产主义派"的理论刊物。欧洲共产主义（Eurocommunism）与人民阵线主张之间的联系是显而易见的，而霍布斯鲍姆在 20 世纪 70 年代一再强调，人民阵线"不仅仅是暂时性防御策略，甚或从退却转向进攻的策略。它也是一种经过深思熟虑的迈向社会主义的策略"。不过，欧洲共产主义在 20 世纪 70 年代晚期陷入混乱。霍布斯鲍姆的文章《西欧左派状况》（1982）描绘了西欧共产主义和社会主义政党的衰落和退却，表现出了一种悲观主义。②

20 世纪 60 年代，霍布斯鲍姆在劳工史研究领域出版了几部作品，包括《劳动人民》（1964）、《斯温上尉》（1968）以及《工业与帝国》（1968）。1974 年至 1982 年间论述劳工的文章也结集出版，即《劳工的世界：劳工史再研究》（1984）。20 世纪 60 年代到 90 年代，霍布斯鲍姆完成了享誉世界的"年代四部曲"：《革命的年代》（1962）、《资本的年代》（1975）、《帝国的年代》（1987）和《极端的年代》（1994）。

20 世纪 60 年代以来，霍布斯鲍姆的学术声望日隆：担任斯坦福大学客座

① Carl R. Trueman, "The Chinese Curse: Hobsbawm's *Interesting Times*," *Journal of The Historical Society*, Vol. 4, Issue 4 (December 2004), pp. 406–407.
② Norah Carlin & Ian Birchall, "Kinnock's Favourite Marxist: Eric Hobsbawm and the Working Class," *International Socialism Journal*, 2: 21 (Autumn 1983).

教授（20 世纪 60 年代），当选美国艺术与科学学院海外名誉会员（1971），成为英国人文社会科学院院士（1978）。1982 年，霍布斯鲍姆从伯贝克学院退休，1984 年至 1997 年间担任纽约社会研究新学院客座教授；他从 2002 年开始担任伯贝克学院院长；2006 年，当选英国皇家文学学会会员。2012 年 10 月 1 日，霍布斯鲍姆因胃炎并发症病逝于伦敦皇家自由医院。

二、劳工史以及阶级和阶级意识的理论探讨

霍布斯鲍姆兴趣广泛、视野开阔、著述丰富，取得了享誉全球的声誉。霍布斯鲍姆是底层史学的有力提倡者和实践者，认为人类历史上"非凡的小人物"是主要的历史行动者，"他们能够而且已经改变了文化与历史的样貌"，鉴于底层群众长期遭受史学家的忽视，他决心"将这类人物从被人遗忘的状态中拯救出来"①。事实上，从 20 世纪 50 年代中期开始，霍布斯鲍姆就在探究前资本主义和早期资本主义社会各种社会运动：罗宾汉式盗匪、农民反抗、千禧年主义、前工业时代城市暴乱以及革命性秘密会社等。

在霍布斯鲍姆的底层群体探究中，论述英国工人阶级的作品是其学术成就的核心部分。在这个领域，他获得了巨大的声望并取得了举世瞩目的成就，他的政治观点也已经成型和得到了证明。② 事实上，霍布斯鲍姆一开始并没有明确选定劳工作为研究课题，而是打算探析法属北非（阿尔及利亚）的农业问题，在进行深入研究之前，他应召入伍。战争期间，他就在思考退役后的研究方向，并且决定做出改变，这种考虑是出于两方面的原因：一方面，当时他没有办法就北非农业问题进行前期阅读；另一方面，他不想离开妻子到

---

① ［英］霍布斯鲍姆著：《非凡小人物：反对、造反及爵士乐》，蔡宜刚译，社会科学文献出版社 2015 年版，"前言"，第 4、3 页。

② Norah Carlin & Ian Birchall, "Kinnock's Favourite Marxist: Eric Hobsbawm and the Working Class," *International Socialism Journal*, 2：21（Autumn 1983）.

阿尔及利亚去。于是，霍布斯鲍姆转而关注费边社，因为这方面的材料很多。霍布斯鲍姆以费边社为题进行博士课题的研究，后来又探讨新工联主义。劳工史就是这些研究的副产品，这样，19 世纪劳工史后来成为他的专门研究领域之一。[①]

早在 1947 年，英国"共产党历史学家小组"决定编辑多卷本英国工人阶级运动史料集，近代卷《劳工的转折点（1880—1900）》（1948）由霍布斯鲍姆负责，这项工作也成为霍布斯鲍姆本人学术生涯的一个转折点。[②] 此后，霍布斯鲍姆撰写了大量的作品来探讨英国、欧洲乃至世界其他地区的劳工问题。我们先来看看他对劳工史和阶级以及阶级意识做出的理论探讨。

首先，霍布斯鲍姆关于劳工史的认识。

霍布斯鲍姆认为，英国劳工史研究可以回溯到这个领域的开拓者，即韦伯夫妇。他们的《产业民主》对 19 世纪的工会做了最好的描述。另一位开拓者是 G. D. H. 科尔。除此之外，直到 20 世纪 50 年代甚至 60 年代，从事劳工史研究的年轻职业史学家并不多。[③]

霍布斯鲍姆明确指出，传统上而言，劳工史是一个非常政治化的主题，劳工史研究者长期以来基本上外在于大学体制。19 世纪 30 年代和 40 年代，这个主题引起了系统的学术兴趣，一些人就新兴无产阶级的状况做出了探究，此后，所有关于劳工的研究无疑都是政治性的。后来，尽管对劳工问题进行的学院研究创作出大量历史作品，但它们的定位并不是历史的。二战之前，前工业化时期与劳工史相关的主题——熟练工人和行会，引起了学者更大的兴趣，但至少发达欧洲国家的学院史学家对工业革命时期的劳工基本上不感

---

① Pat Thane and Liz Lunbeck, "An Interview with Eric Hobsbawm, *Radical History Review*," Issue 19 (Winter 1978 – 1979), pp. 112 – 113.

② 张亮：《艾瑞克·霍布斯鲍姆与工人阶级：范式、理论及其当代评价》，《理论探讨》2017 年第 3 期，第 49 页。

③ Danny Millum, "Professor Eric Hobsbawm (interview)," http：//www. history. ac. uk/making-history/resources/interviews/Hobsbawm_ Eric. html.

兴趣。尽管如英国韦伯夫妇、德国的梅林（Mehring）和伯恩斯坦等人学识渊博，但他们当中许多人最初根本不是大学教师。无论劳工史学家们最后是否成为学院派/大学教师，他们中的大多数人都来自劳工运动内部或者与劳工运动联系紧密。到 20 世纪 70 年代早期，绝大多数劳工史学家依然是劳工运动的成员或同情者，代表其中某种思想意识或政治倾向。不过，存在一个主要例外：共产党历史编纂学和第三世界劳工运动引起了大量反红色（anti‑red）研究，这主要是在美国或由美国资助进行的。[1]

　　霍布斯鲍姆发现，"来自劳工运动内部"以及基本上外在于大学的劳工史，往往有如下特征：第一，它倾向于将"工人阶级"等同于"劳工运动"，甚至等同于某个具体组织、政党或思想意识。因此，它总是将劳工史等同于劳工运动史，这种做法显然忽视了工人阶级本身的历史。第二，与其他"爱国"史学（如地方史、商业史甚至民族史）一样，来自劳工运动内部的劳工史通常有点"好古癖"（antiquarian），也赋予劳工运动一种重要性。霍布斯鲍姆承认，这种动机是可以理解的。不过，劳工史的这个特征导致了四大弊端：第一，轻重不分，一些不重要的组织得到过多关注。第二，在一定程度上使得劳工运动史学自绝于史学其他分支。第三，古典劳工运动史学通常会创造一种刻板的、受到普遍认可的史学，它或许是非正式的、不太灵活的正统学说，也可以是正式的、完全缺乏灵活性的正统学说。霍布斯鲍姆声称，"我并不是说这种正统学说是完全错误的。但是，如果它没有反映大量已经发生的事实，那么，很难说它已经自我确立起来了"。第四，从技术和方法上看，传统劳工运动历史编纂学是相当正统的，它创造了大量传统的叙述史学和制度史学。[2]

---

　　① E. J. Hobsbawm, "Labor History and Ideology," *Journal of Social History*, Vol. 7, No. 4, Summer 1974, pp. 371 – 372.

　　② E. J. Hobsbawm, "Labor History and Ideology," *Journal of Social History*, Vol. 7, No. 4, Summer 1974, pp. 372 – 373.

20世纪60年代的社会运动推动了劳工史学的发展，劳工史学家的视野变得更开阔，劳工史学经由各种方式在范围和方法上得到极大扩展——从狭隘的政治、思想意识甚至经济史学扩展到广义的社会史学，与其他社会科学的联系加强了，现在它可以不受约束地借鉴这些学科。在大量劳工史研究采用新方法（比如历史人口学）时，霍布斯鲍姆指出其存在三大陷阱。第一，这些方法本身成为目的而不是工具。第二，夸大那些适合使用新方法的数据的价值，同时忽视其他的数据，这是量化的比较劳工史面临的一大危险。第三，忽视数据的模糊性和概念上的困境。①

霍布斯鲍姆提醒大家在劳工研究领域使用通常来自社会科学的新概念时需要注意的一些问题。无论如何，对新概念和新观念的应用不在于它们是新奇或有趣的，而在于它们与基本问题相关联。这意味着要了解它们是什么。霍布斯鲍姆认为，劳工史学家一直缺乏方法和概念的明晰性，而为了确保这种明晰性，必须记住三点：（1）劳工史是社会历史的组成部分。不管阶级的本质是什么，阶级关系是阶级或阶层之间的关系，我们无法孤立地或依照它们内部的划分或分层来对它们做出充分的描绘或分析。（2）劳工史是多层面的，我们不能够抽出其中某个部分，也不能采取一种过度的简化论。（3）主题的某些方面可以量化，另一些则不能量化。劳工史的问题就是如何结合不同类型的量化陈述与定性陈述。②

霍布斯鲍姆承认自己对劳工制度史——将劳工史视为政党和领袖人物的历史，抱有一种强烈偏见。他认为这种观点是不充分的：它往往以那些所谓代言人的历史来取代劳工运动的实际历史；以组织起来的那部分工人取代整

---

① E. J. Hobsbawm, "Labor History and Ideology," *Journal of Social History*, Vol. 7, No. 4, Summer 1974, pp. 378 – 379.

② E. J. Hobsbawm, "Labor History and Ideology," *Journal of Social History*, Vol. 7, No. 4, Summer 1974, pp. 379 – 380.

个阶级,以领导人取代这些组织起来的工人。[1] 霍布斯鲍姆笔下的劳工史学,乃是由男男女女组成的工人阶级的历史,是他们鲜活的生活经历、思想文化和组织活动。由此可见,霍布斯鲍姆超越了传统的劳工史书写,在劳工研究的范式上做出了创新。

其次,霍布斯鲍姆关于阶级和阶级意识的理论探讨。

霍布斯鲍姆认为,马克思本人关于社会阶级问题的讨论存在某种模糊性。《资本论》第 3 卷第 52 章关于阶级的论述,并不能被视为一种讨论大纲。而在其他地方,马克思从两种完全不同的意义使用“阶级”一词。首先,它可以指称那些能够按照一种客观标准进行分类的广泛人群,尤其是剥削者和被剥削者群体。这种群体普遍存在于从原始社会到无产阶级革命胜利之前的社会。《共产党宣言》开头的著名段落就在此意义上使用了“阶级”这个词。其次,马克思把一种主观因素融入阶级之中,这就是阶级意识。对于历史学家的目的来说,阶级和阶级意识问题密不可分。当然,“阶级”的这两种意义不是相互冲突的,它们在马克思的思想中各有其地位。[2]

那么,阶级和阶级意识之间到底存在怎样的内在联系呢? 霍布斯鲍姆宣称:“只有在各阶级开始获得自身意识的历史时刻,完全意义上的阶级才会出现。”又说,“虽然客观意义上的阶级可以说自从基于亲缘关系的社会解体以来就存在,但阶级意识是现代工业时代的一种现象”。[3] 霍布斯鲍姆认为,在前资本主义社会,下层阶级的社会意识会碎化成地方意识,通常不会存在高级或低级的“阶级性”。从意识层面来看,根本不存在超出细小范围的“阶级性”。换言之,底层群体感受到的统一性将会是全球范围的(宽泛的),超越

① Pat Thane and Liz Lunbeck, "An Interview with Eric Hobsbawm," *Radical History Review*, Issue 19, Winter 1978 – 1979, pp. 113 – 114.

② Eric Hobsbawm, *Worlds of Labour*: *Further Studies in the History of Labour*, London: Weidenfeld & Nicolson, 1984, pp. 16 – 17.

③ Eric Hobsbawm, *Worlds of Labour*: *Further Studies in the History of Labour*, London: Weidenfeld & Nicolson, 1984, pp. 16 – 17.

了阶级和国家。但霍布斯鲍姆并没有完全否认阶级意识在前资本主义社会的存在，他指出有两类社会运动超出了地方范围："平民"或"穷苦劳动者"反对"上层人"的运动以及农民战争。在他看来，现代意义上阶级意识的阙如，并不意味着阶级和阶级斗争的缺席。①

霍布斯鲍姆分析了阶级意识和组织之间的关系，比较了农民意识、资产阶级意识与工人阶级意识之间的历史性差异。我们这里主要讨论工人阶级意识与组织（"工会"、"政党"或"运动"）之间的联系。他论述到，工人阶级的集体行动要想奏效，就需要组织和领导人。如果行动没有正式的组织，不太可能有效。如果没有一个可以行使主导权的组织，他们仍然像前资本主义时代的平民一样。霍布斯鲍姆指出，每个阶级都有两种不同层面的期待或愿望：一种是直接的、日常的明确需求，另一种是更加普遍的对一个适合它的社会的需求。在这两个层面上，工人阶级的意识都意味着正式的组织。组织本身就是阶级意识的载体，没有了前者，后者只不过是非正式的习惯和行为的复合体。因此，组织就成为单个工人的延伸，是对他/她的补充和完善。霍布斯鲍姆还指出，与不同层面的期待相一致的阶级意识和组织，虽然有时结合在一起，但通常是有区别的。较低的期待体现为列宁所说的"工会的意识"，较高的期待体现为"社会主义的意识"。前者是更自发地产生的，也更有限。如果没有了后者，工人阶级的阶级意识就是不完整的，它作为一个阶级的存在或许也是有疑问的。而没有了这两者，从政治目的而言工人或许完全可以被忽略和无视。②

事实上，霍布斯鲍姆关于阶级和阶级意识之间内在联系的讨论，目的之一在于探究英国工人阶级的形成。从他的上述讨论可以看出，在英国工人阶

---

① Eric Hobsbawm, *Worlds of Labour: Further Studies in the History of Labour*, London: Weidenfeld & Nicolson, 1984, pp. 20 – 22.

② Eric Hobsbawm, *Worlds of Labour: Further Studies in the History of Labour*, London: Weidenfeld & Nicolson, 1984, pp. 25 – 28.

级形成这个问题上，他与英国著名的史学家爱德华·汤普森有不同的认识。汤普森在《英国工人阶级的形成》中指出，这个阶级形成于19世纪早期。霍布斯鲍姆认为，汤普森讨论的只是工人阶级的先驱。在他看来，19世纪40年代之前不存在发达意义上的无产阶级，尽管在特定地区和工业中，它已经呈现出明确的形态，但仍然处于从前工业时代的小生产者、小业主、乡下人等群体演进而来的过程中。[①]

汤普森没有对宪章运动之后的工人阶级做过多论述，而霍布斯鲍姆强调了宪章运动前后工人阶级的差异性，并且宣称把"20世纪的无产阶级、工人运动和意识形态全部追溯到后拿破仑时期的那几十年"是十分危险的。因为"英国工人运动的连续历史，包括它们的历史记忆，是在人民宪章运动很久以后才开始的……欧文主义、人民宪章运动及其他种种，还有早期的工人运动，这些当然都是稍后英国工人阶级与其运动的先驱，但是……它们是不同的现象。就此意义来说，工人阶级是在汤普森书中所论述的时间许久之后方才'形成'的"。在霍布斯鲍姆看来，拥有特定生活模式和人生观的"传统的"工人阶级，大约出现于19世纪80年代，在接下来二三十年成型。[②]

霍布斯鲍姆与汤普森之所以在英国工人阶级形成问题上有不同的认识，主要原因在于他们强调不同因素对工人阶级形成的影响。汤普森被称为文化马克思主义者，他强调工人群体的主体性和自我意识对于塑造阶级的重要意义。霍布斯鲍姆尽管也没有忽视工人阶级的思想和文化，但他更看重物质条件在阶级形成过程中的决定性作用，另外他还强调了社会主义政党的领导角色。

[①] Eric Hobsbawm, *Labouring Men*: *Studies in the History of Labour*, London: Weidenfeld & Nicolson, 1968, p. 276.

[②] [英]霍布斯鲍姆著:《非凡小人物》，蔡宜刚译，社会科学文献出版社2015年版，第95—96、101页。

三、工人阶级的文化

霍布斯鲍姆在众多文章中，对工人阶级文化的诸多方面做出了论述，主要涉及劳工和民族主义、劳工斗争和人权、知识分子与劳工运动、劳工艺术和肖像学、工团主义、劳工的仪式、工人阶级生活模式（饮食、休闲和娱乐等）、劳工运动和宗教等内容。我们这里主要探究最后三个主题。

首先，关于劳工运动中仪式的变化。1982 年，霍布斯鲍姆在伦敦的学术研讨会上做了一次报告，题为"劳工仪式的转变"，他在文中对这个问题做了讨论。霍布斯鲍姆指出，就当时而言，仪式是历史学家感兴趣的一个时髦主题，对于工人群体来说，他们与其他人类群体一样，也会时不时沉迷于一些与某些物件和符号联系起来的正式的实践活动。古物学家、收藏家、民俗学家以及研究仪式的普通学者，对这些活动很感兴趣，尤其当它们的物质遗存可以收集起来的时候。在霍布斯鲍姆看来，对劳工仪式的这种讨论具有历史学家感兴趣的三大特点。第一个特点，就是现代劳工运动在历史上是新颖的，尽管它们深深扎根于劳动实践和过去的传统之中，因为现代工业社会是史无前例的。因此，从劳工仪式来看，其中一些源自前工业时代，另一些则是新奇的。第二个特点，在于某些形式的劳工运动带有非常特殊的感情色彩，这种感情力量鼓励仪式表达。或许大家会想到宗教在其中所起的作用。不过，霍布斯鲍姆指出，劳工运动的特殊之处恰恰在于，总的说来，传统宗教在劳工运动发展过程中所起的作用一般很小或正在逐渐减弱，即便其成员并没有积极反对宗教。劳工运动所代表的阶级的新奇性以及它们的社会期许的新奇性，使得这种情感难以或不可能嵌入传统世界的仪式结构中。霍布斯鲍姆列举了普通工人在俾斯麦和希特勒时期冒死保护一面红旗的事例，来说明这种情感的深刻性。最后一个特点，就是这种仪式化是在一场运动中发展起来的，这场运动在某些方面不仅对仪式化漠不关心，而且积极反对仪式化，认为它是一种非理性主义。因此，对劳工仪式的发展做出探究，有助于解释产生了这种形式化的环境。①

劳工仪式第一个主要的世俗变化，就是它已经衰落了。劳工的仪式日益减少，剩下的不是被缩减，就是变得残缺不全，有时候被装扮成其他事物。随着时间的推移，它的肖像、象征和仪式性物件变得越来越贫瘠。不过，这种趋势存在一个主要的例外情况：1917 年以来不时发生的建立了政府的革命运动，往往会在一种象征和图像语言的基础上发展公共的仪式化活动，或者至少使用一种对古代词汇而言似乎没什么用处的仪式语言。这种倾向也能见于 1918 年到 1934 年间维也纳这种所谓的"劳工城邦"。霍布斯鲍姆也指出，我们也不能把劳动仪式的历史简单地视为一种世俗的衰落史，尽管这种衰落是确定无疑的，因为"同时发生的，还有仪式语言和象征语言的变化"，"我们要去重建的，不是一种逐渐消失的历史……我们需要去解释一种时而古老时而新颖的仪式的新繁盛，这种新仪式可能比过去（1918 年之前 30 年）的仪式更复杂精妙。简而言之，我们关心的是历史，而不仅仅是历史人类学的概括"。②

霍布斯鲍姆指出，集体体力劳动在传统上是一种相当仪式化的活动，与个人生活和社会集体的仪式结构、季节的循环、开始和结束等因素深深交织在一起。工作场所和工作小组都是有组织的，而且往往具有凝聚力。因此，我们可以认为劳工运动——只要它们起源于或延续了古老的、长期确立的劳动过程——吸收了与之相关的许多正式和非正式的仪式。其中一些与劳工运动没有特殊的关联，另一些不但是仪式性的，也是实用主义的。前工业时代有组织的同行同业——基本上是熟练工匠组织——发展出了一整套这种仪式

---

　　① Eric Hobsbawm, *Worlds of Labour: Further Studies in the History of Labour*, London: Weidenfeld & Nicolson, 1984, pp. 67 – 68.

　　② Eric Hobsbawm, *Worlds of Labour: Further Studies in the History of Labour*, London: Weidenfeld & Nicolson, 1984, p. 68.

活动。那些手艺学徒和熟练工行业很大程度上包含了可以称之为原始工会主义的因素。19 世纪的工会主义直接产生于这种手工艺传统或组织，而这种仪式也有可能渗透其中。就欧洲大陆而言，这种联系可能是间接的，不过，由于形成劳工组织的人基本上是熟练的手艺工人，他们的手艺传统一定程度上有助于塑造现代劳工的传统。就英国而言，这种联系是直接的。熟练工人的组织，不管是正式的还是非正式的，都转变成了行业协会（trade societies）。在英国，手工艺传统和词汇不是存在于街头和室内的剧场中，而是存在和贯穿于熟练工人的工会运动之中，存在于工会成员的仪式性发言之中。这种情况在印刷工人的实践活动中很明显，更普遍地体现在英国 19 世纪工会活动、大众政治和社交活动的复杂的仪式装置之中。①

霍布斯鲍姆认为，大部分现代劳工运动在其成员资格、组织形式、策略和期待方面都是全新的，另外，启发了劳工运动的意识形态活动家通常都是反仪式主义者。德国社会民主党就怀疑矿工的节日，而无政府主义者不相信任何形式的礼仪。因此，新的劳工仪式主义是自发地和毫无计划地发展起来的，尽管它有时被一些组织所接管。霍布斯鲍姆从三个方面对此做出了说明。其一，红旗之所以一开始成为社会革命然后成为劳工的象征，似乎完全是一种自发的现象。从 1848 年 2 月革命出现在各处路障上面，到 1871—1890 年间在法国罢工活动中的即兴表演，再到五一节游行中的制度化，至少在法国如此。其二，会议程序的仪式化。在英法两国，地方政治传统——分别是议会传统和共和主义传统——的影响无疑十分重要。其三，五一劳工节。国际五一劳动节或许是最具有雄心的劳工仪式。五一节的仪式因素很快就被艺术家、记者和诗人所认可，他们为此制作了徽章、旗帜、海报、五一节刊物、卡通画及其他合适的资料。他们的图像语言呼应了与那一天紧密联系在一起的春天、青春和成长的意象，"鲜花是这种意象的重要组成部分，迅速被佩戴起

---

① Eric Hobsbawm, *Worlds of Labour: Further Studies in the History of Labour*, London: Weidenfeld & Nicolson, 1984, pp. 69–70.

来……这很大程度上在于那次偶然的历史事件，它使得第二国际选择这个充满情感和传统的日子来举行游行示威。很大程度上也是由于它是在国际劳工觉醒、发展和扩大的重要时刻之一开始的。这是在复兴和希望的季节欢庆复兴和希望，如果它发起于劳工历史上一个不那么乐观的时刻，那么，它很可能不会如此永久地建立起来"①。

总体而言，除了出于某些公共目的之外，仪式无疑已经衰落了。

第二，关于英国工人阶级的生活模式。霍布斯鲍姆表示，长期以来，英国工人阶级文化的信息是零碎的、不明确的。因此，他宣称"在某种意义上，我们对他们的了解甚至不及对 19 世纪英国乡村劳工或仍然被称为'农民'的边缘群体的了解"。② 在 20 世纪 60 年代之前，工人阶级文化受到忽视，因为劳工史学家往往关注与工人阶级联系在一起的意识形态、方案和组织，或者关注一些显著的斗争和群众活动——英国雅各宾派、欧文主义者、宪章派、19 世纪晚期和 20 世纪新社会主义者、19 世纪罢工和工会、20 世纪大罢工（1926 年总罢工）等。但是，总体而言，激进分子、全国性理论家和领导人的世界，并不是大多数工人的世界。③ 霍布斯鲍姆想要探究的，乃是普通劳工的日常文化生活，他们的饮食习惯、休闲娱乐和消遣。在《劳工的世界：劳工史再研究》第十章和第十一章（两章的标题分别为"英国工人阶级文化的形成"和"英国工人阶级的形成：1870—1914"）中，霍布斯鲍姆对这个问题做了比较集中的讨论。

在霍布斯鲍姆看来，"后来成为工人阶级特有的生活方式、文化和运动的诸多因素，可以回溯到工业革命的这一最初阶段（指 1850 年之前的英国社

---

① Eric Hobsbawm, *Worlds of Labour: Further Studies in the History of Labour*, London: Weidenfeld & Nicolson, 1984, pp. 76-78.

② Eric Hobsbawm, *Worlds of Labour: Further Studies in the History of Labour*, London: Weidenfeld & Nicolson, 1984, p. 176.

③ Eric Hobsbawm, *Worlds of Labour: Further Studies in the History of Labour*, London: Weidenfeld & Nicolson, 1984, p. 178.

会)",不过,他同时也指出,把整个工人阶级文化的特有模式回溯到 1848 年之前的时期,也不太可能。因为这些模式是在此后三十年间出现的,那时,工业资本主义成为劳工阶级共同的、公认的生活方式,而工人阶级开始呈现出工厂无产阶级的同质特性。直到 19 世纪 80 年代或者至少 19 世纪 70 年代后期,这些模式才呈现出持久的形态。①

霍布斯鲍姆认为,1848 年之后几十年为后来工人阶级的文化奠定了基础,其发展顶峰发生在 1945 年到 1951 年间,那时,工会会员、工党的选举实力、观看足球比赛和电影以及大量发行的报纸对无产阶级受众的吸引力,都处于最高点。对整个英国工人阶级来说,"书本"就是杂志的同义语,"剧场"意味着电影院,尽管在某种程度上也指音乐厅。这种工人阶级文化有着明确的时间上的先后起源。例如,作为无产阶级大众的一种运动,足球是 19 世纪 80 年代的产物;工人阶级典型的海边度假活动成型于 19 世纪 80 年代和 90 年代;著名的扁平鸭舌帽似乎在 19 世纪 90 年代和 20 世纪初开始流行;出售炸鱼和炸薯条的小店并没有在 1865 年之前的兰开夏郡出现;商业大街(high street)也仅仅在 19 世纪 80 年代和 90 年代开始形成,它是在工人阶级当中发现大众消费市场以及帝国主义带来的结果。②

总而言之,英国工人阶级的生活方式在 1870 年至 1900 年间趋于定型,它并不像 20 世纪 50 年代一些作家、戏剧家和电视出品人认为的那么"传统",而是新生的。③霍布斯鲍姆还指出,上述英国工人阶级文化在 20 世纪 50 年代和 60 年代发生了转变,被纳入现代英国消费文化之中。工人阶级文化的古老据点——煤炭、纺织、造船和铁路行业——正在消失或大量减少。从物质层

---

① Eric Hobsbawm, *Worlds of Labour: Further Studies in the History of Labour*, London: Weidenfeld & Nicolson, 1984, pp. 181–182.

② Eric Hobsbawm, *Worlds of Labour: Further Studies in the History of Labour*, London: Weidenfeld & Nicolson, 1984, pp. 185–186.

③ [英]霍布斯鲍姆著:《工业与帝国:英国的现代化历程》,梅俊杰译,中央编译出版社 2016 年版,第 160 页。

面来说，收获是巨大的。自20世纪50年代以来，英国大多数工人能够过上一种与人相称的生活，这在历史上尚属首次。从非物质层面来看，一种生活方式正在消亡或已经消亡。[①]

关于宗教与劳工运动的关系，霍布斯鲍姆认为，劳工运动与正式的教会甚或各种不信奉国教教派的关系难以处理。但是，有一点是可以确定的，"尽管'迷信'流行……尽管矿工、农业劳动者和渔民存在着一种众所周知的对原始循道宗和其他教派的喜好，尽管有天主教劳工运动……早期劳工运动基本的仪式和符号语言不同于也许只能不同于它的成员的宗教"[②]。

不过，英国激进的不从国教传统无疑对劳工运动有很大影响。不从国教的劳工传统主要来自循道宗的复兴运动。正是通过循道宗，新兴的工厂无产阶级、乡村劳工和矿工等群体以模仿礼拜堂和巡回布道的方式，学习如何经营管理工会。循道宗提供了鼓动群众和进行宣传的重要策略，尤为重要的是，不从国教者为工人运动领袖提供了意识形态的训练场所，这在矿区尤其明显。[③]

四、生活水准问题

英国工业革命对世界历史进程产生了深远影响，这场革命也带来了一系列引人注目的问题，比如工业革命的前提条件、资本来源、工人生活水平、社会结构的变化以及环境问题等。其中，英国工业化早期工人"生活水准问题"引

---

① Eric Hobsbawm, *Worlds of Labour: Further Studies in the History of Labour*, London: Weidenfeld & Nicolson, 1984, p. 193.

② Eric Hobsbawm, *Worlds of Labour: Further Studies in the History of Labour*, London: Weidenfeld & Nicolson, 1984, p. 70.

③ Eric Hobsbawm, *Labouring Men: Studies in the History of Labour*, London: Weidenfeld & Nicolson, 1968, p. 373.

起了大量关注和讨论，成为英国社会史研究的焦点之一。① 早在 19 世纪中叶，恩格斯、迪斯雷利（Disraeli）、查德威克（Chadwick）和麦考莱（Macaulay）等人就关注了这个问题；到了 20 世纪，著名史学家如 T. S. 阿什顿、约翰·克拉潘（John Clapham）、哈特维尔（Hartwell）、霍布斯鲍姆和 E. P. 汤普森等人也介入这一问题。以约翰·克拉潘、阿什顿和哈特维尔为首的乐观主义学派曾经是学术正统，不过，他们受到以霍布斯鲍姆为代表的悲观派的挑战。

20 世纪英国学术界关于工业革命时期工人生活水准的争论，始于 1926 年克拉潘《现代英国经济史》第一卷的出版。克拉潘在著作中论证道，工人的生活水平有了改善，并非像一些人认为的那样每况愈下，不过，这种观点遭到哈蒙德夫妇的挑战。20 世纪 50 年代至 60 年代，这场争论达到顶峰，霍布斯鲍姆和哈特维尔分别成为悲观派和乐观派的代表人物。

乐观派通常从物质生活条件来证明他们的立场。乐观派奠基人克拉潘主要依靠的是对实际工资的统计——这种统计表明工资在 1790 年至 1850 年间增长了。乐观派的一个基本看法就是，生活状况得到改善的劳工所占的比例必定大于其他劳工所占的比例。但是，在霍布斯鲍姆看来，统计学家最经常使用的指数——工资、生活费用以及失业指数——存在严重缺陷。原因在于：（1）我们完全不清楚各阶级是如何谋生的，以及经济波动如何对他们产生了影响；（2）这些指数本身存在技术上的缺点；（3）就影响工人阶级行为的一些重要因素——比如工作强度和不舒适——而言，我们没有任何可用的指数，充其量也只能临时提供一些零散的、局部的指数。②

---

① 国内关于这个问题的讨论，可参见钱乘旦《第一个工业化社会》，四川人民出版社 1988 年版，第 261—282 页；徐滨《英国工业革命中工人生活水平变迁》，载侯建新主编《经济—社会史评论》（第七辑），生活·读书·新知三联书店 2013 年版，第 67—85 页；徐滨《英国工业革命中劳工生活标准的争论与辩驳》，《历史教学》2004 年第 12 期；赵虹《西方学者关于英国工业革命中工人的生活标准讨论》，《云南师范大学学报》2001 年第 6 期；赵虹《英国工业革命中工人的生活标准问题》，《北大史学》2001 年第 1 期。

② E. J. Hobsbawm, "Economic Fluctuations and Some Social Movements Since 1800," *The Economic History Review*, New Series, Vol. 5, No. 1 (1952), pp. 3–4.

　　霍布斯鲍姆通过进行更长时段的考察发现，40%的工业工人生活在贫困线上或低于贫困线水平，大约15%属于一个有利的阶层，处于一个几乎总是能够提高他们实际工资的位置，其他劳工处在这两个群体之间。因此，乐观派的观点并不像通常认为的那样，建立在坚实的证据之上。同样，它也没有强有力的理论依据。[①]

　　在哈特维尔等人看来，19世纪早期生活状况很糟，可能也没有得到改善，不过，这种状况好于18世纪的，改善论的立场由此得到证明。[②]霍布斯鲍姆认为，这种观点是在用一无所知来论证一知半解，因为我们对18世纪生活水平的了解，远远逊色于对1790年之后生活状况的了解。我们对19世纪早期工人生活状况的了解——1840年的贫民窟和假货多于1780年的，维尔特郡劳工的预期寿命是曼彻斯特和利物浦劳工的两倍——足以驳斥乐观派一些常见的看法。此外，乐观派还错误地将18世纪（家庭劳作）与19世纪（工厂劳动）对立起来。他们或许没有意识到，工业革命并不是以工厂取代乡村或贫民窟作坊，而是极大地增加了家庭工业和工厂的数量。[③]

　　乐观派的另一大障碍在于大量同时代人的观点、非量化的证据以及迄今被忽视的量化的证据。哈特维尔否定存在大量悲观的同时代人和史学家，不过，事实并非如此，许多富有洞见的观点倾向于对那时工人阶级的状况做出悲观解释，甚至阿什顿也承认了这一点。生活在马克思和克拉潘之间的绝大多数史学家认为，工业革命对劳工阶级而言是一个"凄凉的时代"。不过，19世纪40年代中期之后，生活状况确实改善了。

　　在1957年的一篇文章中，霍布斯鲍姆从三个方面论证了悲观派的观点：

　　[①]　E. J. Hobsbawm, "The British Standard of Living 1790 – 1850," *The Economic History Review*, New Series, Vol. 10, No. 1 (1957), pp. 50, 51.

　　[②]　关于这种观点，可以参见 Hartwell, "Interpretations of the Industrial Revolution in England,", *Journ. Econ. Hist.* 1959, pp. 236 – 7; Hartwell, "The Rising Standard of Living in England 1800 – 1850," *Econ. Hist. Rev.* XIII, No. 3, 1961, pp. 414 – 415。

　　[③]　E. J. Hobsbawm, "The Standard of Living during the Industrial Revolution: A Discussion," *The Economic History Review*, New Series, Vol. 16, No. 1 (1963), pp. 127, 128.

（1）死亡率和健康状况；（2）失业情况；（3）消费状况。[①] 哈特维尔宣称，霍布斯鲍姆的文章是"为恶化论进行的有力辩护"。霍布斯鲍姆认为这是错误的看法，因为他本身只是在论证"恶化的可能性和证据不可能被轻率地打发掉"，并且指出它们事实上被轻率地打发掉了。霍布斯鲍姆宣称自己是在重新开启长期以来被错误地认为已经完结的一个问题。[②]

在 1963 年发表的一篇文章中，霍布斯鲍姆对 1957 年以来的这场争论做了总结。他从五个方面进行了论述。首先，人们当时无法得出一个令人满意的、具有代表性的实际工资指数。克拉潘学派的主要支持者已经放弃了这种尝试，即便哈特维尔博士也没有打算认真去这么做。因此，实际工资大幅增长的观点就缺乏扎实的材料证据。其次，探究真实工资最有效的方式可能是研究实际消费状况。不过，这方面的材料不完全，或许会引起方法论上的困难。尽管当前数据不完善，不过，它们与微小的下降或上升相一致，而不是与 1840 年中期之前显著的增长相一致。第三，几乎可以确定的是，长期的、周期性的失业人数无疑很多，在危机时期，这也是灾难性的。尽管失业率对实际工资的影响有待研究，不过乐观派一直完全忽视这个问题。第四，大家一致同意，部分劳工生活更糟，部分生活更好，但是，由于职业和收入统计数据的不充分性，我们无法准确地估计每一个群体的具体人数。我们目前所拥有的数据是模糊的。人们可以做出一些不明确的假定，但是，定论似乎是不可能的。第五，乐观主义的一个假定似乎来自某些全球性的统计数据，即关于国民收入普遍趋势的统计。这种观点认为，国民收入增幅如此之大，以至于个人的平均收入肯定也在增长，这也意味着大多数人的真实收入在提高。霍布斯鲍姆认为，这种观点存在三重困境：缺乏事实的支撑；这个观点完全基于

[①] E. J. Hobsbawm, "The British Standard of Living 1790 – 1850," *The Economic History Review*, New Series, Vol. 10, No. 1 (1957), pp. 51 – 60.

[②] E. J. Hobsbawm, "The Standard of Living during the Industrial Revolution: A Discussion," *The Economic History Review*, New Series, Vol. 16, No. 1 (1963), p. 120.

一个未经证实的假定——"个人平均收入的增加伴随着收入更平均的分配";它很容易遭到相反的假定的抨击,因为它无法稳固地建立起来。[1]

事实上,乐观派和悲观派之间的争论不但是经济学上的,也是社会学上的。恩格斯支持 18 世纪——不但村民的生活水平好于工厂工人,他们也生活在一个更安全、心理上更满足、更完美的社会,尽管代价是无知和停滞。社会学意义上的恶化论(生活方式的变化等)更成功。不过,反克拉潘派(anti-Claphamites)故意不强调这种观点,他们利用克拉潘派所选择的量化指数来实施反击。如果克拉潘派是正确的,那么非量化的论据就是不相关的,或至少是次要的。穷苦劳工可能主观上感到心烦意乱或不开心,但是他们却享用着更丰盛的周日晚餐。不过,在霍布斯鲍姆看来,非量化的考虑并非不重要。爱德华·汤普森也指出,在国民财富增加的同时,"普通"工人仍然接近于维生状态,他们创造的大量剩余财富落入雇主手中,"用心理学的观点来看,这种现象在人们的感觉中十分酷似生活水平的下降"[2]。

毫无疑问,突然和大规模的社会转变过程,给人们带来了巨大的紧张和疲劳,而社会变化创造的物质财富无法用来抵消这种紧张状态。作为一场根本性社会革命,"工业革命改变了人们的生活,令其面目全非。更准确地说,它在初始阶段摧毁了人们旧有的生活方式,任由他们在缺乏相应能力和知识的情况下去自行寻求新的生活方式,却很少告诉他们如何去办"[3]。乐观派无法解释的深层的、强烈的社会不满,至少部分地说明了穷苦劳工所承受的压力。很显然,工人们有一种无法量化的精神上的失落感。不过,从物质生活的许多方面来看,工人生活水平也得到了改善,纯粹的"恶化论"立场难以

---

① E. J. Hobsbawm, "The Standard of Living during the Industrial Revolution: A Discussion," *The Economic History Review*, New Series, Vol. 16, No. 1 (1963), pp. 120 – 123.

② [英] E. P. 汤普森著:《英国工人阶级的形成》(上),钱乘旦等译,译林出版社 2001 年版,第 365—366 页。

③ [英] 霍布斯鲍姆著:《工业与帝国:英国的现代化历程》,梅俊杰译,中央编译出版社 2016 年版,第 72 页。

成立，20 世纪 70 年代以后，这场争论渐渐平息，因为大多数学者接受了乐观派的观点。[①]

五、劳工贵族

霍布斯鲍姆对诸多不同的劳工群体和社会主义组织做出了具体的探究，前者有激进的鞋匠、破坏机器的人、煤气工人、码头工人、流动性工匠和劳工贵族等，后者如英国社会民主同盟（SDF）和费边社。我们这里主要分析他对劳工贵族问题的讨论。对于研究 19 世纪英国劳工运动的学者而言，他们都很熟悉这个概念。似乎至少自 19 世纪以来，它就被用来描述工人阶级上层，与无产阶级群众相比，他们有更好的薪酬、受到更好对待、通常被认为更"可敬"、政治上更温和。

1954 年，霍布斯鲍姆发表了题为"19 世纪英国的劳工贵族"的文章，就当时而言，这篇文章对劳工贵族做出了最系统的论述。到 20 世纪 70 年代，这一主题主要在左派史学家当中引发了一场激烈的辩论，他们往往提及霍布斯鲍姆的这篇文章，其中不乏批评之声。霍布斯鲍姆随后撰写了《论劳工贵族》《劳工贵族再思考》《工匠与劳工贵族》进行回应。[②]

霍布斯鲍姆指出，对劳工贵族争论进行的一切考察，首先得强调其本质上的政治性起源和特征。维多利亚中期，关于工人阶级这一较高阶层的讨论，主要也是政治性的。在第二次议会改革法案的争论中，这一话题再次变得活跃。激进的自由派和一些人宣称，"有才智的工匠"群体政治上是健康的，是防范革命和无政府倾向的一种保证。稍后，社会主义者及其类似的人认为，他们是狭隘的改良主义者或宗派主义者，阻碍了更广泛的、有革命希望的工

---

① 徐滨：《英国工业革命中劳工生活标准的争论与辩驳》，《历史教学》2004 年第 12 期，第 34 页。

② Eric Hobsbawm, *Worlds of Labour: Further Studies in the History of Labour*, London: Weidenfeld & Nicolson, 1984, pp. 12 – 14.

人阶级运动。双方之所以提到劳工贵族，原因在于它所谓温和的政治特征。此后，政治继续塑造着这场争论。1917 年之后，列宁主义的如下论断主导了这种争论："劳工贵族"解释了社会—民主运动的改良主义，换句话说，它解释了发达国家工人阶级未能像马克思主义理论预想的那样变成革命性的。①

由此可见，在 19 世纪，尤其 19 世纪 80 年代，"劳工贵族"这个概念在英国政治—社会辩论中很常见。人们普遍认为，这一时期英国工人阶级包含了一个特权阶层，这个阶层通常等同于"工匠"（artisans），尤其等同于那些参加工会和其他工人组织的人。英国之外的观察家就在这个意义上使用"劳工贵族"一词，列宁在他的《帝国主义》第八章中做了引用。而且列宁认为，在帝国主义时代之前，它只存在于英国。②

霍布斯鲍姆认为，并不存在一个简单的标准来界定劳工贵族的成员资格，不过，他列出了六个需要予以考虑的因素。第一，一个工人收入的水平和稳定性；第二，他的社会安全性的前景；第三，他的工作环境，包括工头和雇主对待他的方式；第四，他与高于和低于他的社会阶层的关系；第五，他通常的生活状况；最后，他和他孩子以后的发展前景。其中第一个最为重要。③

从社会层面而言，工人阶级中待遇最好的阶层融合到宽泛的"下层中产阶级"之中。事实上，有人在使用"下层中产阶级"这个术语时，就包含了劳工贵族。一方面，劳工贵族的界限是流动的；另一方面，它又是明确的。在任何情况下，"工匠"（artisan/craftsman）都不会与"劳工"（labourer）混淆。在劳工贵族和"劳工"之间，生活着不属于两者的工人，但是他们会逐渐变成两者之一：境况较好的劳工、普通熟练工人及其类似的人。劳工贵族

---

① Eric Hobsbawm, *Worlds of Labour: Further Studies in the History of Labour*, London: Weidenfeld & Nicolson, 1984, pp. 214 – 216.

② E. J. Hobsbawm, "Lenin and the Aristocracy of Labor," *Monthly Review*, Vol. 64, Issue 7 (Dec., 2012), pp. 27 – 28.《列宁与劳工贵族》一文最初于 1970 年 8 月发表于《每月评论》。

③ Eric Hobsbawm, *Labouring Men: Studies in the History of Labour*, London: Weidenfeld & Nicolson, 1968, p. 273.

与这些人之间并不存在一条明确的分割线，尽管前者认为自己高人一等。[1]

霍布斯鲍姆指出，劳工贵族的典范或理想类型就是前工业时代熟练工匠的类型，他们通过当学徒来了解他们的行业，由此与普通劳工相区分。[2] 维多利亚时代将工人划分为"工匠"（或者相似术语如"mechanics"——"技工"）和"劳工"的做法，为人们（指熟练工人和半熟练工人）普遍接受。在熟练技工看来，它体现了熟练工人和所有其他劳工之间的差异。它体现了技术的质量优势以及技术的地位和回报优势。学徒期满的熟练工人是劳工贵族的理想类型，不仅仅因为他的工作需要技术和判断，也因为一种"行业"提供了一种正式的、制度化的分界线，将有特权与没有特权之人区分开。[3]

作为劳工中的特权阶层，劳工贵族（工匠或技术工人）在许多方面显示出自己与一般劳工的区别：他们有更好的技术——拥有甚至垄断工具——和组织性，通常也享有更好的教育、工资以及社会地位。

资本主义制度下熟练工与非熟练工之间存在很大差异，主要原因在于失业和半失业劳动力大军对不同工人产生了不一样的影响，让毫无技术可言的工人工资维持在很低的水准。就英国来说，还有一个具体原因，那就是劳工贵族往往有能力——职业准入限制或其他方式——让他们的劳动变得稀缺。[4]劳工贵族具有专门技术，通过限制入行资格，小心地维持着自己的特权地位。工匠拥有个人的工具，这种工具是他们独立性的象征。[5]

工匠身份通常具有封闭性和家族继承性。从事一种行业的权利不仅仅是

① Eric Hobsbawm, *Labouring Men*: *Studies in the History of Labour*, London: Weidenfeld & Nicolson, 1968, pp. 274–275.

② Eric Hobsbawm, *Worlds of Labour*: *Further Studies in the History of Labour*, London: Weidenfeld & Nicolson, 1984, p. 219.

③ E. J. Hobsbawm, "Artisan or Labour Aristocrat?," *The Economic History Review*, New Series, Vol. 37, No. 3 (Aug., 1984), p. 358.

④ Eric Hobsbawm, *Labouring Men*: *Studies in the History of Labour*, London: Weidenfeld & Nicolson, 1968, p. 290.

⑤ E. J. Hobsbawm, "Artisan or Labour Aristocrat?," *The Economic History Review*, New Series, Vol. 37, No. 3 (Aug., 1984), pp. 363–365.

合格的工匠的权利，也是一种家庭继承权。工匠的儿子和亲戚可以成为工匠。对于维多利亚时代的工匠来说，车间教育比学校教育更重要，学一门手艺至少与其他机会同样好或者更好。尽管工匠群体通常自我繁殖，不过，他们也能够接纳那些成功跻身工匠之列的人，只要工匠身份意味着专门和长期的技术教育。[1]

英国工匠的地位从未像19世纪60年代那样高，他们的生活水平以及教育、文化和旅行机会从未如此令人满意过，他们与地方小生产者（他的雇主）的差距从未如此小，与"劳工"大众的差距从未如此大。[2] 霍布斯鲍姆指出，从19世纪40年代至90年代，双方之间的工资差距拉大而不是缩小了，19世纪90年代到1914年之间，差距如果没有继续扩大的话，它也没有出现实质性缩小。[3] 很大程度上，劳工贵族（工匠）获得的相对有利的条件，通常损害了那些处于不利地位的同人之利益和英国主导的商业世界的其他地区之利益。

劳工贵族的生活方式和态度也是一个颇具争议的话题。马克思主义者一直坚持维多利亚时期劳工贵族的"体面""政治上的温和""改良主义"特征。但是，有研究者指出，熟练技工是有组织的劳工运动的核心，英国如此，欧洲大陆也是这样。由此看来，或许可以认为他们比工人阶级的其他成员更激进。正因为这样，霍布斯鲍姆宣称"马克思主义者必须进行某种自我批评"。他同时表示，把鼎盛时期的劳工贵族等同于温和的、改良主义的劳工运动的做法也是正确的。只有地位受到威胁或破坏时，这种阶层才会在政治或社会上变得激进。[4]

---

[1]　E. J. Hobsbawm, "Artisan or Labour Aristocrat?," *The Economic History Review*, New Series, Vol. 37, No. 3 (Aug., 1984), pp. 366－367.

[2]　E. J. Hobsbawm, "Trends in the British Labor Movement since 1850," *Science & Society*, Vol. 13, No. 4 (Fall 1949), p. 298.

[3]　Eric Hobsbawm, *Labouring Men: Studies in the History of Labour*, London: Weidenfeld & Nicolson, 1968, p. 293.

[4]　Eric Hobsbawm, *Worlds of Labour: Further Studies in the History of Labour*, London: Weidenfeld & Nicolson, 1984, pp. 221－222.

工匠或劳工贵族优势地位的关键，在于经济对蓝领工人使用的技术的依赖。当工匠可以被半熟练的技术操作者或进一步的劳动分工（分为专门的、容易学会的工作）所取代时，工匠的真正危机也就来临了。概而言之，在 19 世纪末期，工匠发现自己受到无法绕开的工业资本主义的威胁。[①]

工业的变化一开始威胁然后腐蚀掉了劳工贵族的优越性。这具体表现在：（1）第三产业职位——白领和专业性职位——的兴起创造出一种新的劳工贵族，它直接认同中产阶级；（2）现代技术创造了一个专业人员和技术人员阶层，他们是从车间工人之外招募的。因此，劳工贵族与中产阶级之间的差距变大了。现代技术和工业组织把劳工贵族转变为不需要太多技术的操作专门机器的工人，或承担精细的劳动分工中某一部分工作的工人，或者以后者取代他们。这样一来，劳工贵族不但被迫远离中产阶级，而且更接近工人阶级的其他阶层，尽管他们的经济优势在第一次世界大战之前还没有受到严重削弱。[②] 1914 年之后，旧式劳工贵族衰落了：首先，19 世纪劳工贵族的据点即基本工业区在两次世界大战期间一片萧条；其次，工资支付体制的变化使得熟练工和非熟练工之间的差距在 1914 年到 20 世纪 50 年代之间稳步缩小；第三，大量半熟练的机器操作员的兴起以及原来非熟练劳工人数的相对缩减，相当程度填充了曾经把贵族与平民区隔开的差距；第四，技术或管理上的白领的持续增长，进一步降低了他们的社会地位，而新的技师和管理者不但有来自原劳工贵族的子弟，也有第一代白领和技师的后代。[③] 当实际的工业特权受到来自机械化的压力时，19 世纪中期最典型的几个"劳工—贵族"团体为

---

① E. J. Hobsbawm, "Artisan or Labour Aristocrat?," *The Economic History Review*, New Series, Vol. 37, No. 3 (Aug., 1984), pp. 367 – 369.

② E. J. Hobsbawm, "The Forward March of Labour Halted?," *Marxism Today*, September 1978, p. 281.

③ Eric Hobsbawm, *Labouring Men: Studies in the History of Labour*, London: Weidenfeld & Nicolson, 1968, pp. 300 – 301.

了自卫而急剧左转，在冶金业尤其如此，它们将成为左派运动的主要基础。①

新"劳工贵族"群体主要出自管理、技术和白领阶层，他们甚至否认自己是无产阶级的成员。与以前的"工匠"不一样，他们的地位甚至不是基于集体谈判；他们较低层次的实际所得并不比工匠的高很多。他们强调自己较高的社会地位，旨在让自己凌驾于高收入的朴素劳工之上，因此，他们对劳工怀有强烈的政治敌意。不过，帝国主义经济危机逐渐促使他们与劳工运动合流。白领工会小范围出现于19世纪90年代以及第一次世界大战前。二战后期，首次出现大量白领和管理人员投票支持工党的情况，由此，这个群体的忠诚发生了真正重要的转变，即他们变得更加激进。②

对英国工人运动而言，劳工贵族的存在并非只有消极意义，霍布斯鲍姆也分析了劳工贵族存在的价值。他指出，尽管劳工贵族一开始排斥普通工人，致使普遍性工联主义（总工会）无法形成，不过，他们组成的局部性工会主义并非没有广泛的价值。它具有两面性。如果它为了自身特殊的地位而反对其他工人，那么，它同时也在为了分享尽管份额很小的属于自己的利润而反对老板，直到得到承认为止。在斗争过程中，它确立了一系列策略和制度——行业委员会、工会大会、管理工会事务的有效方式以及短期活动策略——这些自此之后成为劳工运动的共同财产，也建立了一整套斗争伦理学。而劳工贵族发展出来的阶级和团结意识也成为英国劳工传统很有价值的组成部分。③

此外，霍布斯鲍姆认为，人们关于劳工贵族问题的论争，带来了三个有意思的发展。第一，它大大促进了我们对维多利亚时期英国劳工精英这个概

---

① Eric Hobsbawm, *Worlds of Labour*: *Further Studies in the History of Labour*, London: Weidenfeld & Nicolson, 1984, p. 185.

② E. J. Hobsbawm, "Trends in the British Labor Movement since 1850," *Science & Society*, Vol. 13, No. 4 (Fall 1949), pp. 299 – 300.

③ E. J. Hobsbawm, "Trends in the British Labor Movement since 1850," *Science & Society*, Vol. 13, No. 4 (Fall 1949), p. 297.

念的理解；第二，它催生了一些重要的工作，它们探究了技术和管理的发展如何使一些工人群体把自己当成劳工贵族，这种地位如何得到捍卫以及最终如何受到了破坏；第三，对劳工贵族的研究，引导史学家更广泛地研究前工业时代"工匠"的演进，从而进入工业化英国及其工人阶级长期遭受忽视的"史前史"（pre – history）领域。①

六、劳工运动及其局限性

尽管霍布斯鲍姆主张超越传统的劳工史书写，强调对普通劳工的生活与经历进行探究，不过，他也讨论了工人运动的发展和各种劳工组织，同时分析了英国工人阶级的改良主义和本位主义（宗派主义）特征，并就工人运动的未来做出了论述。

在霍布斯鲍姆的细察之下，工人的历史尤其英国无产阶级的形成，可以明确地分为三个时期。第一个时期是 E. P. 汤普森在《英国工人阶级的形成》中提出来的。这一时期大约从 18 世纪 60 年代到 19 世纪 30 年代。霍布斯鲍姆表示，在这个时期，市场力量开始主导人们关系中的道德思考，"现代的"、无财产的、缺少工具的无产阶级还没有团结起来。早期工人阶级在英国宪章运动和欧陆"乌托邦"社会主义中获得了它特有的意识。19 世纪 50 年代，这些工人被一种新型工人阶级取代，这宣告了现代或经典无产阶级时代的到来，这个时代一直持续到 20 世纪 50 年代。20 世纪 60 年代，伴随着消费文化和郊区扩张，这种经典无产阶级开始消解，工业工人相对或绝对衰落，工会和劳工党派失去了影响力或权力。霍布斯鲍姆尤其感兴趣的，乃是 19 世纪 70 年代到第一次世界大战这段时期，即他所谓的"英国工人阶级形成"时期。他认为，正是在这个时期，工人通过如下方式自我形成了一个阶级：发

---

① Eric Hobsbawm, *Worlds of Labour: Further Studies in the History of Labour*, London: Weidenfeld & Nicolson, 1984, p. 226.

展自身语言、阐释他们的礼仪、将不太熟练的工人纳入一个包容性的总工会之中、建立工党、创造自己的文化领域（例如音乐厅、足球协会和地方酒店/俱乐部）。①

就英国工会的发展而言，劳工贵族是早期工会的组织者，这种工会具有封闭性和排他性，很大程度上不利于英国工人阶级的斗争和团结。在19世纪70年代初，工会工人也仅占英国工人的小部分，即使1871年至1873年间工会大发展，也不过让工会人数增加到50万左右。② 随着社会经济和工人运动的发展，更多英国工人开始组织或被组织起来，他们组成各自的行业性工会乃至总工会。新工会主义（new unionism）的发展，就体现出了英国劳工组织的这种转变，也标志着英国工人运动进入一个新阶段。

霍布斯鲍姆指出，英国新工会主义产生于19世纪80年代晚期和90年代初，对于劳工史学家而言，它意味着三件事情。第一，为工会提供一套新的策略、政策和组织形式，它对立于已经存在的"旧"工联主义的那一套；第二，在社会主义劳工运动兴起的背景下，工会更激进的社会和政治立场；第三，创造出新的工会，它们由迄今未组织或难以组织起来的工人组成，同时，旧的工会沿着创新者提供的路线转变。正因为这样，它还意味着工会组织和工会成员的井喷式增长。③ 例如，1889年至1891年间的扩张让工会成员数量增加了一倍，1911年至1914年间的扩张再次让工会会员数量翻了一番，人数大约从200万增至400万。④

对英国来说，1889年无疑标志着英国劳工运动及其劳资关系的根本性转

---

① Melvyn Dubofsky, "A Review of Eric Hobsbawm, *Workers: Worlds of Labor*," *Labour / Le Travail*, Vol. 18 (Fall 1986), pp. 271 – 272.

② ［英］霍布斯鲍姆著：《工业与帝国：英国的现代化历程》，梅俊杰译，中央编译出版社2016年版，第152—153页。

③ Eric Hobsbawm, *Worlds of Labour: Further Studies in the History of Labour*, London: Weidenfeld & Nicolson, 1984, p. 152.

④ Eric Hobsbawm, "Trade Union History," *The Economic History Review*, New Series, Vol. 20, No. 2 (Aug., 1967), p. 358.

变。在 1889 年伦敦码头大罢工到第一次世界大战期间，出现了许多全国性有效而持久的雇主组织，全国性劳资纠纷和集体谈判，中央政府首次干预劳资纠纷，具体的政府部门得以设立以便在这些问题上处理好政府的利益，工党的成立，如此等等。就工会本身来看，最惊人的区别不在于运动逐渐增大的规模和构成的变化，而是它的经济影响：宽泛而言，大约 1900 年之前，工联主义的作用在于扩大不同工人群体的工资差异，1900 年尤其 1911 年之后，它使得这种差异逐渐缩小了。当然，工会结构和产业或职业分布的革新也不容忽视。1889 年也开启了劳资关系或阶级斗争的新时代。尽管码头工人的罢工是短暂的，但是，它促成了各方态度的永久性改变，其中包括工会、雇主、政客以及政府行政官员。①

英国政府对劳资争端的敏感，也强调和强化了工业冲突的全国性和组织性。除了意识到快速增长的公共部门雇工在 1889 年之后更多地参与到新工会主义之中，还有三大原因促使公共当局介入进而形塑了工会主义的模式。第一，它们现在是在工人阶级选民的眼皮下运作，它们需要考虑来自后者的压力和需求；第二，它们首次不得不面对这么一个问题，如何处理好特定工业——尤其是运输和煤炭行业——的劳资纠纷引起的经济或国民生活的普遍性瓦解；第三，19 世纪 90 年代以来，它们日渐意识到英国经济在面对外国竞争者时的相对脆弱性。因此，英国劳资争端开始被看成"国家效率"（national efficiency）的相关组成部分。②

劳工贵族的存在和政府对劳资争端的干预，都促进了英国劳工运动改良

---

① Eric Hobsbawm, *Worlds of Labour: Further Studies in the History of Labour*, London: Weidenfeld & Nicolson, 1984, pp. 156, 157. 霍布斯鲍姆还指出，从意识形态和政治层面来看，1889 年之后工会的扩张标志着向左派的急剧转变，创造出了新的领导人和政策制定者（他们主要受到各种社会主义的启发），以及工人运动一开始与一种独立的工人阶级政党联系在一起，1918 年之后与一种社会主义方案联系在一起。参见 Eric Hobsbawm, "Trade Union History," *The Economic History Review*, New Series, Vol. 20, No. 2 (Aug., 1967), p. 358。

② Eric Hobsbawm, *Worlds of Labour: Further Studies in the History of Labour*, London: Weidenfeld & Nicolson, 1984, pp. 162 – 163.

主义特性的形成。霍布斯鲍姆考察英国工人阶级改良主义的出发点，似乎是马恩和列宁对英国"劳工贵族"做出的各种评论。[①] 不过，他并不认为这个阶层的存在对此提供了一种令人满意的解释，"很明显，这种劳工贵族与英国劳工运动的温和性有关，但是我并不认为这种术语能够对英国'改良主义'的根源做出充分的解释"。[②] 霍布斯鲍姆为改良主义的长期存在找到了三个原因：一是工会斗争或工会意识的"自发性"或"唯经济论"；二是工会结构某种程度上被纳入国家之中；三是英国工人阶级非革命的传统。那么，如何防止工人运动滑向纯粹的改良主义呢？答案就是需要更高程度的政治意识和一种特别的努力，而自觉的社会主义运动尤其是共产党的存在，就能够提供这种特殊的因素。因此，如果工人阶级在其形成某些归属感的关键发展阶段参与这种运动，它就拥有了防止滑向改良主义的某种内在保障机制，反之，如果它参与一种很大程度上在前马克思主义模型中形成的运动，它就不具有这种机制。[③]

霍布斯鲍姆也讨论了英国工人阶级内部存在的差异和本位主义（或宗派主义）。他在 1978 年写道："一百年前，工人阶级当中存在三种主要的派别差异：诸行业和同一行业的特定分支、工厂和地区之间的差异；工人各阶层之间的差异（比如工匠与普通劳工）；相同层次的竞争性群体之间的差异"。第一种差异在 1900 年之后开始减弱。就第二种差异而言，一百年前，工人阶级当中处于有利地位的阶层（劳工贵族）强化了他们机构（工会）的排他性，只是到了社会主义者领导时期，尤其在第一次世界大战之前工人运动背景下，各种工会开始成为消除而不是助长行业和阶层差异的因素。技术和工资支付

---

① Norah Carlin & Ian Birchall, "Kinnock's Favourite Marxist: Eric Hobsbawm and the Working Class," *International Socialism Journal*, 2：21 (Autumn 1983).

② Eric Hobsbawm, *Worlds of Labour: Further Studies in the History of Labour*, London：Weidenfeld & Nicolson, 1984, p. 216.

③ 参见 Eric Hobsbawm, *Labouring Men: Studies in the History of Labour*, London：Weidenfeld & Nicolson, 1968, pp. 316－343, 335。

方式的变化也破坏了原有的阶层差异。第三种差异有着漫长的历史，在现代世界依然存在。例如，集装箱运输在码头工人、货运司机和铁路工人之间制造了潜在和实际的冲突，1878 年甚至更晚时候，这种矛盾根本就不存在；而煤矿工人乐于看见核电工业的关闭，核电工人可不想这样。二战之后，这种本位主义一直在增长。霍布斯鲍姆直言这是一种危险的发展。[1]

霍布斯鲍姆认为，尽管英国劳工运动存在各种不足，但是，我们不能任由悲观主义蔓延，而是要积极创造劳工自己的历史："如果工人运动想要恢复它的精神、它的活力和它的历史主动性，那么，作为马克思主义者，我们就得做马克思必定会做的事情：认清我们所处的新形势，以务实的态度进行具体分析，分析劳工运动失败以及成功的历史原因或其他原因，阐明我们想做的以及能做的事情。"[2]

七、本章小结

霍布斯鲍姆的劳工研究是"底层史学"的真实写照。在霍布斯鲍姆看来，历史书写应该面向大众，而不仅仅针对专家学者和同行。他宣称，"在我看来，为民众而不是为纯粹的学者撰写历史是非常重要的……尤其在具有某种政治和公共用途的社会科学领域，试着与普通市民交流是必要的。即便在经济领域，亚当·斯密、马克思以及凯恩斯等人也不是完全为教授们写作，历史学领域同样如此……我希望历史书写面向的对象是相当大一部分人——学生、上过中学的人、不需要专门通过考试的普通市民"[3]。

---

① E. J. Hobsbawm, "The Forward March of Labour Halted?," *Marxism Today*, September 1978, pp. 283 – 284.

② E. J. Hobsbawm, "The Forward March of Labour Halted?," *Marxism Today*, September 1978, p. 286.

③ Pat Thane and Liz Lunbeck, "An Interview with Eric Hobsbawm," *Radical History Review*, *Issue* 19 (Winter 1978 – 1979), p. 114.

霍布斯鲍姆的劳工史学体现了他的总体史观念。他的研究涉及社会的多个层面和层次，不仅有经济和物质的，也有政治和意识形态的，还有思想文化的，他认为"这些层次的历史无论在实际上还是在分析时都是一个整体，它们在过去某一过程中一起运动"[①]。正如有论者指出的，在劳工史学或工人阶级史学领域，很少有人像霍布斯鲍姆那样创作出了多面的、有价值和持久生命力的作品。霍布斯鲍姆在著作中探究了新的层面：以往普通劳动者的经历和实践活动。他向当时正在涌现出来的、说英语的劳工史家表明，马克思主义方法可以用来书写一种开放的史学，在这种史学中，经济或物质力量依然是首要的，但是，它们活动的世界也受到人们的信念、文化和礼仪的影响，而且这种影响有时候是决定性的。在霍布斯鲍姆看来，劳工史不仅仅是工资、价格、工时的波动，不仅仅是单个工会的历史，不仅仅是工人政党的兴衰沉浮——尽管他也没有忽视这些主题。他扩大了探究空间，关注劳动者中流行的习俗、习惯和礼仪，关注语言模式和行为方式之间的交叉面，关注社会存在和人类意识之关系。[②]

牛津大学纳菲尔德学院的约翰·哈里森（John F. C. Harrison）在1965年指出："过去15年，英国劳工、社会主义以及激进运动史学发生了重要变化……霍布斯鲍姆在其中起了主要作用。"他认为，霍布斯鲍姆的作品（指1964年出版的《劳动人民》）至少在四个方面向前迈进了一大步。首先，他不再将劳工史局限于组织和制度，而是力图恢复工人阶级本身的各个细节；其次，为了解释劳工运动的效力或无效性，他致力于直接将它们与当时的经济和技术状况联系起来；第三，英国的经验被置于欧洲甚至世界范围的发展背景下；第四，通过诉诸非教条的马克思主义，霍布斯鲍姆一直在努力补救英

[①] 姜芃、沈坚、陈新、孙立新：《马克思主义史学思想史》第5卷《外国马克思主义史学（上）》，中国社会科学出版社2015年版，第76页。

[②] Melvyn Dubofsky, "Review of Eric Hobsbawm's *Workers*: *Worlds of Labor*," *Labour / Le Travail*, Vol. 18 (Fall 1986), p. 271.

国社会史中缺乏理论框架的缺陷。[①]

　　纽约州立大学宾汉顿分校的梅尔文·杜博夫斯基指出，霍布斯鲍姆对过去的探究，在三个方面给他留下了深刻印象。首先，是霍布斯鲍姆探究历史普遍性的倾向以及进行有效的跨地域比较的能力。无论是分析"劳工贵族"在英国历史中的地位还是 19 世纪鞋匠的政治或者其他内容，霍布斯鲍姆都能熟练地描述什么是普遍性的，什么是地方性的/民族性的。他不但了解"英格兰人的特性"，也了解工人阶级经历的普遍性。其次，霍布斯鲍姆为我们提供了一种非简化论的马克思主义史学。他一直探求从经济上来解释历史现象，同时不忘通过语言、图像、肖像和礼仪表达出来的思想和文化的影响力。第三，最重要的是，霍布斯鲍姆一直强调正式组织在工人争取改善生活的斗争中的核心地位。尽管他意识到各种制度及其领导人有寡头和官僚倾向以及与"阶级敌人合作"的倾向，不过，他坚持认为，如果不存在有组织的工会，工人会遭受更多苦难。他意识到，即使工人阶级文化中最出色的部分，如果没有有效的组织和有能力的领导，也很少能够保存下来。[②]

　　当然，霍布斯鲍姆的劳工史研究也受到了一些质疑和批评。有论者指出，霍布斯鲍姆不愿意介入其他史学家的作品，很少承认敌对的或其他的观点，而是一如既往地像孤独的先驱那样行动。例如，他对劳工贵族的重新表述，很少深入地对待破坏性的批评意见；他对维多利亚时代英国工人阶级文化的刻画，同样忽视其他研究路径和不同阐释。[③] 在剑桥大学格顿学院的阿拉斯泰

---

　　① John F. C. Harrison, "Review of Eric Hobsbawm's *Labouring Men: Studies in the History of Labour*," *The American Historical Review*, Vol. 71, No. 1 (Oct., 1965), p. 183.

　　② Melvyn Dubofsky, "A Review of Eric Hobsbawm, *Workers: Worlds of Labor*," *Labour / Le Travail*, Vol. 18 (Fall 1986), pp. 272 –273. 杜伦大学的邓肯·比斯尔也认为，霍布斯鲍姆的强项在于，他有能力提出重要问题，并且以清晰的、自信的和深刻的散文来回答它们，他对英国之外的劳工史相当了解，愿意通过比较来讨论重要问题。参见 Duncan Bythell, "A Review of Eric Hobsbawm, *Worlds of Labour: Further Studies in the History of Labour*," *The English Historical Review*, Vol. 103, No. 406 (Jan., 1988), p. 241。

　　③ Gordon Phillips, "A Review of Eric Hobsbawm, *Worlds of Labour: Further Studies in the History of Labour*," *The Economic History Review*, New Series, Vol. 39, No. 2 (May 1986), p. 340.

尔·里德看来，霍布斯鲍姆劳工史学的主要弱点，在于霍布斯鲍姆持续坚持过时的阶级理论，从而夸大了社会群体之间的区分以及不同时期的断裂。不过，里德同时也认为，这也是霍布斯鲍姆作品巨大力量和魅力的来源，正是在此基础上，霍布斯鲍姆建构了一种重要的英国劳工史叙述，并且以其马克思主义世界观为基础，掌握了现代史学通常被忽视的一个根本性层面：有组织的劳工在工业社会产生了重要影响，宽泛而言，这是一种进步性影响，而劳工史学家通常未能充分评价这一点，他们往往醉心于劳工制度和事件的研究，而忽视了广泛的背景因素。里德进而表示，因此"我们这些欣赏他的作品的人面临的挑战，就在于保留霍布斯鲍姆教授的如下贡献：分析的明确性、广泛的概括性以及把劳工史与其更广泛的社会背景联系起来的做法"，同时抛弃一些无用的东西。[1] 此外，国内研究者指出，由于霍布斯鲍姆在劳工史研究领域的兴趣过于广泛，从而使得他的研究显得有点零碎，难以归纳和分类，他也未能像爱德华·汤普森那样完成一部影响深远的劳工史著作。[2]

毫无疑问，霍布斯鲍姆对劳工史上诸多问题的探讨非常富于启发性，让我们对英国、欧洲乃至世界其他地区劳工的历史有了更丰富、更全面的了解和认识。他在研究方法、视角和主题上取得了突破并进行了创新，他的研究工作推动了劳工史的转型和新社会史的发展。

---

[1] Alastair Reid, "Class and Organization," *The Historical Journal*, Vol. 30, No. 1 (March 1987), p. 238.

[2] 张亮：《艾瑞克·霍布斯鲍姆与工人阶级：范式、理论及其当代评价》；《理论探讨》2017 年第 3 期。

第八章　多萝西·汤普森
与宪章运动研究

多萝西·汤普森（Dorothy Katherine Gane Towers，1923—2011）是英国重要的社会史学家之一，在重新探究和推广激进派、妇女和少数群体史学方面，起着至关重要的作用。[1] 多萝西尤其在宪章运动研究领域成就斐然，她本人以及那些受到她鼓励的学生的作品，大大增加了我们对于那场运动的认知，也增进了我们对它的理解。[2] 她在长达半个世纪的研究和写作活动中，凭一己之力改变了我们对宪章运动的看法。[3] 多萝西是国内史学界非常熟悉的 E. P. 汤普森的夫人，中国学者对 E. P. 汤普森的介绍和研究甚多，而对多萝西却相当陌生，研究文章很少。[4] 我们这里主要探讨和评论她在宪章运动研究领域的

---

[1]　Simon Cordery, "Review of *The Duty of Discontent: Essays for Dorothy Thompson*," H – Albion, H – Net Reviews. September, 1996. http://www. h – net. org/reviews/showrev. php? id =621. 2010 – 2 – 10.

[2]　Stephen Roberts, "Memories of Dottie: Dorothy Thompson (1923 – 2011)," *Labour History Review*, Vol. 76, No. 2（August 2011）, p. 161.

[3]　Stephen Roberts, "Introduction. Rethinking the Chartist Movement: Dorothy Thompson (1923 – 2011)," in Stephen Roberts ed., *The Dignity of Chartisim: Essays by Dorothy Thompson*, London: Verso, 2015, p. xiii.

[4]　《史学理论研究》1994 年第 2 期有一篇多萝西·汤普森的文章，这是对她的著作《局外人》（1993）一书"导言"的编译。这篇导言可以说是多萝西的自传：概述了她的生平和职业，包括她的政治信念、她与汤普森的婚姻的职业和政治意义以及对她作为史学家的影响。参见［英］多萝西·汤普森著《我和爱德华·汤普森》，《史学理论研究》1994 年第 2 期。另有中国台湾地区学者周樑楷的《英国史家汤姆森夫妇的史学和社会思想》，《新史学》1998 年第 4 期。《史学理论研究》2011 年第 2 期发布了多萝西·汤普森去世的消息，并简要介绍了她的主要著作和史学成就。

实践活动，关注她的一些史学思想和理论，尤其她对女性问题、妇女与历史书写和历史研究之关系的看法。

一、生平与著作

多萝西·汤普森原名多萝西·凯瑟琳·甘恩·托尔斯，1923 年 10 月 30 日出生于伦敦南部的格林威治。她父母是职业音乐人，工党的支持者，但不是工党成员。多萝西另有 3 个兄弟，在这种家庭中，政治和家族史是经常被讨论的话题，她父母经常订阅激进报刊，多萝西甚至记得她的兄弟汤姆曾经在 1926 年将自己攒下来的钱寄给矿工。多萝西年幼时，他们一家搬到肯特，一开始住在凯斯顿（Keston）的乡村，后来又搬到布朗利（Bromley）。多萝西在 14 岁时就成为政治活跃分子，加入"劳工月刊讨论俱乐部"，很快又加入共青团。

多萝西在布朗利郡的女子学校学习历史和语言，后来对语言失去兴趣，决定学习历史。1942 年 10 月，她作为奖学金得主顺利进入剑桥大学格顿学院（Girton College）。在去格顿学院之前，当被问及是否愿意隐藏她的党派身份并且加入其他组织时，她觉得这种建议相当可笑。[①]

多萝西在剑桥遇见了自己的第一任丈夫吉尔伯特·布坎南·塞尔（Gilbert Buchanan Sale），并且受到中世纪地方政府研究专家海伦·卡姆的影响。1944 年 11 月，多萝西与塞尔结婚（1948 年离婚）。爱德华·汤普森很快也从意大利战场服兵役归来，重新回到剑桥大学圣体学院（Corpus Christi College）学

---

① 参见 Stephen Roberts，"Memories of Dottie：Dorothy Thompson（1923 – 2011），" *Labour History Review*，Vol. 76，No. 2（August 2011），p. 162. 多萝西在 16 岁时就加入共产党。她受到一些诗人的影响——W. H. 奥登（W. H. Auden）、克里斯托弗·伊舍伍德（Christopher Isherwood）以及斯蒂芬·斯彭德（Stephen Spender）等人。据多萝西自己的说法，她当时的政治观建立在两种政治文本之上，即斯彭德的《超越自由主义》和马克思的《资本论》。反法西斯战争以及苏联发生的翻天覆地的变化，也是促进因素。参见 Pamela J. Walker，"Interview with Dorothy Thompson，" *Radical History Review*，Issue 77（Spring 2000），pp. 6 – 7。

习，多萝西与汤普森兴趣相投、相互爱慕，他们很快坠入爱河，并于1948年结婚。

汤普森夫妇是1946年成立的"共产党历史学家小组"的成员，多萝西比丈夫更频繁地参加"小组"的会议。"小组"具有一种相当民主开放的环境。在霍布斯鲍姆看来，"共产党历史学家小组"之所以很开放，原因在于，在英国历史方面，不存在共产党官方路线，因此，他们不需要去遵循一条固定的道路。不过，在多萝西看来，这只不过是一种事后判断而已。事实上，英国共产党更多地依仗作家群体的宣传，也对社会主义的现实主义及其他事情制定了明确的路线方针。另一方面，史学家小组的创建人之一唐娜·托尔是一位老资格党员，与英共上层关系很好。她有办法绕开文化委员会和一切强硬的政党路线。①

1947年，汤普森夫妇与其他国家许多左派活动分子一起，作为志愿者在南斯拉夫修筑铁路。他们渴望建设一个新的欧洲，而不只是纸上谈兵，他们从早上6点到正午一直从事繁重的体力劳动；其他时间就一起散步、唱歌跳舞和谈论历史。回国后，汤普森在利兹大学谋得教职。他们在哈利法克斯（Halifax）安顿下来后，立马就对近代英国激进分子和反叛者的活动进行调查研究。多萝西对宪章派的兴趣可以回溯到中学时代，为了避免与多萝西的研究重合，汤普森有意回避了这一主题。多萝西很快就发表了论述宪章派的作品。1948年4月，她为《我们的时代》（*Our Time*）写了一篇关于宪章派诗人的文章；1952年9月，在《爱尔兰民主党人》（*Irish Democrat*）上发表了一篇论奥

① Pamela J. Walker, "Interview with Dorothy Thompson," *Radical History Review*, Issue 77（Spring 2000）, p. 5. 在《局外人》的"导言"中，多萝西谈到托尔对她和爱德华·汤普森的影响。参见〔英〕多萝西·汤普森《我和爱德华·汤普森》，《史学理论研究》1994年第2期，第84页。国外学者一般也认为多萝西和唐娜·托尔是史学家小组中仅有的两位女性成员；国内许多史学工作者可能连她们两人也不熟悉。不过，在多萝西的叙述中，这个群体中还有其他女性史学工作者。这个小组也不只是著名人物的群体，它还包括许多教师甚至中学教师。多萝西声称自己和霍布斯鲍姆等人都从这些教师那里获益良多。参见 Pamela J. Walker, "Interview with Dorothy Thompson," *Radical History Review*, Issue 77（Spring 2000）, p. 6。

康纳的文章。不过，多萝西后来没有继续对宪章派诗歌进行研究。[1]

多萝西在地方上具有一定影响。20世纪40年代晚期，她组织过一项政治活动，以保证托儿所在战时开放。尽管她对共产党非常忠心，但也不是一味遵照上面的指示办事。她与丈夫都呼吁共产党宽容不同的意见。1956年发行的旨在促进党内争论的《理性者》杂志为他们与共产党的决裂做了铺垫。[2] 他们肯定知道自己的活动会导致的后果。依照多萝西的说法，在各自做出决定之前，他们并没有讨论离开共产党的问题。当她决定退出共产党之际，她给汤普森打了一个电话，令她欣慰的是，汤普森也做出了同样的决定。[3]

1957年，《新理性者》杂志取代了《理性者》。多萝西是《新理性者》杂志的商务主管（business manager），也与爱德华·汤普森和约翰·萨维尔一起担任该杂志的编辑，她阅读了大量来稿，并且也为历史论题以及20世纪50年代后期新左派的形成贡献自己的力量。1958年秋季，她与欧洲其他国家的代表参加了在里昂举行的法国左派讨论会，并且做了报告，那时，她并不看好法国共产党的前景。

爱德华·汤普森1963年出版的《英国工人阶级的形成》产生了重大影响，由此获得沃里克大学（University of Warwick）社会史研究中心主任的职位。[4] 汤普森一家搬到皇家莱明顿矿泉市，1970年又搬到伍斯特的埃皮斯科皮

---

[1]　Stephen Roberts,"Memories of Dottie: Dorothy Thompson (1923–2011),"*Labour History Review*, Vol. 76, No. 2 (August 2011), p. 163.

[2]　杂志的创办者约翰·萨维尔和爱德华·汤普森面临来自上级的压力，被要求停刊。不过，他们又继续出版了第三期。这时，苏联军队干预匈牙利起义。事情逐渐变得明朗化。在此之前，他们本意是要通过办刊讨论促进党组织及其政策的变化，避免与党的领导的直接冲突。在苏联镇压匈牙利起义之后，英共认可了这一行为。萨维尔和汤普森在第三期呼吁读者（共产党员）与他们的领袖脱离关系。他们两人也随之退党。事实上，在党内的一次会议上，以《理性者》杂志为核心的群体被谴责为"帝国主义的走狗"。参见 John Saville,"The Twentieth Congress and the British Communist Party,"*The Socialist Register*, 1967, p. 20。

[3]　［英］多萝西·汤普森：《我和爱德华·汤普森》，《史学理论研究》1994年第2期，第85页。

[4]　多萝西指出，爱德华·汤普森并不觉得《英国工人阶级的形成》是一次巨大的突破。事实上，他打算写作一本关于1790—1914年间工人阶级历史的教材，《英国工人阶级的形成》只是第一章而已。当他接触档案材料时，发现它们在丰富性和多样性上远远超出了自己的想象。参见 Pamela J. Walker,"Interview with Dorothy Thompson,"*Radical History Review*, Issue 77 (Spring 2000), p. 17。

小镇（Wick Episcopi）。当时，多萝西也参加汤普森组织的两周一次的研讨班，并且抽空继续自己的工作。1970年，她成为伯明翰大学现代史全职讲师。

尽管多萝西很享受伯明翰大学不受约束的职位，不过，她发现在自己的乡下住所进行的讨论活动最令人振奋。她的研究生都会参与这种聚会。学者们也会带着他们最新的作品或发现的有趣的档案前来与会。多萝西和汤普森确保他们的来访者都觉得自己为一项集体事业——恢复被遗忘的男人和女人的故事——作出了贡献。多萝西的许多研究生就宪章运动和工人阶级的历史发表了大量作品。①

20世纪70年代和80年代，多萝西在自己一直关注的宪章运动研究领域做出了成绩。多萝西编辑的有关宪章运动的原始材料《早期宪章派》于1971年出版。1976年又编辑出版了一部与这场运动有关的文献目录。她与詹姆斯·爱泼斯坦（James Epstein）合编的《宪章运动的经验》（1982）是一本重要文集，文集收录的文章包括加雷斯·琼斯（Gareth Stedman Jones）的《宪章派的语言》一文以及其他专门论述这场运动具体方面的文章。1980年至1983年间，多萝西开始了她长期以来都在筹备的写作计划。1984年，她研究宪章运动的著作《宪章派》一书出版，提出和分析了一些重要的问题：宪章运动是一场以阶级为核心的运动；大量妇女参加了这场争取工人阶级政治权利的斗争；奥康纳并非像以前所说的那样是破坏性的自我中心主义者，而是这场强大的民族运动的主要建筑师。这部作品尝试重新阐释我们看待宪章运动的方式，它无疑依旧是论述这一主题最重要的著作，多萝西也成为"宪章运动研究领域的主要权威"。② 此后不久，多萝西又研究了威尔士和爱尔兰的宪章运动。

---

① Stephen Roberts, "Memories of Dottie: Dorothy Thompson (1923–2011)," *Labour History Review*, Vol. 76, No. 2 (August 2011), pp. 165–166.

② Stephen Roberts, "Memories of Dottie: Dorothy Thompson (1923–2011)," *Labour History Review*, Vol. 76, No. 2 (August 2011), p. 166.

20 世纪 80 年代前半期，在爱德华·汤普森致力于和平运动时，多萝西将她这一时期写的每一本小册子寄给她那些支持这场运动的学生，并且编辑了《越过我们的尸体：妇女反对核武器》（1982）。参加和平运动、教学、研究和写作，这些需要大量时间，但是，这一切似乎没有让多萝西疲惫不堪。汤普森的健康状况在 20 世纪 80 年代中期就开始下降，此后不断出入医院。汤普森在努力完成写作计划，多萝西花大量时间让家成为汤普森最后丰产年代的避风港。P. J. 科菲尔德指出，"对于汤普森的骚动不宁而言，多萝西众所周知的内心平静是强有力的、必不可少的解毒剂"①。多萝西自己也承认，她把大量时间花在汤普森身上，"在一种切实可行的伙伴关系中，绝对平等很少见，与爱德华相比，我从事自己工作的时间和空间少很多"②。不过，她一直利用空闲进行写作，1990 年出版了论述维多利亚时代性别和权力的著作《维多利亚女王》。1993 年，她又出版了《局外人》。③ 这是她的一部文集，内容除了自我反思性的导论之外，还涉及宪章运动、妇女和性别、爱尔兰和英国激进主义中的爱尔兰人等。

1993 年，汤普森去世。此后几年，一些人在写汤普森的传记时，通常会向多萝西求助，她一概拒绝。她要求他们去阅读汤普森的作品。在汤普森去世之后，多萝西投入整理他的文学遗产活动中：安排他的文集的出版、润色和完成他未竟的作品，其中包括对汤普森哥哥之死的叙述。20 世纪 90 年代，多萝西也在努力收集汤普森的信件，以便将它们与汤普森的其他文件一起存放到牛津大学图书馆。

1994 年，斯塔福德郡大学授予她荣誉博士头衔。多萝西是一位受欢迎的、尽职尽责的并且有点苛求的教师，大量研究生从她那里获得灵感和启发。其

---

① Penelope J. Corfield, "Dorothy Thompson and the Thompsonian Project," http://www. penelopej-corfield. co. uk/PDF's/CorfieldPdf19_ DorothyThompson – and – the – ThompsonianProject. pdf.

② Dorothy Thompson, *Outsiders*: *Class*, *Gender and Nation*, London: Verso, 1993, p. 9.

③ Dorothy Thompson, *Outsiders*: *Class*, *Gender and Nation*, London: Verso, 1993, p. 19.

中一些人也是献给她的文集——《不满的责任》（1995）——的作者。这本书的标题取自宪章派诗人托马斯·库珀（Thomas Cooper）的一次演讲。它集中体现了多萝西的历史研究法以及批判性的政治介入。[①]

1973年到1993年间，多萝西积极地参与劳工史研究学会的事务，汤普森去世后，她又被选为副会长。她在晚年依旧出席学会的年会，参与关于宪章运动的讨论。她通过电子邮件与各种研究者联系，这些人就20世纪60年代之后新左派的影响等问题向她寻求帮助，并且受益匪浅。

多萝西习惯于反对不平等，在逐渐老去的时候，她依然不断寻找促进民主、平等和自由探究的途径。如果她有时候显得不屈不挠、思想坚韧、反击尖刻的话，那么，她同时也非常友善。她总是向新人敞开胸怀，慷慨无私地将大量时间花在他们身上。许多来自世界各地的造访者受到她的欢迎，一开始在哈利法克斯的家，后来在莱明顿和伍斯特。她的智慧和争辩令谈话变得迷人而有趣。

2011年1月29日，多萝西在伍斯特去世：左派失去了一位不知疲倦的活动家。

二、宪章运动研究与资料整理

多萝西与爱德华·汤普森都对宪章运动研究作出了巨大贡献。伦敦大学国王学院的迈尔斯·泰勒（Miles Taylor）指出，宪章运动史学的发展大约以10年为周期。在20世纪60年代，这一主题的研究主要受到阿萨·布里格斯和爱德华·汤普森的影响。在20世纪70年代，宪章运动史学家对多萝西在1969年和1971年倡导的新方向做出回应。在20世纪80年代，宪章运动研究由三部著作主导：多萝西与学生詹姆斯·爱波斯坦编辑的《宪章运动的经

---

① Sheila Rowbotham, "Dorothy Thompson obituary," *The Guardian*, Sunday 6 February 2011. http://www.guardian.co.uk/books/2011/feb/06/dorothy-thompson-obituary. 2012-11-2.

验》、加雷思·斯特德曼·琼斯的《阶级的语言》以及多萝西的《宪章派：工业革命时期的大众政治》（1984）。多萝西在 20 世纪 60 年代晚期提出来的议程，启发了大量新的研究，它们涉及众多主题：宪章运动的领导阶层、宪章运动的暴力问题、宪章派政治方案的起源和影响、宪章运动多样化的职业和地理基础、1848 年以及宪章运动的结果等。①

事实上，自 19 世纪中后期结束以来，宪章运动就成为劳工史学家、社会史学家、政治史学家以及研究社会行为和政治思想的史学家关注的一个主题。多萝西发现，在讨论宪章运动的本质之前，需要详细研究这场运动中一些重要的、被以往的讨论所忽视的领域。

在多萝西看来，研究这场运动的早期史学家——比如，包括迪斯累利在内的许多人——基本上将它视为议会改革传统之内的一场政治运动。其他一些观察家，包括马克思和卡莱尔，超越了政治修辞，明确指出了经济和社会不公，这些不公现象激发了政治需求。令人遗憾的是，晚近史学倾向于强调这些社会和经济维度，几乎完全排斥了宪章运动自身的政治想象。②

早在 1959 年的一篇书评中，多萝西就指出，史学家面临宪章运动带来的巨大挑战。这场运动引起了一些伟大小说家和道德家的同情和关注，影响了知识生活和政府政策。然而，大多数宪章运动史学作品无法令人满意，原因之一在于，它们很大程度上是由积极参与这场劳工运动的人完成的，他们将自己的先入之见投射到过去。这些人"认同于这种或那种倾向或宗派，道德说教和寻找经验教训优先于深入的事实研究"③。

多萝西进而指出，关于宪章运动的一般早期史学作品，大体上依据意识

---

① Miles Taylor, "Rethinking the Chartists: Searching for Synthesis in the Historiography of Chartism," *The Historical Journal*, Vol. 39, No. 2 (Jun., 1996), pp. 479 – 480.

② Dorothy Thompson, "Review of *South Wales and the Rising of* 1839: *Class Struggle as Armed Struggle* by Ivor Wilks," *A Quarterly Journal Concerned with British Studies*, Vol. 17, No. 2 (Summer 1985), p. 225.

③ Dorothy Thompson, "Review of *The Chartist Challenge* by A. R. Schoyen," *The New Reasoner*, No. 8 (Spring 1959), p. 139.

形态来讨论这场运动。它们倾向于分离和定义领导层中各种不同的哲学和社会理论，将之与运动的不同阶段联系在一起。其中的假定就是：每一种思想倾向都有追随者，领导层的混乱导致了追随者的分离。在这些分析中，费格斯·奥康纳是主要的恶棍，正是他导致了这场运动的毁灭。①

在多萝西看来，宪章运动之所以如此团结，原因不在于意识形态的一致性，也不在于对特定领导的忠诚，而是因为正在出现的英国工人阶级的阶级意识。1832 年之后，中产阶级发展出了一种强烈的意识，由此也强化了工人阶级的自我认同。在工业区，工人阶级与中产阶级之间的对抗最激烈；雇主与工人直接交锋；改革之后的议会也采取行动直接攻击工人阶级。② 多萝西认为，这些因素显然强化了工人阶级的自我和阶级意识。由此可见，她显然很赞同爱德华·汤普森在《英国工人阶级的形成》中做出的相关论述。

毫无疑问，宪章运动是由一种强烈的阶级认同结合在一起的观点并不新颖。当时许多观察家都指出了这一点，如 R. S. 兰伯特（R. S. Lambert）、W. E. 亚当斯（W. E. Adams）以及恩格斯。此外，强调这一时期阶级意识的重要性，并不意味着去界定它。多萝西指出，宪章运动并不是由有意识的思想家的演讲和作品创造出来的，当然，这么说并不是要贬低那些领袖在界定和扩张这种统一认识上的重要性。③

多萝西认为，为了界定工人阶级的意识，我们不但需要考察被人们接受的领导层，也需要考察被人们拒绝的领导层。宪章运动领导阶层的另一个要素也需要仔细重新审视。这就是小雇主、小店主以及独立的专业人员的角色问题。在运动的早期阶段，他们在地方领导人当中数量相当可观。这些人是

---

① Dorothy Thompson, "Notes on Aspects of Chartist Leadership," *Society for the Study of Labour History Bulletin*, Issue 15 (Autumn 1967), p. 28.

② Dorothy Thompson, "Notes on Aspects of Chartist Leadership," *Society for the Study of Labour History Bulletin*, Issue 15 (Autumn 1967), p. 28.

③ Dorothy Thompson, "Notes on Aspects of Chartist Leadership," *Society for the Study of Labour History Bulletin*, Issue 15 (Autumn 1967), p. 29.

地方领袖，组织了大众集会和请愿以支持普选。他们也是反济贫法协会的创建者或积极成员、临时委员会（the Short Time committees）的支持者，并且利用他们相对的经济独立来进行公开的鼓动和游说活动。①

多萝西长期关注宪章运动，她在这一研究领域的贡献：一方面在于对这场运动的原始材料和研究文集的编辑出版、培养学生对这场运动的兴趣并鼓励他们从事相关研究；另一方面在于她本人的研究工作和发表的成果。她的编辑工作为后来的研究者提供了诸多便利，而她本人的开拓性探究和论述，则有助于我们更全面深入地了解这场重大的工人运动。

《早期宪章派》（1971）是多萝西选编的一本关于宪章运动的文献集，包含从1836年到1840年的大量原始材料。她在观念的发展与事件的叙述之间做出了很好的平衡。她选编的原始材料包括从报刊文章、地方小册子和布告，到未出版的内政部等部门的文件。在"导论"中，多萝西概述了宪章运动史学家一直以来关注的各种问题。在她看来，宪章运动是"一股多样化的但日益连贯一致的力量"，"全国范围的宪章运动是大众政治中某种新事物"。②

1978年，多萝西和哈里森（J. F. C. Harrison）编辑出版了《宪章运动文献目录》。③ 这是一部清晰的、范围广泛的、充分的、规范有序的、小心谨慎地汇编在一起的关于宪章运动的文献，既包括当时丰富的材料，也包括大量后来的研究作品（1865—1976年出版的作品）。这本目录书的出版，有助于史学家创作一部关于宪章运动的权威作品。

他们四处收集相关材料，查阅了大量图书馆和档案馆，列出了大约800种当时的书籍和小册子，1865年以来出版和发表的大约240本著作和240篇文章，将近100种手稿集，他们找到和列出了93种宪章派期刊，71种"与宪章

---

① Dorothy Thompson, "Notes on Aspects of Chartist Leadership," *Society for the Study of Labour History Bulletin*, Issue 15（Autumn 1967）, pp. 29, 30.

② Dorothy Thompson ed., *The Early Chartists*, London: Macmillan, 1971, pp. 11, 28.

③ J. F. C. Harrison and Dorothy Thompson eds., *Bibliography of the Chartist Movement*, 1837 – 1976, Brighton: Harvester Press, 1978.

运动相关的、重要的非宪章派杂志"，前者包括从重要的《北极星》到昙花一现的《人民的事业》，后者包括《奋斗》《团结的爱尔兰人》《人民的政治》《非国教徒》等。①

《宪章运动的经验》（1982）是多萝西与自己的学生詹姆斯·爱泼斯坦共同编辑的文集。② 这部作品收集了许多论述宪章运动的新作，标志着这一领域重要的分析转向。其中包括多萝西论述爱尔兰以及爱尔兰人与英国激进主义之关联的文章。③ 詹姆斯·爱泼斯坦同年出版的论奥康纳的作品《自由之雄狮》（1982）也受到多萝西的影响。

除了编辑上述原始文献和研究文集之外，多萝西也对这场运动进行了深入探究和分析。1984 年，多萝西研究宪章运动的专著《宪章派》得以出版。该作品以高度的凝练和出色的分析超越了此前的作品。她的叙述令人耳目一新，她提供了一种分析性的社会史，摆脱了行话、令人费解的统计学分析以及意识形态上的愚民政策。多萝西对宪章运动史学作出的最终贡献，在于她坚持认为，宪章派是由英国这些男男女女组成的，他们力图控制自己的生活，追求政治上的调整，以便改善他们悲惨的境遇。她证明，宪章派深深相信通过"人民宪章"的六条原则来推动政治变化、改善自己生活环境的可能性。

---

① 参见 David Roberts，"Review of *Bibliography of the Chartist Movement*，1837 – 1976 by J. F. C. Harrison and Dorothy Thompson，" *Victorian Periodicals Review*，Vol. 14，No. 1（Spring 1981），pp. 37 – 38。

② James Epstein and Dorothy Thompson eds.，*The Chartist Experience*：*Studies in Working – Class Radicalism and Culture*，1830 – 1860，London：MacMillan，1982.

③ 多萝西很重视英国历史上的爱尔兰人。多萝西指出，她在阅读历史作品以及报纸的时候，爱尔兰和印度成为英国史的两大重要内容。这些内容在中学课本中很难读到。后来，她在讲授历史时，将它们纳入教学内容。多萝西认为，人们不可能在研究宪章运动时忽视爱尔兰人，他们在这场运动中占据很重要的位置。多萝西曾经研究过大饥荒之前的爱尔兰。由于文字材料有限，加之对爱尔兰语言不熟悉，所以，她并没有在这一领域发表什么作品。参见 Pamela J. Walker，"Interview with Dorothy Thompson，" *Radical History Review*，Issue 77（Spring 2000），p. 12。

她同时也描述了这场运动的社会诉求。①

多萝西·汤普森笔下的宪章运动比以往通常描述的要更复杂。多萝西告诉读者:"如果我们想怀着同情之心聆听宪章运动的声音,那么我们最好将一些有关历史绝对性的先入之见搁置一旁,去倾听当时的争论,而不要过多关注我们事后对宪章运动之结果的认识。"②

多萝西对宪章运动参加者的社会成分进行了无可比拟的分析,确定了参与者既有熟练工人也有非熟练工人。在多萝西看来,要想确定宪章运动的全部参与者是不可能的。在已知的宪章派中,妇女和农业劳动者或许没有得到足够的描述,而享有很大程度独立性的鞋匠和裁缝或许受到了过多的描绘。铁匠、金属制造工、木工和木匠、建筑工、各种纺织工人等参与其中,并且担任了领导职务。这是一部伟大的社会史作品,应当与汤普森的《英国工人阶级的形成》一起阅读。③

英国著名劳工史学家约翰·萨维尔指出,多萝西所写的,是关于一场激进运动的政治社会学:它告诉我们这些活动分子是谁,他们的社会和政治态度,领导者和被领导者之间的关系。多萝西对这场运动中三个通常受到忽视或误解的方面做出了新的强调:费格斯·奥康纳的角色——树立了他作为一位伟大的大众领袖的合法地位,爱尔兰人和妇女。与大多数史学家相比,她对爱尔兰人在 1850 年之前的激进主义中的地位做了更多的分析。爱尔兰人一直受到低估,爱尔兰史学家难辞其咎,他们通常忽视身处英格兰的国人。她

---

① Duane C. Anderson, "Review of Dorothy Thompson's *The Chartists*," *The American Historical Review*, Vol. 90, No. 2 (Apr., 1985), p. 414. 多萝西的《宪章派》是研究宪章运动的权威著作,该书表明了工人阶级史学的成熟。多萝西是在这场运动自身的语境下,并且以其自身的术语来评价这场运动的。多萝西并不打算对这场运动做出全面的叙述。参见 John Belchem, "Review of Dorothy Thompson's *The Chartists*," *The English Historical Review*, Vol. 100, No. 394 (Jan., 1985), p. 136。

② Dorothy Thompson, *The Chartists*: *Popular Politics in the Industrial Revolution*, London: Temple Smith, 1984, pp. 4 – 5.

③ Duane C. Anderson, "Review of Dorothy Thompson's *The Chartists*," *The American Historical Review*, Vol. 90, No. 2 (Apr., 1985), p. 415.

也对妇女在宪章运动中的地位做出了更多的描述和分析。多萝西的这部作品为传统史学提供了一个新的维度，也明确地表明，妇女所扮演的积极活动分子的角色，有待我们进行更多的发掘。①

事实上，多萝西进行宪章运动研究的一个重要目的，就是恢复费格斯·奥康纳的名誉。令她震惊的是，J. T. 沃德（J. T. Ward）的《宪章运动》（1973）一书，竟然肤浅地接受其他一些人对这位领袖充满敌意的评价。在她的影响下，詹姆斯·爱泼斯坦完成了《自由的雄狮》（1982），旨在重新评价奥康纳。不过，多萝西的著作力图让费格斯获得应有的历史地位，她有一句著名的话，"如果'宪章派'这个词没有被创造出来，那么1838年到1848年之间的这场运动，无疑会被称为奥康纳激进主义"②。多萝西一生都在为这位爱尔兰人辩护，称他为"历史上最受低估的人之一"。

《宪章派》最后附有一个图表，上面列出了宪章运动时期宪章派活动的城镇和乡村激进组织。这是对这场运动做出的一种非常有用的地理分析，这也是一直被忽视的一个问题。因为宪章运动史学家通常将他们的叙述与不同企业和职业中变幻的工作模式联系在一起。

不过，也有论者指出，尽管多萝西的考察有很多优点，但是其弱点也很突出并且令人惊讶。首先存在比例失衡，一些不太重要的问题得到了详细描述；其次，该作品读起来像是一部未经打磨的初稿；再次，它对人物传记的处理也令人不解；最后，这本著作是对奥康纳版的宪章运动的赞美，对奥康纳采取了一种不加批判的立场。③

约翰·萨维尔承认，多萝西没有详细论述19世纪40年代中期，对1848年的论述也不够详细，不过，她很好地描绘了这场运动的复杂性，也一直关

---

① John Saville, "Review of Dorothy Thompson's *The Chartists*," *The Economic History Review*, New Series, Vol. 38, No. 3 (Aug., 1985), p. 462.

② Dorothy Thompson, *The Chartists*, London: Temple Smith, 1984, p. 96.

③ Peter Searby, "Review of *Images of Chartism*," *Social History*, Vol. 11, No. 3 (Oct., 1986), pp. 396-397.

注这场全国性运动中的地方和地区差异。① 多年来，它一直是宪章运动史学里程碑式的著作，反映了她在这一领域的博学；她的研究开启了一些新的研究主题：从关注女性宪章派到宪章派政治中种族的角色。②

多萝西不但关注宪章运动，也总能够为宪章运动研究提供意见。她提议出版宪章运动图集。1998 年，《宪章运动肖像》得以出版。③《宪章运动肖像》提供了三种基本的肖像。第一类也是最多的一类是（占总数 79 幅中的 41 幅）不同宪章派成员的肖像，包括雕版画、素描以及其他类型的作品。这些肖像基本上只展示宪章派领导人的脸而不是身体，其中有著名人物如奥康纳和威廉·洛维特等，也有不太熟悉的人物。第二，这本图册大约再版了 16 幅政治漫画。其中最有趣的或许是来自《笨拙画报》（punch）的七幅漫画，其中包括一幅宪章派演讲者玛丽·沃克（Mary Ann Walker）的漫画以及一幅名为《如何对待女性宪章派》的漫画。这两幅画被放在一起，意在告诉我们女性宪章派的存在。第三种类型（15 幅）展示的是一些事件：大集会和 1839 年新港"起义"、1842 年请愿游行、1848 年大众游行示威。最后还有一些不好归类的图像。

《宪章运动肖像》存在的不足之处在于：其一，标题没有提供图像的其他信息（何时、为何、如何以及由谁、为谁创作的）；其次，一些读者，尤其是非专业的读者，很可能对编者不去评论或解释每一幅图像尤其漫画而感到遗憾，因为要正确欣赏它们，需要事先掌握许多背景知识。尽管如此，多萝西和斯蒂芬·罗伯茨（Stephen Roberts）做了一项极其重要的、原创性的工作。

---

① John Saville，"Review of Dorothy Thompson's *The Chartists*，" *The Economic History Review*，New Series，Vol. 38，No. 3（Aug.，1985），p. 462.

② Keith Flett，"Dorothy Thompson（1923 - 2011）：Groundbreaking historian of Chartism，" http：// www. socialistreview. org. uk/article. php? articlenumber = 11587. 另一些人也肯定了该作品的价值和贡献。有论者指出，《宪章派》揭示了一些很大程度上被忽视的领域：中产阶级的参与、妇女的角色以及土地分配方案。参见 Sheila Rowbotham，"Dorothy Thompson obituary，" *The Guardian*，Sunday 6 February 2011。

③ Stephen Roberts and Dorothy Thompson（eds.），*Images of Chartism*，Woodbridge，Merlin，1998.

这本图集或许会激发学者继续探究宪章运动其他许多不同类型的语言。①

三、多萝西·汤普森的史学理论

多萝西一直强调一种"明智的"（grounded）史学。她始终主张"回到档案材料"。所有理论，不管是什么，都需要接受材料的检验。多萝西承认，"纯粹的"经验主义是不可能的。事实不会"自我言说"。对事件的完全叙述只不过是古物搜集而已。但是，倚重未经历史材料证明的"纯粹的"理论或抽象概念，是另一种高度危险的行为。史学家应该怎么做呢？答案就是：理论和材料之间永久的对话。多萝西从来没有从理论层面来论证这种立场。但是她通过她的教学和研究工作树立了这一规则。就研究左派史学而言，"明智的"史学意味着承认激进运动的失败和成功。不但要分析工人阶级内部的分裂，也要分析他们潜在的团结，由此呈现一种全面的图景。②

作为一个史学家，多萝西坚持以经验为基础，但从来不是经验论者。她的主要前提就是，历史研究就是要明确地叙述假定，尽可能多地依据经验证据来检测假定。她致力于深入研究，收集大量关于宪章运动的小册子，珍视对档案和原始材料的利用和分析，她本人以及要求学生对现存的解释进行审问，要求提出由坚实的原创性研究和经过仔细评估的材料支持的新观点。

她的学生内维尔·柯克（Neville Kirk）分析了多萝西的方法。柯克将多萝西对社会史的兴趣与现代社会的各种变化联系在一起，这些变化包括妇女政治上的成熟、日益增长的社会多样性、更为开放的高等教育体制、更多地运用理论研究方法来探究过去。她把多萝西的方法描述为"一种务实的历史

---

① Kelly J. Mays, "Review of *Images of Chartism*," *Victorian Studies*, Vol. 43, No. 1（Autumn 2000）, p. 165.

② Penelope J. Corfield, "Dorothy Thompson and the Thompsonian Project," pp. 9 – 10. http：// www. penelopejcorfield. co. uk/PDF's/CorfieldPdf19_ DorothyThompson – and – the – ThompsonianProject. pdf.

实践活动"，它要求积极地、不断地与过去交涉，它是假定和事实之间相互交流的过程。这种方法至关重要的一点，就是不断质询现存的解释和假设。这种做法使得多萝西差不多独自一人重新阐释了宪章运动的妇女史。这种方法也让多萝西可以从劳动者和激进分子的视角而不是官方立场来审视英格兰的爱尔兰人历史。事实上，她和她的学生都没有质疑阶级作为社会史中的分析概念的优势。①

多萝西论述了政治立场与历史研究之间的关系。在她看来，一个社会主义史学家首先得是一个史学家，尽管在政治角色上是一个社会主义者，但是历史就是历史。社会主义史学同样需要从客观性出发，需要查阅文献和证明观点。当然，政治先入之见会影响对研究和教学主题的选择。多萝西承认，她不需要为自己支持宪章派而道歉，因为敌视他们的文献太多了。多萝西所做的，就是努力呈现一幅真实的图景，并且从一开始就同情宪章派想方设法去做的事情。多萝西承认，这么做会有一种张力存在，不过她认为这是一种创造性张力。②

多萝西并不是一个学院派史学家，事实上，当时英国很多马克思主义史学家都积极参与社会活动、成人教育或夜校工作。多萝西声称，她本人很可能无法就工人阶级的历史或大众运动进行书写，如果没有花很多时间参与其中的话，这种参与不仅仅提供经历，也让人脱离纯粹学院式看待事物的方法。③ 多萝西一直认为，在一个理想社会中，所有人将参与政治，对于那些希望掌握自己生活的人来说，参与政治是很自然的，最好的参与方式是通过广义上的政治结构和政治活动来进行——租客委员会、学生委员会、工人委员

---

① 参见 Simon Cordery, "Review of *The Duty of Discontent*: *Essays for Dorothy Thompson*," H - Albion, H - Net Reviews. September, 1996. http://www. h - net. org/reviews/showrev. php? id = 621. 2010 - 2 - 10。

② Pamela J. Walker, "Interview with Dorothy Thompson," *Radical History Review*, Issue 77 (Spring 2000), pp. 7 - 8.

③ Sheila Rowbotham, "Dorothy Thompson: The Personal and the Political," *New Left Review*, I/200 (July - August 1993), p. 96.

会等等。"我始终认为，这是大多数人——如果他们有时间、有自由和受过教育——想做的事情。只是最近，我发现大多数人想过一种平静的生活。……只要你参与政治，你就会认为它是最重要的人类活动，你就会认为你确实在改变世界和影响历史"。①

多萝西对性别问题很感兴趣，赞同20世纪60年代晚期和70年代所谓"第二波"女权主义运动。需要强调指出的是，多萝西并不是一位女权主义强硬派（hard－liner）。她并不接受所有妇女构成一个单独的"阶级"、与男人有着不同利益的观点。她也不是一位本质论者（essentialist）——相信男性和女性之间存在"本质的"差异。在她看来，从社会层面而言，经济划分比性别区分更强劲有力。在她和爱德华·汤普森看来，经济上的阶级总是胜过各种其他的结盟。②

历史研究领域的性别偏见无处不在，针对这种忽视女性的现象，多萝西明确指出，她从来不认为历史应当将妇女排除在外。多萝西的这种女性意识，与她自己的成长环境有很大关系。多萝西声称自己由女权主义者养大，在她的家庭里，妇女与男子具有一样的天赋和影响力。她一开始在女子中学接受教育，后来进入剑桥大学的女子学院。这些教师是出色的女性学者，她们希望学生出类拔萃。由于当时社会的因素，她们都没有小孩，大多数也没有结婚。多萝西这一代青年女学者和毕业生意识到了一个选择问题——我们要么选择丈夫和家庭，要么选择一个职业。尤其在有了小孩儿之后，女性更加不能够保持全职工作，因为照看小孩儿非常必要。当然，经营家庭并非仅仅是苦差事，家庭也是朋友和家人聚会、娱乐和业余演出之地。多萝西本人也只是在汤普森辞去全职工作以及孩子长大之后，才考虑找一份全职工作。③

---

① Sheila Rowbotham, "Dorothy Thompson: The Personal and the Political," *New Left Review*, I/200 (July－August 1993), p. 89.

② Penelope J. Corfield, "Dorothy Thompson and the Thompsonian Project," pp. 7－8.

③ Sheila Rowbotham, "Dorothy Thompson: The Personal and the Political," *New Left Review*, I/200 (July－August 1993), p. 91.

多萝西指出，妇女史研究与劳工史研究存在一些相似之处：对传统历史研究和教学的反动，考察新材料和丰富历史学科等。令多萝西感到不快的是，尽管我们早就抛弃了劳工史就是正式组织的历史这种观念，但是，令人失望的是，劳工史基本上是男性的历史，甚至工作也被视为男性的。多萝西发现，《剑桥英国社会史》"论工作"一章几乎没有提到妇女的工作，也没有提及论述妇女工作的作品。妇女的工作被视为边缘性的、分离的，不属于英国人的工作经历。"工作"依旧是指"外出工作"和"为报酬工作"。如果这么定义工作，那么人们可以说，差不多有一半人口在同一时刻都没有在工作。[①]

在 19 世纪，人们就工作展开了大量的争论和哲学讨论。现代劳工运动很大程度上关心建立劳动的尊严——从卡莱尔经由罗斯金再到爱德华·贝拉米、威廉·莫里斯和汤姆·曼。但是，这里所讨论的工作几乎完全是依据男性来定义的。妇女只是在承担男性角色外出做事时，才成为工人。在多萝西看来，不同性别受到的剥削也不一样，只有在仔细考察了一些主要的女性工作类型之后，才能更清楚地了解妇女承受的压力和她们采取的抵制手段。[②]

多萝西认为，我们不应当忽视那些构成工业之组成部分的家庭工作。就像在工厂敲钟的人一样，做这种家庭工作的人也是工人。劳工史学必须将她们的历史包括进来。如果没有家庭工作，英国一些最有利可图、迅速扩张的工厂就无法运转。妇女、老人、小孩以及伤残者是庞大的支持群体的组成部分。然而，令人遗憾的是，"在工人阶级家庭完成的无数乏味的、重复的、有时候让身体不适的工作——为了增加家庭收入——只是时断时续地进入劳工史学之中"[③]。

[①] Dorothy Thompson, "Gender, Work and the Family," *Labour History Review*, Vol. 56, No. 3 (Winter 1991), p. 4.

[②] Dorothy Thompson, "Gender, Work and the Family," *Labour History Review*, Vol. 56, No. 3 (Winter 1991), p. 8.

[③] Dorothy Thompson, "Gender, Work and the Family," *Labour History Review*, Vol. 56, No. 3 (Winter 1991), p. 6.

多萝西指出，通过回顾家庭和家庭工作的经历，我们应当留意性别概念中的一些重要因素。太多的历史书写——包括绝大多数劳工史学——基于男性身份不容置疑的立场，然而，女性已经遭到压迫和边缘化的歪曲。如果我们承认所有的性别概念是生物性和社会性的结合，家庭忠诚和关心孩子并非必然就是女性的，就好像独立的渴望和从事训练有素的劳动的能力并非必然就是男性的那样，那么，我们就会更加谨慎地阅读所有的历史，包括劳动和家庭史。[①]

除了批评史学研究中的偏见、关注女性及其应有的权利之外，多萝西也就历史的演进发表了自己的看法。她觉得，今天的人们不会将人类历史视为一种进步的历史，"进步"是一个非常危险的 19 世纪的词汇。各种目的论将历史当作必然通过各种阶段向最后阶段的迈进，无论它是上帝之国或无阶级社会或实现了的乌托邦。要么抵达，要么一切烟消云散。多萝西认为这是一种非常危险的看法，它也会导致一种狂热和自我牺牲，这常常意味着牺牲当前一代人的幸福。多萝西宣称："我不接受历史进步观念或一种线性的或目的论的发展。不过，我也不会走到另一个极端，宣称所有美德存在于静止的社会中"[②]。

多萝西是一位"富有启发性的老师"，也是一位开拓性的社会史学家和劳工史学家，她对史学研究方法的探讨，她对宪章运动中被遗忘的要素的挖掘，以及她对妇女和爱尔兰人的作用的强调和分析，无疑会丰富宪章运动的历史图景和拓宽我们的历史思维，并且启发后来的劳工史、社会史、左派史学以及其他历史研究领域的工作者。

---

① Dorothy Thompson, "Gender, Work and the Family," *Labour History Review*, Vol. 56, No. 3 (Winter 1991), p. 9.

② Sheila Rowbotham, "Dorothy Thompson: The Personal and the Political," *New Left Review*, I/200 (July – August 1993), p. 98.

第九章　E. P. 汤普森：教师、史学家与和平 "斗士"

　　爱德华·P. 汤普森（E. P. Thompson，1924—1993）是一位非常富有创造性和启发性的英国马克思主义史学家，国内学界对他的关注颇多，研究成果也很丰富。我们这里主要讨论汤普森的三重形象，即教师、史学家以及和平主义者。汤普森长期从事成人教育工作，作为教师，他是认真负责的，也一直在为学生的权益而奋斗。就汤普森的史学研究而言，他的《英国工人阶级的形成》影响了众多社会史学家和劳工史学家，在 18 世纪研究方面，他也颇有建树，极富创造性；另外，汤普森也就历史理论做出了阐释。[①] 作为和平主义者，汤普森积极参与二战后英国的和平运动，并且写作和发表诸多小册子以及通过一系列演讲来阐述和宣传他的和平思想与理念，为欧洲和世界和平作出了重要贡献。

---

　　① 　关于汤普森的历史研究，本章主要关注他的《英国工人阶级的形成》和 18 世纪研究。他的历史理论，可参见沈汉《爱德华·汤普森的史学思想》，《历史研究》1987 年第 6 期；姜芃《E. P. 汤普森的史学思想研究》，《史学理论研究》1992 年第 2 期；张文涛《E. P. 汤普森马克思主义史学思想研究》，中国社会科学院博士学位论文，2006 年；张文涛《顾颉刚与 E. P. 汤普森史学思想方法之比较》，《社会科学战线》2009 年第 2 期；师文兵《汤普森历史哲学思想研究》，山西大学博士学位论文，2012 年；陈强《战后英国新左派视域下 E. P. 汤普森历史哲学思想探析》，江西师范大学硕士学位论文，2016 年。

一、生平与著作

E. P. 汤普森 1924 年 2 月 3 日出生于牛津，父亲是循道宗牧师、小说家、史学家和诗人，母亲的世系可以回溯到 17 世纪的新英格兰。老汤普森在印度班古拉（Bankura）卫斯理学院先后担任英语教授和校长，1920 年，汤普森的哥哥弗兰克在印度出生，1923 年，老爱德华放弃了印度的循道宗牧师之职（即在西孟加拉的传教），返回英国，在牛津大学教授孟加拉语，后来又担任奥里尔（Oriel）学院印度史研究员。老汤普森是英帝国主义坚定而坦率的批评者。他对印度独立事业给予了有条件的支持，同圣雄甘地等印度领导人保持了私人情谊和批判性对话。尼赫鲁、其他印度诗人和活动人士是汤普森家很受欢迎的访客。老汤普森被公认为在印度和英国之间架起了一座理解的桥梁。①

汤普森本人也指出，他父亲是一位强硬的自由派，持续不断地批评英国的帝国主义，这种家庭环境向他传递了一种信念，即"政府是虚伪的和帝国主义的，一个人应当采取敌视政府的立场"②。这种信念和立场贯穿他的一生。

E. P. 汤普森的哥哥弗兰克先后在温彻斯特公学和牛津大学新学院学习，大学期间加入共产党。1939 年 9 月，弗兰克入伍，1944 年初，被空降到保加利亚南部，领导一支英国人来帮助保加利亚游击队建立一个解放区，1944 年 5 月，弗兰克被俘，遭到残酷的审讯、毒打和公开羞辱，在接受审讯时，他表现英勇，宣称"今天世界上最重要的事情就是反法西斯主义反对法西斯主义

---

① Bryan D. Palmer, "Homage to Edward Thompson, Part I," *Labour / Le Travail*, Vol. 32 (Fall 1993), pp. 24 – 25.

② M. Merrill, "An Interview with E. P. Thompson," in H. Abelove *et al* eds., *Visions of History*, Manchester: Manchester University Press, 1983, p. 11.

的斗争……让我感到自豪的是，我和我的保加利亚游击队同志们死在一起"。①
弗兰克短暂的一生对汤普森产生了深远影响。弗兰克对统一的社会主义欧洲
的构想，始终让爱德华·汤普森难以忘怀。1947 年，爱德华·汤普森与母亲
一起访问了保加利亚，随后共同创作了《欧洲有一种精神：弗兰克·汤普森
少校回忆录》（1947）。

　　霍布斯鲍姆指出，弗兰克在爱德华·汤普森的人生中十分重要。不仅因
为爱德华非常忠于家庭传统，这一点体现在他后来出版了父亲写给印度伟大
诗人泰戈尔的信，而且还考虑就弗兰克悲惨的保加利亚使命写一篇批评性文
章；也因为爱德华与弗兰克的关系在汤普森的发展历程中至关重要。一方面，
汤普森非常钦佩弗兰克；另一方面，两人又存在竞争关系，弗兰克在世时被
认为更受青睐和更优秀。同时他的死让他成为反法西斯战争英雄。②

　　由于经济原因，爱德华没有被送入温彻斯特公学，而是就读于父亲曾经
就学的巴斯附近的一所循道宗学校。1941 年，汤普森进入剑桥基督圣体学院，
1942 年加入共产党，同年应征入伍，在北非和意大利服役，并且在 1944 年卡
西诺战役中领导了一个坦克中队。1945 年，汤普森回到剑桥大学去完成历史
学位，随后又在那里独立进行广泛的文学研究。文学或许是他当时的最爱。
汤普森在剑桥遇见了多萝西，后者也在战后回到剑桥学习历史，他们在 1948
年结婚。汤普森夫妇成为学术和政治上的模范夫妻："在将近 50 年时间，他
们成为一系列令人惊叹的运动和政治事业中的伴侣，他们的个性、性情和风
格相互补充，各自书写 18 世纪和 19 世纪的英国史，同时又依赖彼此的支持、
鼓励、想法、批评和共同研究……自韦伯夫妇之后，没有任何一对说英语的
左派政治夫妇表现出更大的联合影响力，自哈蒙德夫妇以来，没有哪对从事

---

① 参见 Bryan D. Palmer, "Homage to Edward Thompson, Part I," *Labour / Le Travail*, Vol. 32 (Fall 1993), pp. 36 – 37.

② E. J. Hobsbawm, "In Memoriam: E. P. Thompson (1924 – 1993)," *International Labor and Working - Class History*, No. 46 (Fall 1994), p. 2.

学术性历史研究的夫妻能像他们那样决定性地支配着社会史领域"①。

汤普森夫妇也是 1946 年成立的英国"共产党历史学家小组"成员，爱德华并没有大量参与小组活动，不过，他与小组受人尊敬的人物唐娜·托尔的关系很好。汤普森夫妇都受到唐娜·托尔的启发。托尔一生都是共产主义者，接受过历史、文学和音乐方面的学术训练。她推动爱德华和多萝西逐渐走上历史研究的道路。

1947 年夏天，爱德华担任英国青年旅的指挥官，帮助修建南斯拉夫的青年铁路工程：社会主义农民、工人、士兵和学生建造了从萨马克（Samac）到萨拉热窝的长达 150 英里的铁路。这次修铁路的经历对汤普森来说很重要，它直接指向了不同的价值：一种合作的、集体的社会秩序，一种专门强调人对其邻人和社会之义务的社会主义。汤普森看到了艰苦劳动和民主领导的共存，他认为"这是一所极好的学校"，在那里，"每个层面都需要想象力和决心、智慧和耐心"。②

从欧洲大陆返回之后，汤普森与多萝西在哈利法克斯安顿下来，1948 年，爱德华·汤普森成为利兹大学成教部教师，开始了长达 17 年的成人教育工作。在教学的同时，汤普森也从事研究工作。1955 年，他出版了第一部主要著作《威廉·莫里斯》，对这位长期被马克思主义左派和保守右派排斥在文学批评经典之外的作家进行深入研究。从许多方面来看，这部作品体现了汤普森对共产党路线的顺从，他的叙述中夹杂着政治判断，认为莫里斯的一些梦想在苏联得到了实现，"如果莫里斯还活着，他会在附近找到他的党"③。

1956 年，欧洲共产主义世界出现信仰危机。这次大震荡源于 1956 年 2 月

---

① 参见 Bryan D. Palmer, "Homage to Edward Thompson, Part I," *Labour / Le Travail*, Vol. 32 (Fall 1993), pp. 43 - 44。

② 参见 Bryan D. Palmer, "Homage to Edward Thompson, Part I," *Labour / Le Travail*, Vol. 32 (Fall 1993), p. 40.

③ E. P. Thompson, *William Morris*: *Romantic to Revolutionary*, London: Lawrence & Wishart Ltd, 1955, pp. 795, 760.

赫鲁晓夫在苏共二十大上做的一次秘密报告。赫鲁晓夫在报告中对斯大林的批判很快为外界所知，由此在欧洲共产主义者当中引起了信仰和忠诚危机。同年 10 月，苏联坦克开进布达佩斯镇压匈牙利起义，从而造成退党潮。汤普森一开始寄希望于英国共产党做出改变来度过危机，他与约翰·萨维尔创办了党内异议者刊物《理性者》，英国共产党不容许这种讨论，勒令停刊。汤普森和萨维尔予以拒绝，匈牙利事件之后，他们宣布退党。对汤普森以及其他左派人士来说，1956 年事件具有决定性意义。1956 年 11 月，汤普森在《理性者》第三期发表《穿过布达佩斯的硝烟》一文，对斯大林主义做出了批评："让道德和想象力从属于政治和行政权威是错误的；从政治判断中消除道德标准是错误的；恐惧独立思考、故意在民众中助长反智的趋势是错误的；对不自觉的阶级力量做出机械的拟人化，贬低智力和精神冲突的自觉过程，这一切都是错误的。"① 汤普森在向僵化的共产主义思维发起挑战。

1956 年的经历在汤普森的政治观上留下了不可磨灭的印记，这绝对是一件积极的事情。汤普森反对那种自我标榜为马克思主义的抽象的、机械的思想和政治体系，试图让马克思主义恢复对男男女女的具体斗争的关注。在汤普森看来，有血有肉的劳动人民、他们的自我活动、他们对压迫的反抗、他们的胜利和失败，这些才是社会主义理论和政治的灵魂。汤普森的政治和理论方案的核心，就是反对资产阶级思想如下倾向，即把人类、他们的社会关系和历史经验简化为事物之间的关系。这种视角坚持劳动人民为自身解放而进行的鲜活的斗争，它决定性地塑造了汤普森最重要的历史作品，从而也使他的工作对马克思主义的复兴作出了重要贡献。②

汤普森的社会主义的人道主义基于对资本主义——一种阶级剥削制度，

① E. P. Thompson, "Through the Smoke of Budapest," *The Reasoner*, No. 3, 1956, p. 3. 转引自 John Rule, "Thompson, Edward Palmer (1924 – 1993)," Oxford Dictionary of National Biography, http：// www. oxforddnb. com/view/article/40259。

② David McNally, "E P Thompson：Class Struggle and Historical Materialism," http：//pubs. social- istreviewindex. org. uk/isj61/mcnally. htm。

只有通过社会革命才能够改变它——做出的一种伦理的而非经济主义的马克思主义批判。他认为，一切为了社会革命的政治方案都具有根本缺陷，如果它们清除了工人阶级的愿景、让工人阶级受到政党或组织的支配、试图根据历史必然性或历史规律来动员人民、提出不符合工人阶级经验的理论概念以及未能承认工人阶级的理性和自主自决能力。可以说，汤普森支持的是一种自由主义的、人道主义的社会主义。[1]

汤普森对斯大林主义的失望，并没有让他出现意识形态转向，即没有成为资本主义和西方的辩护者，这与许多前共产主义者不一样。[2] 例如，他后来在 1973 年发表的文章《致列泽克·科拉克夫斯基的公开信》中就批评了这种变节者、波兰裔哲学家列泽克·科拉克夫斯基。1958 年之后，汤普森参与核裁军运动（CND），后来成为 20 世纪 80 年代反核和平运动的核心人物。

1963 年，爱德华·汤普森的史学巨著《英国工人阶级的形成》出版，这部作品被誉为"历史地平线上突然出现的一道彩虹"[3]。在书中，政治斗争和大众文化、工联主义和宗教、共同体和冲突的历史取代了经济决定论，其中阶级被理解为文化进程而不是经济现象。1965—1970 年间，汤普森任职于沃里克大学社会史研究中心，为英国社会史的发展作出了很大贡献。

1969 年，汤普森加入《过去与现在》编委会，成为杂志审稿工作的主要人物之一，对杂志所有活动都满怀兴趣，在上面发表了很有分量的文章。汤普森对杂志的发展贡献颇多。汤普森认为，杂志录用的文章应当有深度、证

---

① Alan Warde, "E. P. Thompson and 'Poor' Theory," *The British Journal of Sociology*, Vol. 33, No. 2 (Jun., 1982), p. 233.

② 汤普森夫妇的确在 1962 年加入了工党，但是他们的理由绝不是因为工党及其领袖代表了前进的道路。他们的申请一开始被一个"高级审查委员会"拒绝了。它要求他们表态是否是马克思主义者。后来由于工党内部对这种意识形态上的排斥的反对声很大，他们最终被允许加入哈利法克斯的工党。汤普森后来声称，成为一名工党会员就好像身为人类一员一样，没什么好欣喜的。参见 Bryan D. Palmer, "Homage to Edward Thompson, Part I," *Labour / Le Travail*, Vol. 32 (Fall 1993), pp. 69 – 70。

③ E. J. Hobsbawm, "In Memoriam: E. P. Thompson (1924 – 1993)," *International Labor and Working – Class History*, No. 46 (Fall 1994), p. 5.

据确凿、要自信而直接地表达观点，杂志应当有国际视野。他在欧洲、印度和美国有许多历史学朋友，促使他们与杂志建立了联系。在 20 多年时间里，他一直提醒编委会，它从事的工作不是为学术专家提供更多素材，而是一项极其严肃的、令人振奋的学术事业。汤普森为杂志审稿，编辑和作者以热切的期待和惶恐来阅读他的审稿意见。他的评议意见通常篇幅很长，也可能是好斗的，会指出观点的弱点，不过它们从来就不是消极的和教条主义的，本质上是针对主题的辩论，从新观点、被忽视的材料和结构的改进上，为文章提供了帮助。①

　　大约从 20 世纪 60 年代中期到 1980 年，汤普森与佩里·安德森等人展开了激烈辩论。汤普森和萨维尔 1956 年创办的《理性者》在 1957 年改名为《新理性者》，1959 年，该杂志与牛津大学左派学生办的刊物《大学与左派评论》合并，《新左派评论》诞生。1962 年，佩里·安德森接任主编职位，杂志风格发生转变，开始大力介绍欧陆马克思主义尤其是阿尔都塞的结构主义马克思主义，从而引起以汤普森为代表的第一代新左派强烈不满。因此，从 20 世纪 60 年代中期开始，汤普森与以安德森和奈恩为代表的英国第二代新左派展开论战。1965 年，汤普森发表《英国人的特性》，对英国历史做出一种总体解释，以便把它从欧陆"丑陋知识分子"的马克思主义的歪曲中解救出来。1975 年，汤普森出版《辉格党与狩猎者》，考察 18 世纪的犯罪与惩罚问题；1978 年，发表《理论的贫困》，矛头直指安德森、《新左派评论》重组的杂志编委会和整个"68"一代。安德森以《英国马克思主义内部的争论》（1980）予以回应。1980 年，汤普森在《新左派评论》上发表《关于灭绝主义的笔记：文明的最后阶段》一文，这标志着他与安德森以及以前的阿尔都塞派的某种和解。②

---

① Paul Slack and Joanna Innes, "E. P. Thompson," *Past & Present*, No. 142 (Feb., 1994), p. 4.
② Andrew Milner, "E. P. Thompson 1924 – 1993," *Labour History*, No. 65 (Nov., 1993), p. 217.

从 20 世纪 70 年代末期到 20 世纪 90 年代初，汤普森投身到反核和平运动中，并且写作了许多作品来阐述他的和平思想。美苏军备竞赛结束之后，汤普森重新回到历史研究领域。1991 年，汤普森出版了《共有的习惯》，这是一部关于 18 世纪研究的文集。1993 年 8 月 28 日，汤普森在伍斯特家中去世，《见证野兽罪行：威廉·布莱克和道德法》（1993）在他去世后出版。

二、汤普森与成人教育

二战后，从战场归来的英国左派知识分子把成人教育当成推进令人期待的激进改革的理想机构。许多人在工人教育协会（WEA）和快速扩张的大学成人教育部获得职位。汤普森在剑桥学习的时候，也兼职为 WEA 讲授两门英国社会史课程和做一些讲座。1948 年 3 月，汤普森申请利兹大学新成立的成人教育部教职。他在申请书中表示自己长期以来就很喜欢成人教育工作，为 WEA 所做的工作就是为了以后能够全职从事这项事业。他提出可以讲授历史、政治科学、国际关系和英国文学。1948 年 8 月，汤普森正式工作，年薪 425 英镑。前三年，汤普森专门教授文学课程。[1]

利兹大学成教部兴起于战后福利和教育扩张时期，把大学与从事工人实践培训的 WEA 联系在一起，以便"弥合高等教育机构和社会实践中心之间的分离"。20 世纪 50 年代到 60 年代，利兹大学成人教育部是当时全英规模最大的成教中心之一，负责人是西德尼·雷布尔德（Sidney Raybould）。雷布尔德所关心的，就是让 WEA 的目标与大学"标准"一致，同时也在争取成教部工作的地位和社会认可。[2]

---

[1] 参见 Roger Fieldhouse, "Thompson: the adult educator," in Roger Fieldhouse and Richard Taylor (eds.), *E. P. Thompson and English Radicalism*, Manchester: Manchester University Press, 2013, pp. 25 – 26。

[2] 参见 Bryan D. Palmer, "Homage to Edward Thompson, Part I," *Labour / Le Travail*, Vol. 32 (Fall 1993), pp. 52 – 53。

　　雷布尔德迫切希望成教部获得大学其他各系的同等地位，这意味着成教部的工作要向它们的工作看齐。另外，他对 WEA 的最初目的——通过兼职学习，把大学教育带到工人阶级当中——不感兴趣。他主张，成教部三年辅导班的工作标准应当与大学荣誉学位的要求一致。实施这种"大学标准"是他作为成教部负责人的主要目标之一。他更强调教师能为学生做什么，而不是学生给课堂带来了什么。在成人教育的社会目的这个问题上，汤普森的看法自然比雷布尔德的更激进。汤普森多次宣称他的目的在于创造社会主义者、革命者和改变社会。毫无疑问，他们的观点会发生冲突。

　　在 1950 年成教部的一次教职工交流会上，汤普森复印了自己写的一份一万字文章供同事传阅。汤普森认为，成教部最重要的任务，就是支持 WEA 在1903 年成立之初提出来的目的：强调工人阶级的教育需求；强调让这部分人或这个阶级的社会活动变得更加富有成效；通过辅导班，它们关心的乃是弥合英国社会高等教育制度与各个社会实践中心之间——智力劳动和体力劳动之间——的差异。[1] 在文章结尾处，汤普森建议对成教部的实践进行一些改革。例如，抛弃"大学标准"，提出新的教育理论和方法，它们应该反映成人教育的价值和目标，同时继续指向严肃的学习；成教部要以开放的姿态接受WEA 和学生的批评，并培养导师（tutors）的自我批评；恢复对学生运动的服务意识。汤普森主张以谦逊的态度对待学生，同时指出，那种认为学术经验比学生生活经验更有价值的看法是很不恰当的。他一直在系里为争取一种更民主、更有利于学生的成人教育形式而斗争。[2]

　　事实上，汤普森之所以选择成人教育，一个很重要的原因，在于他认为这提供了"创造社会主义者"的可能性，同时也能够为自己提供新的学习机

　　① Peter Searby, "Edward Thompson as a Teacher: Yorkshire and Warwick," in J. Rule and R. Malcolmson (eds.), *Protest and Survival*, London: Merlin Press, 1993, pp. 4 – 5.
　　② 参见 Roger Fieldhouse, "Thompson: the adult educator," in Roger Fieldhouse and Richard Taylor (eds.), *E. P. Thompson and English radicalism*, Manchester: Manchester University Press, 2013, pp. 33 – 34。

会，"我之所以从事成人教育，因为我觉得在这里能够了解工业的英格兰，去教那些同时也会教我的人。他们的确这么做了"。① 对年轻的爱德华·汤普森来说，成人教育似乎很可能是"没有人为成绩或任期工作，而是为社会转型而工作的地方之一；批评和自我批评非常激烈的地方，同时也是相互帮助和相互交流理论和实践知识的地方；在某些方面预示着未来社会的场所"。尽管随着英国社会的发展变化，成人教育早期明确的阶级目的和特征逐渐消散，不过汤普森依然坚持 WEA 的最初目的，即工人的经验应当得到重视和利用，而不是遭到拒斥和否定。②

根据利兹大学成人教育部条例，学生在三年期间要定期参加课程学习和完成规定的阅读和写作任务，在每学期开始不久，通常不再接受新学生注册。汤普森在 1950 年的文章中对这些条例做出了批评，认为它们具有精英主义气息，有利于中产阶级学生和受过良好教育的学生。另外，汤普森也为学生注册争取更宽松的时间。每个学年结束后，每位导师需要就他们所教的班级写一份报告，其中包括有多少学生"达标"。③ 汤普森多次表示，在讨论工人阶级学生因未能达标而是否遭到除名时，这些学生应当得到更宽容的对待。由于各种原因，很多学生不愿意完成写作任务，汤普森又不希望他们遭到除名，他除了向成人教育部的领导求情之外，也想了一些办法来解决这个问题。例如，以课堂讨论文章取代硬性书面写作，改变教学方法来满足学生需求，而不是执行不恰当的"外科手术"。

汤普森在利兹大学成教部工作了 17 年，他似乎并不满意自己的工作。汤普森最大的挫折，在于他自认为无法在课堂上引起足够多的讨论和批判性争

---

① M. Merrill, "An Interview with E. P. Thompson," in H. Abelove *et al* eds., *Visions of History*, Manchester: Manchester University Press, 1983, p. 13.

② 参见 Bryan D. Palmer, "Homage to Edward Thompson, Part I," *Labour / Le Travail*, Vol. 32 (Fall 1993), p. 53.

③ 利兹大学成教部的导师每年要就他们所教的辅导班的进展写出详细报告，汤普森在约克郡 17 年教学生涯中撰写的几乎所有报告都保留下来了：有关于大约 60 个辅导班总计 3 万字的报告。

论。这在他每学年结束之后撰写的一些班级报告中有所体现。事实可能并非如此，他的班级授课表现从一开始就得到了充分肯定。雷布尔德的得力助手比尔·贝克听过汤普森几次课，他发现，汤普森在讲课技巧上有很大进步，学生参与热情也很高。不过，一些班级的学生确实比较被动，参与性不强，汤普森把学生"在讨论中的沉默"归因于社会和教育差异以及传统因素。汤普森所谓的传统，无疑是指 20 世纪早期成人教育的"伟大传统"——一小时讲座，紧跟着一小时提问和讨论。这种模式在 20 世纪 50 年代仍然是主要的方法论。汤普森试图摆脱这种模式。他在 1953—1954 年度基斯利（Keighley）班级的教学大纲中表示，他的目的不是做一小时演讲，而是进行某种合作式学习和讨论。汤普森十分重视学生根据个人经历参与课堂。在 1952 年至 1953 学年巴特利（Batley）班级上，他就让学生从他们的祖父母那里获取信息，来证明当地工厂在 19 世纪 60 年代和 70 年代存在避开工厂法使用童工的现象。①早期克莱克希顿（Cleckheaton）班的一位学生艾丽斯·伊尼森（Iris Inison）回忆说："有一次，在他的社会史班级上，他让我们试着找年长老人了解他们年轻时的岁月。我对家庭作业通常没什么兴趣，由于他非常有吸引力、非常热情，以至于大家都觉得必须要做出努力！我找到了一个 93 岁高龄的和蔼老太太，得到了大量有关她过往经历的信息，她神志清晰、表达流利，因此我能够很好地完成文章的写作。我获得了回报！汤普森很满意、很有兴趣，这比赢得图书奖还棒。"②

汤普森的学生包括工人、家庭主妇和各种各样的"中间阶层"：教师、商务旅行者、社会工作者和职员等。汤普森不但鼓励学生利用他们的个人经验来参与，他同样强调，导师有责任认真对待这些文字材料，并认真学习。他

---

① Roger Fieldhouse, "Thompson: the adult educator," in Roger Fieldhouse and Richard Taylor (eds.), *E. P. Thompson and English Radicalism*, Manchester: Manchester University Press, 2013, pp. 38–40.

② 参见 Peter Searby, "Edward Thompson as a Teacher: Yorkshire and Warwick," in J. Rule and R. Malcolmson (eds.), *Protest and Survival*, London: Merlin Press, 1993, p. 13。

的班级报告体现了这一点。在《英国工人阶级的形成》"前言"中，汤普森声称，"我在给学生上课时，也从学生那里学到了许多东西，这本书中提出的那些问题，有许多就曾和他们讨论过"①。汤普森对学生经验有效性的强调，不仅与他在反对"大学标准"的论文中所持立场——反对传统的自上而下、自由主义的—家长式大学成人教育模式——相一致，也呼应了他在"自下而上"的历史写作中对反映工人阶级生活的资料的广泛使用，以及他在政治作品中对历史发展进程中人类经验重要性的强调。②

1965 年，汤普森夫妇搬到西米德兰兹（West Midlands），1965—1970 年间，爱德华·汤普森任职于考文垂市郊新建的沃里克大学社会史研究中心。汤普森在沃里克大学建立的研讨班模式获得了巨大成功。当时许多著名劳工史学家和社会史学家，例如阿萨·布里格斯、罗伊登·哈里森（Royden Harrison）、霍布斯鲍姆、理查德·科布（Richard Cobb）、布赖恩·哈里森（Brian Harrison）、拉斐尔·塞缪尔以及基思·托马斯（Keith Thomas）都被请到研讨班上做报告和答疑。另外，也有一些年轻学者参与进来，来做讲座的人还包括社会史领域之外的学者。许多经常参加研讨班的人高度评价了这种模式。汤普森偶尔还安排研究生去访问一些学者，并且与伯明翰大学当代文化研究中心的学生一起出席讨论班。③

汤普森是严谨认真的老师，经常对研究型学生的作品做出详细的批改。一位学生指出："他是一位严厉的批评者——通常十分严厉。我们最清晰的记忆，就是我们大多数人刚开始从事历史写作时从他那里得到了评论……他往往把长达 8 页、10 页甚至 12 页篇幅单倍行距打字稿——对文章的批评意见

---

① ［英］E. P. 汤普森著：《英国工人阶级的形成》，钱乘旦等译，译林出版社 2001 年版，"前言"，第 6 页。

② Roger Fieldhouse, "Thompson: the adult educator," in Roger Fieldhouse and Richard Taylor (eds.), *E. P. Thompson and English Radicalism*, Manchester: Manchester University Press, 2013, p. 41.

③ J. Rule and R. Malcolmson, "Edward Thompson as a Teacher: Yorkshire and Warwick," in J. Rule and R. Malcolmson (eds.), *Protest and Survival*, London: Merlin Press, 1993, p. 19.

——交到我们手上，让我们根本没有自满的理由。他指出我们观点的错误，批评草率的研究和文献的不足，指出混乱的、辩护性的思考，惋惜对好材料的机械使用，建议以更好、更具创造性的方式来编排和解释我们的发现……我们学会了如何接受激烈的批评并且从中受益。"①

汤普森宽容不同的意见，没有因观点不一致而扼杀学生的看法，他的指导并不是教条式的，而是对新观念和方法持一种开放态度。学生被他吸引的原因很多：喜欢他政治上的奉献、同样有志于创造一种新的社会史或者钦佩他的《英国工人阶级的形成》。汤普森并不要求意识形态上的整齐划一，他鼓励学生进行自我思考、解释和探求自己的问题、广泛阅读和努力工作，避免盲目的知识上的顺从。尽管存在一系列共同的历史关怀、情感和问题，但是这里并没有党派路线。而且，这种共性允许多样化甚至有分歧的风格、方法和政治信仰。大家也感觉到，汤普森也从学生那里学到了许多——他们创造的新知识、他们提出的充满怀疑精神和出乎意料的问题、他们采纳的新视角（比如女性主义）。②

在沃里克大学任职期间，汤普森与研究生关系非常好。他们深情地回忆了这位不辞劳苦、非常善于启发的导师，而且他们大多数人成了他终生朋友。不过，汤普森与沃里克大学本身的关系很紧张。该中心的资源没有达到他的期望，本科教学花了他很多时间，各种会议也是如此，以致他抱怨没有多少时间用于写作。1970 年，沃里克大学的学生们进行了一次静坐示威，在占领学校档案室之后，他们发现了一些档案文件，它们表明学校与当地著名工业资本家维持隐秘而密切的关系，其中包括监视那些所谓政治异议者以及对工业资本主义持敌意态度的学生和教师的活动并加以告发。汤普森得知情况之

---

① J. Rule and R. Malcolmson, "Edward Thompson as a Teacher: Yorkshire and Warwick," in J. Rule and R. Malcolmson (eds.), *Protest and Survival*, London: Merlin Press, 1993, p. 21.

② J. Rule and R. Malcolmson, "Edward Thompson as a Teacher: Yorkshire and Warwick," in J. Rule and R. Malcolmson (eds.), *Protest and Survival*, London: Merlin Press, 1993, p. 22.

后非常愤慨，他加入学生抗议活动，在保护学生和公开这个丑闻上扮演了重要角色。汤普森与一群学生活跃分子很快编辑了一部小册子《沃里克大学有限公司》，把沃里克大学当成高等教育体制遭到威胁——价值和自由因屈从于工业资本主义的需要而渐渐丧失了——的一个征兆。1971 年，汤普森辞去教职，成为自由作家，偶尔在美国和世界其他地区的大学教学。

三、汤普森的《英国工人阶级的形成》

1963 年，爱德华·汤普森的巨著《英国工人阶级的形成》出版，它无疑是社会史和劳工史方面的经典之作，或许也是英国马克思主义史学家撰写的最富争议性的作品。它为汤普森赢得了无数的赞誉，英国现代史学者戴维·伊斯特伍德指出："《英国工人阶级的形成》改变了英国和美国的劳工、阶级以及政治激进主义的研究，无疑也是战后时期最有影响的英国史著作。"[①]

依据汤普森在 1976 年接受《激进历史评论》编辑采访时的说法，写作《英国工人阶级的形成》，一方面是出于现实考虑，即当时出版社找人写一部关于英国劳工运动（1832—1945）的教材，正好他手头比较紧，于是答应下来。汤普森建议从 1790 年写到 1945 年，《英国工人阶级的形成》原本是计划中的第一章，结果他被材料所吸引，这一章最终成为一本厚厚的著作。另一方面，《英国工人阶级的形成》的写作，是出于双重理论论战的考虑。首先，牢固的经济史学科，形成了一种从亚当·斯密和正统政治经济学家到汤普森时代的连续传统，这种传统很大程度上与资本主义意识形态联系在一起，被

---

① David Eastwood, "History, Politics and Reputation: E. P. Thompson Reconsidered," *History*, Vol. 85, Issue 280 (October 2000), p. 635. 汤普森的阶级理论对社会学家也有很大影响力，英国著名的社会理论家安东尼·吉登斯声称："我们可以把汤普森说成是社会学家的历史学家。他是社会学家最喜欢引用的少数历史学家之一。社会学家对汤普森作品的喜爱……在于汤普森对阶级形成和阶级意识的关注"。转引自 Alvin Y. So and Muhammad Hikam, "'Class' in the Writings of Wallerstein and Thompson: Toward a Class Struggle Analysis," *Sociological Perspectives*, Vol. 32, No. 4 (Winter 1989), p. 457。

资本主义意识形态所腐蚀。因此，要想写作这一时期人民的社会史，就得驳斥这一传统。其次，为了反驳当时普遍存在的对马克思主义进行简单化的经济主义解释的倾向。[①]

汤普森把《英国工人阶级的形成》视为英国工人阶级从青少年到成年早期的传记。该著作叙述了分散的工人群体如何通过传统和自身经历锻造出一种阶级文化，如何以具体方式建构关于自身利益一致性的意识。全书分三大部分。第一部分讨论英国工人阶级进入工业革命时代之际继承的一些传统。首先是不信奉国教者的传统。其次是"下层民众"和大众正义的传统，这是18世纪工人阶级历史的显著特征。最后是"英国人与生俱来的权利"传统，包括受普通法保护、良心和表达自由等。在这一部分结尾处，汤普森分析了潘恩的作品对工人阶级的影响。第二部分叙述工业革命的破坏性以及政治、社会和宗教压迫。他考察不同工人群体，评价各种关于工业革命时期工人生活标准的观点。汤普森首先为一个观点做了简要辩护，即经济和社会革命让工人生活变得更悲惨。然后分析农业工人、工匠和织工的苦难。值得注意的是，他在叙述工人阶级的经验时，并没有详尽研究工厂工人。其他章节用来分析与工人经历相关的生活品、住房、对孩童的剥削、宗教、闲暇以及集体生活等内容。第三部分考察工人阶级对他们的状况做出的反应，从"平民激进主义"一直叙述到1832年。汤普森力图呈现的是工人、工匠和自耕农在从人民大众向工人阶级转变过程中的整个经历以及他们表达出来的思想，尤其注重他们的政治反抗。汤普森首先继续叙述工人阶级的激进主义，然后评论各种反抗宣言——卢德运动、反联合法案的骚乱、工人对议会改革的兴趣，最后一章题为"阶级意识"，讨论工人阶级的文化。[②]

汤普森通过查阅和利用大量文献，在《英国工人阶级的形成》中重新审

---

① M. Merrill, "An Interview with E. P. Thompson," in Henry Abelove *et al* eds., *Visions of History*, Manchester: Manchester University Press, 1983, pp. 14, 6 – 7.

② ［英］E. P. 汤普森著：《英国工人阶级的形成》，钱乘旦等译，译林出版社2001年版。

视了已有的问题，提出许多很有说服力的见解和原创性解释，让人们意识到许多所谓的定论远远没有得到解决。当然，他自己的观点也遭到许多学者的挑战和质疑。

首先，汤普森对阶级概念的界定引起了许多争论。有论者指出，汤普森的这部著作之所以成为界标，同时也引起无数争议，很大程度上在于他对阶级和阶级意识做出了新颖的处理。[1] 汤普森反对社会学家把阶级当作静态结构和范畴来进行分析，也不赞成经济史学家的数据分析和社会史家或历史社会学家的结构功能主义。因为这些分析很大程度上都忽视了劳动者的行为和主观意识，忽视了人与人之间的真实关系。汤普森在书中写道："我说的阶级是一种历史现象，它把一批似乎毫无关联的事结合在一起，它既包括在原始经历中，又包括在思想觉悟里。我强调阶级是一种历史现象，而不把它看成一种'结构'，更不是一个'范畴'，我把它看成是在人与人的相互关系中确实发生（而且可以证明已经发生）的某种东西。……当一批人从共同的经历中得出结论（从前辈那里继承或亲身体验到的经历），感觉到并明确说出他们之间的共同利益，并且他们的利益与其他人不同（而且常常对立）时，阶级就产生了。"[2] 由此可见，阶级不仅仅是一种历史现象，也是一种社会和文化形式，是一种认同意识。英国工人阶级在 1780—1830 年间发展起来，到 1832 年，拥有了独立的身份意识，也就是说，出现了单数形式的"工人阶级"。这种意识的形成，一方面是快速工业化的产物；另一方面是由于英国激进主义和自由传统，以及 18 世纪 90 年代法国雅各宾主义和英国中上层的敌视态度所造成的。

汤普森关于英国工人阶级意识在 19 世纪 30 年代成熟的观点，颇多争议，

---

[1] Sumit Sarkar, "E. P. Thompson," *Economic and Political Weekly*, Vol. 28, No. 39 (Sep. 25, 1993), p. 2055.

[2] ［英］E. P. 汤普森著：《英国工人阶级的形成》，钱乘旦等译，译林出版社 2001 年版，第 1—2 页。

因为没有人制订出一套标准来认定一个阶级何时"形成"。汤普森声称，1832年"工人阶级的存在……是英国政治生活中最重要的因素"，那时，英国工人阶级创造出了"英格兰有史以来最显著的大众文化"。在牛津大学的布赖恩·哈里森看来，这种观点只不过是价值判断，无法从经验上加以检验。① 帕特里克·林奇（Patrick Lynch）认为，英国工人阶级并不是由 1832 年改革法案所创造，因为在 1832 年之后的几十年，工会只不过是一个支持熟练工人的团体。② 也有论者指出，在《英国工人阶级的形成》中，阶级这个历史现象是难以捉摸的，汤普森反对为阶级寻找一个"纯粹类型"，但是，在讨论"阶级是一种关系""阶级出现了"等事实时，他以不同方式使用这个术语，因此，人们很难理解他的定义、历史分析或者年代学，他所谓的经由"共同经历团结在一起的"工人阶级，只不过是一个神话，一种想象的建构物，一个理论预设。③ 汤普森从难以把握的材料来建构这个主题，最终的结果必然一半凭创造，一半凭感觉。④

美国史学家琼·沃勒克·斯科特（Joan Wallach Scott）从性别角度对《英国工人阶级的形成》进行批评。在斯科特看来，《英国工人阶级的形成》显然是关于男人的故事，阶级就其起源和体现而言，被建构成一种男性身份，即使并非所有参与者是男性。按照斯科特的观点，在汤普森分析阶级形成的过程中，妇女"被边缘化了"，仅仅被视为"部分或不完美地参与政治"。不过，她这种观点遭到马克·斯坦伯格（Marc W. Steinberg）的反驳。在斯坦伯格看来，斯科特曲解了汤普森关于工人阶级激进主义的看法，同时也误读了汤普

---

① Brian Harrison, "A Review of E. P. Thompson's *The Making of English Working Class*," *The English Historical Review*, Vol. 86, No. 340, 1971, p. 584.

② Patrick Lynch, "Review of E. P. Thompson's *The Making of English Working Class*," *An Irish Quarterly Review*, Vol. 53, No. 209, 1964, p. 88.

③ R. Currie and R. M. Hartwell, "The Making of English Working Class?," *The Economic History Review*, New Series, Vol. 18, No. 1, 1965, pp. 637–638.

④ Geoffrey Best, "Review of E. P. Thompson's *The Making of English Working Class*," *The Historical Journal*, Vol. 8, No. 2, 1965, p. 276.

森对家庭领域的描述。虽然汤普森没有对家庭做出清晰分析，不过，他确实明白家庭对工人阶级有机文化之创造的重要性，而且家庭尤其能够明显体验到剥削的程度。只不过汤普森的分析专注于对家庭而不是对妇女的剥削。①

很显然，以阶级作为分析工具会存在困难，因为社会始终存在各种相互冲突的利益。汤普森的工人阶级之中也存在大量冲突。他并没有在工匠与穷苦劳动者之间建立起阶级一致性。他使用的关于工人阶级的材料，主要来自工匠和个体经营者，而工匠是工人阶级的思想精英。他所论述的大众激进主义、科贝特和欧文等人的思想意识，以及"可敬的伦敦市民"陪审团，都与通常意义上的工人阶级及其意识存在差异。② 事实上，工人阶级内部的冲突也困扰着汤普森，他承认，"雅各宾主义的要塞位于工匠集中的地方"，"激进主义文化……是熟练工人、工匠和一些外包工（outwokers）的文化"。他也承认，即使在 1832 年，伦敦工匠与伦敦其他劳动者之间也存在一条鸿沟。"亲密无间并不是工人阶级惟一有效的伦理"，工匠和技师的"贵族"精神，"自助"的价值观以及犯罪和道德败坏现象也很普遍。各种不同生活方式之间的冲突，不但发生在中产阶级和工人阶级之间，也发生在工人阶级内部。不过，汤普森指出，在 19 世纪早期，集体主义价值观在许多工人群体中处于主导地位。而且，他认为，工人必须团结起来，以便形成一个工人阶级。事实上，当研究者关注特定时期的某个主题时，当他们从大量材料出发来论证自己的观点时，原本模糊不清的形象往往会变得有迹可循甚至清晰可见。汤普森的"工人阶级"及其意识同样如此。

其次，英国工人是否存在暴力革命传统。汤普森认为，工人阶级的历史被 20 世纪史学家（例如哈蒙德夫妇之类的人）篡改了，因为这些人寻找维多

---

① Marc W. Steinberg, "The Re – Making of the English Working Class?," *Theory and Society*, Vol. 20, No. 2, 1991, pp. 179 –182.

② Richard Tilly, "Review of E. P. Thompson's *The Making of English Working Class*," *Journal of Social History*, Vol. 1, No. 3, 1968, p. 292.

利亚时代令人尊敬的非暴力"劳工运动"。因此，他觉得有必要重新探究"为人遗忘的角落、失败的事业以及失败者"。汤普森试图证明，19 世纪早期英国存在一种持续不断的革命传统。

法国大革命刚开始时，英国激进主义也很英勇无畏，充满活力，但是，由于热衷"古老宪政"、无条件接受私有财产权、吸纳有产者改革家，因此也就被破坏或者起不了很大作用。在汤普森看来，潘恩为工人阶级带来一股清新之气，他一扫传统宪政主义，提出国家和阶级权力理论。潘恩的政治领导为英国激进主义注入了一种革命主义。汤普森认为，1792—1796 年间是英格兰真正的民主鼓动的第一个时期，这是一场更严肃、更广泛的运动，在思想上也更令人尊敬。大约在 1796—1797 年间，这种激进主义骚动消失了，不过，汤普森并不认为这种运动就此冰消瓦解，而是暗中存在和发展，并且在 20 年后重新浮出水面。汤普森通过材料分析来论证他的观点，即存在一种秘密的、不合法的和民主的运动，它摇摆于雅各宾革命主义、地方工业工人的不满以及真正革命活动之间。通过分析各种密谋、夜间集会、食物暴动、民众的激进骚乱以及卢德派等，汤普森指出，社会下层当中始终存在举行全国性起义的愿望，而他们的领导人确实也想来一场这种起义。这种"秘密的革命传统"是汤普森最引人注意的观点之一，也是最富有挑战性的观点之一。毫无疑问，通过汤普森的描述，我们会加深对工人阶级历史的认识，但是，汤普森似乎有点言过其实了。[1]

汤普森对卢德运动的论述颇多争议。汤普森坚持认为，卢德运动并不是受机器排挤的工人做出的纯粹自发反应，相反，这场运动具有深厚的历史根源，是工人在有意识地挑战工厂制和自由放任哲学。在他看来，工人阶级在反抗工业革命所主张的新生命哲学时，他们的思想也被系统地组织了起来。汤普森的这种观点是一种创新，他挑战了费边派观点——革命在英格兰从来

---

[1]　Geoffrey Best, "Review of E. P. Thompson's *The Making of English Working Class*," *The Historical Journal*, Vol. 8, No. 2, 1965, pp. 275 –276.

就没有显露出来。汤普森指出,费边派不愿意正视一个事实:英国工人阶级常常接近于革命的边缘。[①]

在论述卢德运动时,汤普森拓宽了材料的范围,也发挥了自己的想象:由于政府压制激进主义及其出版物,汤普森只能通过官方报告、间谍提供的材料以及口头传统,来探究这场运动的文化。不过,来自诺丁汉的史学家质疑汤普森对口头材料的倚重,他们认为卢德运动的规模和影响要小得多。在他们看来,汤普森为了论述卢德运动,在雇主和工人之间人为制造了一道并不存在的鸿沟。[②]

汤普森的最大困难在于,1790—1832 年间英格兰并不存在真正意义上的革命。工业革命和 18 世纪 90 年代的政治动荡,致使大众苦难与少数派的抱负结合在一起,汤普森认为这就有点类似"一场英国革命"。他还提到 1831 年至 1832 年间英国再次处于革命危机状态。汤普森谈论由"下层民众"和穷苦劳动者引发的巨大政治反抗和"准起义",不过,尽管存在这些"内战的预备期",但是革命并没有出现。如果像汤普森所说,革命似乎随时可能爆发,那么,政府又是如何维持下来的呢? 汤普森从政治和宗教两方面做出回答。首先是政治压制,其次是循道宗的作用,另外也利用中产阶级激进派来宣扬工人阶级的宪政主义,破坏无产阶级革命抱负。由于既不存在政府提出警惕革命的警告,也不存在一小群民众发动革命的企图,为了证明革命的紧迫性,汤普森被迫提出一个未经证明的假定:工人阶级继承了秘密革命的传统,这个传统造成了事实上发生的"反叛"。他关于革命的主题,建立在一个假定之上:大众的生活变得更糟糕了。当然,人们确实会表示不满,有时候确实会出现动乱,工人阶级也愈益希望改善他们的生活,但不是用暴力手段,而是

---

① Patrick Lynch, "Review of E. P. Thompson's *The Making of English Working Class*," *An Irish Quarterly Review*, Vol. 53, No. 209, 1964, p. 86.

② Brian Harrison, "A Review of E. P. Thompson's *The Making of English Working Class*," *The English Historical Review*, Vol. 86, No. 340, 1971, p. 583.

通过有组织的工业活动，"革命只是很小一部分人偶尔的遐想"①。尽管工人阶级创造出了自身特有的文化，但是，这种文化从属于他们雇主的文化，"英国工人阶级从来没有达到革命的意识形态"②。

第三，循道宗对工人阶级的影响。宗教是穷人生活方式的一部分，也是一种有效的解释工具，他们的宗教呈现的形式以及经历的变化，必定会反映他们自身的张力和压力。汤普森主要关注循道宗（也称作卫斯理宗）的影响。他力图从社会学和心理学上对循道宗做出精致复杂的解释，分析它如何防止苦难的无产阶级的革命活动和态度。

循道宗是18世纪中叶从英国国教内部产生的一个新教派，重视在劳动人民中传播"福音"，深受劳动者的拥护，在下层人民当中引起了狂热的"宗教复兴"。汤普森把循道宗纳入对工人阶级经历的总体解释之中，认为循道宗一方面使劳动人民懂得了组织和纪律性，另一方面也为工人提供了精神上的避难所。他认为循道宗提供的千禧年追求纯粹是失调和偏执。虔诚的穷人一方面堕落到寂静主义，另一方面滑向千禧年学说。千禧年学说传播广泛，不但存在于雅各宾分子和非国教徒的伦敦工匠群体，也蔓延到中部和北部的矿工、织工乡村，以及西南部乡村。循道宗是"反革命采取的精神方法的组成部分"，是"失败者和绝望者的千禧年学说"，循道宗的礼拜堂是工业城镇人类心灵的巨大陷阱。总体上来说，循道宗使得一些人成为革命者，但是，它却让更多人成为理想的臣民。很显然，汤普森更强调循道宗对工人阶级的消极影响。

不过，有论者指出，汤普森的论点在很多方面都是不精确的。首先，循道宗并不是一种"千禧年说"；其次，循道宗教徒只占工业人口的很小一部

---

① R. Currie and R. M. Hartwell, "The Making of English Working Class?," *The Economic History Review*, New Series, Vol. 18, No. 1, 1965, pp. 639–640.

② H. McQueen, "Review of E. P. Thompson's *The Making of English Working Class*," *Labour History*, No. 15, 1968, pp. 76, 75.

分。另外，大众在政治和宗教——社会进程的积极层面和消极层面——之间摇摆的理论，也不能令人信服。究竟是所有人首先倒向政治行动，当行动失败之后，又一致倒向宗教行为呢？还是一部分人倒向政治行动，当他们失望之际，另一部分人倒向宗教？这两种情况并不一样，但是，汤普森并没有阐述清楚。汤普森对复兴以及随之而来的衰退很感兴趣，并且指出这种兴衰与社会进程的摇摆之间的联系。但是，整个循道宗的发展，尤其在北部工业区，并没有表明政治行动的衰退或失败与循道宗的发展具有重要联系。汤普森对循道宗做出的心理学阐释，也是有疑问的。这种心理分析缺乏对单个循道宗教徒的考察。汤普森指出，循道宗的"心理意淫"——尤其是强烈的福音主义和大量皈依者——是人民的鸦片。但是，最坚定的信仰复兴主义的循道宗教徒在政治上也最激进；在许多循道宗教徒圈子，"复兴主义"是"激进主义"的同义词。另外，最坚定的信仰复兴主义和政治上最激进的循道宗教派——原始循道宗教徒和圣经基督派——在教派生活中是最保守和最顺服的。汤普森关注忠诚和整体生活经历，但是，生活经历远非他的方法所揭示的那样具有统一性，而是表现出更多的差异。另外，汤普森主要强调危机时期的改宗，常态下循道宗教徒的生活完全不一样，并且他也没有提到循道宗内部的改革斗争。[1] 汤普森有时候似乎完全明白原始循道宗教徒与卫斯理派循道宗教徒之间的差异，有时候却不这样，由于他未能区分循道宗的不同派别，这样无疑也就削弱了他对该宗教的概括。[2]

汤普森分析的主要价值在于，他从来就不是孤立地论述宗教的历史，而是把它与英国社会其他领域的历史结合在一起。他强调循道宗与中产阶级实用主义之间"隐秘的密切关系"，并且大力关注循道宗对大众娱乐和工作纪律

---

① R. Currie and R. M. Hartwell, "The Making of English Working Class?," *The Economic History Review*, New Series, Vol. 18, No. 1, 1965, pp. 640–641.

② Geoffrey Best, "Review of E. P. Thompson's *The Making of English Working Class*," *The Historical Journal*, Vol. 8, No. 2, 1965, p. 281.

的影响。不过，许多宗教史学家并不喜欢汤普森的论述，他们提出的批评意见也值得重视。他们不喜欢他那种歇斯底里的语气，也指责他使用的材料有限。雇主是否在雇工之中促进循道宗呢？我们无疑需要更多的材料来证明这一点，再说，雇主可以通过其他更有效的方法来保证工作纪律。礼拜堂的作用也不仅仅是改宗场所，它也扮演持续的教育、娱乐和社会角色。①

第四，工人阶级生活标准问题。《英国工人阶级的形成》对生活标准问题进行了讨论，以很多篇幅来反驳以前各种关于英国工人阶级生活水平的解释。汤普森支持哈蒙德夫妇和其他人更为"传统的"论点，即新工业秩序下下层民众生活质量严重恶化，不同意费边派将工人阶级描绘成自由放任的"消极受害者"，同时拒斥 T. S. 阿什顿等人关于工业革命早期英国工人阶级生活标准得到提高的看法。

不过，汤普森从来就没有协调好两种关于工业革命的对立观点。其一是马克思的看法，即无产阶级生活恶化、贫困化，处于革命的边缘；另一种是工人阶级取得的一系列成就——尤其是"集体的自我意识"和"一种大众文化"。汤普森也承认，"任何严肃的学者都不会同意一切事情都变得更糟了"，相反，"1790—1840 年间……平均的物质生活标准有了小小的改善"，但是，另一方面，这一时期的剥削得到进一步强化、更加没有安全感。尽管在 1840 年，绝大多数人的生活比 50 年前他们先辈的生活更好，但是对他们来说，这场微小的改善依旧是一场灾难性经历。汤普森将灾难和贫困化与黄金时代对比。人们深切怀念黄金时代或"快乐的英格兰"，这并不是因为 18 世纪 80 年代的物质生活比 1840 年富足，而在于一种怀乡主义，怀念工业主义的纪律降临到工人头上之前的工作模式和闲暇。毫无疑问，人们在消费更多物品的同时，也很可能会更加不幸福和不自由。汤普森宣称，"在任何可以想象的社会背景下，工业化必定带来苦难和破坏更古老、更有价值的生活"。当然，生活

---

① Brian Harrison, "A Review of E. P. Thompson's *The Making of English Working Class*," *The English Historical Review*, Vol. 86, No. 340, 1971, p. 581.

方式随着工业化而变得更糟糕这个看法，是值得讨论的，很显然，汤普森需要对生活方式的恶化以及前工业革命时期的工作和生活模式做出更充分的论证。①

汤普森是一个"悲观主义者"，他指出，"乐观主义者"反对关于这一时期的"古典"看法，无疑值得赞赏，但是无疑有点矫枉过正了。尽管他承认1840年绝大多数人的生活比自己前辈的更好，但是，我们需要注意的是，他把斗争的阵地从"生活标准的讨论"转移到整个生活环境，同时坚持认为，对工人阶级而言，这种微小的改善过去是、将来也是一种灾难性经历。因为两种无法容忍的关系得到了强化：经济剥削和政治压迫。在汤普森看来，工业革命一般都会给社会带来痛苦，英国的工业革命原本不需要采取那种尤其令人厌恶的形式。历史发展之路并非只有一条，事实上有很多替代方案。事情之所以如其所是，就是因为统治阶级希望它们那样。

汤普森在《英国工人阶级的形成》第二版"后记"中，直言自己对生活标准问题的讨论"不充分"。不过，即便这一章存在一些错误或不足，汤普森的分析还是拓宽了当时对这一问题的纯"经济"讨论，这种讨论狭隘地专注于人们的饮食和工作习惯，却忽略了他们的政治、宗教和娱乐活动。② 汤普森认为，这种讨论无视"整体进程感——这一时期整个政治和社会背景"。很显然，汤普森强调生活质量的"恶化"，追随悲观主义的传统，他使用反统计学的方法，认为统计学的平均数据与人类的经历很可能是背道而驰的。

汤普森也承认，在所有已知的社会，工业化很可能导致了主要问题，但是，它在英国尤其显得暴力十足，而自由放任主义促使情况变得更糟。在他看来，政府应该通过立法和道德规范，约束无视道德的工厂主和漠视正义的

---

① R. Currie and R. M. Hartwell, "The Making of English Working Class?," *The Economic History Review*, New Series, Vol. 18, No. 1, 1965, pp. 641–642.

② Brian Harrison, "A Review of E. P. Thompson's *The Making of English Working Class*," *The English Historical Review*, Vol. 86, No. 340, 1971, pp. 575–576.

雇主。应该依据伦理的优先性来规范工业的发展。在这里，需要指出一点，我们是否需要更加同情性地解释19世纪早期的政府。如果说工业革命的真正悲剧不在于阶级剥削，而在于政府和人民都卷入一系列史无前例的事件中，他们都不知道如何去控制事态；如果说那时的国家机器存在不可避免的盲目性和滞后性；如果说精确的调查技术——解释社会到底发生了什么——直到19世纪末才发展起来，而且雇工帮着雇主应付政府调查员，改革家通常也不愿意为这些人提供充分的资料，那么，后工业化国家应该从中学到很多，应该承担起更多的责任，把下层民众的苦难减少到最低限度，同时协调工业发展与环境保护之间的平衡。

此外，很多论者指出了汤普森作品中的意识形态偏见。J. P. 钱伯斯（J. P. Chambers）声称，尽管汤普森对农业社会向工业主义过渡时期工人阶级生活的方方面面做出了出色的、富有启发性的论述，不过，在他的观点成为社会史学派广为接受的传统之前，大家应该注意到他论述中的意识形态因素。[①] 汤普森“努力对工人阶级做出同情性评价，这无疑是合理的”；“但是，如果这种努力转变成一种历史方法论，那么就会削弱分析的力度”。[②] 美国史学家 R. K. 韦伯指出，汤普森最严重的不足之处，就在于他不能像对待工人阶级那样，公正地对待中上阶级，在于他没有正确评价中产阶级的复杂性，而“过于强调中上阶级的共识”。[③]

汤普森作为史学家的声望，主要是由《英国工人阶级的形成》奠定，这部著作重建了工业革命的社会史，与霍布斯鲍姆的著作一起改变了劳工史的书写。[④] 该著作的出版，也改变了19世纪早期的英国史，对这一时期感兴趣

---

① J. P. Chambers, "The Making of the English Working Class," *History*, June 1966, p. 183.

② Neil J. Smelser, "A Review of E. P. Thompson's *The Making of English Working Class*," *History and Theory*, Vol. 5, No. 2, 1966, p. 216.

③ R. K. Webb, "Review of E. P. Thompson's *The Making of English Working Class*," *The Massachusetts Review*, Vol. 6, No. 1, 1964/1965, p. 206.

④ Harvey J. Kaye, *British Marxist Historians: an Introductory Analysis*, London: Macmillan, 1995, p. 168.

的社会科学家，会大大受益于汤普森对一些论题做出的充分论述：如卢德派骚乱、科贝特和欧文等人对英国工人阶级文化的特殊贡献、反联合法案等。[①]

以汤普森为代表的英国马克思主义史学家拓宽了阶级的内涵，克服了经济基础—上层建筑模式及其固有的经济决定论倾向。在关于工人阶级生活标准问题的讨论上，汤普森从纯粹的物质衡量标准转向对工人阶级整个经历的评价，更加注重精神生活或"生活方式"的变化，他的分析无疑给人留下了深刻印象。不可否认，汤普森对宗教和工业革命之关系做出了迷人的论述，就宗教与早期资本主义的关系而言，他比此前许多作家走得更远。他指出，循道宗在工人阶级中灌输的美德，与中产阶级实用主义的目标惊人地一致。汤普森依据社会学和社会心理学对循道宗的消极影响，也就是他所说的"精神剥削"进行的分析，是《英国工人阶级的形成》中最精彩的篇幅之一。[②]汤普森也详细而令人信服地考察了英国工业革命早期爱尔兰移民，指出爱尔兰秘密会社传统很可能对卢德运动以及早期的秘密工会产生了影响。通过探究爱尔兰人对英国工人阶级的影响，汤普森为后来的英国史学家提供了一个主题。另外，尽管汤普森不是研究群氓和骚乱的第一人，但是，他确实率先将这种研究纳入英国整个激进主义历史当中，并且让大家意识到，公共秩序也应当在法国大革命时期社会阶级史和政治史之中占据一席之地。[③]

史学研究者往往有意或无意地带有某种程度的成见，这种成见可能是人类的、国家的、民族的、阶级的、政治的或者性别的。汤普森从一开始就表明了自己的立场：他站在工人阶级的立场进行论述，力图恢复和还原工人阶级及其思想文化对历史发展的贡献。他的人道关怀和学术敏锐性，使得他能

---

① Reinhard Bendix, "Review of E. P. Thompson's *The Making of English Working Class*," *American Sociological Review*, Vol. 30, No. 4, 1965, p. 605.

② Bernard Semmel, "A Review of E. P. Thompson's *The Making of English Working Class*," *The American Historical Review*, Vol. 70, No. 1, 1964, pp. 123 – 124.

③ Brian Harrison, "A Review of E. P. Thompson's *The Making of English Working Class*," *The English Historical Review*, Vol. 86, No. 340, 1971, p. 582.

够理解当时被认为模糊不清的文献和事件，从而重新发现那些被视为毫无价值或沉闷乏味的工人阶级的生活。① 那些所谓客观中立的史学家，无法像汤普森那样，写出大量富有激情的、启发性的、同时也颇具学术争论性的句子，也无法像他那样为历史研究开辟如此多的新领域。② 很显然，《英国工人阶级的形成》是英国社会史的经典之作，是英国史学的界标，"英国现代社会史领域很少有作品能够在深度和广度上（因此，在质量上）超越它"。③

四、汤普森的十八世纪研究

《英国工人阶级的形成》出版之后，汤普森开始发表关于 18 世纪英国大众历史的长篇研究论文，这些成果特别关注市镇和乡村交汇之处。④ 其中最著名的是《18 世纪英国民众的道德经济》（1971），其他的包括《时间、工作纪律和工业资本主义》（1967）、《大声喧哗》（1972）、《贵族社会、平民文化》（1974）和《18 世纪英国社会：没有阶级的阶级斗争?》（1978）。或许人们对汤普森转向 18 世纪而不是继续他的工人阶级研究感到困惑，其实，这两个领域存在内在关联。《英国工人阶级的形成》中一个强有力的有趣观点，就是指出了某些文化遗产的重要性——它们在工人阶级意识的发展过程中扮演了独特而影响深远的角色，而汤普森关于 18 世纪的诸多研究，就是再次回到这些文化现象，一种乡村世界的、穷人的文化，它十分坚韧，也是发展工人阶级意识的基础。汤普森的 18 世纪研究文集《共有的习惯》和最后一部著作《见

① David V. Erdman, "Review of E. P. Thompson's *The Making of English Working Class*," *Victorian Studies*, Vol. 8, No. 2, 1964, p. 183.

② Brian Harrison, "A Review of E. P. Thompson's *The Making of English Working Class*," *The English Historical Review*, Vol. 86, No. 340, 1971, p. 575.

③ Richard Tilly, "Review of E. P. Thompson's *The Making of English Working Class*," *Journal of Social History*, Vol. 1, No. 3, 1968, p. 289.

④ 国内学界较早探析汤普森的18 世纪研究的成果，可参见沈汉《爱德华·汤普森的史学思想》，《历史研究》1987 年第6 期。

证野兽罪行：威廉·布莱克与道德法》就是他把下层民众从后世不屑一顾中解救出来的长期学术努力的顶峰。[1]

可以说，汤普森的18世纪研究是在20多年时间里零散地完成的，因为他还积极参与欧洲核裁军运动和马克思主义内部的一系列争论。虽然汤普森的18世纪英格兰研究不如《英国工人阶级的形成》那么有名，不过，它们具有同样深刻的革新意义。在汤普森进行研究之前，1770年之前的18世纪历史似乎是处于两大剧烈变化世纪之间的一个平静、稳定和相当沉闷的插曲。在英格兰，它被视为由贵族和绅士主宰的时代，下层民众通过家长制和顺从与他们联系在一起。不过，汤普森通过与沃里克大学一群年轻研究人员的合作，帮助建构了一个全新的18世纪。

当汤普森把目光投向18世纪时，从社会史角度而言，这个领域的成果很少。劳伦斯·斯通甚至不无夸张地宣称："18世纪英格兰的史学是由一家垄断公司——纳米尔公司——主宰的沙漠。"[2] 而纳米尔认为，唯一值得研究的历史是政治史。当时，汤普森可资利用的、对18世纪英国社会关系做出详细分析的唯一一本著作，乃是H. 珀金（H. Perkin）的《现代英国社会的起源》(1969)。珀金认为，18世纪社会主要是一种基于财产和赞助之上的精细的等级制度，其中穷人的生活由家长式地主精英控制。在他的模式中，"权力总是回到普通乡绅对他的租户和村民的社会控制"，穷人几乎没有什么能力来平衡这种权力。在这种人身依附的世界，任何违反伟大从属法则的行为都会遭到无情镇压。因此，怨恨只有被吞下肚子，或升华为宗教异议，或者当忍无可忍时，在令人绝望的暴力事件中爆发。[3] 汤普森对这种模式提出了挑战。

---

[1]　Jeremy Caple, "Outside the Whale: Scholarship and Commitment," *Left History*, Vol. 2, No. 1, 1994, p. 106.

[2]　转引自 Peter King, "Edward Thompson's Contribution to Eighteenth – Century Studies. The Patrician: Plebeian Model Re – Examined," *Social History*, Vol. 21, No. 2 (May 1996), p. 217。

[3]　参见 Peter King, "Edward Thompson's Contribution to Eighteenth – Century Studies. The Patrician: Plebeian Model Re – Examined," *Social History*, Vol. 21, No. 2 (May 1996), p. 217。

汤普森的 18 世纪研究探究了 18 世纪社会的本质、食物骚乱、贵族文化与平民文化之间的关系，也重点关注了那一时期的法律，尤其是臭名昭著的《黑面人法》，以及 18 世纪晚期民众的道德经济学。1991 年，汤普森在这一研究领域的文集《共有的习惯》出版。该文集收录的文章既有以前发表过的，例如《时间、工作纪律和工业资本主义》和《18 世纪英国民众的道德经济学》未作修改，《导论：习惯和文化》和《大声喧哗》得到扩充，此前的论文《18 世纪英国社会：没有阶级的阶级斗争？》得到增补和修改，变成《贵族和平民》一文；也有全新的文章，包括《买卖妻子》和《习惯、法律和共有的权利》，它们的一些内容在讨论会上得到过宣读，后一篇文章延续了汤普森在沃里克大学社会史研究中心任职时期对法律史产生的兴趣；此外，汤普森还对道德经济学这个主题做出进一步阐发，补充了第五章"道德经济学的再考察"，在文中回应了他的批评者，探讨了市场在社会中的角色。

从主题上来看，汤普森的 18 世纪研究可以归入三大类型：第一，英格兰乡村的传统权利，以及习俗、法律和共有的权利之间的关系；第二，刑法的角色，这种兴趣部分源于他对《辉格党和狩猎者》第一个主题的详细探索，部分来自他为《阿尔比恩的致命树：18 世纪英格兰的犯罪与社会》作出的贡献（作为编辑和作者）；第三，他对 18 世纪食物骚乱的道德经济学做出的研究——这不仅改变了我们看待民众骚乱的方式，而且提供了一种得到其他国家和其他时期历史学家广泛使用的模式。所有这些研究吸取和滋养了汤普森关于这一时期研究的精髓——汤普森试图阐发一种关于 18 世纪社会关系的普遍模式，即贵族/平民模式。这种模式不但是汤普森自己写作的基础，而且也影响到许多从事 18 世纪研究的史学家的作品。汤普森的这种模式对"沃里克学派"的形成有相当大的促进作用。①

现在，我们来考察一下汤普森的 18 世纪研究的一些重要主题。首先，关

---

① Peter King, "Edward Thompson's Contribution to Eighteenth – Century Studies. The Patrician: Plebeian Model Re – Examined," *Social History*, Vol. 21, No. 2 (May 1996), p. 216.

于习惯。在《共有的习惯》这部文集中，汤普森以"习惯"这个核心主题——它在 18 世纪晚期和 19 世纪早期表现为劳动人民的文化——把它们结合在一起，指出"习惯意识和习惯使用法在 18 世纪表现得特别强烈"①。汤普森认为，在 18 世纪，习惯几乎是一切惯用法（usage）、实践或权利要求之合法性的辩解之辞。它不是一种永恒不变的或静态的实体，而是处于不断变化之中，不同于"传统"一词所体现的持久不变性，习惯是一个由变化和争论构成的领域，是各种对立的利益提出相互冲突的要求的竞技场。② 它最大的特点就是保守主义。

习惯也是民俗学者关注的主题，不过，汤普森与他们的认识不一样，民俗学者只是把习惯视为古物或遗迹。汤普森在感谢民俗学者把复数形式的习惯描述为离散的遗迹时，也指出这种做法让我们失去了"关于单数形式的习惯（尽管它有许多表现形式）的强烈意识，习惯不是过去的事情，而是独特的环境和心态，是一种带有合法性和期待的交谈词汇"③。

不过，引发争论的问题在于，习惯在 18 世纪英格兰是否真的那么突出，以及平民对习惯性权利的捍卫在多大程度上导致了一种强大而系统的对资本主义发展的抨击。紧随汤普森研究而来的一种新的正统学说，让这种问题变得重要，该学说把汉诺威时期英国重建为一种消费社会，其中市场力量在 1750 年占主导地位，并且是推动社会城市化不可或缺的。汤普森没有正面讨论这些问题，他一贯坚决反对消费主义概念，视其为对"改善"论的乏味支持。④

其次，关于法律。汤普森对 18 世纪犯罪和法律的研究也很重要，他的著

---

① ［英］爱德华·汤普森著：《共有的习惯》，沈汉、王加丰译，上海人民出版社 2002 年版，第 1 页。

② E. P. Thompson, *Customs in Common*, London：Penguin Books Ltd, 1993, p. 6.

③ E. P. Thompson, *Customs in Common*, London：Penguin Books Ltd, 1993, p. 2.

④ Nicholas Rogers, "Plebeians and Proletarians in 18th – Century Britain," *Labour / Le Travail*, Vol. 33（Spring 1994）, p. 255.

作《辉格党与狩猎者》（1975）① 集中考察了 1723 年颁布的《黑面人法案》
（the Black Act）。同一年，汤普森与人合编出版了文集《阿尔比恩的致命树：
18 世纪英格兰的犯罪与社会》，里面收录了他的《匿名的罪行》一文②。这两
部作品为社会史开辟了新的领域研究。

　　《辉格党与狩猎者》仔细分析了《黑面人法案》——保护王家林地免遭
饥饿偷猎者的入侵、捍卫辉格派寡头集团的利益——的形成过程，前所未有
地揭露了一度被视为和平、稳定以及绅士风度的时期存在的阶级控制和暴力
的恐怖景象。这部法案以死刑处罚来对待大约 250 种"罪行"，招致死刑的主
要犯罪行为是打猎、伤害或偷走鹿以及偷猎野兔或捕鱼。汤普森把法律作为
贵族霸权的一个核心支柱，同时也指出，在 18 世纪的英格兰，法律不但是阶
级统治的压迫工具，也限制了权力的赤裸裸使用，"一方面，法律无疑在仲裁
现存的阶级关系上有利于统治者……另一方面，法律通过合法形式——它们
一再对统治者的行动施加了限制——来协调这些阶级关系"③。

　　第三，关于道德经济学。在《18 世纪英格兰民众的道德经济学》（1971）
一文中，汤普森对劳动者面临食物短缺时的心态做出了出色的探究，汤普森
称之为"道德经济学"。历史学家发现，这个词对于理解英国早期劳工斗争很
有帮助。"道德经济学"是一种集体文化，它基于传统的实践活动或者久远的
礼仪。汤普森的研究表明，面包骚乱将再也不可能被视为"令人绝望的暴力
事件的爆发"，也不仅仅是饥饿民众的本能反应。它们充满了道德勇气，被不
断上涨的面包价格所激发，通常由妇女发起，受到工匠和商人的广泛支持，
而且往往只取得有限的成功。

---

　　① E. P. Thompson, *Whigs and Hunters*: *The Origin of the Black Act*, London: Penguin Books, 1977.

　　② E. P. Thompson, "The Crime of Anonimity," in Douglas Hay, Peter Linebaugh, John G. Rule,
E. P. Thompson and Cal Winslow (eds.), *Albion's Fatal Tree*: *Crime and Society in Eighteenth Century
England*, London: Allen Lane, 1975.

　　③ E. P. Thompson, *Whigs and Hunters*: *the Origin of the Black Act*, London: Penguin Books, 1990,
pp. 262 – 264.

如今，"道德经济"一词已进入历史词汇，并被广泛用于分析一系列活动，从沙皇俄国的大屠杀、殖民地肯尼亚的茅茅起义乃至美国汽车工人的反应。它的流行源于它用一个短语概括了民众运动的合理性以及它们在多大程度上利用了参与者尊奉的规范和信仰网络——一种"道德经济学"。大多数所谓"暴动"或"叛乱"远非"间歇性的""莽撞的"行为，而是有其理由或"合法的观念"。对汤普森来说，18 世纪英格兰食品或价格骚乱是这种信仰网络的经典表现，也体现了这种传统价值观与新兴市场资本主义的价值观和实践的冲突。①

汤普森认为，18 世纪食物骚乱是在捍卫一种传统的、家长式的粮食销售方法。一些评论家对此观点提出批评。大多数骚乱似乎是对人们所认为的食品销售方面的剥削和渎职行为做出的反应，而不是对市场机制本身的排斥。有证据表明，民众把价格"设定"或"固定"在一定程度上，考虑到了收成状况和通货膨胀带来的合理上涨，而不是试图把价格维持在"习惯"水平。有一种倾向认为，"道德经济学"是在捍卫一种比较旧的、非商业化的供应制度，而实际上，它可以被看作一种尝试，旨在规约一个公认的高度商业化的世界。汤普森某种程度上有点静态的"道德经济学"观点很可能掩盖了更为微妙和灵活的大众态度。因此，尽管"道德经济学"一词表面上很有用，但它很容易混淆视听，让人们对它试图阐明的民众的基本原理产生一种错觉。②

道德经济学在多大程度上建立在实际的市场实践活动而不是口头记忆和法律先例的基础之上呢？对此，汤普森在最初关于道德经济学的文章中显得有些模棱两可。许多历史学家都注意到了这一点，事实上他们注意到了一个悖论：食品骚乱越来越多地发生在工业地区，工人们依赖复杂的市场网络来

---

① John Stevenson, "A Review of *Customs in Common* by E. P. Thompson," *The English Historical Review*, Vol. 108, No. 427 (Apr., 1993), p. 408.

② John Stevenson, "A Review of *Customs in Common* by E. P. Thompson," *The English Historical Review*, Vol. 108, No. 427 (Apr., 1993), p. 409.

获得他们的食物。这难道没有削弱道德经济学对立于市场经济学这种悖论吗？道德经济学难道不是食品骚乱者针对不合理的市场投机行为而非资本主义市场本身采取的务实策略吗？难道不是把"习俗"重新创造为讨价还价的工具吗？一方面，汤普森似乎承认情况可能是这样的；另一方面，他又指责这种观点的支持者们顺应了市场必胜主义这种流行的时代精神。①

第四，平民文化与贵族/平民模式。汤普森很偏爱"平民文化"（plebeian culture）这个术语，他坚持认为，必须"在一种特殊的社会关系均势中，在一种剥削和抵制剥削的工作环境以及被家长制和顺从的礼仪所掩盖的权力关系中"来研究它。② 这种动态意义的、处于 18 世纪和 19 世纪早期特定语境下的平民文化，也是《共有的习惯》的中心主题。

在汤普森的描述中，平民文化是一种充满活力的非基督教文化，基于传承下来的传统期望，以范例来重塑，以经验来培养，以象征和仪式来表达——一种反叛的、但传统的文化，这是人们自己的文化。汤普森认为，在 18 世纪，贵族文化和平民文化之间形成了鸿沟。然而，由于当局经常认为有必要世故而和谐地处理穷人的需求，因此穷人和富人之间也存在一定的互惠关系。这种贵族与群众的互惠，统治者和群众彼此需要、互相监视等概念，乃是汤普森分析的核心。在汤普森的论述中，18 世纪社会关系的基础在于协商而不是从属，在于冲突而不是共识，在于结构性互惠而不是身份和权力的金字塔。③

事实上，通过挑战家长主义及其隐含的对穷人紧密的人身控制这种措辞，汤普森在 20 世纪 70 年代发表的文章提供了一种关于贵族实施"社会控制"

---

① Nicholas Rogers, "Plebeians and Proletarians in 18th – Century Britain," *Labour / Le Travail*, Vol. 33（Spring 1994），p. 256.

② E. P. Thompson, *Customs in Common*, London：Penguin Books Ltd, 1993, pp. 2, 7. 译文参考了中文译本，有改动。中译文见［英］爱德华·汤普森著《共有的习惯》，沈汉、王加丰译，上海人民出版社 2002 年版，第 2、5—6 页。

③ Peter King, "Edward Thompson's Contribution to Eighteenth – Century Studies. The Patrician：Plebeian Model Re – Examined," *Social History*, Vol. 21, No. 2（May 1996），p. 218.

的完全不同的图景。汤普森指出了一些变化，例如，不自由的劳动力的衰落、不受贵族（gentry）控制的就业机会的增长、教会心理影响的下降、贵族与穷人面对面接触机会的减少，以及"贵族匪徒"的寄生性质。他认为，18 世纪见证了"家长主义危机"和特别充满活力的平民文化的出现。

汤普森的贵族/平民模式有许多令人钦佩之处：行动和结构之间的平衡，对意识形态和物质因素以及经济和文化因素之间相互关系的分析，对穷人的文化和语言遗产的重要性及其对平民文化之影响的认识等。汤普森愿意讨论理论问题，并运用社会学和人类学概念，这种做法也非常有成效。虽然他对霸权概念的详细应用并不一定能够避免一些陷阱，但他对葛兰西的使用大大增强了我们对 18 世纪英格兰权威本质的理解。汤普森的 18 世纪研究显得突出和重要，这源于他强大的概括能力，以及他对权威之本质进行结构性而又十分语境化和细微的分析能力。①

汤普森模式的弱点在于：这种模式的两极性以及它倾向于边缘化"中间类型"。当然，他也因为忽视 18 世纪社会其他重要因素而受到批评。例如，我们对穷人的物质生活、他们的欢乐/欢宴（conviviality）、内部纠纷或他们在需要时从当局获得援助的策略知之甚少。② 汤普森认为贵族精英——有财产的中产阶级是他们的附属者——在文化上是相对同质的，这是很成问题的。

汤普森忽视中产阶级。在《贵族和平民》一文中，汤普森对那些强调 18 世纪是一个"繁荣的商业社会"——那里居住着"有礼貌和有商业头脑的人"——的人没有多少耐心。汤普森认为，统治阶级的控制主要在于"文化霸权"，经济和物质力量仅处于次要地位。汤普森描述了贵族—平民两极化的世界处于平衡之中，法律和群众的行为界定和重新界定着社会关系，他的这

---

① Peter King, "Edward Thompson's Contribution to Eighteenth – Century Studies. The Patrician: Plebeian Model Re – Examined," *Social History*, Vol. 21, No. 2 (May 1996), pp. 218 – 219.

② Peter King, "Edward Thompson's Contribution to Eighteenth – Century Studies. The Patrician: Plebeian Model Re – Examined," *Social History*, Vol. 21, No. 2 (May 1996), p. 224.

种观点受到了大量批评，因为他的这种描述没有给予新兴的"中产阶级"世界足够的重视。

汤普森从来没有对他在 1974 年文章中提出的观点做出实质性修改，在那里，他把中产阶级——职业阶级和中产阶级以及大量约曼农——描绘成通过委托和依附关系与贵族精英紧紧联系在一起，因此，他们并没有对他的两极性模式造成实质性挑战。有人强调 18 世纪中产阶级作为重要的文化存在的出现，汤普森依然不为所动，坚持自己的模式。那么如何解释 1790 年之后新兴的具有自我意识的城市中产阶级的出现呢？如果汤普森认为这个阶级一直处于边缘化地位的话。汤普森承认自己的模式更多适用于乡村地区或原始工业化地区，而不是伦敦和较大城镇，而且他的模式可能更适合 18 世纪 60 年代之前而不是此后时期。[①]

汤普森从来就不喜欢资产阶级，尤其那些农场主和谷物商，他认为，他们对财产和利润的依恋与贪婪的乡绅如出一辙。不过，中产阶级并不像我们所认为的那样顺从。至少在 18 世纪中叶爆发的一些骚乱中，农场主和商人开始公开反对他们在粮食短缺中被指派的替罪羊角色。

汤普森往往关注乡村和小城镇的英格兰，研究群众为了捍卫习俗、粮食供应或共同规范而采取的行动。有人指出，在较大的城镇和城市，在当地的政治冲突中，群众的行为、组织和动员显得十分复杂，难以纳入贵族/平民模式。汤普森承认这种观点很有力量，但对基本的贵族/平民两极性满怀信心。[②]

汤普森的 18 世纪研究还在妇女史方面作出了贡献：他探究了妻子买卖、大声喧哗、妇女参与的食物骚乱等。买卖妻子的仪式并不是极端父权制的，对女性而言，也不是高度侮辱性的，出售妻子的行为需要被视为基于同意之

---

① Peter King, "Edward Thompson's Contribution to Eighteenth – Century Studies. The Patrician：Plebeian Model Re – Examined," *Social History*, Vol. 21, No. 2 (May 1996), pp. 224 – 225.

② Peter King, "Edward Thompson's Contribution to Eighteenth – Century Studies. The Patrician：Plebeian Model Re – Examined," *Social History*, Vol. 21, No. 2 (May 1996), p. 223, n. 33.

上的平民离婚形式。女性有能力颠覆父权制法律和文化的限制或至少从中找到自己的策略。汤普森还为 18 世纪面包骚乱中妇女的重要角色辩护。就像汤普森强调穷人在精英的文化霸权中享有广泛的回旋余地一样，他对女性的研究也强调指出她们不仅仅是父权制无助的受害者。

此外，汤普森的《时间、工作纪律和工业资本主义》（1967）一文修正了我们对工业资本主义出现之前工作意义的历史理解，巧妙揭示了那种工业经验如何破坏了传统的工作和休闲之间的关系，并且把以工作为导向和以社区为中心的日常生活节奏与新出现的文化规则和纪律对立起来。就措辞而言，汤普森的这种视角为此后讨论工业革命的影响带来了一些根本性改变，它鼓励许多历史学家重新思考工业主义的"文化政治"，并探索工人在工作场所内外的各种反抗形式。

汤普森所有作品和方法论重塑了英国的社会史，众多仰慕者追随汤普森进入犯罪、法律、传统文化、阶级和激进运动领域。汤普森被认为是"同代人中最著名的社会史学家"[①]。利物浦大学的帕特·赫德森（Pat Hudson）在 1993 年指出，在未来几十年，汤普森的《共有的习惯》依然是"衡量所有关于 18 世纪研究的标尺"，"不管人们是否同意汤普森的解释，他的影响都是独特的、不可避免的和毋庸置疑的"[②]。

作为一位马克思主义者，E. P. 汤普森的历史研究遵循了马克思主义的议程：探索民众对资本主义的反抗。汤普森的《英国工人阶级的形成》和 18 世纪研究都在探究民众的反抗，他重建了穷人的习惯活动及其礼仪，修正了马克思主义经济基础—上层建筑模式，更强调文化认可的规范和需求。此外，汤普森的作品始终坚持一种基于阶级分析和人类能动性之上的视角。这些都

[①] David Eastwood, "History, Politics and Reputation: E. P. Thompson Reconsidered," *History*, Vol. 85, Issue 280 (October 2000), pp. 636, 637.

[②] Pat Hudson, "A Review of *Customs in Common* by E. P. Thompson," *The Economic History Review*, New Series, Vol. 46, No. 4 (Nov., 1993), pp. 824 – 825.

是重要的理论遗产。

汤普森的《英国工人阶级的形成》和18世纪研究产生了巨大的影响。受他的启发，非洲出版了一系列关于"形成"的作品。而"道德经济学"概念也得到广泛讨论和应用，以至于汤普森表示，"无论如何，即使我为当前的学术讨论创造了'道德经济学'这个词语，它也早就忘记了自己的来源。我不会否认它与我的关系，但它已经到了法定年龄，我不再对它的行为负责。看看它是如何发展的将是很有兴趣的事情"[1]。

加拿大劳工史专家布莱恩·帕尔默认为，汤普森的影响之所以超过其他英国马克思主义历史学家，主要有两个原因。首先，对于克里斯托弗·希尔来说，他的作品过于集中在英国特定发展上，即17世纪政治革命。尽管希尔的影响也十分显著，但是他的作品完全专注于某个历史时刻，以至于往往属于更专业的研究，而不能轻易转化为比如说19世纪拉丁美洲的历史经验。其次，霍布斯鲍姆和维克托·基尔南这样的人物涉猎广泛、不拘一格，他们的作品包含了不同的"时刻"和"冲动"，因此，尽管他们的作品无疑颇具影响力，但也不容易在解释性大餐中被消化吸收。共产党历史学家小组中最年轻的成员拉斐尔·塞缪尔在拉斯金学院和历史工作坊运动中产生了深远影响，但他的作品缺乏汤普森那种政治连贯性。汤普森之所以与众不同，正是因为他的许多作品都论及更连贯的阶级形成这一问题。阶级形成这个广义的问题更容易推广到其他国家和地区的经验，就其关注主观经验和客观决定因素之间关系而言，它也适应工人阶级之外其他从属群体的历史：女性、少数族群甚至殖民国家等。[2]

---

[1]　E. P. Thompson, *Customs in Common*, Penguin Books Ltd, 1993, p. 351. 译文参考了中文译本，有改动。中译文见［英］爱德华·汤普森著《共有的习惯》，沈汉、王加丰译，上海人民出版社2002年版，第354页。

[2]　A. M. Givertz & Marcus Klee, "Historicizing Thompson：An Interview with Bryan D. Balmer," http：//lh. journals. yorku. ca/index. php/lh/article/download/5213/4409.

五、汤普森的和平主义

二战结束后，美苏核军备竞赛愈演愈烈，欧洲局势紧张，欧洲民众多次掀起反核和平运动浪潮。爱德华·P. 汤普森是战后和平运动活动家、思想家和宣传家。从20世纪40年代晚期到1993年去世，他一直在为维护欧洲与世界和平而努力。汤普森在其为报刊撰写的许多文章、接受媒体的多次采访以及发表的许多演讲中，坚决反对核武器、核军备竞赛和冷战，大力宣传和平思想和理念。在20世纪80年代一次民意调查中，汤普森成为英格兰第二位最值得信赖的公众人物，排名仅次于女王。[①] 由前面的论述可知，作为史学家，汤普森的巨著《英国工人阶级的形成》（1963）为他赢得了无数赞誉，同时，他也对18世纪做出了开拓性探究。他的史学成就得到了国内外学界的大量研究，相对而言，他的和平思想与实践活动很大程度上遭到了忽视，在国内学界尤其如此。[②] 对汤普森的和平思想和实践做出探析，有助于我们更全面地认识汤普森的思想与人生，以及当时英国和欧洲的社会文化发展。

汤普森是战后和平运动活动家。事实上，汤普森参与的和平活动，大致可以划分成三个阶段：身为共产党员时期（冷战开始到1956年）；在早期新

---

① Craig Calhoun, "E. P. Thompson and the Discipline of Historical Context," *Social Research*, Vol. 64, No. 2 (Summer 1994), p. 223. 另外，根据《泰晤士报》一项非正式民意调查，在1945年之后最有影响力的英国知识分子排名中，他位列第二，历史学家 A. J. P. 泰勒排名第一。参见 Richard Taylor, "Thompson and the peace movement: from CND in the 1950s and 1960s to END in the 1980s," in Roger Fieldhouse and Richard Taylor (eds.), *E. P. Thompson and English Radicalism*, Manchester: Manchester University Press, 2013, p. 187。

② Richard Taylor, "Thompson and the peace movement: from CND in the 1950s and 1960s to END in the 1980s," in Roger Fieldhouse and Richard Taylor (eds.), *E. P. Thompson and English Radicalism*, Manchester: Manchester University Press, 2013; Michael D. Bess, "E. P. Thompson: The Historian as Activist," *The American Historical Review*, Vol. 98, No. 1 (Feb., 1993); Bryan D. Palmer, "Homage to Edward Thompson, Part II," *Labour / Le Travail*, Vol. 33 (Spring 1994); Patrick D. M. Burke, European Nuclear Disarmament: A Study of Transitional Social Movement Strategy, PhD Dissertation, University of Westminster, 2004. https://core. ac. uk/reader/1929824 (2018-12-24).

左派当中扮演的角色（1956 年到 20 世纪 60 年代）以及参与核裁军运动
（Campaign for Nuclear Disarmament，CND）；20 世纪 70 年代晚期以后在欧洲核
裁军（European Nuclear Disarmament，END）中备受瞩目的国际声望。① 自 20
世纪 40 年代晚期以来，汤普森积极参与英国和平运动，包括反对朝鲜战争、
编辑和平刊物、支持世界和平理事会发表的禁止原子武器的《斯德哥尔摩宣
言》（1950）、坚决抵制英法等国在亚非拉从事帝国主义战争、抨击英国的核
政策、反对美苏两国核军备竞赛、反对美国在英国和欧洲部署中程核导弹、
参与草拟《欧洲核裁军宣言》和成立欧洲核裁军（END）组织、批评美国侵
袭叙利亚等。

　　在利兹大学工作期间，汤普森积极参加政治活动与和平运动，后来他在
接受采访时对此有所论及：“我在政治工作中非常活跃，主要是负责和平运动
中的一些事情，尤其反对朝鲜战争。我们在西约克郡开展了一场很棒的运动。
这是一个由工党人士（往往是被工党开除的人）、传统的左派和平主义者、共
产主义者和工会主义者组成的真正联盟。我负责一份杂志。我是共产党约克
地区委员会的成员。这些大概占了我一半时间，专门教学占了另一半时间。”②
当时，汤普森担任“哈利法克斯和平委员会”主席、“约克郡和平组织联合
会”秘书。他参与到一种明确的草根运动中：在工厂门口和居住区发放传单，
直接卷入当地工人阶级的政治活动中。不过，汤普森也一再发现，他自己与
坐镇伦敦的共产党领导人的操纵策略发生冲突——他们想控制更广泛的非共
产主义的和平运动。③

　　汤普森负责的那份刊物，就是一直出版发行到 1956 年秋的《约克郡和平

---

①　Richard Taylor, "Thompson and the peace movement: from CND in the 1950s and 1960s to END in the 1980s," in Roger Fieldhouse and Richard Taylor (eds.), *E. P. Thompson and English Radicalism*, Manchester: Manchester University Press, 2013, pp. 181 – 182.

②　M. Merrill, "An Interview with E. P. Thompson," in H. Abelove *et al* eds., *Visions of History*, Manchester: Manchester University Press, 1983, p. 13.

③　参见 Michael D. Bess, "E. P. Thompson: The Historian as Activist," *The American Historical Review*, Vol. 98, No. 1 (Feb., 1993), p. 21。

之声》。该报纸一直强烈反对朝鲜战争。1953 年春季版社论文章欢迎中国的和平提议，强烈批评"战争中的第五纵队"——成员包括蒋介石、李承晚、武器制造商和美国政府中的"鹰派"尤其是约翰·福斯特·杜勒斯。1956 年，刊物发行了"苏伊士运河危机"专刊，抨击英国在苏伊士运河问题上的行为和英国政府"奄奄一息的"帝国主义。这一时期，通过哈利法克斯和平委员会、英国共产党组织机构以及约克地区委员会等组织，汤普森一直在从事地方层面的人民阵线和平运动。①

20 世纪 40 年代，美苏先后成功试爆了原子弹，20 世纪 50 年代，两大超级大国又研制了氢弹。英国自艾德礼政府（1945—1951）至丘吉尔时期，奉行一种独立核威慑政策，即追求一种不依赖他国、拥有自己核力量的战略，尽管这种政策先天不足，与真正意义上的独立核战略有所不同。② 1947 年，英国工党政府决定研制原子弹，并且在 1952 年和 1957 年成功试验了原子弹和氢弹，成为继美苏之后第三个拥有核武器的国家。1945 年 8 月 6 日和 9 日，原子弹在广岛和长崎的爆炸震撼了世界，世人也由此认识到了核武器的毁灭性打击及其对人类文明的威胁；二战后美苏军备竞赛的加剧，更是让爱好和平的人士深感不安，由此，欧洲和世界范围掀起了广泛的反核和平运动。1949 年 4 月，第一届世界保卫和平大会在巴黎和布拉格两个城市同时召开，72 个国家和 12 个国际组织的 2287 名代表参会。大会指出军备竞赛的危险性、呼吁原子能的和平用途。大会成立的常设执行委员会倡议发动群众运动反对核威胁、保卫世界和平。1950 年 3 月，该委员会发表了无条件禁止核武器的《斯德哥尔摩宣言》，共计有 5 亿多人在宣言上签名，宣言得到英国和平人士的支持。③

---

① Richard Taylor, "Thompson and the peace movement: from CND in the 1950s and 1960s to END in the 1980s," in Roger Fieldhouse and Richard Taylor (eds.), *E. P. Thompson and English Radicalism*, Manchester: Manchester University Press, 2013, pp. 182 – 183.

② 杨华文：《英国核战略研究》，华中师范大学博士学位论文，2012 年，第 39 页。

③ 杨春梅：《英国反核和平运动研究（1979—1984）》，湖南师范大学硕士学位论文，2005 年，第 3—4 页。

　　1957 年 2 月，英国反核团体成立废止核武器试验全国委员会，该委员会在 5 月发动了妇女游行，反对英国政府的氢弹试验。在 1957 年工党年会上，一些成员也要求政府采取单方面核裁军措施。1958 年 1 月，反核活动分子 J. B. 普里斯特利（小说家）、金斯利·马丁（《新政治家》编辑）和圣保罗大教堂的卡农·科林斯等通过商议，决定成立新的反核组织"核裁军运动"（CND）；该组织的执行委员会——罗素和科林斯担任主席——成为核裁军运动指挥中心；核裁军运动的主要目的就是要求英国政府倡议停止军备竞赛，减少核危险。① 1958 年，英国各地还成立了许多反核和平小组，轰轰烈烈的核裁军运动在整个英国开展起来，CND 是其中最有影响力的组织。英国著名史学家霍布斯鲍姆指出，从 CND 最初的成立，汤普森夫妇就与它联系在一起，尽管只是作为地方性活动分子。② 汤普森参与的具体活动包括：筹集资金、组织游行以及写文章帮助界定这场运动更广泛的目标和战略。③

　　1956 年苏共二十大"秘密报告"、苏联干涉匈牙利事件以及苏伊士运河事件爆发之后，英国新左派诞生。英国谢菲尔德大学政治学家迈克尔·肯尼指出，新左派积极分子很早就热情地投身于核裁军运动，尽管从为推动核裁军运动发展而投入的人力物力来看，新左派在不同时期提供了不同的帮助，但是，它是这场运动中表现最为优秀的政治组织。④ 作为英国第一代新左派核心人物，汤普森比其他任何新左派知识分子更清楚地认识到了新左派和 CND 在文化和方法上的一致性：没有正式的成员资格，也没有章程（虽然后来 CND 花了很多时间和精力来制定章程），更没有正式的党派方案（没有发展成为

---

　　① 熊伟民：《1958—1964 年的英国核裁军运动》，《世界历史》2005 年第 3 期，第 51—52 页。

　　② E. J. Hobsbawm, "In Memoriam: E. P. Thompson (1924 – 1993)," *International Labor and Working – Class History*, No. 46 (Fall 1994), p. 4.

　　③ Michael D. Bess, "E. P. Thompson: The Historian as Activist," *The American Historical Review*, Vol. 98, No. 1 (Feb., 1993), p. 21.

　　④ ［英］迈克尔·肯尼：《第一代英国新左派》，李永新、陈剑译，江苏人民出版社 2010 年版，第 220 页。

"先锋党"的愿望)。不过,两者都代表着一种普遍化精神,一种态度。①

CND 内部很快出现分裂,1963 年开始走向衰落,1964 年,科林斯辞去核裁军运动主席职务,这也标志着战后英国第一次大规模核裁军运动告一段落。② 此外,20 世纪 60 年代末到 70 年代前期,东西方关系有所缓和,和平运动不再兴盛。20 世纪 70 年代后期,苏联的核力量获得很大发展,自 1977 年开始,苏联在东欧部署射程为 3 000 英里、可携带 3 个弹头的 SS—20 中程导弹。为了平衡所谓苏联的战略优势,1979 年 12 月 12 日,北约外长和国防部长特别会议出台"双轨决议":一方面,美国同苏联就限制中程核武器问题进行谈判;另一方面,如果谈判失败,美国计划从 1983 年开始在英国、西德、意大利、荷兰、比利时五国部署 464 枚陆基巡航导弹和 108 枚潘兴弹道导弹。这一计划成为 20 世纪 80 年代反核和平浪潮的直接导火线,也是欧洲核裁军(END)③ 得以形成的催化剂。汤普森成为这次和平运动最受瞩目的知识分子之一。

事实上,从 20 世纪 70 年代中期开始,汤普森就在与友人讨论一种和平倡议,以应对冷战的危险升级。1975 年 2 月,汤普森写信给诺丁汉伯特兰·罗素和平基金会(BRPF)的肯·科茨(Ken Coates),向他推荐"一种将得到工党全国执行委员会(NEC)和英国工会联盟(TUC)支持的宣言,它承认东欧共产主义国家不佳的人权记录,呼吁所有欧洲工会和社会主义组织尽其所

---

① Richard Taylor, "Thompson and the peace movement: from CND in the 1950s and 1960s to END in the 1980s," in Roger Fieldhouse and Richard Taylor (eds.), *E. P. Thompson and English Radicalism*, Manchester: Manchester University Press, 2013, p. 183.

② 熊伟民:《1958—1964 年的英国核裁军运动》,《世界历史》2005 年第 3 期,第 53—54 页。

③ 就英国的 END 来说,它一方面指英国 END 团体,另一方面指 END 大会及其主要组织机构联络委员会。英国 END 和 END 大会/联络委员会虽然有着共同的起源,虽然它们都把《欧洲核裁军宣言》作为各自的政治框架,但它们是独立的实体。END 仅仅是派代表参加联络委员和每次大会的许多团体和组织之一。另外,需要注意的是,并不存在一个可以称为 END 的泛欧洲组织。参见 Patrick D. M. Burke, *European Nuclear Disarmament: A Study of Transitional Social Movement Strategy*, PhD Dissertation, University of Westminster, 2004, p. 7。

能地限制本国军事或帝国主义集团的行动"①。不过，这些以及其他类似建议在当时都毫无结果。在北约于 1979 年底做出"双规决议"之后，汤普森很快写了辩论性文章发表在《新社会》和《新政治家》上。1979 年 12 月 20 日发表于《新政治家》上的文章题目是"世界末日的共识"，汤普森在文中重申"'积极中立'政策"，以"替代"北约的政策。1980 年 1 月，他写信给工党政治家托尼·本（Tony Benn），试图获得工党的帮助来动员群众运动反抗巡航导弹。汤普森在信中热情洋溢地提到了组织以欧洲反对核战争的行动为主题的会议。②

1980 年 4 月，汤普森发表了小册子《反抗和生存》，反对北约的决定，很快，他又与丹·斯密斯（Dan Smith）编辑了《反抗和生存》文集③，旨在重新唤起人们对和平运动的兴趣。汤普森的小册子《反抗和生存》在不到一年时间就销售了五万份，同名文集差不多在同一时期很快销售了 3.6 万册。在西欧，聚集起来的抗议群众飙升到几百万，铁幕背后对军备竞赛的不满情绪越来越强烈，民意调查显示，在欧洲各地，反对美国新的核导弹基地的比例从 25% 到 65% 不等。④

汤普森在 20 世纪 80 年代和平运动中的主要活动还包括建立"欧洲核裁军"（END）并成为其核心人物、起草《欧洲核裁军宣言》并积极宣扬和传播、参加各种集会并发表演讲，等等。END 运动的启动可以回溯到 1980 年 1

---

① BRPF END Archive. Letter, E. P. Thompson to K. Coates, 3 February 1975. 转引自 Richard Taylor, "Thompson and the peace movement: from CND in the 1950s and 1960s to END in the 1980s," in Roger Fieldhouse and Richard Taylor (eds.), *E. P. Thompson and English Radicalism*, Manchester: Manchester University Press, 2013, p. 188。

② Patrick D. M. Burke, *European Nuclear Disarmament: A Study of Transitional Social Movement Strategy*, PhD Dissertation, University of Westminster, 2004, pp. 43, 44.

③ E. P. Thompson and Dan Smith eds., *Protest and Survive*, Harmondsworth: Penguin Books, 1980. 文集收录了汤普森的小册子《反抗和生存》、肯·科茨的《为了一个无核的欧洲》、丹·斯密斯的《欧洲核战场》、玛丽·卡尔多的《裁军：颠倒的军备进程》和其他几篇相关文章，另外还包括《欧洲核裁军宣言》全文。

④ Bryan D. Palmer, "Homage to Edward Thompson, Part II," *Labour / Le Travail*, Vol. 33 (Spring 1994), p. 48.

月肯·科茨与汤普森通电话时的一项建议，科茨提出，应当有一种欧洲范围的反抗核武器运动，其本质就是建立欧洲无核区。汤普森欣然接受了这一想法，并且为《卫报》写了一篇文章，即《欧洲核裁军》，这是发表的第一篇勾勒 END 方案或框架的文章。① 因此，在汤普森和科茨的共同努力下，关于 END 以及欧洲核裁军宣言的最初想法出现了。

《欧洲核裁军宣言》的起草与传播，把许多个人和组织——罗素和平基金会（BRPF）、欧洲核裁军（CND）、天主教和平组织基督和平会以及国际裁军与和平联合会（ICDP）——汇聚在一起。肯·科茨与萨塞克斯大学科学政策研究所的研究人员玛丽·卡尔多、CND 重要人物丹·斯密斯——这两人也是工党防务研究小组的成员——取得联系。1980 年 2 月 12 日，科茨给许多个人和组织（主要是英国人和英国的组织，也有少许欧陆人士）写信，邀请他们于 3 月 8 日来参加会议讨论汤普森起草的宣言，即"建立从波兰到葡萄牙的欧洲无核区的建议"。汤普森的草案在这次会议上得到了讨论，而且也在整个英国和欧洲其他地方得到广泛传播和评论，进而得到进一步的修改和完善。② 1980 年 4 月 28 日，《欧洲核裁军宣言》在英国下议院一次记者会上发布。奥斯陆、巴黎、柏林和里斯本在同一时期也举行了发布会。欧洲核裁军运动就此开始了。

1981 年到 1982 年，科茨及其基金会的同事与汤普森和伦敦 END 委员会之间关系恶化。他们在有关财务、组织问题以及对运动的政治控制上出现分歧。不过，背后更根本的是意识形态上的差异。两个人代表了两种不同的政治观点。科茨认为，要实现无核欧洲的目标，主要的事实上唯一的途径，就是通过正统的政治机器和策略。对汤普森来说，END 运动的核心旨在对欧洲

---

① Patrick D. M. Burke, *European Nuclear Disarmament：A Study of Transitional Social Movement Strategy*, PhD Dissertation, University of Westminster, 2004, p. 44.

② Patrick D. M. Burke, European Nuclear Disarmament：A Study of Transitional Social Movement Strategy, PhD Dissertation, University of Westminster, 2004, pp. 46, 47.

政治文化进行根本性变革，并在国际上推广。在欧洲（东欧和西欧）消除核武器是一项重要的、也是最初的目标。但是从一开始，汤普森就认为，和平事业、公民自由和人权是不可分割的。汤普森是一个浪漫主义者，相信"普通人"，相信人的主观意志的力量，不信任国家官僚机构和正统政党。[①] 1983年，END 出现分裂，科茨和罗素和平基金会关注 END 大会进程，汤普森和卡尔多成为英国 END 核心人物。英国 END 定期组织有关各种裁军主题的巡回演讲和会议，还通过梅林出版社和玛丽·卡尔多编辑的双月刊《欧洲核裁军》杂志出版了一系列小册子，宣传反核和平思想。

20 世纪 80 年代，作为和平活动家的汤普森频频出现在英国和欧洲人面前。1980 年，END 创始人在地方性和平组织的会议和集会上发表演讲，其中最受欢迎的是爱德华·汤普森：5 月和 6 月，汤普森在布里斯托尔和诺丁汉的大型集会以及"一些小型聚会"上发表了演讲；6 月 7 日，700—800 人在布拉德福德听了他的演讲；他是 7 月 10 日在伦敦中央大厅举行的"全国"END 大型公开发布会的主要发言人；8 月底，他在纽卡斯尔一个 700 人的 END 集会上发表演讲。1980 年 10 月 26 日，他是 CND 在特拉法加广场举行大规模游行示威的主要发言人。[②] 1980—1982 年间，汤普森给报纸编辑和杂志写了无数封信件，多次接受电视和电台采访，以及在数百场会议、集会和巡回演讲中发表演讲。1980 年 6 月，汤普森在一封信中写道："我很少在家里连续待两天以上，不得不完全停止我的历史研究"；根据汤普森自己的估计，在整个两年时间里，他每个月在公共论坛上大约演讲十次，活动范围涵盖整个英国，另外他的足迹遍及加拿大、美国、冰岛和希腊等其他十四个国家。[③] 1981 年，汤

① Richard Taylor, "Thompson and the peace movement: from CND in the 1950s and 1960s to END in the 1980s," in Roger Fieldhouse and Richard Taylor (eds.), *E. P. Thompson and English Radicalism*, Manchester: Manchester University Press, 2013, pp. 192–194.

② Patrick D. M. Burke, *European Nuclear Disarmament: A Study of Transitional Social Movement Strategy*, PhD Dissertation, University of Westminster, 2004, p. 95.

③ Bryan D. Palmer, "Homage to Edward Thompson, Part II," *Labour / Le Travail*, Vol. 33 (Spring 1994), p. 47.

普森在一次演讲中声称:"为结束冷战而努力并不是我们必须记得去做的众多事情之一。在这十年,对于欧洲千百万人来说,它是我们必须去做的第一件事情。它必须渗透到我们做的每一件事情当中。"①

1982 年,有人对 END 支持者做了一项调查,当人们被问及是如何对 END 产生兴趣的时候,14% 的人提到了报纸文章,15% 的人提到了书籍,它们通常都是汤普森的作品。此外,32% 的受访者特别提到了汤普森,调查的一位组织者表示,由于调查问卷并没有把汤普森单列出来,因此真实的数字可能要高得多。尽管不是每一个人都赞同汤普森的所有观点,不过,这也表明了汤普森是 END 最有影响力的思想家。②

这一时期,汤普森也参与 CND 活动。20 世纪 80 年代,CND 再次焕发出巨大活力,其总部成员数量从 1979 年的 4287 人发展到 1985 年的 11 万人,它的地方团体的成员人数在 1984 年达 25 万之众。③ END 与 CND 的联系十分密切:CND 在 END 的启动过程中扮演了重要角色,END 创始人多次在 CND 发动的群众集会和游行示威中发表演讲,一些 END 组织与 CND 在集会、游行以及建立新组织等方面密切合作,大多数 END 支持者也是 CND 的成员,一些活动家同时也是两个组织的领导人,比如丹·斯密斯和汤普森等人。就汤普森来说,他从 1981 年起担任 CND 副主席(荣誉职务),1983 年任 CND 全国理事会委员,1983—1985 年、1987 年任 CND 国际委员会委员。④

在 1983 年大选期间,汤普森写作了《反抗和生存》的续篇,即《为英国辩护》。与汤普森这一时期的其他作品一样,这本小册子也主张"第三条道

---

① E. P. Thompson, *Beyond the Cold War*, London:The Merlin Press Ltd. , 1982,p. 35.

② Patrick D. M. Burke, *European Nuclear Disarmament*:*A Study of Transitional Social Movement Strategy*, PhD Dissertation, University of Westminster, 2004, p. 52.

③ 杨春梅:《英国反核和平运动研究 (1979—1984)》,湖南师范大学硕士学位论文,2005 年,第 12 页。

④ Patrick D. M. Burke, *European Nuclear Disarmament*:*A Study of Transitional Social Movement Strategy*, PhD Dissertation, University of Westminster, 2004, pp. 95 – 98.

路"，在军备竞赛中保持积极的中立，不支持冷战的任何一方。① 1984 年，汤普森与美国国防部长卡斯帕·温伯格（Caspar Weinberger）在牛津大学进行了一场激烈的辩论，双方都宣称赢得了道义上的胜利。1985 年，汤普森在由加拿大麦克马斯特大学和平研究中心举办的"罗素和平讲座"上做了两场报告，后来发表在该校罗素研究中心主办的刊物《罗素》上，题为"从反抗到生存"。② 1986 年，美国空袭利比亚，汤普森表明了他的反对立场。③ 直到 20 世纪 90 年代早期，战争与和平问题依然在汤普森头脑中占据主要地位。1991年，他还在思考海湾战争给和平运动带来的困境："我也对海湾战争感到困惑（媒体有时还会打电话给我）。哪怕有一点良知，我也不可能热情地嚷嚷'不要管萨达姆·侯赛因'，因为他是一个大混蛋……但是，看到以世界上最先进的军事技术向伊拉克发射成千上万吨烈性炸药，听到被收买的广播评论员向我们保证勇敢的美国人和英国人绝不会让一吨炸药落到平民身上的言辞，这些都让我感到恶心……我认为这场战争是未来的模式，当涉及的第三世界往往变得非常令人生厌时，我们必须找到一种比袖手旁观更复杂的（有时候或许也更具有革命性的）抵制战争的策略。"④

在了解了汤普森的和平实践活动之后，我们再来考察一下作为英国和平运动思想家的汤普森。事实上，从 20 世纪 50 年代到 90 年代初，汤普森写作了一系列精彩的文章和小册子来阐述和宣扬他的和平思想，批评英国政府和北约的核政策、反对美苏军备竞赛、分析冷战的本质以及超越冷战的方法和

---

① Bryan D. Palmer, "Homage to Edward Thompson, Part II," *Labour / Le Travail*, Vol. 33 (Spring 1994), p. 49.

② E. P. Thompson, "From Protest to Survival: The Bertrand Russell Peace Lectures," *Russell*, Issue 2 (Winter 1986 – 87). https://www.sogou.com/link? url = DSOYnZeCC _ oojgHr7nc9B9YPGXazRfa2weQKCqmV – iYX8v12EvINzQZFJ5UQUXQ3 （获取日期：2019 – 1 – 1）。

③ Mary Kaldor and Paul Anderson eds. *Mad Dogs: The US Raids on Libya*, London: Pluto Press, 1986.

④ Bryan D. Palmer, "Homage to Edward Thompson, Part II," *Labour / Le Travail*, Vol. 33 (Spring 1994), pp. 52 – 53.

途径。①

汤普森是英国和北约核政策的严厉批判者。1979 年 12 月 12 日，北约在布鲁塞尔做出从 1983 年年底开始在欧洲部署美国导弹的决议；同年，英国国防部发布了题为"保护和生存"的小册子，供民众在发生核战争时采取预防措施之用。1980 年 1 月 30 日，牛津大学战争史教授 M. E. 霍华德在《泰晤士报》发表一封短信。霍华德接受政府的立场，即在英国一些地区部署"现代化"武器是必要的，谈论威慑和"有限的"核打击也是可能的。他反对的，乃是英国完全缺乏严肃的民防政策，这使得英国人民缺乏安全感，同时让敌人确信有能力通过对特定的武器存放地点实施核打击来制造最大程度的社会、经济和政治动荡。汤普森随之对这些论调进行了驳斥。②

霍华德主张英国政府在民防上有更多的投入和更加公开，他还做出预测，苏联可能对英国进行一场先发制人的"有限的""并非必然大规模的"核打击，其目的在于摧毁英国的巡航导弹，因此，这种攻击只是一种适中的局部事件。汤普森并不认同这种看法，他认为核战争会造成巨大灾难，并且赞同性地引用了诺贝尔和平奖得主诺埃尔—贝克（Noel – Baker）勋爵的分析，"核武器的任何使用都会升级为全面战争……根本不存在对这种武器的防御……核战争将毁灭文明，或许灭绝人类。把生存的希望寄托在民防上是一种危险的、自欺欺人的白日梦"③。

---

① 这方面的作品主要有：E. P. Thompson, "NATO., Neutralism and Survival," *Universities and Left Review*, No. 4（Summer 1958）；*Writing By Candlelight*（London：Merlin Press, 1980）；"Protest and Survive," in E. P. Thompson and Dan Smith eds., *Protest and Survive*（Harmondsworth：Penguin Books, 1980）；E. P. Thompson, "Notes on Exterminism, the Last Stage of Civilization," *New Left Review*, 121（May – June 1980）；*Beyond the Cold War*（London：Merlin Press, 1982）；"Europe：The Weak Link in the Cold War," in New Left Review ed., *Exterminism and Cold War*（London：Verso, 1982）；*The Heavy Dancers*（New York：Pantheon Books, 1985）；*Star Wars*（Harmondsworth：Penguin, 1985）。

② 最直接相关的作品是《反抗和生存》，其开头部分引用了霍华德信件的全文。参见 E. P. Thompson, "Protest and Survive," in E. P. Thompson and Dan Smith eds., *Protest and Survive*, Harmondsworth：Penguin Books, 1980。

③ E. P. Thompson, "Protest and Survive," in E. P. Thompson and Dan Smith, eds., *Protest and Survive*, Harmondsworth：Penguin Books, 1980, pp. 12 – 13.

汤普森进一步驳斥了霍华德提出的“战术性”核战争假定：一种局限于欧洲的战争，它不会升级为两个超级大国之间的对抗。霍华德以及其他一些人假定了一种“威慑链”，据此可以将战争局限于特定层面。汤普森宣称，这种两大对立国家及其盟友之间的核战争能够被限制在这一或那一层次的观点，是非常“愚蠢的”，因为“战术性”核战争一旦开始，就会激发出巨大的激情甚至歇斯底里，“恐慌”会取代理性的规划，意识形态将会处于主导地位，对立的双方都渴望成为所谓“胜利者”，都会先发制人。① 汤普森后来再次重申，以一方对另一方的胜利来赢得一场核战争是不可能的。②

汤普森批判了核威慑战略。他宣称，这种威慑“是一种姿态，它是 MAD 即保证相互毁灭的姿态，而不是威胁姿态。它并没有说‘如果我们打核战争，我们会赢’：它说‘不要进行战争或挑起战争，因为我们双方都不会赢’”。汤普森还指出，核威慑或许是历史上最大、最昂贵的谎言，“‘威慑’逻辑……通过谴责另一方来证明他们每个阶段的行为的合理性，然而，事实上，武器‘现代化’的大量推动力是各方的军械师完全独立地规划出来的……”，至于双方给出的官方说明，如果不是谎言，那么就是有直接宣传目的的声明，它掩盖的与揭示的一样多。③

在汤普森看来，“‘威慑’不是一种静止状态，它是一种退化状态”。④ 他指出，要想阻止威慑思维的毁灭性发展，就得拒绝西方资本主义政策和实践中好战的、富于侵略的内容，拒绝共产主义集团保守的反应，也要反对不负

---

① E. P. Thompson, "Protest and Survive," in E. P. Thompson and Dan Smith eds., *Protest and Survive*, Harmondsworth: Penguin Books, 1980, pp. 37 – 38.

② E. P. Thompson, "From Protest to Survival: The Bertrand Russell Peace Lectures," *Russell*, Issue 2 (Winter 1986 – 87), p. 124.

③ E. P. Thompson, "Protest and Survive", in E. P. Thompson and Dan Smith, eds., *Protest and Survive*, Harmondsworth: Penguin Books, 1980, pp. 44, 19, 24.

④ E. P. Thompson, "Protest and Survive", in E. P. Thompson and Dan Smith, eds., *Protest and Survive*, Harmondsworth: Penguin Books, 1980, p. 54.

责任的军国主义势力官僚化、僵化的制度有权利操控核武器的按钮。① 汤普森声称，"要想生存，我们必须反抗。反抗是唯一现实的民防形式"，这种抵抗必须是国际性的，必须获得民众的支持。汤普森进而明确表示："我们应当远离北约的核战略，摒弃昂贵、无用的帝国玩具———一种'独立的'威慑力量，即北极星导弹。"②

汤普森确信，北约在欧洲部署导弹的决定，不但会让核军备竞赛升级，而且也让根本不会有所谓"胜利者"的核战争有可能在欧洲爆发。因此，他在小册子《反抗和生存》（1980）中极力反对北约的战略。在1983年完成的续篇《英国的防务》一文中，汤普森宣称"我们已经说服大多数人相信，由美国人员拥有和操作的英国领土上的巡航导弹，远远不会为这个国家的'防务'和'安全'作出贡献，实际上会增加它的不安全性"。③ 不过，英国和平运动最终并没有阻止美国的导弹运抵英国。

20世纪80年代中期，汤普森在一次演讲中回应了威慑已经"发挥作用"的观点。汤普森指出，这种观点某种程度上是正确的，但是核大国未使用核武器的另一半原因不那么经常被提及：当政客们在考虑使用核武器的可能性时，他们意识到这有可能激怒世界各地的舆论，对使用"威慑力量"真正产生威慑的，无疑是公共舆论的警觉状态。因此，汤普森呼吁不断更新和平运动，以此作为反对使用核武器的唯一真正威慑。④

汤普森就冷战与灭绝主义做出了深入的分析。他在一系列作品和演讲中，讨论了冷战的结构、冷战的动力、冷战的逻辑结果和灭绝主义、美苏在冷战

---

① 参见 Bryan D. Palmer, "Homage to Edward Thompson, Part II," *Labour / Le Travail*, Vol. 33 (Spring 1994), pp. 45 – 46。

② E. P. Thompson, "Protest and Survive," in E. P. Thompson and Dan Smith eds., *Protest and Survive*, Harmondsworth: Penguin Books, 1980, pp. 57, 59 – 60.

③ E. P. Thompson, "The Defence of Britain," in *The Heavy Dancers*, New York: Pantheon Books, 1985, p. 87.

④ E. P. Thompson, "From Protest to Survival: The Bertrand Russell Peace Lectures," *Russell*, Issue 2 (Winter 1986 –87), p. 100.

中的角色和责任以及冷战对第三世界的影响等问题。

汤普森在不同场合对冷战做出了描述。汤普森宣称，"冷战是人类的严重分裂、权力的绝对极点和权力赖以运转的支点。这是一个产生军队、外交和意识形态的战场，它把附属关系强加给较小国家，把武器和军国主义强加给外围地区"；在他看来，冷战存在一种"深层的结构"，一种相互强化的、持续的驱动力，"这是一种对立和相互作用的局面，因为双方武器的增加一定程度上是按照一种相互作用的逻辑进行的"。①

汤普森认为冷战是对立的军事设施和对立的意识形态姿态，是"一场持续的、自我再生的巡回演出，已经成为对立双方统治集团的必需品"，这种表演的本质，"就在于需要两大对手：一方采取的行动必定为另一方匹配。这就是冷战的内在动力，它决定了冷战的军事和安全机制是自我再生的"。此外，冷战已经成为一种习惯和一种嗜好，得到两大集团中"非常强大的物质利益的支持：双方军事—工业和研究机构、安全和情报部门，以及这些利益集团的政治仆人"。②

汤普森一再强调两大集团的军事机构是一种相互滋养的互惠关系。一方在武装力量上的迈进，必然是另一方做出同样的举措，这不仅适用于武装力量，也适用于意识形态上的敌对行动。③ 冷战双方需要保持敌对的意识形态姿态，以维持集团内部的凝聚力和纪律。④ 由此可见，在分析冷战时，"相互作用的"和"相互性"是汤普森的关键术语，它们"揭示的不是一个明确的定义，而是一个相互形成的历史过程：武器、意识形态敌对、内部安全、控制

① E. P. Thompson, "Notes on Exterminism, the Last Stage of Civilization," *New Left Review*, 121 (May–June 1980), p. 6.

② E. P. Thompson, *Beyond the Cold War*, London: The Merlin Press Ltd., 1982, p. 17.

③ E. P. Thompson, "The Defence of Britain," in *The Heavy Dancers*, New York: Pantheon Books, 1985, p. 94.

④ E. P. Thompson, *Beyond the Cold War*, London: The Merlin Press Ltd., 1982, p. 23.

卫星国和附属国等方面的相互性"①。

汤普森还引入"他者性"概念来表述冷战暗含的意识形态内容。他声称，"对他者的恐惧或他者的威胁，基于人类深刻而普遍的需求。这是人际关系的本质。如果不定义'他们'……我们就无法定义'我们'是谁……如果'他们'被视为我们的威胁，那么，我们内部的联系就会更加紧密"。② 在这种意识形态对抗中，西方把苏联集团描绘成自由和人权的敌人，而东方集团以社会主义捍卫者自居，把西方集团斥为帝国主义者。

在分析冷战时，汤普森认为马克思主义左派所坚持的帝国主义概念已经不合时宜，不足以形容当时全球性矛盾和冲突，"如果'手推磨为你们的社会提供了封建领主；蒸汽磨提供了工业资本家'，那么，正在生产人类灭绝工具的撒旦磨能为我们提供什么呢？我曾经不止一次想到这一点……我知道，我们需要的概念是'灭绝主义'"。③

汤普森对灭绝主义做了解释：它是指一个社会在其经济、政治和意识形态中表现出来的一些特征，这些特征促使它向着必然导致人口灭绝的方向发展，"最终的结果将会是灭绝，但这不会是意外事件……而是先前的政策、灭绝手段的积累和完善、整个社会的建构……的直接结果"；汤普森指出：灭绝主义有一个制度基础，即"武器系统以及它的整个经济、科学、政治和意识形态支撑系统——研究它、选择它、'生产'它、把它作为政策、捍卫它以及维护它的存在的社会体制"④。

很显然，这里的灭绝主义是作为与军国主义和帝国主义概念的类比而得到阐释的，它无疑包含了后两者的许多重要特征，但是它本身还具有更多内

---

① E. P. Thompson, "The Ends of Cold War," *New Left Review*, 182 (July – August 1990), p. 139.

② E. P. Thompson, *Beyond the Cold War*, London: The Merlin Press Ltd, 1982, p. 18.

③ E. P. Thompson, "Notes on Exterminism, the Last Stage of Civilization," *New Left Review*, 121 (May – June 1980), pp. 6, 7.

④ E. P. Thompson, "Notes on Exterminism, the Last Stage of Civilization," *New Left Review*, 121 (May – June 1980), p. 22.

容。它支配的不是经济、政治或意识形态领域的某个"事件"，更确切地说，它的特征是同形同构。① 例如，汤普森宣称美国和苏联没有军事—工业联合体，因为它们本身就是这种联合体。② 因此，灭绝主义倾向并不局限于可以被孤立并予以反对的特定"利益集团"，而是深深扎根于整个社会之中。

有论者指出，从理论上而言，汤普森对冷战体系的解释，最具争议性的方面是他拒绝军国主义和帝国主义概念。③ 换言之，他的灭绝主义论述引起了大量讨论和质疑。英国著名马克思主义思想家雷蒙·威廉斯指出，汤普森关于手推磨、蒸汽磨和撒旦磨的论述，体现了一种技术决定论，这种论调对社会进程的复杂性采取了一种智力封闭形式，"它排除了人的行动、兴趣和意图……它让我们偏离了始发的、持续的原因，强化了一种被巨大的、毫无人情味的、不可控制的力量所压迫的无助感"④。其他研究者也感受到了这种悲观主义，认为他"传达了一种不同于以往大多数马克思主义分析家的末世论观点"⑤。新西兰学者斯科特·汉密尔顿指出："至少在汤普森的分析下，《关于灭绝主义的笔记》这类文本反映出非人的结构——官僚主义、战争机器、公司、战争经济——即将获得对自由个人以及反斯大林主义的左翼残余的最终胜利。"⑥

除了悲观主义和技术决定论的指责，汤普森的分析还存在其他的问题。有论者指出，如果东西方存在具有内在的、动态的、相互作用的逻辑的核武

---

① 参见 Greg McLauchlan, "Review: E. P. Thompson on the Nuclear Arms Race," *Berkeley Journal of Sociology*, Vol. 28 (1983), p. 134。

② E. P. Thompson, "Notes on Exterminism, the Last Stage of Civilization," *New Left Review*, 121 (May–June 1980), p. 23.

③ Gerard Mc Cann, *Theory and History: The Political Thought of E. P. Thompson*, London: Routledge, 2018, p. 161.

④ Raymond Williams, "The Politics of Nuclear Disarmament," in New Left Review ed., *Exterminism and Cold War*, London: Verso, 1982, pp. 67–68.

⑤ Gerard Mc Cann, *Theory and History: The Political Thought of E. P. Thompson*, London: Routledge, 2018, pp. 161, 162, 165.

⑥ ［新西兰］斯科特·汉密尔顿著：《理论的危机：E. P. 汤普森、新左派和战后英国政治》，程祥钰译，上海人民出版社2018年版，第344页。

器军工部门,那么,它们显然不是马克思意义上的生产方式;在反对冷战时,汤普森不指望工人阶级或第三世界被压迫国家和民族,而是主张跨越阶级的欧洲和平运动,但这种观点并非始终令人印象深刻。① 另外,汤普森在把灭绝主义作为过程和结果阐释时,淡化了政治的作用,并倾向于把政治决策看作上级官僚机构的惯性或技术命令的产物,因此,他很大程度上忽视了国家这个重要的社会和政治舞台。②

当然,汤普森的分析也有不少优点:他努力尝试超越关于军备竞赛本质的传统话语,将之视为自主的过程,要求人们以更长远和更宏阔的视野来探究整个过程和事件,"我们很难不同意汤普森对这些发展方向的总体描述,也很难不同意他的预期,即根据目前的趋势,核战争的可能性越来越大"③。

为了回应质疑,汤普森后来再次回到"灭绝主义"主题,并且一定程度上接受了雷蒙德·威廉斯等人对他的批评,即他的《关于灭绝主义的笔记》的相关论述支持了一种人类必定灭绝的决定论。不过,汤普森也辩称,《笔记》同时也勾勒出了抵抗策略的轮廓,这种替代方案的纲要出现在文末。他还表示,"灭绝主义"一词本身并不重要,重要的是它指向的问题,在对立的武器系统的惯性推力和互相作用的逻辑之中,有些现象无法以"帝国主义"和"国际性阶级斗争"解释清楚。④

汤普森还指出,"灭绝主义"只是一个暂时性概念,但是令人遗憾的是,在翻译成其他语言时,却变成了一个完结了的、高度理论化的概念,最终造

---

① Martin Shaw, "From Total War to Democratic Peace: Exterminism and Historical Pacifism," in Harvey J. Kaye and Keith McClelland eds., *E. P. Thompson: Critical Perspectives*, Cambridge: Polity Press, 1990, pp. 240 – 241.

② Greg McLauchlan, "Review: E. P. Thompson on the Nuclear Arms Race," *Berkeley Journal of Sociology*, Vol. 28 (1983), p. 136.

③ Greg McLauchlan, "Review: E. P. Thompson on the Nuclear Arms Race," *Berkeley Journal of Sociology*, Vol. 28 (1983), p. 135.

④ E. P. Thompson, "Europe, the Weak Link in the Cold War," in New Left Review ed., *Exterminism and Cold War*, London: Verso, 1982, p. 330.

成了违背他原意的悲观决定论。汤普森表示，在表明"我们时代的存在形式和压力"方面，他的观点是决定论的，但是，就绝对不存在其他选择而言，却不是决定论的，因为这种进程包含的矛盾——和平运动是其中一个重要现象——与这种论调相冲突。他宣称灭绝主义只是一个理论比喻，"用来对根据经验就可以观察到的'深层进程'做出分类和分析"。①

汤普森强调两大阵营对冷战的共同责任。汤普森并没有去论证美苏在冷战过程上的一致性或形式上的完美对称性，而是承认双方在政治形式、控制措施和官僚机构的扩张等方面存在重大差异，但是，他一直强调这个进程的相互作用特点。因此，在冷战责任问题上，汤普森宣称，"我并不认为所有的责任都应当归咎于……资本主义'西方'意识形态上的邪恶和掠夺成性的冲动，尽管某些部分确实如此"。② 在《欧洲核裁军宣言》（1980）中，汤普森等人写道："我们不希望在东西方政治和军事领导人之间分摊罪责。罪责完全在于双方。双方都采取了威胁性姿态，并在世界各地采取侵略行动。"③

对于许多马克思主义者来说，汤普森坚持的美苏相互竞争的观点是不可接受的，因为它意味着这么一种世界体系概念，在那里，美国和苏联的角色基本上是类似的，即便在程度上或者一些次要方面存在差异。④ 苏联一些学者反对超级大国对危机状态的任何共同责任概念，在他们看来，苏联的军事化是对北约尤其是对美国军事威胁的反应，有时候是过度反应。汤普森认为，苏联政府或许对三十年军备竞赛不负有同等的责任，不过，它确实要为欧洲

---

① E. P. Thompson, "From Protest to Survival: The Bertrand Russell Peace Lectures," *Russell*, Issue 2 (Winter 1986 – 87), p. 119.

② E. P. Thompson, *Protest and Survive*, in E. P. Thompson and Dan Smith eds., *Protest and Survive*, Harmondsworth: Penguin Books, 1980, pp. 48 – 49.

③ 参见 E. P. Thompson and Dan Smith eds., *Protest and Survive*, Harmondsworth: Penguin Books, 1980, p. 224.

④ Martin Shaw, "From Total War to Democratic Peace: Exterminism and Historical Pacifism," in Harvey J. Kaye and Keith McClelland eds., *E. P. Thompson: Critical Perspectives*, Cambridge: Polity Press, 1990, p. 241.

持续的意识形态分裂——冷战——共同负责。① 汤普森后来还解释说，这并不意味着双方的罪责完全是一样的，也并不意味着双方在所有方面一直是同样糟糕的。②

汤普森的立场受到两大阵营的批评。作为对汤普森关于冷战论点的回应，东西方的权威评论都谴责汤普森对"另一方"所谓的同情和忠诚。时任美国副国务卿的乔治·W. 鲍尔（George W. Ball）认为，汤普森是一个"共产主义者"，而捷克共产党报纸《红色权利报》（*Rude Pravo*）则声称汤普森在为中情局工作。③ 苏联方面也认为，汤普森是反苏意识形态战最吵闹的代言人。④

此外，汤普森还讨论了冷战对第三世界的影响。首先，冷战是内部规训的手段，是两大对立集团对世界其他地区实施控制和行使霸权的手段。冷战无疑让旧式帝国主义活动合法化：美国以自由世界的道德领袖和反对共产主义为由，干涉他国事务；而苏联以社会主义世界保护者的角色，在阿富汗采取行动。⑤ 其次，军备竞赛是对第三世界资源的一场掠夺。汤普森进而指出，发达国家向第三世界国家输出武器、军事基础设施和军国主义意识形态，让当地的社会进程扭曲、革命夭折或胎死腹中。汤普森希望欧洲人找到超越冷战的第三条道路，进而开启与第三世界关系的新篇章，为第三世界国家提供更多空间来探索自身的发展进程。⑥

汤普森在参与和平运动和分析冷战的结构和运作逻辑时，也在思考超越

① E. P. Thompson, "Europe, the Weak Link in the Cold War," in New Left Review ed. , *Exterminism and Cold War*, London: Verso, 1982, pp. 339 – 340.

② E. P. Thompson, "From Protest to Survival: The Bertrand Russell Peace Lectures," *Russell*, Issue 2 (Winter, 1986 – 87), p. 120.

③ Gerard Mc Cann, *Theory and History: The Political Thought of E. P. Thompson*, London: Routledge, 2018, p. 167.

④ E. P. Thompson, "From Protest to Survival: The Bertrand Russell Peace Lectures," *Russell*, Issue 2 (Winter 1986 – 87), p. 123.

⑤ E. P. Thompson, "From Protest to Survival: The Bertrand Russell Peace Lectures," *Russell*, Issue 2 (Winter 1986 – 87), p. 121.

⑥ E. P. Thompson, "Europe, the Weak Link in the Cold War," in New Left Review ed. , *Exterminism and Cold War*, London: Verso, 1982, pp. 347 – 348.

冷战的途径，他主张广泛动员和利用群众的能量，提出了积极中立主张和国际主义策略，冀望以此走出冷战僵局和核战争的阴霾，实现欧洲和世界的和平。

早在1958年，汤普森就赞同性地提到了南斯拉夫人提出的积极共存立场，然后主张英国应当提倡一种积极中立政策。在汤普森看来，这种政策不是指小国采取的消极的、自我保护的孤立主义，而是积极的、富有进取心的外交政策，旨在缓和东西方紧张局势、解散军事集团和恢复共产主义和非共产主义世界之间经济、文化和政治交往。汤普森希望英国能够发挥重要作用，最终由英国提议建立由不受两大集团束缚的欧洲国家组成的某种"万隆"集团。因此，英国需要公开争取欧洲和美国的公共舆论来支持这种倡议，同时与印度和亚非人民建立紧密联系，在世界范围阐发它。同时，应当重申联合国是为了积极共存而奋斗的合适的舞台。[①]

汤普森指出，这种政策并不是在构想第三阵营，或者独立于两大阵营之外的第三种势力，而是在两大竞争对手之间发挥调停作用的欧洲国家群体。[②]由此可见，汤普森一度对英国政府寄予厚望，十分强调英国在打破冷战僵局上所能发挥的作用。他相信英国仍然处于一种独特的地位，能够采取上述动议来摧毁疯狂的权力体系。英国是当时三大核武器国家之一，确实让世人普遍认为它在国际舞台上扮演着重要角色。但是，事态的发展证明，汤普森的这种看法或许过于浪漫了。当北约在1979年12月做出核武器"现代化"的决定之后，汤普森对英国政府的所作所为大失所望，嘲讽撒切尔夫人在为这种"现代化"决定摇旗呐喊。

在1979年12月20日发表于《新政治家》的文章《世界末日的共识》

---

① E. P. Thompson, "NATO, Neutralism and Survival," *Universities and Left Review*, 4 (1958), pp. 49, 50.

② E. P. Thompson, "NATO, Neutralism and Survival," *Universities and Left Review*, 4 (1958), p. 50.

中，汤普森依然主张一种中立主义："我们一些左派人士 20 多年来一直提倡的替代方案，是'积极中立'政策。我们在核裁军运动（CND）的建议中讨论这个政策。1967—1968 年间，我们又在《五一宣言》中再次讨论它。现在依然如此"。汤普森把中立主义归纳为如下五点：首先，当前的核状态是极其危险的、越来越不稳定的，在某个时刻很大程度上会引爆全球核战争；其次，这种状态也不是静止的，而是在不断恶化，会造成威权主义倾向，在两个分裂的世界支持秘密的、威权主义的官僚制度；第三，这种状况造就的官僚精英，又会发展出维持这种状态的明显嗜好；第四，等待来自上层的最终的缓和提议是徒劳的；第五，因此，在这种制度从上层垮塌之前，必须从最底层来瓦解它。①

汤普森认为必须动员更多欧洲国家远离超级大国的核战略，在欧洲创造一个不断扩大的无核区，"这种运动一开始将在欧洲最为明显……随着它的发展，很快会在从南斯拉夫到罗马尼亚、波兰和匈牙利的东方得到回应。这场运动必须从各个层面展开——教会、运动员、工会、知识分子——它必须包括对民众运动的动员，以及体现东西方'异议者'的团结一致的国际交流"。汤普森希望通过东西方广泛的底层交流和联系，来迫使美国和苏联上层重新采取缓和行动。②

汤普森是欧洲核裁军（END）的领袖人物，他与其他几位和平主义者在 1980 年起草的《欧洲核裁军宣言》（简称《宣言》），为欧洲核裁军运动提供了一种政治框架，同时这份文献也很好地体现了汤普森的理念。《宣言》提出一种泛欧洲的方法，触及了核军备竞赛（冷战）的政治基础。《宣言》采取的基本立场是"不结盟"，也就是反对冷战双方。《宣言》把核军备竞赛视为主

---

① E. P. Thompson, "The Doomsday Consensus," in *Writing by Candlelight*, London: The Merlin Press, 1980, pp. 272, 273 – 274.

② E. P. Thompson, "European Nuclear Disarmament," in *Writing by Candlelight*, London: The Merlin Press, 1980, pp. 280 – 281.

要问题，认为这种竞争驱使北约和华约双方发展更有用的核武器以及更有可能促成"有限的"核战争的战略。当然，根本的问题在于冷战，即东西方在军事、政治和经济上的对立。在东方和西方，随着军事和安全力量的权力得到扩大，人员和思想不能自由流通，具有独立精神的人的公民权受到了威胁。因此，补救的方法不仅在于要求美苏从欧洲撤出所有核导弹，在欧洲打造无核区，还在于捍卫和扩大所有参与这场运动和致力于各种交流的公民的权利。①

在《关于灭绝主义的笔记》中，汤普森也在思考如何对抗冷战的灭绝主义逻辑，他提到欧洲核裁军（END）、中立主义或不结盟运动、世界上反帝国主义和民族解放运动、欧洲和平运动与共产主义世界建设性因素的联合等所能发挥的作用，尤其强调一种国际主义。汤普森表示："只有一个吸纳了教会、欧洲共产主义者、劳工主义者、东欧持不同政见者……与政党组织无关联的苏联公民、工会主义者、生态学家的联盟——唯有如此才有可能集结力量和国际主义者的热情，阻止巡航导弹和（苏联）SS—20s 导弹"。②

事实上，汤普森提出了一种反对冷战的"跨大陆运动"观点，他在小册子《超越冷战》中指出，"欧洲大陆正发生一些不寻常的事情；在恐惧中开始的运动，现在带来了希望……自从二战时期的抵抗运动以来，欧洲第一次有了一种带有跨大陆愿景的精神"。③ 1990 年，汤普森在回顾欧洲核裁军（END）时也表示，从 1956 年开始，"我们（前共产党员）就通过不起眼的杂志，随后与英国第一代新左派——以及与西欧的朋友和美国的 C. 赖特·米尔

① "Appeal for European Nuclear Disarmament," in E. P. Thompson and Dan Smith, eds., *Protest and Survive*, Harmondsworth: Penguin Books, 1980, pp. 223–225.

② E. P. Thompson, "Notes on Exterminism, the Last Stage of Civilization," *New Left Review*, 121 (May–June 1980), pp. 29–31.

③ E. P. Thompson, *Beyond the Cold War*, London: The Merlin Press Ltd, 1982, p. 25.

斯——阐发了一种'积极中立'的新战略以及关于和平与人权的第三条道路"①。同为和平运动领导人的玛丽·卡尔多指出,这种广泛的联合与汤普森在 20 世纪 50 年代和 60 年代早期倡导的积极中立主义不一样,因为积极中立主义是由民族国家组成的非结盟集团,而欧洲核裁军运动(END)着手摆脱联盟,建立一种自下而上的"欧洲公民"运动,它是一种来自下层的缓和。②

由此可知,在 20 世纪 80 年代早期,汤普森关注把东欧争取人权和政治变化的广泛运动与西欧的进步运动结合起来。汤普森指出,西方的和平运动结合了各种传统:社会主义的、工会主义的、自由主义的、基督教的和生态学的,它们支持波兰的复兴和波兰的团结工会,也支持华约自由主义的异议运动。同样,来自东欧的声音也不断传到西欧,它们正在寻求同一个联盟,即和平与自由。③ 可以说,汤普森主张的是一种双重战略:一方面,欧洲的和平主义者需要与铁幕另一边志同道合者建立联系和沟通,支持东方集团的异议者和人权活动家,同时,欧洲核裁军应当在欧洲动员一场强大的运动来阻止冷战升级。④ 汤普森也意识到了这种策略的困难所在,即使在欧洲,把那些国际主义支持者汇聚到一场和平运动之中也需要非凡的技巧,因为他们来自不同的国家和传统,甚至来自两大敌对的集团。⑤ 此外,这种策略也是非常复杂微妙的,会招致很大的危险,会遭到来自两大集团主导者的阻挠。⑥ 尽管如

---

① E. P. Thompson, "Ends and Histories," in Mary Kaldor ed., *Europe from Below. An East－West Dialogue*, London/New York: Verso, 1991, p. 21. 转引自 Patrick D. M. Burke, European Nuclear Disarmament: A Study of Transitional Social Movement Strategy, PhD Dissertation, University of Westminster, 2004, p. 41。

② 参见 Richard Taylor, "Thompson and the peace movement: from CND in the 1950s and 1960s to END in the 1980s," in Roger Fieldhouse and Richard Taylor (eds.), *E. P. Thompson and English Radicalism*, Manchester: Manchester University Press, 2013, p. 195。

③ E. P. Thompson, *Beyond the Cold War*, London: The Merlin Press Ltd., 1982, pp. 26, 27.

④ 参见 Michael D. Bess, "E. P. Thompson: The Historian as Activist," *The American Historical Review*, Vol. 98, No. 1 (Feb., 1993), pp. 35－36。

⑤ E. P. Thompson, "Europe, the Weak Link in the Cold War," in New Left Review ed., *Exterminism and Cold War*, London: Verso, 1982, pp. 348－349.

⑥ E. P. Thompson, "The Doomsday Consensus," in *Writing by Candlelight*, London: The Merlin Press, 1980, p. 274.

此，汤普森并没有退却，而是积极参与英国的和平运动和思考摆脱冷战的途径。

汤普森也就 1989 年东欧剧变和苏联解体做出了思考。汤普森认为，就苏联解体而言，欧洲核裁军运动起到了至关重要的作用，"当然，我们这些近十年沉迷于和平运动的人，不想承认我们完全无关紧要……我曾经说过，正是西方的不结盟和平运动同东方的人权运动的对话和采取某些共同行动，才导致了打破冷战僵局的'意识形态时刻'"①。玛丽·卡尔多也表示，1989 年以及之后在苏联和整个东欧的历史变迁，很大程度上是因为 20 世纪 80 年代初期和平运动与人权运动的结合。②

汤普森还指出，东欧剧变之后，东西方出现了向各种倒退的意识形态的投降，它们具有民族主义的、家族的或宗教的特征，其中一些以（后）"马克思主义"或者所谓批判理论的名义。因此，汤普森认为，我们需要反对宗教偏执和以往国际共产主义运动中对"民族传统"的追求，"理性和国际主义事业以及启蒙运动的某些（如果不是全部）事业……现在需要倔强的捍卫者"。③

虽然汤普森没有预料到冷战结束的方式，不过，他并没有因为东方集团的瓦解而消沉。汤普森宣称，"如果我们从'相互作用'的角度来看待冷战，那么，那种状况的瓦解到底意味着好战的西方资本主义的胜利呢，抑或'第三条道路'在东西方增强力量的机会，答案依然不那么确定，这取决于我们做什么"，汤普森主张积极行动，投身于替代方案的设计，而不是消极等待西

---

① E. P. Thompson, "The Ends of Cold War," *New Left Review*, 182 (July – August 1990), p. 143.

② 参见 Richard Taylor, "Thompson and the peace movement: from CND in the 1950s and 1960s to END in the 1980s," in Roger Fieldhouse and Richard Taylor (eds.), *E. P. Thompson and English Radicalism*, Manchester: Manchester University Press, 2013, p. 196。

③ E. P. Thompson, "The Ends of Cold War," *New Left Review*, 182 (July – August 1990), p. 146.

方媒体、政客和商业团体提供的剧本。① 由此可见，汤普森并没有放弃自己的理想，并没有屈从于自由主义的胜利，他始终抨击权威主义的意识形态，拒绝加入那些赞美历史终结、自由资本主义普遍的胜利或美国生活方式的阿谀奉承者的行列。②

尽管汤普森参与的和平示威运动并没有实现阻止导弹运抵和部署英国和欧洲其他几国的目标，不过，英国和平运动还是产生了多方面的影响。汤普森后来指出，20 世纪 80 年代早期的和平运动至少产生了两方面的影响：第一，对所有拥核的政客和国家的行动起到了监督作用；第二，和平运动找到了彼此，一种国际主义得以复兴。③ 当然还有诸多其他的影响，内容涉及公众对核军备竞赛的关注度和相关争论、英国政府在美国部署的导弹问题上的权限、工党的分裂以及美苏重启军控谈判等。④

汤普森的和平思考或许有点理想化。在 20 世纪 50 年代的论述中，他希望英国能够退出北约，接受"积极中立"立场，并且由英国倡议建立和主导一种居间调停的"第三种力量"，以此来缓和欧洲的紧张局势；就 20 世纪 80 年代欧洲核裁军（END）而言，它所代表的"第三条道路"，也无法在英国政府的政策制定和两大对立集团之间发挥决定性作用。历史学家迈克尔·霍华德宣称，作为和平活动家的汤普森完全高估了欧洲人的政治成熟度；迈克尔·贝斯也指出，汤普森"似乎把自己的希望寄托在一个靠不住的想法之上：对往昔暴力的记忆，对核毁灭的恐惧，将在欧洲各国人民

---

① E. P. Thompson, "The Ends of Cold War," *New Left Review*, 182 (July – August 1990), pp. 144, 145.

② François Jarrige, "E. P. Thompson: A Life of Struggle," https://www. sogou. com/link? url = DSOYnZeCC _ oO9tZ6pG2wuGCzv4vQf6nTgGpx8fNhjZqhuOZT6gWfZVQbew8xUglm3 _ SN3otayn3ja4V8aLOjNa4toOwa _ Tif.

③ E. P. Thompson, "From Protest to Survival: The Bertrand Russell Peace Lectures," *Russell*, Issue 2 (Winter 1986 – 87), pp. 100 – 101.

④ 胡腾蛟：《美苏核军备竞赛重启与英国和平运动的复兴》，《中南大学学报》2012 年第 5 期，第 238—239 页。

之中激发出前所未有的理性和自制力"①。

不过，汤普森和平思想和实践无疑有着积极的意义，它们加深了欧洲人对核武器威胁性的认知，激发了人们的反核热情，促使人们更深刻地思考和平与安全问题。著名的马克思主义史学家霍布斯鲍姆高度评价了汤普森在和平运动和核裁军领域作出的贡献，称赞汤普森是 20 世纪 80 年代核裁军运动主要代言人之一，"拥有伯特兰·罗素在 1958 年之后核裁军运动（CND）早期阶段所处的地位"②。汤普森在和平事业中表现出来的热情和奉献精神，让人们把他视为最有魅力的公共演说家、和平问题最杰出的辩论家、理论家和作家，他的政治活动和榜样作用至今依然重要，在可预见的未来，和平活动家和其他人都将重温他的作品和政治观点。③

六、本章小结

我们从作为教师、史学家与和平"斗士"的汤普森身上，找到了诸多共同点，它们贯穿汤普森的一生。首先，汤普森是民主的斗士，一生都在为正义事业奋斗，不管是为了争取普通人受教育的权利、拯救历史上遭到忽视的工人阶级，还是为同时代人争取自由、人权和民主。

其次，汤普森是一个异议者。作为教师、史学家和社会活动家的汤普森，表现出了一种反抗、抵制和不顺从姿态。他反对不合理的"大学标准"，为普通劳动者争取受教育权；他摒弃精英史学，倡导自下而上的历史，致力于工人阶级的历史书写；汤普森激进的家庭氛围让他很早就得出

① Michael D. Bess, "E. P. Thompson: The Historian as Activist," *The American Historical Review*, Vol. 98, No. 1 (Feb., 1993), p. 37.

② E. J. Hobsbawm, "In Memoriam: E. P. Thompson (1924–1993)," *International Labor and Working–Class History*, No. 46 (Fall 1994), p. 4.

③ Richard Taylor, "Thompson and the peace movement: from CND in the 1950s and 1960s to END in the 1980s," in Roger Fieldhouse and Richard Taylor (eds.), *E. P. Thompson and English Radicalism*, Manchester: Manchester University Press, 2013, pp. 196, 197.

一个结论，即"政府是虚伪的和帝国主义的，一个人应当采取敌视政府的立场"①，这种信念和立场贯穿他的一生。事实上，这也是汤普森对一切权威持怀疑态度和保持思想独立的生动写照。

第三，汤普森始终强调人的主观经验和意志。汤普森的教师生涯表明，他十分重视学生的生活经验，并且鼓励他们参与交流和分享这些经验，他本人也从中受益匪浅。他参加和平运动的动力来源于一种信念，即人的主体能动性能够改变不合理的现状，能够改变历史发展的轨迹，使之朝着人们所期望的方向前进。同样，在史学研究中，他往往强调普通人的意识、文化、传统和礼仪，这些在他的《英国工人阶级的形成》和关于 18 世纪民众食物骚乱的研究中有突出的体现。

---

① M. Merrill, "An Interview with E. P. Thompson," in H. Abelove *et al* (eds.), *Visions of History*, Manchester: Manchester University Press, 1983, p. 11.

第十章　E. P. 汤普森与
佩里·安德森的论战

　　1956 年之后，欧美许多国家出现新左派运动，就思想成就而言，英国新左派的遗产最丰厚，因此非常值得我们予以关注。从 20 世纪 50 年代到 60 年代，英国出现了众多左派知识分子和思想家，以爱德华·汤普森为代表的出生于 20 世纪 30 年代之前的新"左派"思想家，被称为第一代新左派，他们大多是历史学家和文学理论家；以佩里·安德森为代表的出生于 20 世纪 30 年代和 40 年代的左派知识分子，被称为第二代新左派。由于两代新左派在成长经历、理论立场和政治策略等方面存在一系列分歧，最终导致以爱德华·汤普森与佩里·安德森为首的两代新左派之间近 20 年的论战。

一、英国新左派的形成

　　英国新左派出现于特定的历史时刻。当年的新左派核心人物、享有"英国文化研究之父"美誉的斯图尔特·霍尔（Stuart Hall）在回忆性文章中认为，英国第一代新左派诞生于 1956 年。这一年发生了两件事情，即苏联干涉匈牙利事件以及英法入侵苏伊士运河区，它们分别揭露了斯大林主义和西方帝国主义两大体系根本的暴力和侵略倾向。在他看来，"匈牙利事件"终结了社会主义的某种纯洁，而"苏伊士运河危机"则证明如下看法是完全错误的：在几个前殖民地降下英国国旗就意味着"帝国主义的终结"，或者福利国家财富增加以及物质生活的提高意味着不平等和剥削的终结。新左派兴起于这两件事情之后，对于左派而言，它标志着打破冷战时期强加的沉默和政治僵局，也标志着新的社会主义方案的可能性。①

事实上，除了"匈牙利事件"和"苏伊士运河危机"之外，赫鲁晓夫于1956年年初在苏共二十大所做的秘密报告，也是促成英国新左派形成的重要因素。1956年2月14日，赫鲁晓夫在苏共二十大闭幕之际，向代表们做了题为"关于个人崇拜及其后果"的报告，对斯大林进行了激烈批评和抨击。很快，报告的内容为外界所知，也在英国共产党内部引起了强烈反响。英共知识分子爱德华·汤普森与约翰·萨维尔对这一事件做出了回应，并且发挥了至关重要的作用。

汤普森和萨维尔最初并不打算与英共决裂，而是希望改革党组织。他们一开始于1956年创办了党内刊物《理性者》，以期在内部展开友好辩论。但是，英共领导层不允许这种形式的异议，责令停刊。他们予以拒绝，在苏联干预匈牙利革命之后，他们宣布退党。1957年，他们创办了党外杂志《新理性者》，汤普森在上面发表关于社会主义的人道主义的文章。

在1956年发生的政治事件的影响下，牛津大学的"大学与左派俱乐部"周围汇聚了一批左派青年，很快，《大学与左派评论》在牛津创刊。1957年春，该杂志发行了第一期，刊物的四位编辑分别是前英共成员拉斐尔·塞缪尔和加布里埃尔·皮尔逊（Gabriel Pearson）以及独立的社会主义者查尔斯·泰勒（Charles Taylor）和斯图尔特·霍尔。

聚集在两家刊物周围的新左派人士呈现出显著的差异，这些分歧也为

---

① Stuart Hall, "Life and Times of the First New Left," *New Left Review*, 61 (January – February 2010), p. 177.

后来新左派内部的争论埋下了伏笔。以爱德华·汤普森为代表的"新理性者"，经历了 20 世纪 30 年代人民阵线和反法西斯运动、二战期间欧洲的反抗运动以及大众的左转。聚集在《大学与左派评论》周围的，主要是"战后"一代。这不仅仅意味着年龄（时代）的差异，同时也意味着人员构成上的差异。此外，两份杂志所在的社会和文化环境迥异。《新理性者》立足于约克郡和北部工业区，扎根于一种地方性政治文化，比如劳工运动和约克郡和平委员会，对"伦敦"充满怀疑。《大学与左派评论》尽管也得到其他地区的支持，不过它是"世界性的"或以"伦敦—牛津"为轴心的，与地方性工人阶级的生活缺乏有机联系。①

爱德华·汤普森在 1959 年发表的《新左派》一文认为英国新左派的构成如下：一些出版物和几家杂志、几个成功的左派俱乐部以及逐渐发展壮大的讨论会和教育工作规划。在他看来，新左派在三个方面显得很重要。首先，它是一种情绪的政治表达，这种情绪在传统劳工运动内外广泛传播，已经渗入核裁军运动之中，也即将渗入更明确的社会主义形式中。其次，它迎合了年轻人的反应，通过警惕旧有的官僚组织的方式来表达他们的挫折和需求。第三，与欧洲其他国家相比，它活动时期的英国社会背景更有利，也孕育着各种可能。②

爱德华·汤普森的夫人、宪章运动研究专家多萝西·汤普森在谈到新左派时指出，"五六十年代以刊物和俱乐部为中心兴起的左派运动，是由一群具有不同宗教和哲学思想体系的人组成，他们通过欧洲非结盟运动这个政治概念而结合在一起"，"他们不但没有代表一种单一的意识形态立场，而且他们对社会主义的界定也不一样……"。③

---

① Stuart Hall, "Life and Times of the First New Left," *New Left Review*, 61 (January – February 2010), pp. 184 – 185.

② E. P. Thompson, "The New Left," *The New Reasoner*, No. 9 (Summer 1959), pp. 10 – 11.

③ Dorothy Thompson, "On the Trail of the New Left," *New Left Review*, 215 (January – February 1996), p. 94.

长期担任《新左派评论》编辑的佩里·安德森认为，作为匈牙利事件和苏伊士运河危机的产物，新左派最初是一个丰富的知识分子群体，成员来自学生或共产党。后来，新左派的成分更加多元化，许多读者也参加在伦敦和地方举行的会议，让人觉得大规模的政治运动近在咫尺。正是在这个时候，新左派的特征变得具体化：不再是知识分子群体，同时也不是一场大众运动。它是一种特定的政治环境，不同的信念和观点可以在其中公开交流；它的成分包括学生、新闻工作者、教师、医生、建筑师、学者和社会工人。在安德森看来，英国新左派避免了欧洲其他国家那种知识分子精英与大众的分离状态，这是一大优势，但也是引起灾难性混乱的源泉。①

佩里·安德森进一步指出，从知识社会学层面而言，第一代新左派缺乏明确的社会界限，无法专注于精确的自我形象。它几乎没有对英国社会进行任何结构分析，它所依赖的，不是一种关于英国资本主义的系统社会学，而是一种简单化的修辞，比如"普通人""普通男人和女人""利益""体制"等。在他看来，"新左派最有价值的工作，在于对资本主义进行了道德批判，并且愈益关注文化问题"，"新左派的出现，标志着工业革命以来英国社会深厚的社会批判传统的复兴"。②

二、汤普森与安德森的早期论战

从1958年开始，就有人建议两份刊物合并。1959年年底，合并工作完成，《新左派评论》诞生，斯图尔特·霍尔担任新刊物的第一任主编。③ 重

---

① Perry Anderson, "The Left in the Fifties," *New Left Review*, 29 (January – February 1965), p. 16.

② Perry Anderson, "The Left in the Fifties," *New Left Review*, 29 (January – February 1965), p. 17.

③ 关于英国新左派的诞生、两份刊物的合并以及两代新左派之间的矛盾，可参见［英］迈克尔·肯尼著《第一代英国新左派》，李永新、陈剑译，江苏人民出版社2010年版，第一章。

组后的《新左派评论》一度被视为英国新左派统一的象征。但是，由于两代新左派在学术兴趣、办刊理念以及政治观念等方面的差异，最终导致了激烈争论。双方冲突的主题涉及刊物领导权、刊物的定位、对英国历史的认识、社会主义的策略以及文化主义和结构主义（主体与结构）之间的矛盾等。

1962 年，年仅 24 岁的佩里·安德森接任主编一职。在安德森的组织和安排下，老一代新左派遭到排挤，一个年轻化的杂志委员会得以组建。安德森随之调整了杂志的编辑理念，对杂志做出了两大改革：第一，安德森力图把《新左派评论》办成严肃的理论刊物，发表成熟先进的理论思想和学术争论；第二，广泛介绍欧洲大陆各种思想意识。从 20 世纪 60 年代中期开始，杂志致力于介绍欧陆主要社会主义思想体系，比如卢卡奇、科尔施（Korsch）、葛兰西、阿多尔诺、德拉·沃尔佩（Della Volpe）、科莱蒂（Colletti）、戈尔德曼（Goldmann）、萨特、阿尔都塞、廷帕纳罗（Timpanaro）以及其他一些思想家的思想。当时，英格兰人对这些人所知甚少。[1]

安德森及其更年青一代同事，没有经历 20 世纪 40 年代左派的热情，对苏联的成就也不抱幻想，对斯大林的敌意也不如他们的前辈那般强烈。他们的政治倾向是一种反民族主义的批评，指责英国社会没有像欧洲其他主要国家那样产生社会主义大众运动或重要的革命党。由此，"第二代新左派取代了第一代新左派，在前者看来，动员各种左派反抗力量并不是当务之急，他们认为英国工人阶级对资本主义采取了妥协和顺从的姿态。因此，左派知识分子的任务在于提供和改进富有活力的社会主义理论。两代人以完全不同的方式解读英国历史。这种分歧在 20 世纪 60 年代中期演变为汤普森与安德森及其同事汤姆·奈恩的激烈争论。"[2]

---

① Perry Anderson, *Arguments within English Marxism*, London: New Left Books, 1980, p. 149.

② John Rule, "Thompson, Edward Palmer (1924–1993): Historian, Writer, and Political Activist," Oxford DNB article. http://www.oxforddnb.com/view/printable/40259.

与"官方"马克思主义的正统学说不同，英国新左派力图挖掘社会主义话语当中的自由精神，在汤普森看来，这种精神可以回溯到布莱克、威廉·莫里斯以及人民阵线时期共产主义者的热望。它重申道德价值高于阶级利益、人优先于物、思想完整性和自主高于基础—上层建筑之关系这种机械概念、"真实的人"高于"完全的抽象概念"、道德选择和理性的重要性高于反智主义、男人和女人的意志高于动物的决定论。简而言之，就是试图让社会主义变得更加人道。新左派不但对共产主义做出新阐释，也力图阐明变化的资本主义生产方式的真正本质。①

由此可见，身为第一代新左派代表人物，汤普森所倡导的，乃是一种社会主义的人道主义，强调人的主体性和能动性。在《社会主义的人道主义：致非利士人书》（1957）中，汤普森明确提出了道德、个人作用以及手段与目的之间关系等问题，批判了斯大林主义。汤普森认为，作为一种意识形态，斯大林主义从抽象理论而不是事实出发开始其分析。这种意识形态代表了一种在特定历史情境下蜕变为"官僚的革命精英"的世界观。汤普森明确指出，社会主义的人道主义"是人道的，因为它再次把真实的男男女女置于社会主义理论和抱负的核心……它也是社会主义的，因为它重申了共产主义的革命视角，即不但相信人类或无产阶级专政的革命可能性，也相信真实的男男女女的革命潜能"②。

1963 年，汤普森的《英国工人阶级的形成》出版，他在分析中融入了社会主义的人道主义观。谢菲尔德大学政治学家迈克尔·肯尼表示，"这部著作的许多观点与他论述社会主义人文主义的更富理论色彩的著作的观点

---

① Wade Matthews, "The Poverty of Strategy: E. P. Thompson, Perry Anderson, and the Transition to Socialism," *Labour / Le Travail*, Vol. 50 (Fall 2002), pp. 219–220.

② E. P. Thompson, "Socialist Humanism: An Epistle to the Philistines," *The New Reasoner*, No. 1 (Summer 1957), p. 109.

完全吻合"①。汤普森在作品中对1780—1832年间英国工人阶级生活的方方面面进行了详细考察，得出了与古典马克思主义完全不同的看法。汤普森指出："我强调阶级是一种历史现象，而不把它看成一种'结构'，更不是一个'范畴'，我把它看成是在人与人的相互关系中确实发生（而且可以证明已经发生）的某种东西"；"当一批人从共同的经历中得出结论（不管这种经历是从前辈那里得来还是亲身体验），感到并明确说出他们之间有共同利益，他们的利益与其他人不同（而且常常对立）时，阶级就产生了。"②很显然，汤普森强调阶级的文化层面，强调"自我创造过程"以及阶级觉悟和阶级意识的重要作用。

针对汤普森的论述，安德森及其同事汤姆·奈恩很快在《新左派评论》上发表了系列文章，提出了所谓安德森—奈恩论题。③ 安德森—奈恩论题对英国的历史发展做出的结构性分析，在当时产生了广泛影响。

在《当前危机的起源》（1964）一文中，安德森的"危机"概念表达了两层意思，一个是社会的危机，另一个是新左派运动的危机。④ 安德森在文中认为，最近出现的大量探究"英格兰状况"的作品，基本上只是描述危机的症状，没有对危机做出分析，而且，当时英国也缺少对英国社会进行结构性分析的作品。左派要想好好利用当前的事态，第一要务就是严肃地分析危机之本质，要想做到这一点，首先得考察英国社会自资本主义出现以来整个发展轨迹。随之，安德森重点探究了阶级结构的整体演进，并

---

① ［英］迈克尔·肯尼著：《第一代英国新左派》，李永新、陈剑译，江苏人民出版社2010年版，第81页。

② ［英］E.P. 汤普森著：《英国工人阶级的形成》，钱乘旦等译，译林出版社2001年版，"前言"，第1、2页。

③ Perry Anderson, "Origins of the Present Crisis," *New Left Review*, 23（January – February 1964）；Tom Nairn, "The English Working Class," *New Left Review*, 24（1964）；"The British Political Elite," *New Left Review*, 23（1964）；"The Nature of the Labour Party（Part I）," *New Left Review*, 27（1964），and "The Nature of the Labour Party（Part II）," *New Left Review*, 28（1964）.

④ 张文涛：《析 E.P. 汤普森与佩里·安德森之间的争论》，《山东社会科学》2008年第11期，第55页。

且声称这种关注必定是当代英国一切社会主义理论之"锚"。①

安德森在文章中首先探讨了英国资本主义的发展。在他看来,英国资本主义的霸权是世界上最强大、最持久和最具有连续性的,这是英国近代史上一些重大时刻累积起来的后果。第一,与欧洲主要国家相比,英国爆发了一场最具妥协性、最不纯粹的资产阶级革命。安德森认为,那种把17世纪40年代的冲突视为新兴资产阶级与没落贵族之间斗争的看法,是站不住脚的,"这场冲突或许可以称之为土地阶级内部的斗争……"。革命几乎没有触动整个社会结构,土地贵族依旧统治英国。② 第二,尽管英国率先进行了第一次工业革命并且产生了最早的无产阶级,但当时缺少社会主义理论,而且资产阶级从一开始就依附于贵族。新兴资产阶级与土地精英一度关系紧张,但是在法国大革命和拿破仑扩张的威胁下,双方携起手来,对外抗拒法国,对内镇压工人阶级。第三,到19世纪末,英国建立了一个历史上庞大的帝国,英国社会也由此进入一个延续至今的"矩阵"之中。第四,虽然历经两次世界大战,但是英国都没有被打败或被占领,其社会结构也得以延续。

简而言之,17世纪40年代的革命没有改变英国社会的上层建筑,土地贵族在强大的商业阶层支持下,成为英国最早的、居支配地位的资产阶级。土地贵族的成功也为后来工业资产阶级的兴起设定了限制。尽管工业资产阶级后来赢得了两次适中的胜利,但是他们显得不知所措,丧失了自己的身份。到维多利亚时代晚期和帝国主义鼎盛时期,贵族与资产阶级融合成一个社会集团。另一方面,工人阶级充满激情地、孤立无援地反抗工业资本主义的来临。它处于英国资本主义无可动摇的结构中,无力改变英国社

---

① Perry Anderson, "Origins of the Present Crisis," *New Left Review*, 23 (January – February 1964), pp. 26, 27 – 28.

② Perry Anderson, "Origins of the Present Crisis," *New Left Review*, 23 (January – February 1964), pp. 28 – 30.

会的根本性质。①

在考察了英国资本主义的发展之后，安德森又探析了英国独特的历史所创造的结构秩序。他指出，"今日英国社会的权力结构可以最精确地被描述为极富弹性和无所不包的霸权秩序。霸权被葛兰西定义为一个社会集团对另一个社会集团的支配，不是简单地通过武力或财富的手段，而是经由一个总体的社会权威，其最终的制裁和体现，乃是一种深刻的文化霸权"，"霸权阶级是整个社会的意识、特性和习惯的主要决定者"。安德森认为，英国统治集团的霸权不是通过任何系统和主要的意识形态来表述，而是散布到常见的偏见和禁忌之中，其中的两大毒害就是"传统主义"与"经验主义"。传统主义肇始于埃德蒙·伯克，它是土地阶级天然的意识形态习语，经验主义则忠实地记录了英国资产阶级历史经历之零碎的、不完整的特征，它们紧密结合成一个合法体系，维持现状，制约未来。②

安德森指出，资本主义霸权以一种具体而决定性的方式对工人阶级施加影响。结构性因素以及与之相伴的其他因素在 19 世纪创造出来的无产阶级，带有一种无法消除的社团阶级意识（corporate class – consciousness），几乎不具有霸权意识形态。这个悖论是英国工人阶级最重要的事实。霸权阶级向社会强加自己的目的和观点，社团阶级（corporate class）只能在社会整体中追逐自己的目标。安德森宣称："19 世纪中期以来，英国工人阶级的根本特征就在于一种极端的分离：一方面是强烈的独立身份意识，另一方面是永远无法为整个社会设定目标并强行推行。"在霸权阶级所创造的社会世界中，所有阶级都有固定的位置和固有的生活方式，工人阶级也不例外。③

---

① Perry Anderson, "Origins of the Present Crisis," *New Left Review*, 23（January – February 1964）, pp. 38–39.

② Perry Anderson, "Origins of the Present Crisis," *New Left Review*, 23（January – February 1964）, pp. 39, 40.

③ Perry Anderson, "Origins of the Present Crisis," *New Left Review*, 23（January – February 1964）, pp. 41, 41–42.

安德森批评第一代新左派没有对"英国社会做出任何结构分析",指责他们的人道主义政治观具有"民粹主义"和"前社会主义"特征,象征着"勇气和智力上的重大失败"。[①] 正是这种"民粹主义"特色,致使第一代新左派在政治上的衰竭,也使得它在与劳工右派辩论时,无法将自己思想意识的创造性与修正主义区分开。安德森进而指出,更加毁灭性的是,早期新左派完全没有认识到 20 世纪中期政治生活的重要事实:英国缺乏革命性的社会主义运动,也缺乏这种运动基于其上的革命理论。它的思想倾向决定了它的政治命运。矫正的办法只能来自一种新的思想倾向,即西方马克思主义。[②]

同属第二代新左派的汤姆·奈恩指出,"伟大的英国工人阶级……最终未能主宰和重塑英国社会……在 19 世纪 40 年代之后,它很快变得温顺。它赞成一个又一个温和的改良主义,自觉地从属于资产阶级社会,在主要的运动当中接受最狭隘、最灰暗的资产阶级意识形态"。在英国,马克思主义面临一种独特的环境,无法与工人阶级的真实经历和意识发生富有成效的联系,"如果它不能以这种方式进入意识,它又如何改变意识呢?"奈恩还表示,"所有的工人阶级运动,所有的社会主义运动,都需要'理论'","没有哪个阶级像英国工人阶级那样抗拒理论,也没有哪个阶级像它那样急需理论"。[③]

第二代新左派对英国历史的解读,激怒了汤普森。1965 年,汤普森发表《英国人的特性》一文,对安德森和汤姆·奈恩的论题予以批判。[④] 汤普森引用历史证据证明英国资产阶级的强大,驳斥安德森和奈恩的工人阶级

---

① Perry Anderson, "The Left in the Fifties," *New Left Review*, 29 (January – February 1965), p. 17.

② Wade Matthews, "The Poverty of Strategy: E. P. Thompson, Perry Anderson, and the Transition to Socialism," *Labour / Le Travail*, Vol. 50 (Fall 2002), p. 224.

③ Tom Nairn, "The English Working Class," *New Left Review*, 24 (1964), pp. 44, 57.

④ E. P. Thompson, "The Peculiarities of the English," *Socialist Register*, 1965. 该文后来收录于 1978 年出版的《理论的贫困》一书中。

概念模式，认为这种概念无法正确理解英国劳工运动面临的问题；通过分析革命之后英国的智识生活，汤普森推翻了安德森关于英国人智力低人一等的假定。①

汤普森认为，《新左派评论》撰稿人对英国人民主要是工人阶级采取一种倨傲的态度，他们声称英国工人阶级从来就不知道任何马克思主义，因此，工人阶级的政治成就要么就是改革主义，要么就很弱小；工人阶级的软弱与中产阶级的软弱相得益彰，后者从来就没有成功取代英国贵族，贵族依然统治着英格兰。因此，英国民族需要《新左派评论》的撰稿人，一群马克思主义知识分子，他们能够超越可悲的软弱，提供美好的理论，促进工人积极的行动。毫无疑问，汤普森能够轻易指出这种观点是傲慢的、不充分的。他清楚地表明，马克思影响了英国工人阶级，中产阶级在很大程度上也取代了英国贵族，工人阶级的改革主义不但带来了稳定的结果，同时也导致了激进的结果。②

很快，安德森以长篇文章《社会主义与伪经验主义》做出回应。一开始，他就指出，汤普森"以愤怒的语气谴责了《新左派评论》发表的论述英国社会的历史和理论文章，在20年的公共生活中，还没有哪个团体和个人受到他这种无端的指责……当然，右派对手没有引起这种固有的激情和怨恨。它显然留给了社会主义同胞"，安德森还以一种更加雄辩的风格批评了汤普森在20世纪50年代晚期和60年代早期为新左派刊物撰写的战略性和策略性文章，斥责它们是抽象的、主观主义的、夸张的和缺乏分析的。③就汤普森和安德森的这种争论而言，政治色彩大于学术对话，双方急于表

---

① Susan M. Easton, "A Review of E. P. Thompson's *The Poverty of Theory*," *Studies in Soviet Thought*, Vol. 24, No. 4 (Nov., 1982), pp. 320–321.

② Henry Abelove, "A Review of E. P. Thompson's *The Poverty of Theory*," *History and Theory*, Vol. 21, No. 1 (Feb., 1982), pp. 132–133.

③ Perry Anderson, "Socialism and Pseudo–Empiricism," *New Left Review*, 35 (January–February 1966), pp. 2, 34.

达自己的观点，"缺乏相互理解，甚至带有较为浓厚的情绪"。① 罗宾·布莱克本（Robin Blackburn）在纪念汤普森的文章中提到，汤普森在 1965 年以一种愤怒的方式介入争论当中，让他和其他"新"左派成员感到很吃惊。②

三、向社会主义转变问题

向社会主义的革命性转变问题，也是 20 世纪 60 年代英国新左派争论的焦点。马克思最初乐观地看待英国将在资本主义向社会主义转变过程中发挥的作用，不过，他很快就指出，英国工人阶级缺乏必要的"革命激情"来彻底改变资本主义生产关系，恩格斯则补充了他们缺少"理论感"。但是，马恩并没有明确指出如何实现这种转变。③

1960 年，汤普森在《新左派评论》上发表了《论革命》和《再次革命!》两篇文章④，阐释新左派的政治立场。汤普森批评了工党修正主义以及国际共产主义的意识形态和政治策略。他认为，修正主义者的错误不但在于他们迁就资本主义发展进程的逻辑，也在于他们屈服于"北约意识形态"。这是从道德和政治两个方面向资本的力量屈膝投降。在汤普森看来，一切向社会主义的转变，必然要拒绝北约集团、混合经济以及"贪得无厌的风气"。他指出，资本主义社会的基本矛盾存在于"社会生产资料私人所有制之中"。资本主义社会或许已经有所改变，不过，它只是在有限范围内

① 张文涛：《析 E. P. 汤普森与佩里·安德森之间的争论》，《山东社会科学》2008 年第 11 期，第 58 页。

② Robin Blackburn, "Edward Thompson and the New Left," *New Left Review*, 201（September – October 1993）, p. 5.

③ Wade Matthews, "The Poverty of Strategy: E. P. Thompson, Perry Anderson, and the Transition to Socialism," *Labour / Le Travail*, Vol. 50（Fall 2002）, pp. 218 – 219.

④ E. P. Thompson, "Revolution," *New Left Review*, 3（May – June 1960）, pp. 3 – 9; and E. P. Thompson, "Revolution Again! Or Shut Your Ears and Run," *New Left Review*, 6（November – December 1960）, pp. 18 – 31.

改变而已。投票箱不会自动创造社会主义，社会主义不会自上而下合法产生。因此，任何向社会主义的转变，都不能否定人类意志的作用。①

《革命》一文揭示了当时社会主义策略的困境，提出了向社会主义转变的替代性观点，即重新阐释改革。汤普森所说的改革，会引发冲突而不是达成共识。社会主义的形成涉及"两种生活方式的冲突"，每一次冲突都会强化人民的"政治意识"。当冲突充分展现出阶级权力（class power）赤裸裸的暴力时，就可以引发一场"革命"。不过，汤普森提醒社会主义者，客观经济状态的发展，不会导致这种转折点。财产关系的变化，取决于"人民的意志和意识"。资产阶级生产方式不会因为自身矛盾而瓦解，资本主义堡垒会在底层民众同心协力的"挤压"下坍塌。②

安德森指出，革命在落后地区才有可能，如俄国和中国，但是，在发达资本主义社会，这种策略是不符合逻辑、乌托邦和非历史的。因此，就西欧社会而言，改革——而不是通过起义以暴力方式推翻政府——才是最有效的社会主义策略，而社会民主主义似乎也成为合适的社会主义意识形态。不过，社会民主主义并没有在西方创造出一种后资本主义社会。它不但没有带来社会主义，也没有引起它所在社会出现任何主要的结构变化。③

在安德森看来，社会民主主义的主要缺点是"策略性的"："误解了发达资本主义社会权力的本质及其夺取权力的方法。"社会民主主义的策略是一种错误的意识形式，主要特征在于误以为西方的权力本质与"立法手段"同步。事实上，权力是以市民社会的各种制度作为媒介的各种关系。在英国，它是"一个社会集团对另一个社会集团的永久霸权"。社会民主主义没

---

① Wade Matthews, "The Poverty of Strategy: E. P. Thompson, Perry Anderson, and the Transition to Socialism," *Labour / Le Travail*, Vol. 50 (Fall 2002), pp. 221 – 222.

② Wade Matthews, "The Poverty of Strategy: E. P. Thompson, Perry Anderson, and the Transition to Socialism," *Labour / Le Travail*, Vol. 50 (Fall 2002), pp. 222 – 223.

③ Perry Anderson, "Problems of Socialist Strategy," in P. Anderson and R. Blackburn eds., *Towards Socialism*, Ithaca: Cornell University Press, 1966, p. 233.

有找到权力的中心，关注的是获取议会多数，从而无法沿着社会主义方向改革社会。统治集团散布在市民社会的权力，以及自身设定的目标，都削弱了社会民主主义改变社会的能力。①

安德森认为，真正的社会主义政党必须以一股集权的力量出现，提出一种连贯一致的、整体性的取代方略，并为此目的不懈努力。在西欧，这种集权性政党不能仅仅建立在工人阶级之上，尽管它首先是以工人阶级为基础，它还得吸纳独立的进步知识分子阶层，因为知识分子对政党的意识形态和意识是至关重要的，与此同时，它也得接纳现代工业社会中各种中间阶层，最终在此基础上建构"一种新的历史集团"②。这种社会主义集权性政党是民主的，它的目标不仅仅在选举中赢得多数，而且要创造能够改变社会的历史集团。在发达资本主义社会，权力并不是存在于议会之中的特权，而是与社会结构联系在一起。这意味着资本主义霸权首先扎根于市民社会，因此，必须在市民社会领域打败它，即"把市民社会从资本的控制下解放出来"。最关键的是，这种政党必须改变"人"的意识，而不是仅仅争取选票。只有改变了人们的意识，才有可能实现社会主义——马克思所想象的完整的社会主义。解放人们意识的工作，不仅仅在于反对资本主义社会的宣传媒体，而应当在各个领域展开，尤其是学校、工厂、市镇和大学。这些地方决定了社会主义的成败。因此，"新的历史集团"先改变市民社会，然后再夺取国家政权。③

安德森指出，英国工党与"理想型"集权性政党还有很大差距。这种距离也反映出它没有阐明一种集权意识形态。分析这种差距是"严肃的社

---

① Perry Anderson, "Problems of Socialist Strategy," in P. Anderson and R. Blackburn eds., *Towards Socialism*, Ithaca: Cornell University Press, 1966, p. 235.

② Perry Anderson, "Problems of Socialist Strategy," in P. Anderson and R. Blackburn eds., *Towards Socialism*, Ithaca: Cornell University Press, 1966, pp. 240-242.

③ Perry Anderson, "Problems of Socialist Strategy," in P. Anderson and R. Blackburn eds., *Towards Socialism*, Ithaca: Cornell University Press, 1966, pp. 244-245.

会主义策略"的前提。那么，工党如何才能够变得更加类似于集权性的、大众的社会主义政党呢？在安德森看来，这个问题是一种成功的社会主义策略的关键所在。明确的社会主义策略"寄寓在社会的客观结构，而不仅仅是主观情感之中"。"它必须基于一种连贯一致的阶级分析，明确阐释和区分整个社会，把它视为由具体社会群体构成的整体"。一个霸权性政党必须创造性解读和解释英国社会这个文本，"把工人阶级团结在自己的领导之下，赢得英国永久性的、社会学意义上的大众"。工党需要建立一种"霸权性社会主义意识形态"。这种意识形态的前提条件是英国知识分子。这个阶层对社会主义策略而言是必不可少的，"因为他们是社会意识形态的来源"。因此，社会主义意识形态必须谋求他们的支持。工党不可能在缺少这种社会主义意识形态的情况下，仅仅通过政治或制度方式来挑战资本主义霸权。社会主义意识形态不但要从市民社会各个层面挑战这种霸权，它也必须是康德所说的"哲学人类学"，简单而言，它必须类似于一种"关于人的总体理论"，能够把资本主义干瘪的社会思想远远甩在身后。因此，最终的目标乃是一种具有自身价值、关系和创造性的新文明。①

汤普森和安德森关于"当前危机的起源"的争论，就像一座大山永久性阻隔着第一代和第二代新左派。不过，就他们对社会主义策略问题的分析而言，两人之间的共同点比他们自己承认的要多。② 他们都非常强调意识和观念在向社会主义转变过程中的重要性；都宣称现存社会主义策略之所以失败，关键原因在于它们基于狭隘的社会学和它们的"国家崇拜"。在他们看来，任何充分的社会主义策略，必须诉求工业工人阶级和其他阶级的成员。他们认为，激进的工党是转变的唯一媒介，并且力图提供一种对社

---

① Wade Matthews, "The Poverty of Strategy: E. P. Thompson, Perry Anderson, and the Transition to Socialism," *Labour / Le Travail*, Vol. 50 (Fall 2002), pp. 227 – 229.

② Wade Matthews, "The Poverty of Strategy: E. P. Thompson, Perry Anderson, and the Transition to Socialism," *Labour / Le Travail*, Vol. 50 (Fall 2002), pp. 230 – 231.

会进程的干预，这种干预建立在对人类意志的诉求之上。他们也强调，历史上激进传统的复兴，对于改变潜在的社会主义成员之意识具有重要作用，不过，两人都过高估计了资本主义社会中社会主义改革的稳定性。①

汤普森建构的社会主义策略概念，过于强调意志在向社会主义转变过程中的作用，忽略了结构性障碍。汤普森对意志的强调，基于一个假定：资本主义已经耗尽了其进步和扩张潜力。不过，这是一个错误的假定，汤普森低估了资本主义的力量，也错误地阐释了1945年以来资本主义变化的本质。安德森同样强调意识在转变过程中的作用，在他看来，意识与社会主义概念密切联系在一起，是"任何有意义的社会变化的条件"。由于工人阶级陷入资本主义霸权的囚笼，社会主义知识分子就成为社会变化的最终代理人。这个阶层有义务为真正集权性社会主义政党的出现创造各种条件。而这种集权性政党在把国家制度向着社会主义方向改造之前，首先得在市民社会的缝隙之中改变"人的意识"。不过，安德森对意识的强调同样掩盖了社会主义转变面临的结构性的、明确的障碍。②

四、围绕阿尔都塞学说的争论

自从担任《新左派评论》主编以后，安德森致力于改善英国学术界的"闭塞"状况，把目光转向欧陆，大力介绍西方马克思主义。可以想见，第二代新左派深受阿尔都塞的结构主义马克思主义的影响，他们的研究具有明显的结构主义色彩。20世纪70年代，安德森出版了《从古代向封建主义的过渡》和《绝对主义国家的系谱》两部著作，批评了英国传统的马克思

---

① Wade Matthews, "The Poverty of Strategy: E. P. Thompson, Perry Anderson, and the Transition to Socialism," *Labour / Le Travail*, Vol. 50 (Fall 2002), p. 231.

② Wade Matthews, "The Poverty of Strategy: E. P. Thompson, Perry Anderson, and the Transition to Socialism," *Labour / Le Travail*, Vol. 50 (Fall 2002), pp. 233 – 235.

主义史学观，强调"自上而下看历史"的重要性，强调政治国家视角的优先性、主张普遍性、世界性而不是民族立场，并且重视理论分析。同时，其他一些第二代新左派也批判了第一代新左派的一些观点。[1]

第二代新左派轻视经验、重视理论的做法，引起汤普森等人的强烈不满。作为反击，汤普森于 1978 年出版了文集《理论的贫困》，两代左派之间的论战再度变得激烈。《理论的贫困》由四篇文章组成，其中只有《理论的贫困》一文此前没有发表。在该文中，汤普森主要的批判目标是阿尔都塞学说。

苏共二十大之后，国际范围内和法国共产党内部掀起了马克思主义人道化浪潮，在此背景下，法国哲学家阿尔都塞从捍卫马克思主义学说出发，通过重新解释马克思主义学说的基本思想和理论，力图"清除"马克思主义理论中"不科学"的因素。1965 年，阿尔都塞出版了《读〈资本论〉》和《保卫马克思》两部著作。他提出"人道主义仅仅是个意识形态概念"，不同于科学的概念，它虽然确指一系列存在着的现实，但是不提供认识现实的手段。这种人道主义中的人只是抽象的人，现实的、具体的人是经过结构主义分析的人。[2] 阿尔都塞主张从理论层面理解马克思主义，把理论视为检验自身的标准，这种做法争议颇大。

汤普森在《理论的贫困》一文中声称，他主要关注的是《保卫马克思》和《读〈资本论〉》，因为阿尔都塞的主要观点在这两部著作中得到了阐释。在文章中，汤普森对阿尔都塞及其学说提出了八大批评，并逐一做出了论证。第一，阿尔都塞的认识论是从有限的理论学习过程中生发出来的，缺乏普遍的合法性；第二，阿尔都塞没有明确的"经验"或处理"经验"的

①　赵传珍、刘同舫：《英国文化马克思主义：人道主义与结构主义之辩》，《哲学动态》2011 年第 9 期，第 34 页。

②　参见赵传珍、刘同舫：《英国文化马克思主义：人道主义与结构主义之辩》，《哲学动态》2011 年第 9 期，第 32 页。

办法，他的认识论是马克思主义传统指斥的"唯心主义"思想模式；第三，阿尔都塞将必要的经验对话与经验主义混为一谈，歪曲历史唯物主义的理论实践（包括马克思自己的理论实践）；第四，对"历史主义"的批判在特定方面与对历史主义的反马克思主义批判一致；第五，阿尔都塞的结构主义是关于停滞的结构主义，与马克思自己的历史方法相去甚远；第六，阿尔都塞的理论体系缺乏能够解释冲突或变化——或者阶级斗争——等过程性事件的适当范畴；第七，这些严重的缺陷恰好说明了阿尔都塞为什么会对"经济""需要"等重要范畴保持沉默或者说回避它们；第八，阿尔都塞及其追随者发现他们不能处理价值问题、文化问题和政治理论问题。①

对汤普森来说，阿尔都塞学说之所以在政治上毫无建树，乃是它的"理论至上主义"的直接结果。他认为阿尔都塞学说只是空洞的概念而不是实质性分析，本质上是一种学院主义和简化主义。马克思文本中的人道主义——历史主义含义被剥离了，因为这些内容与科学不符合。尽管马克思作品中存在静态的、非历史的分析，尤其是《政治经济学批判大纲》，但是《资本论》却相反，里面有具体的分析。汤普森质疑阿尔都塞对历史价值和历史研究的拒斥。在汤普森看来，由于阿尔都塞混淆了"经验主义"和"经验"，从而也就无法对历史做出讨论。汤普森也承认，一切对历史的理解都需要使用阶级斗争、冲突等概念，但是，必须让这些概念与现实进行对话，历史知识是在理论和实践中发展起来的。事实上，历史唯物主义的鲜明特征，正是依照对历史进程的观察来提出假定和理论。阿尔都塞轻视人道主义对苦难的关怀，指责它属于中产阶级右派概念，并且会窒息马克思主义科学的发展。阿尔都塞对人道主义的一贯批评态度，促使汤普森把

---

① ［英］爱德华·汤普森著：《论阿尔都塞的结构主义的马克思主义》，张亮译，《马克思主义美学研究》第 2 辑，第 247—248 页。

他描绘成"意识形态警察总监"。①

依照阿尔都塞的看法，历史可以科学地加以理解，这种科学知识必须严格与伦理和政治考虑相分离；所有基于特定利益的知识都是不完备的和扭曲的，是"意识形态"而不是"科学"。科学把资本理解为一种充满矛盾的客观结构。资本主义的历史就是这些结构矛盾的发展，可以抛开人类行动来加以理解。汤普森认为，历史必须被理解为人类活动的产物。资本主义社会不是由资本的内在逻辑决定的，当不同阶级的人们有意识地理解和塑造自身生活时，社会也就有了发展。伦理和政治考虑应当与对这些冲突的分析结合在一起。对汤普森来说，"历史是没有主体的一种进程"的看法，本身就是一种意识形态，一种错误的世界观。②

汤普森认为，阿尔都塞理论反映了冷战时期资本主义社会的稳定性，是异化的体现，在这种异化中，人类的创造性依附于抽象结构；它也是脱离大众政治的知识分子的意识形态。在汤普森看来，阿尔都塞几乎没有对马克思主义历史研究作出贡献，他宣称，"结构主义……是自我异化的理性的最终产物……所有的人类方案、努力、制度以及文化本身，似乎都与人无关，甚至与人敌对，人成为客观事物，成为'他者'，从而也就变成了物"③。

在讨论英国工人阶级时，汤普森使用了"形成"（making）一词，这个词表明了他的倾向：他不是关注客观结构，而是主观的形成过程。汤普森所信奉的马克思主义并没有摒弃其道德和乌托邦梦想，并且也没有放弃人道主义。阿尔都塞清除人道主义和主观主义，崇拜科学和客观性，有点类似斯大林主义的再生。对汤普森来说，这种情况已经远远超出友好批评或

①　Susan M. Easton, "A Review of E. P. Thompson's *The Poverty of Theory*," *Studies in Soviet Thought*, Vol. 24, No. 4 (Nov., 1982), pp. 321 – 322.

②　Jonathan M. Wiener, "Review of Perry Anderson's *Arguments within English Marxism*," *Social History*, Vol. 5, No. 3 (Oct., 1980), p. 455.

③　E. P. Thompson, *The Poverty of Theory*, London: Merlin Press, 1978, p. 345.

妥协的限度。① 结构主义的马克思主义的理论问题，不在于阿尔都塞没有关注证据，而在于它否定人类活动和意识的重要性。阿尔都塞主义从来没有让我们认识到人民在历史中创造事业、做出选择以及构成他们自身存在的意义。毫无疑问，他们是在有限范围内这么做，不过，做出这种限定的结构，从来就不是简单给定的，而是由早先几代人的努力创造并且保存下来的。这是汤普森最有说服力的观点，为他批判阿尔都塞提供了坚实的基础。②

有论者也指出了汤普森的论述存在的问题。首先，汤普森不加区分地拒绝阿尔都塞主义，无视阿尔都塞作品在各学科的使用，如文学、心理分析以及女权主义等领域。即便阿尔都塞本人没有为史学提供什么，他的追随者对历史发展作出的贡献也是不容置疑的。此外，与英格兰相比，法国知识分子赢得了更多的尊敬。汤普森认为阿尔都塞静态研究方法源自马克思《政治经济学批判大纲》中的概念，这种看法也是有疑问的。最后，汤普森过于注重通过冷战背景来描述观念的发展，从而忽略了对观念本身的分析。③

汤普森在《理论的贫困》中表现出来的过激姿态，也受到了批评。美国卫斯理公会大学的亨利·阿别洛夫（Henry Abelove）指出了其中存在的两大不足。第一个是矫揉造作。自从退党之后，汤普森一直有一种痛苦的孤立感，并且也对这种苦恼做了很多描述。另一个就是辱骂。他对阿尔都塞派尤其感到愤怒，称他们是"没有阶级意识的知识分子"，他有时候无法控制自己，进行不必要的侮辱。他也喜好夸大其词，夸张地描述阿尔都塞

---

① Russell Jacoby, "Review of Perry Anderson's *Arguments within English Marxism*," *Theory and History*, Vol. 11, No. 2 (Mar., 1982), p. 253.

② Jonathan M. Wiener, "Review of Perry Anderson's *Arguments within English Marxism*," *Social History*, Vol. 5, No. 3 (Oct., 1980), pp. 457–458.

③ Susan M. Easton, "A Review of E. P. Thompson's *The Poverty of Theory*," *Studies in Soviet Thought*, Vol. 24, No. 4 (Nov., 1982), pp. 322–323.

主义在知识分子当中的影响力，误以为它无处不在。当然，与作为工人阶级史学家以及反抗政治和思想暴政的斗士所取得的成就相比，这些不足之处显得微不足道。①

事实上，汤普森于 1976 年接受《激进历史评论》杂志采访时，谈到了安德森和结构主义。汤普森指出，安德森的历史作品"更多地关注权力和结构，很少关心文化和内在经验"，并且宣称"我决不是全盘批判结构主义的马克思主义。马克思主义者也可以是结构主义者。当人们谈论一个社会时，只有从整体出发，它的各组成部分才能得到理解。事实上，如果你们看看《英国工人阶级的形成》'论剥削'一章，你会看到那是一种结构主义表述。因此，我对阿尔都塞及阿尔都塞模式的理论批判，与对结构主义的批判是两回事"。汤普森还表示，"我把安德森视为一位同志，一位有能力、有才华和建设性的思想家，他并不是一位阿尔都塞主义者。他采纳了阿尔都塞的一些概念和模式，不过，他与阿尔都塞并不属于同一种思想体系。"在汤普森眼中，"阿尔都塞的作品是理念论的变种或显而易见的发展，它用了马克思的一些概念，但是力图完全阻断经验对话或对这些概念的经验批判。它属于一种神学，不过，神学与我所想到的马克思主义主要传统之间，很少有共同之处"。阿尔都塞的认识论排除了概念与经验证据之间的基本对话。他阐发出一种总体的认识论，抛弃了理论接受经验批判的可能性。把这种批判统统斥为"经验主义"或"历史主义"，这对于马克思主义传统而言是危险的。②

当然，安德森和《新左派评论》并没有无条件地赞同甚或接受阿尔都塞的马克思主义学说。安德森的《论西方马克思主义》（1976）一书在提到

---

① Henry Abelove, "A Review of E. P. Thompson's *The Poverty of Theory*," *History and Theory*, Vol. 21, No. 1 (Feb., 1982), pp. 141-142.

② M. Merrill, "An Interview with E. P. Thompson," in H. Abelove *et al* (eds.), *Visions of History*, Manchester: Manchester University Press, 1983, pp. 17-18.

阿尔都塞时，采取了一种批判性立场；《新左派评论》也发表一系列关于阿尔都塞哲学、历史理论以及政治学的批判文章。

在《英国马克思主义内部的争论》（1980）一书中，安德森对汤普森的批评做出了回应。这部著作对汤普森及其作品进行广泛的、权威性的、博学的、通常也是宽容大度的分析。通过讨论汤普森对阿尔都塞的指责，安德森不但驳斥了汤普森的许多指控，还表明这些指控不但不充分，而且很狭隘。[①] 为了证明阿尔都塞主义是一股思想力量，并且启发了"大量的文献"，安德森列举一系列著作来证明这一点。不过，在他所列举的目录中，历史作品很少。尽管如此，结构主义还是大受欢迎，它注重理论宣传，为许多学科提供了新词汇。它尤其受到社会学家、政治科学家以及文学理论家的青睐。其中的原因一方面在于它抨击"历史主义"，另一方面在于它所承诺的明晰性、严密性和科学性。[②]

美国学者拉塞尔·雅各比（Russell Jacoby）指出，在《英国马克思主义内部的争论》中，安德森急于清除阿尔都塞身上的斯大林主义印迹，但是他并没有很好地做到这一点。因为问题不在于阿尔都塞对斯大林的同情，而在于他的马克思主义与僵化的正统学说联系在一起。安德森在作品中一直对汤普森表示出敬意，一开始就声称他是"当今最好的社会主义作家"，在结尾处也主张结束以往的争论。不过，雅各比认为安德森表现出的这种冷静的友好姿态，有可能掩盖甚至体现了权力和轻蔑。因为汤普森始终觉得，安德森的合情合理是踩在自己身上做出的一种姿态，因此，我们不难理解他在文章中表现出来的尖刻态度。[③]

[①] Susan Magarey, "That Hoary Old Chestnut, Free Will and Determinism: Culture vs. Structure, or History vs. theory in Britain," *Comparative Studies in Society and History*, Vol. 29, No. 3 (Jul., 1987), p. 632.

[②] Russell Jacoby, "Review of Perry Anderson's *Arguments within English Marxism*," *Theory and History*, Vol. 11, No. 2 (Mar., 1982), p. 256.

[③] Russell Jacoby, "Review of Perry Anderson's *Arguments within English Marxism*," *Theory and History*, Vol. 11, No. 2 (Mar., 1982), pp. 254 – 255.

1980 年，汤普森在《新左派评论》上发表的《关于灭绝主义的笔记：文明的最后阶段》一文，标志着他与安德森以及前阿尔都塞派的某种和解。①

五、本章小结

爱德华·汤普森与英国共产党的决裂，在他身上留下了永久性创伤。此后，他对所有与自己意见相左的马克思主义分析和实践心存疑虑，时刻准备侦查潜伏在欧洲马克思主义理论新发展中的"斯大林"。不过，汤普森并没有放弃社会主义的未来，而且批评其他一些人脱离共产党之后放弃社会主义事业。他宣称："1956 至 20 世纪 60 年代早期，我和其他几位同志肯定了我们的普遍忠诚，不是向作为制度或意识形态的共产党，而是向具有人道主义倾向的共产主义事业。"②

汤普森是一位马克思主义者，不过，他讲得很清楚，他的马克思主义不是一种"神学"，不是封闭的体系，也不是完美的知识。相反，他的马克思主义是一种"传统"，在某种程度上由马克思本人建立的传统，可以依据经验加以修正，同时也需要某些改善。其中亟须改善的一个地方，就是词汇表：在这种词汇表中，"道德选择"和"意志"应当得到充分讨论。③

与英国其他许多马克思主义史学家一样，汤普森声称自己"反对经济主义和简单化的经济决定论"，希望"把更丰富的文化范畴引入历史学"。同时，他也坚持历史唯物主义，"这就是说我并不认为事物的发展是随心所

---

① Andrew Milner, "E. P. Thompson 1924 – 1993," *Labour History*, No. 65 (Nov. , 1993), p. 217.

② 参见 Susan Magarey, "That Hoary Old Chestnut, Free Will and Determinism: Culture vs. Structure, or History vs. theory in Britain," *Comparative Studies in Society and History*, Vol. 29, No. 3 (Jul. , 1987), p. 628。

③ Henry Abelove, "A Review of E. P. Thompson's The Poverty of Theory," *History and Theory*, Vol. 21, No. 1 (Feb. , 1982), p. 141.

欲的。历史的发展要受物质因素的限定……我所反对的是绝对的决定论"①。以汤普森为代表的马克思主义史学家的这种立场，事实上也是坚持了马恩的看法，恩格斯就明确反对过绝对的"经济决定论"。恩格斯指出："……根据唯物史观，历史过程中的决定性因素归根到底是现实生活的生产和再生产，无论马克思或我都从来没有肯定过比这更多的东西。如果有人在这里加以歪曲，说经济因素是唯一决定性的因素，那么他就是把这个命题变成毫无内容的、抽象的、荒诞无稽的空话。"②

作为史学家，汤普森的研究采取了一种历史主义的方法，强调经验事实、主体意识和个体特征，不太重视理论、模式和整体结构。在汤普森看来，结构主义是对历史探究的一种障碍，而且他始终对理论体系持有一种怀疑和排斥态度。安德森则相反，他的结构主义马克思主义更强调结构、模式和共时性等因素，但忽略了个体和特殊性。由于两人在方法上存在显著的差异，他们在关于一系列问题的看法上出现分歧，并引发了新左派内部激烈的争论。毫无疑问，要想对社会历史进程做出合理的分析，就得结合历史主义和结构主义这两种方法，把微观考察与宏观概括融为一体。③

英国新左派内部之争不仅仅是学术上的争鸣，也是英国马克思主义内部两条理论路线与政治实践的探索。④ 英国新左派重启了马克思主义中的人道主义之争，从而为社会主义者拓展出一个空间，使得他们能够从斯大林主义的形式主义中挽救出马克思作品中一切富有生机与活力的内容。⑤ 迈克

① 刘为：《有立必有破——访英国著名史学家 E. P. 汤普森》，《史学理论研究》1992 年第 3 期，第 110 页。
② 《马克思恩格斯选集》第 4 卷，人民出版社 2012 年版，第 604 页。
③ 乔瑞金、师文兵：《历史主义与结构主义——英国新马克思主义哲学探索的主导意识》，《哲学研究》2005 年第 2 期。
④ 赵传珍、刘同舫：《英国文化马克思主义：人道主义与结构主义之辩》，《哲学动态》2011 年第 9 期，第 35 页。
⑤ ［英］保尔·布莱克雷治著：《道德和革命：英国新左派中的伦理论争》，林育川等译，《现代哲学》2007 年第 1 期，第 28 页。

尔·肯尼在谈到新左派留给当代的遗产时指出，新左派运动最早期出现的一些观念已经变成文化研究、社会学和政治理论发展中的重要主题，新左派引入英国左派政治想象中的一些主题和问题，再次成为一些左派知识分子和政治家的关注焦点。①

---

① 张亮：《英国新左派运动及其当代审视——迈克尔·肯尼教授访谈录》，《求是学刊》2007年第 5 期，第 8 页。

第十一章 拉斐尔·塞缪尔：
"人民的史学家"

  拉斐尔·塞缪尔（Raphael Samuel，1934—1996）是一位社会史学家和文化史学家，一生致力于拓宽史学研究的领域，反对学院化史学，非常注重大众的视角和经验，他对英国新左派运动和历史研究的民主化产生了重大影响。[①] 斯图尔特·霍尔认为，拉斐尔·塞缪尔是"他那个时代最杰出、最具创造性的知识分子之一"[②]，与霍布斯鲍姆和克里斯托弗·希尔相比，他的著作并不多，他的名声并不是建立在丰富的著述上，而是"建立在思想的创造性和独特性上，建立在他几乎终生为之奋斗的史学民主化的事业上"[③]。身为历史学家，拉斐尔·塞缪尔最为人熟知的角色在于，他是早期历史工场运动（History Workshop movement）和《历史工场》杂志的动力，

---

  ① 国内学界关于拉斐尔·塞缪尔的研究成果，主要有沈汉《纪念英国左翼史学家拉斐尔·萨缪尔》，《史学理论研究》1998 年第 1 期；贺五一《新文化视野下的人民历史：拉斐尔·萨缪尔史学思想解读》，社会科学文献出版社 2012 年版；《英国的历史工场运动》，《历史教学》2008 年第 20 期；《从社会史到新文化史：拉斐尔·萨缪尔对人民历史的诠释与书写》，《中国石油大学学报》2019 年第 1 期；贺五一、聂小蓬《拉斐尔·萨缪尔论英国的民族认同》，《合肥工业大学学报》2018 年第 5 期。

  ② Stuart Hall, "Raphael Samuel: 1934 – 96," *New Left Review*, 221（1997）, p. 119.

  ③ 贺五一：《新文化视野下的人民历史：拉斐尔·萨缪尔史学思想解读》，社会科学文献出版社 2012 年版，第 2 页。

另外，他的口述史和地方史研究以及在大众文化和公共史学方面的开拓性工作，也引起了广泛的关注。

一、早年活动

拉斐尔·塞缪尔1934年12月出生在伦敦一个犹太人家庭。拉斐尔的母亲是一位很有天赋的音乐家和作曲家，也是忠诚的共产党活动分子；姨父奇门·阿布拉姆斯基（Chimen Abramsky）是一位俄国移民，犹太社会主义史学家，他论述第一国际的著作，是关于国际工人运动的早期重要研究之一。拉斐尔经常与姨父在一起，吸收后者的政治和理论知识。这种家庭环境让拉斐尔很早就了解到共产主义文化。除了这种丰富的家庭文化遗产之外，他有幸在汉普斯特德（Hampstead）的阿尔弗雷德国王中学接受教育，该校善于发现和鼓励优异的孩子，这为拉斐尔的成长创造了有利的外部条件。

1952年，拉斐尔顺利进入牛津大学贝利奥尔学院学习近代史，师从克里斯托弗·希尔，1956年以优异成绩毕业。拉斐尔是牛津大学一小群年轻的大学生党员中的重要人物。这些人毫不掩饰对共产党的政治忠诚，他们既自我疏离，又引起了注意。斯图尔特·霍尔不无夸张地指出，"拉斐尔既是牛津大学政治舞台上的被遗弃者，也是其灵魂人物……如果没有拉斐尔某种程度的间接参与，牛津就不会发生任何重要的事情"[1]。在大学期间，拉斐尔加入了"共产党历史学家小组"。对他来说，这个团体的一大特色就是相对的平等，即年轻人与老年人、男性与女性、外来移民与本土居民、工人与知识分子之间的平等，这与广大英国社会的等级制形成强烈反差。[2]

---

[1] Stuart Hall, "Raphael Samuel: 1934-96," *New Left Review*, 221 (1997), pp. 119-120.

[2] Robin Blackburn, "Raphael Samuel: The Politics of Thick Description," *New Left Review*, 221 (1997), p. 134.

1955 年，政治氛围开始解冻，这种情形对牛津的政治产生了很大影响，让独立左派①与拉斐尔等人之间的对话更自由，也更开放。这种争论的一个主要平台是社会主义俱乐部（the Socialist Club）。在这个圈子中，早就有人提议创办一份杂志来推进上述激进的辩论，这种想法也得到拉斐尔的大力支持和鼓励。1956 年夏，英法入侵苏伊士运河区以及苏联干涉匈牙利事件，在英国"左派"知识分子中间引起了一场地震，前者表明帝国主义时代并没有消亡，后者体现了斯大林主义的某些问题。拉斐尔的整个政治世界也坍塌了，后一事件对他以及其他英国马克思主义史学家的影响尤其巨大。拉斐尔很快做出了反应，即退出共产党，不过共产主义文化在他身上的烙印一直没有褪去。在共产党著名的史学家群体中，只有霍布斯鲍姆和老一代成员留在了党内。②

1956 年的危机和剧变并没有让拉斐尔消沉和退却，而是促使他从事激进而出色的活动。1957 年春，《大学与左派评论》创刊，刊物的编辑是两位前共产党员拉斐尔和皮尔逊以及两位独立社会主义者，即斯图尔特·霍尔和查尔斯·泰勒。以《大学与左派评论》为核心的第一代新左派，背后有一个更大的"左派"群体，杂志的编辑只是其代表人物而已。在与汤普森的《新理性者》合并之前，拉斐尔就是这个群体的机车头、政治发动机和精神动力。他的政治意志、决心和能量是无穷的。在杂志第一期出版时，他说服出版商印刷了几千份，也提出在伦敦召集杂志的读者会议，并且做出了相关安排。

《大学与左派评论》的编辑经常集会讨论一些问题。杂志的创刊发行，既象征也引领英国左派思想的关键性转变，马克思的一些早期作品以及欧洲文化马克思主义思想家（比如卢卡奇）作品的英译，也加强了这种转变。

---

① 他们从未加入共产党，同时是坚决的反斯大林主义者。
② 关于 1956 年危机对英共和英国共产党史学家群体的冲击及其激起的反应，可以参见初庆东《苏共二十大与英国共产党历史学家小组的嬗变》，《史学理论研究》2012 年第 2 期，第 70—78 页。

杂志试图在政治、社会和文化讨论之间进行一种令人印象深刻的综合。尤其在拉斐尔的影响下，杂志还推动了全国范围的新左派运动——以伦敦和大多数地方主要城市的俱乐部和咖啡馆的松散聚会为基础。拉斐尔还构想了一种以咖啡为基础的泛左派文化。咖啡馆是令人激动的聚会场所，与1958年作为大众运动的核裁军运动的出现具有政治关联。新左派开了自己的咖啡馆，作为青年左派的碰面地点，这种做法很成功，但是从经济上而言，这是一场灾难，后来只得关门大吉。与此同时，杂志毫无必要地与汤普森负责的《新理性者》竞争。1960年，两份杂志合并，《新左派评论》诞生。在《新左派评论》编委会中，前《大学与左派评论》的成员与《新理性者》带来的观念存在冲突，汤普森与霍尔之间也存在个人对立。一开始，《新左派评论》也无力摆脱经济困境，直到富有的知识分子佩里·安德森出手相助。随后，安德森接管杂志。1962年春，拉斐尔也被迫离开。作为一场运动的新左派就此结束了。①

对拉斐尔而言，1962年是一个转折点。这一年，他开始在牛津大学罗斯金学院担任教职（直到1996年去世）。在当时，罗斯金学院本质上依旧是工人的大学预科（pre-university）学院，它在英国成人教育史上占据一个重要的位置。该学院成立于1899年，是以维多利亚时代著名批评家和教育家约翰·罗斯金（John Ruskin，1819—1900）的名字命名。它被有意设计成为工人阶级的机构，其明确的意图是"通过教育工人来实现社会变革"。拉斐尔面对的，主要是来自工会和劳工运动的大龄学生，他们通常从事各种艰辛的体力劳动，这些经历塑造了他们的身体和精神。② 这就为拉斐尔领导的历史工场运动提供了土壤和契机。

---

① Paul Thompson, "Raphael Samuel 1934-96: An Appreciation," *Oral History*, Vol. 25, No. 1 (Spring 1997), pp. 31-32.

② Sophie Scott-Brown, *The Histories of Raphael Samuel: A portrait of a People's Historian*, Canberra: ANU Press, 2017, pp. 100, 99.

二、历史工场运动

拉斐尔在牛津大学罗斯金学院的教学活动，为英国左派史学研究作出了开拓性贡献。他关注人民的历史：一种自下而上的因果解释，其中工人群众的真实经历是探究的核心。历史工场正是这种方法的组织机构，尽管它当时并没有获得学校权力机构的承认，也不为文化权威所认可。① 不过，它最终会获得巨大成功并产生深远影响，对学院史学造成冲击，为人民的历史开辟一片新天地，并且指引英国社会史和文化史的发展。

"历史工场"于 1967 年诞生于牛津大学罗斯金学院，是工人—史学家和全职的社会主义研究者的松散联合，也是对考试制度和成人学生所遭受的羞辱的反击。它试图在一种有限范围内创造一种替代性教育活动，鼓励罗斯金学院学生——男男女女的劳动者，主要来自劳工和工会运动——从事研究活动，建构他们自己的历史。历史工场的生命开始于一次非正式的讨论会，主题是"19 世纪英格兰的乡村"。不过，依据拉斐尔的说法，历史工场在存在几周之后差点夭折，因为（学院）领导很生气，原因在于，学生倾听相互之间的谈话而不是讲座，并且关注与考试大纲不太相关的问题。在随后几年，鼓励更多参与和合作的工作方法的努力，遭到更强烈的反对。②

因此，历史工场的工作一开始是私下进行的。1970—1974 年间发表的小册子旨在开辟历史的新领域；它们都是非正式的学生项目。从某种程度而言，它们是教学练习，旨在祛除研究过程的神秘性，引导学生进行写作

---

① Joseph Maslen, "The Personal Politics of Raphael Samuel," *Biography*, Volume 33, Number 1 (Winter 2010), pp. 210 – 211. 国内学界对历史工场的讨论，参见贺五一《英国的历史工场运动》，《历史教学》2008 年第 20 期，第 75—79 页。

② Raphael Samuel, "On the Methods of History Workshop: A Reply," *History Workshop*, No. 9 (Spring 1980), p. 163.

活动。历史工场倾向于地方研究和工作场所研究，部分原因在于当时开展活动的环境并不乐观，没有经费来源。这也是阶级意识的某种表达，从智力上而言，也是通过男男女女劳动者的大量反思来建构历史解释的一种尝试。历史工场赋予经验一种特权地位，因为在教育上长期被剥夺权利的成人学生，尤其有利于论述工业和工人阶级历史的许多方面。拉斐尔大力强调原始材料的使用，以此摆脱学院派（academically – generated）视角的束缚。从一开始，工场就带有一种明显的社会主义气息。劳工史是早期工场的主要关怀，它力图将劳动过程——"生产时刻"的阶级斗争——置于探究的中心而不是被人遗忘的边缘。换言之，它试图挑战主要的制度偏见——这种偏见塑造了英国劳工史的发展，最糟糕的是，这种偏见有可能将劳工史简化为领导阶层的争吵和组织发展的历史。①

　　毫无疑问，历史工场是有政治姿态的。在宪政史主导史学、历史课程很少为任何类型的社会史提供机会的情况下，"让历史的边界更贴近人民的生活"的做法，绝不是一种中立的行动。从政治上而言，历史工场是由20世纪60年代晚期英国和欧洲共同经历过的一系列左派运动塑造的，尽管它在这些运动的潜能爆发出来之前就存在了。罗斯金学院对工人战斗性的高涨尤为敏感。它对1968年学生反叛做出了反应，事实上，在巴黎五月事件前几天，学院举行了罢工活动。稍晚时候的妇女运动也对历史工场产生了政治影响。英国第一次全国妇女研讨会是在罗斯金学院举行的。②

　　在拉斐尔看来，历史工场将核心地位赋予"真实的生活经历"，这是一系列原因造成的。首先，历史工场的最初支持者主要是工人—作家，他们所带来的，不仅仅是研究成果，也是个人生活史的成果。其次，20世纪60

---

① Raphael Samuel，"On the Methods of History Workshop: A Reply," *History Workshop*, No. 9 (Spring 1980), pp. 163 – 164.

② Raphael Samuel，"On the Methods of History Workshop: A Reply," *History Workshop*, No. 9 (Spring 1980), p. 164.

年代中期流行的微观社会学以及社会和文化人类学的重要影响，后者强调直接观察，关注地方和家庭，力图为日常生活事物提供一种理论和文化维度。最后，对当时马克思主义关于意识形态和意识的讨论的强烈不满，也让人们准备去尝试一下其他的解释范畴。[①]

历史工场一开始并没有关注马克思主义理论，不过，拉斐尔·塞缪尔指出，"马克思主义概念无疑为我们提供了一个基本出发点，尤其是我们赋予核心地位的阶级斗争……马克思主义是我们之间的一条共同纽带。尽管我们没有将马克思主义问题化……我们所做的，就是重建马克思主义思想与现实之间的联系"。拉斐尔等人没有关注整个"发展规律"，也没有将整个人类的历史作为研究领域，而是关注相对有限的领域：19 世纪和 20 世纪的资本主义。拉斐尔宣称："我们是战斗的唯物主义者。密切关注工业和经济问题，我们把大量精力集中于生产中的劳工史——工作场所生产的物质条件，以及生产得以组织起来的社会关系。"到发行《历史工场》时，马克思主义潮流在历史工场内部得到了很大程度的巩固，这从编辑声明和第一期文章的内容可以得到证实。刊物有意将人民的历史、女权主义历史与更传统的马克思主义的资本主义研究结合在一起。[②]

拉斐尔明确指出，历史工场标志着与更正统的历史模式的决裂。首先，历史工场有意要摆脱研究型研讨班（research seminars）的惯例和冷淡。在历史工场，很多成员来自大学之外，讨论也是在拥挤嘈杂和充满烟味的空间进行的。这种环境自然创造了某种程度的非正式性。而且历史工场总是政治性的场合，参加者总是不那么安分，质疑一切类似于权威的事物。其次，历史工场代表着历史实践的民主化。拉斐尔指出，他们尽量让陈述公

---

① Raphael Samuel, "On the Methods of History Workshop: A Reply," *History Workshop*, No. 9 (Spring 1980), pp. 165 – 166.

② Raphael Samuel, "On the Methods of History Workshop: A Reply," *History Workshop*, No. 9 (Spring 1980), pp. 166, 167.

开化和易于理解，避免学术派系似的争论，也扩大历史作者和研究者的数量，并且证明职业史学家并没有垄断历史写作和研究。历史工场的许多陈述（研究成果）来自史学新手，他们与更有经验的研究者分享着讲坛。拉斐尔对大学中马克思主义的晦涩性和封闭性——未能面向更广大的社会主义大众——表示了不满。再次，历史工场宣称真理是派系性的，是思想斗争的一种武器。历史工场的编辑们大胆说出了自己的信念，将他们的工作与劳工运动、女权主义以及其他社会主义团体联系在一起。因此，历史工场不仅存在于史学领域，也存在于政治领域。最后，历史工场尽量让史学家更具现在意识（present－minded），从而让历史（the historical）这个概念也能够包含对当代现实的感受。拉斐尔开创的历史工场挑战了横亘在过去与现在之间的障碍，这种障碍是兰克史学革命的主要遗产之一，兰克史学的这种区分削弱了对过去的研究，也限制了对当下的批判性理解。历史工场通常以当下作为出发点，采取"回溯性"研究方法。拉斐尔·塞缪尔等人不但大量利用关于过去的鲜活记忆来解释过去的文献，而且尝试着对当下做出一种历史的理解。[①]

历史工场运动很快在英国各地展开。到20世纪70年代中期，地方"工场"也成为大众历史景观的重要组成部分。历史工场的活动包括举办年会、发行小册子、出版文丛、创建《历史工场》杂志以及建立伦敦和牛津中心。历史工场的年会（尤其在早期）很热闹，是历史爱好者的盛大节日，参加者有时候多达几百人甚至上千人。出版的丛书有：《乡村生活与劳工》（1975）、《矿工、采石工和盐工》（1977）、《人民的历史与社会主义理论》（1981）、《文化、意识形态和政治》（1982）以及《妇女史中的性别和阶级》（1983）等。

1976年，《历史工场》杂志创刊，刊物的副标题为"一份社会主义史学

---

① Raphael Samuel, "On the Methods of History Workshop: A Reply," *History Workshop*, No. 9 (Spring 1980), pp. 167－169.

家的杂志",1982 年春,副标题改为"一份社会主义和女性主义史学家的杂志"。拉斐尔·塞缪尔是当仁不让的编辑之一。创办该杂志的目的,在于推广历史工场的工作,更加有规律和永久性地表达这种工作。与历史工场、它的小册子以及出版的著作一样,杂志的宗旨也是要让历史更接近人民的生活。

《历史工场》杂志决心让史学研究成为一种更加民主的活动和更加迫切的关怀。编辑们宣称,史学是灵感和理解的一种来源,它不仅仅是解释过去的方式,也是考察当下的最好的批判性视角。在他们看来,史学应当成为公共财产。一种开放和民主的知识要求史学家做出更多工作:对历史进程做出更复杂的理解,在处理材料时更谨慎,在拓宽探究的领域时更大胆,更加努力地达到表述的明晰性。①

这份杂志的社会主义立场体现在内容和呈现的方式上。编辑们希望杂志得到被正规教育排斥在外的人们的阅读。因此,他们强调刊物内容的明晰性和易懂性。杂志的这种社会主义决定了编辑们关心以往的普通人,他们的生活、工作、思想和个性,以及他们阶级经历的背景和影响因素。同时,也决定了编辑们关注资本主义。这种社会主义也要求讨论和发展历史中的理论问题,促使编辑以及刊登的文章批评那些强化英国社会权力结构和不平等的历史和社会学研究,并且与资产阶级学者进行批判性和建设性辩论。杂志的编辑们汇聚一堂是因为对社会主义事业的忠诚,对历史现状的不满,对另一种不同史学类型的信念,他们希望杂志有助于史学的革新。②

拉斐尔后来对《历史工场》的这种社会主义立场做出了解读。他认为,编辑们一开始宣称将杂志办成"社会主义"史学家的刊物,这种姿态更多体现出编辑们个人的政治忠诚,而不是让杂志重点关注作为一种历史运动

---

① Editorial Collective, "Editorials," *History Workshop*, No. 1 (Spring 1976), p. 2.
② Editorial Collective, "Editorials," *History Workshop*, No. 1 (Spring 1976), p. 3.

或当代政治实践的社会主义。从一方面而言，早期杂志可以被视为将劳工
史扩展到更广阔的领域；另一方面而言，它尝试对 20 世纪 60 年代左转所带
来的自由的和反权威的主题进行历史解释。"它是对当代政治中陌生内容的
一种集体理解，对我们认为理所当然的许多事物的一种质疑……社会主义
成为一种无法避免的关注点，我们不是将它视为一种有待发现的遗产，或
有待重申的传统，而是作为一种需要做出解释的现象，社会主义不能被视
为理所当然的"。①

后来，随着政治文化的右转，以及左派做出的不同的、支离破碎的反
应，一种公开的社会主义倡议难以为继。1995 年，杂志的编辑们决定取消
社会主义和女权主义副标题，因为一些作家包括编辑宁愿以其他事物来自
我界定，也由于政治环境发生了翻天覆地的变化。② 杂志的这些变化招致了
很多批评。③基思·弗莱特（Keith Flett）认为，《历史工场》抛弃以前副标
题的做法，体现了左派对斯大林主义崩溃之后的变化前景持悲观主义态度。
早先受人欢迎的对工人阶级历史和运动的关注以及与政治活动的直接联系，
现在基本上消失不见了，对"工人史学家"的承诺也一起消失了，取而代
之的是对后现代思想的兴趣。历史工场和《历史工场》杂志成为左派当中
各种流行的观念的战场。④ 甚至有人抱怨《历史工场》成为野心勃勃的学院
派的另一种工具。⑤

不管怎样，这些早期的历史工场运动以及杂志的关怀，通过重建大众

---

① Raphael Samuel and Gareth Stedman Jones, "Ten Years after," *History Workshop*, No. 20（Autumn 1985）, p. 2.

② Editorial Collective, "Change and Continuity," *History Workshop Journal*, No. 39（Spring 1995）, p. iii.

③ Keith Flett, John Gorman, Ian Hughes and G. D. Herbert, "Changing Names," *History Workshop Journal*, 40（1995）, pp. 270 – 272.

④ Keith Flett, "Obituary: Artisan of History," *Socialist Review*, Issue 204（January 1997）. http: //pubs. socialistreviewindex. org. uk/sr204/samuel. htm.

⑤ 参见 Dave Russell, Raphael Samuel, "History Workshop and the Value of Democratic Scholarship," *Popular Music*, Vol. 16, No. 2（May 1997）, p. 218。

反抗运动和被忽视群体的生活经历，从而拓宽了历史实践的范围和参与群体，从根本上改变了晚近英国历史书写的主题和文化，而拉斐尔在其中扮演了至关重要的角色。

三、拉斐尔·塞缪尔与英国的口述史

就英国而言，口述史也是历史实践"民主化"的一个重要组成部分。拉斐尔是英国口述史的关键性开拓者和支持者，对英国口述史的发展作出了重要贡献。

英国口述史的独特之处在于：首先，它的主要关注点在于发掘出更多没有文献记载的工人阶级和少数群体的生活；其次，作为采访者和受访者，各种人都可以积极参与其中，收集他们自己的历史。口述史不仅仅是学院史学家用来研究的另一种方法，也是整个英国草根层面正在进行的一种活动。它让学院之外的人们直接参与过去，并且真正对过去的魅力产生兴趣，因为那是他们自己的过去。因此，与其他历史材料不一样，各种类型的人都可以接触到口述史。事实上，在英国，口述史从一开始就想着发掘更多工人阶级的经历，受社会主义思想和社会主义学者的影响很大，而对精英的口述史研究很少，这恰好与美国的口述史研究形成鲜明对比。尽管并非所有的口述史史学家都是社会主义者，但是，这种主要的观念——口述史是发现更多关于过去的男女劳动者生活的一个重要来源——一直很强劲。此外，女权主义者也广泛接受口述史，将之视为寻找更多关于各行业妇女往昔生活的重要手段。[①] 由此观之，一些保守派和学院派怀疑口述史，而拉斐尔·塞缪尔和约翰·萨维尔等人倡导口述史的立场，就很容易理解了。

拉斐尔的口述史实践开始于 20 世纪 60 年代末期。1969 年，拉斐尔参

---

① Diana Gittins, "Let the People Speak: Oral History in Britain," *Victorian Studies*, Vol. 26, No. 4 (Summer 1983), pp. 441, 432.

加了英国口述史史学家首届大会，他也是 20 世纪 70 年代初期成立的口述史学会的创始会员。此后，他与口述史学会、《口述史》杂志以及保罗·汤普森（Paul Thompson）和约翰·萨维尔等人一起，为口述史的重要性得到承认而奋斗。1972 年《口述史》创刊，拉斐尔为早期的《口述史》撰写了两篇文章。一篇是通过录音整理的《记录的危险》。就如何将口头语转化为书面材料而言，该文是最好的论述之一。在第一次口述史研讨会上，他就社区史和海丁顿矿场（Headington Quarry）做了一次重要讲演，演讲文后来也发表在《口述史》杂志上。该文的最终版本后来又收录在他编辑的《乡村生活与劳工》（1975）一书中，它是口述史乡村（社区）研究的经典之作。[①] 事实上，《乡村生活与劳工》中许多文章以一些口述材料考察了矿工的生活、农村经济的收成以及乡村女孩的劳动生活。从某种程度而言，它是口述史的一次练习。

1973—1979 年间，拉斐尔对伦敦东区曾经的混混亚瑟·哈丁（Arthur Harding）进行访谈，《伦敦东区底层社会》[②]（1981）就是根据录音整理出版的口述史著作。在 1980 年阿姆斯特丹口述史讨论会上，拉斐尔也饶有兴致地谈到采访这么一个职业骗子的种种困难。拉斐尔原计划将哈丁的回忆录分两卷出版，并且做出充分的评注，可惜第二卷未能完成。现在大家看到的只是对哈丁的陈述的编辑，以及拉斐尔写的导论。我们从中可以看到拉斐尔是如何通过自己的问题来塑造哈丁的陈述的。《伦敦东区底层社会》既是引人注目的，也是富有价值的：一个窥视隐秘世界的少有窗口，同情而具有批判性，它正好体现了拉斐尔所赞成的社会史类型。[③] 这部作品为家

---

① Paul Thompson, "Raphael Samuel 1934–96: An Appreciation," *Oral History*, Vol. 25, No. 1 (Spring 1997), p. 34.

② Raphael Samuel, *East End Underworld: Chapters in the Life of Arthur Harding*, London: Routledge & Kegan Paul, 1981.

③ Paul Thompson, "Raphael Samuel 1934–96: An Appreciation," *Oral History*, Vol. 25, No. 1 (Spring 1997), p. 34.

庭关系、犯罪世界以及相当长一段时间内社会的变化提供了大量材料和见解。这类著作的真正价值，在于它们对人民的生活态度和生活方式的认识。它们不仅可以填补由于文献缺乏而留下的空白，也提供了一种替代性视角，取代中产阶级观察家和官方材料的叙述。①

拉斐尔也参与了 1987 年在牛津大学召开的国际口述史学会（主题是"神话与史学"）的组织工作，后来又与保罗·汤普森编辑会议文集，即1990 年出版的《我们赖以为生的神话》。这一时期，他对记忆很着迷，他发表的具有自传性的文章比如论述共产党历史的作品，以及他生前最后一部著作《记忆剧场：当代文化中的过去与现在》（1994）证明了这一点。斯图尔特·霍尔指出，《记忆剧场》是关于大众生活和习惯的著作，拉斐尔在作品中捍卫各种形式的"大众历史和记忆"，带有一种固执而好斗的平民主义，这是他对"大众"的各种"运动"持更加同情和开放态度的产物。②

在拉斐尔看来，口头材料/口述史对于历史研究而言是不可缺少的。首先，通过使用口头材料或者在生动的记忆的帮助下，史学家可以绘制出新的图景。口头材料可以避免书面文献的一些不足。有一些事实是记录在老年人的记忆中而不是别处，只有他们才能够向我们阐明过去的事件，也只有他们才能够回忆起消失的景观。文献材料无法自我辩护，无法更加详尽地解释自我的含义，无法提供更多的例子，无法解释显而易见的自相矛盾之处。相反，口头材料是开放的，它的限制因素在于：幸存者的数量，史学家提出的问题的创造性以及史学家的耐心和机智。毫无疑问，有些研究只能在口头证词的帮助下才能进行，谈论自己工作的男人或女人，就这种工作而言，他们所知道的，比最勤勉的研究者有可能发现的都要多。口述材料对于理解背景也是至关重要的。另外，口头证据有助于发挥残存的物

① Diana Gittins, "Let the People Speak: Oral History in Britain," *Victorian Studies*, Vol. 26, No. 4 (Summer 1983), p. 439.

② Stuart Hall, "Raphael Samuel: 1934 – 96," *New Left Review*, 221 (1997), p. 126.

质文化的作用。比如，如果人们听到铜棍或拖把使用者的讲述，这些物件就不再是死气沉沉的物体。①

其次，口述材料可以建构一种全新的文献。（1）存在许多录音和它们的文字记录，它们的巨大价值有待被发现；它们不但可以回答当下的问题，也将成为未来的档案材料。（2）存在大量自传，口述史可以鼓励这种做法；还有一些家传文件，大多保留在私人手中，没有受到重视；家书也很珍贵，尽管很难找；日记同样如此。残留的照片可能是口述史研究的另一个副产品，它们是有用的，作为插图，能够唤起那些从未见过它们的人对过去的认识，唤起那些经历过的人的全新记忆。它们有时候可以提供新的信息，或者成为独立的证明材料。（3）私人收藏：剪报、传单、海报等，这些也是关于地方性活动和事件的非官方档案材料。简而言之，最好的地方文献通常不是在图书馆或档案馆找到的，而是在家中发现的。②

第三，口头证据还有助于重新定义地方史的内容。现在，史学家不再允许文献来建构工作，而是以人们本身的现实生活经历（家庭的和工作的经历）作为他的试金石。他不但可以讨论有比较详细记载的灾难，也可以探究很常见的、未得到报道的日常生活的难处；不但可以讨论自杀和谋杀，也可以讨论家族世仇。他可以记录不常见的重大事件的颤动，也可以感受日常生活的脉搏。③

第四，口述材料之所以重要，不仅仅是作为信息的一种来源，也在于它为史学家所做的：作为一种无形的矫正物和制衡物。它有助于暴露书面记载的沉默和不足，向史学家揭示他手头上"干瘪的组织"（shrivelled tis-

---

① Raphael Samuel, "Local History and Oral History", *History Workshop*, No. 1 (Spring 1976), pp. 199 - 200.

② Raphael Samuel, "Local History and Oral History," *History Workshop*, No. 1 (Spring 1976), pp. 200 - 201.

③ Raphael Samuel, "Local History and Oral History," *History Workshop*, No. 1 (Spring 1976), p. 201.

sue)。它是真实性的一种量度，一种强有力的提示——史学家的概念必须与人类经历相一致，并且依据经历建构，如果它们要想具有解释效力的话。拉斐尔指出，这么说并不是要拔高一种证据材料而贬低另一种，而是主张两者之间的互动，主张更多地使用二者。口头材料会促使史学家更加渴望文献，与那些只待在图书馆或档案馆的同事相比，他能够以更丰富多样的方式来使用文献材料。他需要文献来指明记忆无法达到的现象，来查证可能有误的日期，来寻求记忆无法或不会提供的精确性。他需要文献来丰富自己的问题，需要它们来进行生者与死者之间的对话，尤其需要文献来建立变化的维度和特性。①

在拉斐尔看来，口头材料——口头记忆和口头传统——的收集者处于一种特权地位。从某种程度上而言，他是自己的档案材料的创造者，同时也得相应地说明自己的职责。他的角色不但是史学家，也是案卷保管人，在找回和保管非常重要的信息，不然的话，这些信息就会丢失。他最大的贡献或许在于收集和妥善保管他的资料，而不是在找到之后马上使用它或者记录它的方式。他的工作只是筛选可能被创造出来的文本。他忽视的信息可能刚好是以后研究者关心的。研究从来就不是一劳永逸的事情，证据也不是只有一种用途。未来的史学家会对我们收集的材料产生新的兴趣，他们会提出不同的问题，寻找不同的答案。记录只有保存原貌，并且可以为其他研究者自由使用，它们才不至于成为收集者个人的事务，才可以作为持续探究的基础。②

---

① Raphael Samuel, "Local History and Oral History," *History Workshop*, No. 1 (Spring 1976), p. 204. 拉斐尔在另一处也提到了相似的看法。他认为，如果将口述史凌驾于其他类型的历史研究之上，也是令人遗憾的事情。"我们应当尽可能让两种材料（口头的和书面的）相互影响。口述史的使用不得让史学家抛弃其他更传统的工作。相反，它应当促使他以新的热情来关注它们，从而认识到一点：即使书面文献相对较少，在口头材料的帮助下，他依旧能够做出重要的理解"。参见 Raphael Samuel, "Headington Quarry: Recording a Labouring Community," *Oral History*, Vol. 1, No. 4 (1972), p. 122.

② Raphael Samuel, "Perils of the Transcript," *Oral History*, Vol. 1, No. 2 (1972), p. 22.

当然，拉斐尔也认识到了口述材料/口述史研究存在的问题。在他看来，盲目崇拜口述史也是令人遗憾的。虽然有一些研究只有在口述材料的帮助下才能进行，但是，在另一些研究中，它的贡献小得多。口述材料也有其特有的偏见。在回忆过去时，人们往往更喜欢谈论家庭生活而不是政治，谈论习惯多于个别事件。记忆有其自身的选择性和沉默性。就概要而言，它或许没什么问题，但是在涉及事实时，它就变得无常，它会对经历的某些领域保持沉默，对其他领域则滔滔不绝。史学家必须警惕面前材料的本质。①

此外，当口头语言被记载下来并且变成印刷文字时，很容易被毁坏。某种失真在所难免，不管作家意图何在，他会去掉一些停顿和重复，作家觉得这对于可读性而言是必不可少的。在此过程中，中心和平衡很容易被打乱。当口头语言被纳入书面散文的概念之中时，会出现一种更严重的曲解。强加的语法形式创造出它自身的节奏，它们与口语的节奏没什么共同之处。人们通常并不是一段一段地讲话，他们所说的也不会遵循标点符号的次序（逗号、分号、句号）；而这恰恰是他们的讲话被复制的方式。连续性是另一种险恶的影响。作家有自己的目的，他或许会耐心地听讲述者讲一些枝节问题，不过在整理的时候，会做出删减。因此，如果想保持连续性幻觉，就得使用各种重新整理的方式。作家甚至会改变谈话的顺序；因为很少有人一次只谈一点，或者一口气谈完主题的所有方面。如果作家不仅仅删减和重新编排，而且还插入自己的语言来重新组织的话，那么文字记录更加糟糕。让谈话变得连贯一致的过程，必然会破坏其最初的完整性，至于破坏的程度如何，要看作家对他所受到的诱惑的认识。②

---

① Raphael Samuel, "Local History and Oral History," *History Workshop*, No. 1（Spring 1976）, p. 205.

② Raphael Samuel, "Perils of the Transcript," *Oral History*, Vol. 1, No. 2（1972）, p. 19.

四、拉斐尔·塞缪尔的史学贡献

20 世纪英国马克思主义史学家在历史研究领域作出了重要贡献。他们通常反对精英史学，或者从精英视角书写的"社会下层"的史学，倡导"自下而上的历史"，即从社会下层的视角来观察社会和社会阶层的历史。英国马克思主义史学家尤其维克托·基尔南也关注有权势者和有产阶级，但是，他们尤其致力于重新解释劳动阶级——农民、工匠和工人——的生活和行为。在《英国工人阶级的形成》中，E. P. 汤普森宣读了他和伙伴们的历史抱负："我想把那些穷苦的织袜工、卢德派的剪绒工、'落伍的'手织工、'乌托邦式'的手艺人，乃至受骗上当而跟着乔安娜·索斯科特跑的人都从后世的不屑一顾中解救出来。"①

尽管马克思主义史学在 21 世纪的发展和传播有所减缓，但是，"自下而上的历史"的概念以及研究被忽视的人民、时代和文化的史学研究路径却在高歌猛进。自从 20 世纪 80 年代以来，西方新一代社会史学家、女性主义和性别史学家以及文化史学家，接过了激进的议题。他们追随着英国马克思主义史学家，并且打算对"自下而上的历史"进行修正和补充，包括扩大主题，比如研究妇女、移民以及少数族裔等。具有讽刺性的是，如果没有英国马克思主义史学家的影响，研究被忽视人民的概念很可能不会得到主流学院史学的接受。②

就拉斐尔·塞缪尔而言，他开创的历史工场运动，是对"上层"历史书写或精英史学的反击，因为这种历史的书写是从他人生活的掌控者、政

---

① ［英］E. P. 汤普森著：《英国工人阶级的形成》（上），钱乘旦等译，译林出版社 2001 年版，"前言"，第 5 页。

② Chris LeCron, "British Marxist Historians: History from the Bottom Up," http://www. associatedcontent. com/article/2005102/british_ marxist_ historians_ history_ pg10. html? cat = 37.

治家、行政管理者、工会领袖、改革家的视角来进行的，而不是为了再现社会上未组织起来的大多数人的经历。只有上层史学肯定是不够的，史学会因此而变得不完整，必须努力恢复沉默者的声音，这也是英国马克思主义史学家的集体关怀。拉斐尔做出的种种努力，就是为了让历史实践更贴近普通人的生活。

有论者指出，英国马克思主义史学家对方法和理论问题的轻视，是他们的主要缺陷。[①] 20 世纪 60 年代，新一代左派指出了整个英国马克思主义传统的理论和方法缺陷，他们尤其以史学家小组的成员为批评对象。霍布斯鲍姆为他那一代史学家进行了辩护，他指出，任何一个马克思主义史学家所做的，与他所接受的训练、阅读的书籍、身处的国际国内政治环境以及身为马克思主义者这个事实相关。霍布斯鲍姆的这种看法很重要，20 世纪英国马克思主义的发展，经历了从红色科学家到创造性的史学家小组再到新一代英国马克思主义知识分子的历程，在不同时期，不同的方法和理论成为核心。这并不表明前一代人在理论或方法上的无能为力或懒惰。这与各种不同的影响存在更多的关联。1956 年之后的一代人更多地接触了英国之外更具理论和方法取向的西方马克思主义作品。这种发展本身就是第一代英国马克思主义史学家创造的开放性氛围的产物。[②]

《人民的历史与社会主义理论》（1981）是拉斐尔·塞缪尔编辑的文集，收录了 1979 年在罗斯金学院召开的历史工场会议中提交的 49 篇文章，另有拉斐尔写的序、编辑前言和后记。这本文集有一个主线，即关注当时困扰英国左派知识分子的一个主要争论：社会主义—人道主义的马克思主义与结构主义的马克思主义之间的争论，即汤普森的作品（也就是《理论的贫

---

① Robert Gray, "History, Marxism, Theory," in H. Kaye and K. McClelland eds., *E. P. Thompson: Critical Perspectives*, Philadelphia: Temple University Press, 1990, p. 153.

② Edwin A. Roberts, "From the History of Science to the Science of History: Scientists and Historians in the Shaping of British Marxist Theory," *Science & Society*, Vol. 69, No. 4 (October 2005), p. 553.

困》）的同情者与受到阿尔都塞的结构主义马克思主义影响的人之间的争论。①

拉斐尔·塞缪尔认为，英国马克思主义的结构主义的发展，既是进步的，也是倒退的。一方面，通过将马克思主义视为"未完成的""一直持续的、积累性的理解世界的方式，而不是当作教条"，结构主义为左派释放了大量的理论能量，有助于马克思主义基本文本的更广泛传播和使用；另一方面，结构主义创造了一种以理论工作为中心的热切氛围，成为一个奥秘团体的专属物，而对经验主义知识理论的抨击，又滑向傲慢地拒绝经验工作本身，历史专业的学生不再屈尊到档案馆爬梳文献。由此可见，拉斐尔·塞缪尔显然也与汤普森和《理论的贫困》站在一边，希望将历史和理论著作从理论主义（theoreticism）和缺乏事实的空乏史学中解放出来。不过，与汤普森相反，他同时认为，结构主义提出了一些新问题，史学家没有理由在面对它们的时候还能够泰然自若。这些问题涉及意识形态、意识与经济和社会现象之间棘手的关系，也涉及材料和解释。拉斐尔指出，"通过坚持理论的首要性，结构主义或许迫使我们不但考虑我们工作的政治含义……也考虑它的概念基础。促使我们……质疑我们的工作基于其上的一些没有阐明的假定，再次审视历史主题得以建构、问题得以设计、材料得以收集以及推论得以形成的方式"。在他看来，"结构主义批评的出发点——理论命题无法从经验材料得出——至少对我们某些人而言，是正确的"。不过，他并没有简单地支持结构主义者，"这么说并不表明相反作法是正确的，即新的理论概念的建构可以通过纯粹的推理演绎来进行，无需参考经验工作"，"理论的发展……通常不是来自概念的精巧，而是来自政

---

① 在《理论的贫困》中，汤普森对阿尔都塞的结构主义马克思主义做出了严厉批评，而在英国大力介绍和推崇阿尔都塞学说的佩里·安德森很快做出了回应。他们各自的讨论分别参见 E. P. Thompson，*The Poverty of Theory and Other Essays*，London：Merlin Press，1978；Perry Anderson，*Arguments within English Marxism*，London：New Left Books，1980。

治活动所带来的难题和未决的问题。历史与理论的关系要想富有成效，就必须是双向的。"①

拉斐尔·塞缪尔指出，历史学通常是一种官僚政治的偏见，之所以如此，原因不在于个体史学家持有特定的偏见，主要原因在于通常保存下来的是官僚政治的文献。英格兰土地史之所以近乎财产史，就是因为各郡档案馆保存了太多契约文书。② 他主张在历史研究中利用各种资料。在他眼中，历史是一种有机的知识形式，其来源多样，不但利用了真实的历史经历，也利用记忆、神话、幻想和欲望。他一生的历史实践和创作证明了这一点。历史不但在档案中寻找其材料，也从个人和大众记忆处寻找，在地方习惯和游戏中、在媒体中寻找。拉斐尔对民间传说很感兴趣，因为他对普通人、他们的想法、他们的态度以及他们的感情感兴趣。对他来说，民间传说是人民所拥有的、在日常生活中使用的"非官方知识"的一部分。他认为，"历史不是史学家的特权，也不像后现代主义所说的那样，是史学家的'创造'。更确切而言，它是知识的一种社会形式，是（所有既定时刻）无数人的工作"。③

霍布斯鲍姆在总结"共产党历史学家小组"的成就时宣称，在英国，作为一个研究领域的"社会史"的兴起，大大受惠于小组成员的工作，此外，他们也对劳工史研究作出了巨大贡献。④ 拉斐尔·塞缪尔一直在倡导一种社会史的书写，在他看来，社会史不但反映了大众的兴趣，也预见或者帮着创造了这种兴趣，社会史引以为傲的，是它关注"真实的生活"而不

---

① 转引自 Susan Magarey, "That Hoary Old Chestnut, Free Will and Determinism: Culture vs. Structure, or History vs. Theory in Britain," *Comparative Studies in Society and History*, Vol. 29, No. 3 (Jul., 1987), pp. 636–638。

② Raphael Samuel, "Headington Quarry: Recording a Labouring Community," *Oral History*, Vol. 1, No. 4 (1972), pp. 119–120.

③ Vic Gammon, "Raphael Samuel, 1935–1996," *Folklore*, Vol. 108 (1997), p. 105.

④ E. J. Hobsbawm, "The Historians Group of the Communist Party," in M. Cornforth ed., *Rebels and Their Causes*, London: Lawrence and Wishart, 1978, pp. 44–45.

是抽象的概念、普通人而不是拥有特权的精英、日常事物而不是轰动性事件。① 拉斐尔在劳工史领域的贡献显得尤为突出和独具特色，他不但强调历史书写的底层视角，而且在罗斯金学院鼓励劳工学生从自身经验出发来从事大众历史的研究活动。毫无疑问，拉斐尔在历史工场运动、口述史、大众史学以及其他方面的贡献，挑战了学院史学和正统史学，推动了历史实践的"民主化"进程。我们可以说，拉斐尔拓宽了现代社会史和文化史的范围，与其他许多人相比，他更多地证明了历史研究与现代日常生活问题的相关性。或许，正如有人指出的那样，"我们应当将塞缪尔当作人民的史学家而不是社会主义史学家来缅怀"②。

① Raphael Samuel *et al*, "What is Social History?," *History Today*, March 1985, p. 34.
② Keith Flett, "Obituary: Artisan of History," *Socialist Review*, Issue 204 (January 1997). http://pubs. socialistreviewindex. org. uk/sr204/samuel. htm.

结　语
英国马克思主义史学家的理论贡献

　　20 世纪中后期，英国马克思主义史学家构成了一个强大的学术群体，形成了英国的马克思主义历史学派，重铸了英国的马克思主义理论传统，在当时西方各种新史学流派纷纷涌现之际，它成为与法国年鉴史学派、美国社会科学史学派并列鼎立的学派。[①] 英国马克思主义史学家极具批判意识和反思精神，他们在借鉴和吸收马克思主义理论的同时，反对把马克思主义教条化和庸俗化，在具体的历史实践中继承、丰富和发展了马克思主义理论和方法。由前面的章节可知，这些历史学家有着专门的思考和研究对象，在各自研究领域也取得了突出的成就，开拓了历史研究的新领域。作为马克思主义史学和新社会史的一个流派，他们的研究不但各有特色，也呈现出了一些共性。英国马克思主义历史学派是在特定社会环境和时代背景之下兴起的，顺应了时代的变迁和社会思潮的流变，这些史学家继承和发展了英国的学术传统以及马克思主义理论，极大地推动了西方新史学和

　　[①]　参见张广智等著《西方史学史》，复旦大学出版社 2019 年版，第 358 页；也参见梁民愫《社会变革与学术流派：当代英国马克思主义史学渊源综述》，《史学月刊》2003 年第 12 期，第 5 页。按照伊格尔斯在《欧洲史学新方向》中提出的观点，从当时欧洲史学的新发展来看，英国马克思主义史学与法国年鉴学派和德国的历史社会科学代表了史学的"新"方向。

世界史学的发展。概而言之，英国马克思主义史学家的理论贡献主要体现在以下几个方面。

首先，英国马克思主义史学家提倡底层史学，主张"自下而上"的历史研究。

从 20 世纪 50 年代开始，英国史学界发生了变化，历史研究的重心不再是王侯将相、贵族精英，而是转移到了普通民众身上，普通人的社会地位、生活经历和思想情感成为历史学家感兴趣的话题，而"马克思主义者在这个变化中发挥了重要的、关键的作用"①。这种底层史学有不同的书写方式，英国马克思主义史学只是其中一种而已。通过与其他的底层书写进行比较，我们能够明了英国马克思主义史学家在其中扮演的角色和作出的贡献。

我们很清楚，在英国之外，法国年鉴学派的历史研究也属于一种重要的底层史学，它关注统治阶级和精英之外其他人的经验和思想。马克·布洛赫与吕西安·费弗尔努力阐述政治史的替代物，提出"心态"概念，他们把这个概念运用到非精英的经验和思想上，为底层史学的发展提供了可能。不过，布罗代尔时期的年鉴学派过于强调长时段和结构主义分析，很大程度上忽视了事件、意识、行动以及人际关系的政治维度，让社会下层保持一种"沉默或无名状态"。当然，这并不是在否认该学派对下层史学的发展所作出的贡献，考虑到勒华拉杜里的作品（比如《蒙塔尤》）时，尤其如此。同样，现代化理论也对精英活动之外的历史研究有所贡献。但是，现代化理论家的历史进程概念不但忽略政治层面，并且对民众的活动和经验重视不够，它往往否定民众的政治和意识形态特性。此外，还有其他书写下层史学的方法，比如"激进的—民粹主义的"史学。这种史学会呈现下层阶级和被压迫者的生活、经历和斗争，但是，史学家过于强调下层的抵抗和斗争，未能充分关注下层阶级经验和文化活动中的适应性和包容性，

---

① ［英］约翰·布鲁尔著：《英国马克思主义史学的两种流派》，钱乘旦译，《世界历史》1983 年第 6 期，第 75—76 页。

这种史学往往成为反对"自上而下的史学"的底层史学。[①]

　　比较而言，英国马克思主义史学家并不是孤立地研究下层民众的经历，而是在具体的阶级关系和阶级冲突中来进行探究，他们致力于一种"自下而上"的历史研究。他们一方面关注"阶级经验"这个概念，另一方面又没有忽视这种经验的政治含义，指出阶级关系是一种政治关系。他们也对精英和统治阶级予以应有的关注。例如希尔顿的《中世纪社会》、希尔的《教会的经济问题》以及霍布斯鲍姆的《资本的年代》等。可以说，英国马克思主义史学家并不会断然拒绝一种"上层史学"，只要这种研究也关注连续不断的阶级斗争和下层的反抗，以及这种反抗活动对统治机器的影响。英国马克思主义史学家强调社会下层的经验对历史研究的重要性，同时坚持认为下层阶级在历史形成中并不是消极的受害者，而是积极的参与者。他们努力表明下层的斗争对包括价值、思想和政治经济学在内的历史发展整体的重大意义。[②]

　　尽管英国马克思主义史学家并不是"人民史"的最初书写者，也不是下层史学的唯一阐发者，但是在这方面，他们确实尤为引人注目。[③] 他们对从中世纪到现代社会下层民众——农民、工匠、店主、罪犯、盗匪、农业和工业工人等——生活、经历以及思想文化的探究，再现了由社会下层创造但不由这些人书写的过去，挑战了上层史学的历史进程概念，让世人认识到了农民、工人阶级和其他被压迫者等平凡小人物的力量，丰富了历史研究的主题和领域，深化了我们对历史的理解。

―――――――――

　　① Harvey J. Kaye, *The British Marxist Historians: An Introductory Analysis*, London: Macmillan, 1995, pp. 223 – 228.

　　② Harvey J. Kaye, *The British Marxist Historians: An Introductory Analysis*, London: Macmillan, 1995, pp. 228 – 229.

　　③ "历史工场"运动的领袖拉斐尔·塞缪尔声称，他那一代史学家是在希尔、霍布斯鲍姆和汤普森等令人尊敬的前辈的影响下成长起来的。"历史工场"运动源自20世纪60年代，寻求把英国马克思主义史学家的传统和视角与工人运动中工人史学的传统结合起来，强调社会主义运动和女权运动的历史。

第二，英国马克思主义史学家重视阶级关系和阶级斗争，同时也拓宽了"阶级"概念的含义。

英国马克思主义史学家重视阶级关系、阶级冲突和阶级斗争。希尔顿对中世纪社会农民与领主的冲突以及农民起义的关注、希尔对英国革命的分析、霍布斯鲍姆和爱德华·汤普森等人对工人阶级的探究以及乔治·鲁德对革命和反抗群众的剖析，说明这些史学家都十分强调下层民众反抗统治阶级的斗争及其对历史发展的推动作用。

与社会学和结构主义的马克思主义相比，英国马克思主义史学家在使用"阶级"概念的时候，具有更大的灵活性。社会学的阶级分析通常是静态的和非历史的，社会学家并不打算进行历史研究。结构主义的马克思主义者在进行阶级分析的时候，往往认为自己的任务就是阐明复杂的分类方案，而不是阶级的形成及其斗争。而英国马克思主义史学家在分析阶级经验时，从阶级分析转向阶级—斗争分析，因为他们认识到下层阶级的经验是一个积极的过程。另一方面，他们也承认阶级存在于阶级意识缺失的状态下，并且努力表明在没有阶级意识的情况下，阶级关系和阶级斗争的重要意义。① 这就是汤普森所谓的"没有阶级的阶级斗争"。

爱德华·汤普森对阶级的界定和分析尤为著名，他指出，阶级是"一种社会和文化形式"，不能抽象地、孤立地加以对待，而要与其他阶级联系起来加以界定。同时他也强调阶级是一种历史现象，不能把它看成一种"结构"和"范畴"，而是在人与人的相互关系中确实发生的某种东西。这种非"结构"、非"范畴"的"东西"，其实就是一种与文化联系在一起的"认同意识"。

英国马克思主义史学家对阶级以及阶级斗争之历史作用的重视，并没有导致一种阶级斗争决定论。由他们的论述可知，阶级、阶级意识以及阶级斗争都是在特定历史环境下展开的，受到特定历史条件的制约。在关注阶级的同时，

---

① Harvey J. Kaye, *The British Marxist Historians: An Introductory Analysis*, London: Macmillan, 1995, pp. 232, 233.

这些史学家也没有回避"生产方式"这个概念，而是努力对之重新建构并且做出历史性解释。比如，多布坚持使用"政治—经济意义上的"生产方式概念，而汤普森提倡更"充分的"生产方式概念，认为社会生产关系同时也是经济、政治、文化和道德关系，并且在《英国工人阶级的形成》中对生产关系做出历史的探讨。

第三，英国马克思主义史学家强调总体史概念。

这首先表现在从整体的视角理解社会和历史，他们不仅关注社会整体中不同阶层之间的纵向关系，也关注社会整体中思想、文化、经济和政治等方面的横向关系。与此同时，他们并不自绝于非马克思主义研究，而是寻求与那些具有共同兴趣的史学家建立联系，吸收其他史学流派的长处。这一点可以从《过去与现在》的创刊以及他们对法国年鉴派的态度上看出来。

英国马克思主义史学家拒斥粗俗的经济决定论。一些人认为，马克思在《政治经济学批判》"序言"中提出了一种经济决定论，即建立在基础—上层建筑模式上的社会认识图式，其中起决定作用的是经济力量和经济关系，文化、意识形态和政治仅仅处于附属地位。英国马克思主义史学家拒斥这种粗俗的经济决定论，"……渴望发展一种不同于经济决定论的马克思主义史学"。[1] 他们尤为关注文化和心理因素，把它们与经济、政治等因素结合在一起，从而希望为历史提供更加全面综合的解释。在这方面，希尔、汤普森和霍布斯鲍姆是典型代表。他们努力证明文化因素与社会经济因素之间的互动以及对历史进程的影响。例如，希尔在论述英国革命时，对清教学说、中产阶级的思想意识和价值体系做出考察，指出文化因素对革命的促进作用。他不但考察了英国革命的思想起源，也探究了这场革命的思想后果。汤普森的《英国工人阶级的形成》主要是从社会和文化的角度来看待阶级和阶级意识的形成。在《社会主义的人道主义》一文中，汤普森论述了这个模式："在他们

---

[1]　Harvey J. Kaye, *The British Marxist Historians: An Introductory Analysis*, London: Macmillan, 1995, p. 4.

的历史分析中，马克思和恩格斯始终密切关注着（积极的和消极的）社会意识和社会存在之间的辩证关系。但是，为了解释他们的思想，他们把它们表述为一种假定的'模式'——作为'基础'的社会关系和作为'上层建筑'的各种思想和制度分支……事实上，不！这种基础和上层建筑就没有存在过；它只不过是一个比喻，用以帮助我们认识现实之物。"① 而霍布斯鲍姆则鼓励历史学家去探究和揭示普通百姓的生活和思想，弄明白人民的真正需求，他本人的劳工研究就探讨了劳工阶级的文化、礼仪和娱乐等内容。

英国马克思主义史学的这种文化关怀，在西方史学界引起了广泛争论。英国史学家理查德·约翰逊（Richard Johnson）认为，这种"文化主义"的发展，意味着对马克思主义的本质命题——社会存在决定社会意识以及生产关系——的拒绝，或者至少是一种回避。哈维·凯表达了不同观点，他认为从多布到年青一代英国马克思主义史学家的连续性是显而易见的，那就是从总体上对阶级关系和阶级斗争的关注。这种阶级决定理论既不是经济的也不是文化的马克思主义，而是历史的、社会的和政治的马克思主义。可以说，汤普森的那种文化史研究并没有脱离马克思主义历史唯物主义的框架。

英国马克思主义史学家也对政治文化作出了贡献。他们提出了另一种关于个人主义的社会史。② 个人主义通常被等同于资本主义思想意识的一个主要要素，社会主义则被认为是国家主义和集体主义的社会秩序。英国马克思主义史学家对此有不同看法。在希尔顿对1381年英国农民起义、希尔对17世纪英国清教学说和普通人的激进宗教派别以及汤普森对工人阶级形成的分析中，我们可以看到个人和集体争取自由和平等的历史。这些史学家在致力于"自下而上"的历史研究的同时，也促成了民主的、社会主义的历史意识的形成。

在《文化马克思主义在战后英国》一书中，美国史学家丹尼斯·德沃金

---

① E. P. Thompson, "Socialist Humanism," *New Reasoner*, No. 1, Summer 1957, p. 113.

② 参见 Harvey J. Kaye, *The British Marxist Historians: An Introductory Analysis*, London: Macmillan, 1995, pp. 244, 245。

从文化的视角比较了英国文化马克思主义与德国的法兰克福学派。他指出，两个学派具有一些相似之处，比如反对经济决定论，重视文化因素在社会生活中的作用。不过，它们也存在明显的差异。法兰克福学派强调民众作为文化的消极消费者的角色，英国文化马克思主义更强调大众文化的颠覆性，认为文化领域是统治阶级和被统治阶级进行斗争的场所；法兰克福学派和英国文化马克思主义的政治观也有很大区别，前者通常疏远工人阶级政治，英国传统知识分子则不断为了理论与实践之间的关系而斗争，往往认为自己的知识活动某种程度上促进了激进运动。此外，法兰克福学派理论家大多是哲学家，而英国最有影响力的马克思主义者是史学家、文学和文化理论家。[①]　由此可见，包括希尔、霍布斯鲍姆和汤普森等史学家在内的英国文化马克思主义坚持和发展了马克思主义的阶级分析法，进一步补充和丰富了马克思主义理论。

第四，英国马克思主义史学家的理论和方法推动了中国史学的发展。

在 20 世纪 80 年代之前，中国史学界对英国马克思主义史学的认知还是很模糊的，在此之后，情况有了很大改观。改革开放以来，国内一些研究者开始撰文介绍英国马克思主义史学，许多史学理论方面的编著也包含了关于这个学派的丰富内容。同时，英国马克思主义史学家的一些经典著作也逐渐被翻译成中文，尤其霍布斯鲍姆和汤普森的作品在国内得到大力译介，他们的史学思想和理论视野，比如总体史观、"自下而上"的历史研究以及对马克思主义的批评性思考等，引起了国内学者的广泛关注，启发了中国史学工作者

---

① Dennis Dworkin, *Cultural Marxism in Postwar Britain*: *History*: *the New Left*, *and the Origins of Cultural Studies*, Durham and London: Duke University Press, 1997, "Introduction", pp. 4–7.

的研究，推动了中国马克思主义史学和社会史的发展。[①]

总体上而言，英国马克思主义史学家都承认马克思的历史理论是一种分析社会历史及其变化的有效工具，接受了马克思的许多历史概念，比如阶级、阶级斗争、民众是历史的创造者等，但是，他们基本上都拒绝教条地对待马克思主义，反对把马克思主义视为一种僵化、静止的体系，而是把它当作一个不断发展的思想体系，坚持在历史研究实践中捍卫与发展马克思主义历史思想与方法。他们在新社会史领域开辟了一片新天地，他们的理论、视角和方法，对世界其他国家和地区马克思主义史学、劳工史和社会史研究都产生了深刻和长远的影响。

[①] 关于这个主题的深入分析，参见梁民愫《英国马克思主义史学及在中国的反响研究——以埃里克·霍布斯鲍姆史学研究为中心》，华东师范大学博士后研究工作报告，2006 年，第 190—206 页；梁民愫《英国学派与历史学家：霍布斯鲍姆的马克思主义史学》，社会科学文献出版社 2020 年版，第 452—489 页；张广智、李勇编《20 世纪中外史学交流》，北京师范大学出版社 2007 年版，第 353—374 页；鲍绍霖等著《西方史学的东方回响》，社会科学文献出版社 2001 年版，第 158—174 页；也可参见焦帅《中国大陆学者著作中的英国马克思主义史学研究（1980—2009）》，扬州大学硕士学位论文，2010 年。

参 考 文 献

一、 英文著作

Abelove, Henry*et al* (eds.), *Visions of History*, Manchester: Manchester University Press, 1983.

Anderson, Perry, *Arguments within English Marxism*, London: New Left Books, 1980.

Bellamy, Joyce M. and Saville, John (eds.), *Dictionary of Labour Biography*, Vol. 9, London: Macmillan, 1993.

Brigges, Asa and Saville, John (eds.), *Essays for Labour History*: 1886 – 1923, London: Macmillan, 1960.

Clarke, Michael and Mowlan, Majorie (eds.), *Debate on Disarmament*, London: Routledge and Kegan Paul Ltd, 1982.

Cornforth, M. (ed.), *Rebels and Their Causes*, London: Lawrence and Wishart, 1978.

Dobb, Maurice, *Studies in the Development of Capitalism*, London: Routledge, 1963.

Dworkin, Dennis, *Cultural Marxism in Postwar Britain: History, the New Left, and the Origins of Cultural Studies*, Durham and London: Duke University Press, 1997.

Dyer, C., Coss, Peter and Wickham, Chris (eds.), *Rodney Hilton's Middle Ages: an Exploration of Historical Themes*, Oxford: Oxford University Press, 2007.

Elliott, Gregory, *Hobsbawm: History and Politics*, London: Pluto Press, 2010.

Evans, Richard J., *Eric Hobsbawm: A life in History*, Oxford: Oxford University Press, 2019.

Fieldhouse, Roger and Taylor, Richard (eds.), *E. P. Thompson and English Radicalism*, Manchester: Manchester University Press, 2013.

Hamilton, Scott, *The Crisis of Theory: E. P. Thompson, the New Left and Postwar British Politics*, Manchester: Manchester University Press, 2011.

Hill, Christopher, *Change and Continuity in 17th Century England*, London: Morrison & Gibb Ltd, 1974.

Hill, Christopher, *England's Turning Point*, London: Bookmarks Publications Ltd, 1998.

Hill, Christopher, *Intellectual Origins of the English Revolution*, Oxford: Clarendon Press, 1965.

Hill, Christopher, *Puritanism and Revolution*, London: Secker & Warburg, 1958.

Hill, Christopher, *Reformation to Industrial Revolution*, New York: Pantheon Books, 1967.

Hill, Christopher, *Society and Puritanism in Pre-Revolutionary England*, London: Secker & Warburg, 1964.

Hill, Christopher, *Some Intellectual Consequences of the English Revolution*, London: Weidenfeld & Nicolson, 1980.

Hill, Christopher, *The Century of Revolution: 1603 – 1714*, London: Routledge, 2002.

Hill, Christopher, *The Collected Essays of Christopher Hill. Volume 1: Writing and Revolution in 17th Century England*, Brighton: The Harvester Press, 1985.

Hill, Christopher, *The Collected Essays of Christopher Hill. Volume 2: Religion and Politics in 17th Century England*, Brighton: Harvester Press, 1986.

Hill, Christopher, *The Collected Essays of Christopher Hill. Volume 3: People and Ideas in 17th Century England*, Brighton: The Harvester Press, 1986.

Hill, Christopher, *The English Revolution* 1640: *An Essay*, London: Lawrence and Wishart, 1940.

Hill, Christopher, *The World Turned Upside Down*, London: Temple Smith, 1972.

Hilton, R. H. (ed.), *The Transition from Feudalism to Capitalism*, London: New Left Books, 1976.

Hilton, R. H. and Fagan, H., *The English Rising of* 1381, London: Lawrence and Wishart, 1950.

Hilton, R. H. and Aston, T. H. (eds.), *The English Rising of* 1381, Cambridge: Cambridge University Press, 1984.

Hilton, R. H., *Bond Men Made Free: Medieval Peasant Movements and the English Rising of* 1381, London and New York: Routledge, 2003.

Hilton, R. H., *Class Conflict and Crisis of Feudalism: Essays in Medieval Social History*, London: The Hambledon Press, 1985.

Hilton, R. H., *Decline of Serfdom in Medieval England*, London: Macmillan, 1969.

Hilton, R. H., *English and French Towns in Feudal Society*, Cambridge: Cambridge University Press, 1992.

Hilton, R. H., *The English Peasantry in the Later Middle Ages*, Oxford: Clarendon Press, 1975.

Hobsbawm, Eric J. and Rudé, George, *Captain Swing*, London: Lawrence & Wishart, 1969.

Hobsbawm, Eric, *Labouring Men: Studies in the History of Labour*, London: Weidenfeld & Nicolson, 1968.

Hobsbawm, Eric, *Worlds of Labour: Further Studies in the History of Labour*, London: Weidenfeld & Nicolson, 1984.

Howell, D., Kirby, Dianne and Morgan, Kevin (eds.), *John Saville: Commitment and History: Themes from the Life and Work of a Socialist Historian*, London: Lawrence & Wishart, 2010. http://www.lwbooks.co.uk/books/extracts/morgan.pdf.

Johnson, R., McLennan, G., Schwarz, Bill and Sutton, David (eds.), *Making Histories: Studies in History – writing and Politics*, London: Hutchinson & Co. Ltd, 1982.

Karat, Prakash (ed.), *Across Time and Continents: a Tribute to Victor G. Kiernan*, New Delhi: Left Word Books, 2003.

Kaye, Harvey J. and McClelland, Keith (eds.), *E. P. Thompson: Critical Perspectives*, Cambridge: Polity Press, 1990.

Kaye, Harvey J., *The British Marxist Historians: An Introductory Analysis*, London: Macmillan, 1995.

Kiernan, V. G., *America: the New Imperialism from White Settlement to World Hegemony*, London: Zed Press, 1980.

Kiernan, V. G., *British Diplomacy in China: 1880 to 1885*, Cambridge: Cambridge University Press, 1939.

Kiernan, V. G., *European Empires from Conquest to Collapse: 1815 – 1860*, Leicester: Leicester University Press, 1982.

Kiernan, V. G., *Imperialism and Its Contradictions*, London: Routledge, 1995.

Kiernan, V. G., *Marxism and Imperialism*, London: Edward Arnold (Publishers) Ltd, 1974.

Martin, David E. and Rubinstein, David (eds.), *Ideology and the Labour Movement: Essays Presented to John Saville*, London: Croom Helm, 1979.

Palmer, Bryan D., *The Making of E. P. Thompson: Marxism, Humanism and History*, Toronto: New Hogtown Press, 1981.

Palmer, Bryan D., *E. P. Thompson: Objections and Oppositions*, London: Verso, 1994.

Roberts, Stephen (ed.), *The Dignity of Chartisim: Essays by Dorothy Thompson*, London: Verso, 2015.

Roberts, Stephen and Thompson, Dorothy (eds.), *Images of Chartism*, Woodbridge: Merlin, 1998.

Rudé, George, *Europe in the Eighteenth Century: Aristocracy and the Bourgeois Challenge*, London: Weidenfeld & Nicolson, 1972.

Rudé, George, *Ideology and Popular Protest*, London: Lawrance and Wishart, 1980.

Rudé, George, *Paris and London in the Eighteenth Century: Studies in Popular Protest*, London: Collins, 1970.

Rudé, George, *Protest and Punishment: The Story of the Social and Political Protesters Transported to Australia*, 1788 – 1868, Oxford: Clarendon Press, 1978.

Rudé, George, *Revolutionary Europe: 1783 – 1815*, Glasgow: William Collins Sons & Co. Ltd, 1964.

Rudé, George, *The Crowd in History*, London: Lawrance and Wishart, 1981.

Rudé, George, *The Crowd in the French Revolution*, Oxford: Clarendon Press, 1959.

Rudé, George, *The Face of the Crowd: Studies in Revolution, Ideology, and Popular Protest: Selected Essays of George Rudé*, edited by Harvey J. Kaye, New York: Harvester Press, 1988.

Rule, John and Malcolmson, R. (eds.), *Protest and Survival*, London: Merlin Press, 1993.

Samuel, Raphael (ed.), *People's History and Socialist Theory*, Oxford: Routledge, 2016.

Samuel, Raphael, *East End Underworld: Chapters in the Life of Arthur Harding*, London: Routledge & Kegan Paul, 1981.

Samuel, Raphael, *The Lost World of British Communism*, London: Verso, 2017.

Samuel, Raphael, *Theatres of Memory: Past and Present in Contemporary Culture*, London: Verso, 2012.

Saville, John, *1848: The British State and the Chartist Movement*, Cambridge: Cambridge University Press, 1987.

Saville, John, *The Labour Movement in Britain*, London: Faber & Faber, 1988.

Scott – Brown, Sophie, *The Histories of Raphael Samuel: A Portrait of a People's His-*

torian, Canberra: ANU Press, 2017.

Thompson, E. P. and Smith, Dan (eds.), *Protest and Survive*, Harmondsworth: Penguin Books, 1980.

Thompson, E. P., *Beyond the Cold War*, London: Merlin Press Ltd. , 1982.

Thompson, E. P., *Customs in Common*, London: Penguin Books Ltd, 1993.

Thompson, E. P., *The Poverty of Theory*, London: Merlin Press, 1978.

Thompson, E. P., *Whigs and Hunters: the Origin of the Black Act*, London: Penguin Books, 1990.

Thompson, E. P., *William Morris: Romantic to Revolutionary*, London: Lawrence & Wishart Ltd, 1955.

Thompson, E. P., *Writing by Candlelight*, London: Merlin Press, 1980.

Thompson, Dorothy and Epstein, James (eds.), *The Chartist Experience: Studies in Working – Class Radicalism and Culture*, 1830 – 1860, London: MacMillan, 1982.

Thompson, Dorothy, *Outsiders: Class, Gender, and Nation*, London: Verso, 1993.

Thompson, Dorothy, *The Chartists: Popular Politics in the Industrial Revolution*, London: Temple Smith, 1984.

Thompson, Dorothy, *The Early Chartists*, London: MacMillan, 1971.

Winslow, Cal (ed.), *E. P. Thompson and the Making of the New Left: Essays and Polemics*, New York: Monthly Review Press, 2014.

二、英文论文

Abelove, Henry, "A Review of E. P. Thompson's The Poverty of Theory," *History and Theory*, Vol. 21, No. 1 (Feb. , 1982).

Ahnert, Thomas, "Review: The Varieties of Contexts in Early Stuart Intellectual History," *The Historical Journal*, Vol. 44, No. 2 (Jun. , 2001).

Anderson, Duane C. , "Review of Dorothy Thompson's The Chartists," *The American Historical Review*, Vol. 90, No. 2 (Apr. , 1985).

Anderson, Perry, "Origins of the Present Crisis," *New Left Review*, 23 (January – February 1964).

Anderson, Perry, "Problems of Socialist Strategy," in P. Anderson and R. Blackburn (eds.), *Towards Socialism*, Ithaca: Cornell University Press, 1966.

Anderson, Perry, "Socialism and Pseudo – Empiricism," *New Left Review*, 35 (January – February 1966).

Anderson, Perry, "The Left in the Fifties," *New Left Review*, 29 (January – February 1965).

Attreed, Lorraine, "A Review of English and French Towns in Feudal Society by R. H. Hilton," *Speculum*, Vol. 69, No. 1 (Jan., 1994).

Belchem, John, "Review of Dorothy Thompson's The Chartists," *The English Historical Review*, Vol. 100, No. 394 (Jan., 1985).

Bendix, Reinhard, "Review of E. P. Thompson's The Making of English Working Class," *American Sociological Review*, Vol. 30, No. 4, 1965.

Berman, Constance, "A Review of English and French Towns in Feudal Society by R. H. Hilton," *Albion: A Quarterly Journal Concerned with British Studies*, Vol. 25, No. 4 (Winter 1993).

Bess, Michael D., "E. P. Thompson: The Historian as Activist," *The American Historical Review*, Vol. 98, No. 1 (Feb., 1993).

Best, Geoffrey, "Review of E. P. Thompson's The Making of English Working Class," *The Historical Journal*, Vol. 8, No. 2, 1965.

Betros, Gemma, "Introduction", *French History and Civilization. Papers from the George Rudé Seminar*, Vol. 3 (2009).

Blackburn, Robin, "Edward Thompson and the New Left," *New Left Review*, 201 (September – October 1993).

Blackburn, Robin, "Raphael Samuel: The Politics of Thick Description," *New Left Review*, 221 (1997).

Blackledge, Paul, "A Life on the Left," *International Socialism*, Issue 105. http: // www. isj. org. uk/? id = 66.

Bounds, Philip, "From Folk to Jazz: Eric Hobsbawm, British Communism and Cultural Studies," *Critique*, Vol. 40, No. 4, 2012.

Briggs, Robin, "Hill, (John Edward) Christopher (1912 – 2003)," *Oxford Dictionary of National Biography*, http: //www. oxforddnb. com/view/article/89437. 2012 – 11 – 22.

Brinton, Crane, "Review of The Crowd in the French Revolution," *The American Historical Review*, Vol. 64, No. 4 (Jul., 1959).

Brotherstone, Terry, "Eric Hobsbawm (1917 – 2012): Some Questions from a Never – completed Conversation about History," *Critique*, Vol. 41, No. 2, 2013.

Burke, Patrick D. M., "European Nuclear Disarmament: A Study of Transitional Social Movement Strategy," PhD Dissertation, University of Westminster, 2004.

Byres, Terence J., "Differentiation of the Peasantry under Feudalism and the Transition to Capitalism: in Defence of Rodney Hilton," *Journal of Agrarian Change*, Vol. 6, No. 1, 2006.

Byres, Terence J., "Rodney Hilton (1916 – 2002): In Memoriam," *Journal of Agrarian Change*, Vol. 6, No. 1 (January 2006).

Bythell, Duncan, "A Review of Eric Hobsbawm's Worlds of Labour: Further Studies in the History of Labour," *The English Historical Review*, Vol. 103, No. 406 (Jan., 1988).

Calhoun, Craig, "E. P. Thompson and the Discipline of Historical Context," *Social Research*, Vol. 64, No. 2 (Summer 1994).

Carlin, Norah & Birchall, Ian, "Kinnock's Favourite Marxist: Eric Hobsbawm and the Working Class," *International Socialism Journal*, Series 2, No. 21 (Autumn 1983).

Chambers, J. P., "The Making of the English Working Class," *History*, June 1966.

Cordery, Simon, "Review of The Duty of Discontent: Essays for Dorothy Thompson by

Owen R. Ashto, Robert Fyson and Stephen Roberts," H – Albion, H – Net Reviews. September, 1996. http: //www. h – net. org/reviews/showrev. php? id =621.

Corfield, Penelope J. , "Dorothy Thompson and the Thompsonian Project," http: //www. penelopejcorfield. co. uk/PDF´s/CorfieldPdf19 _ DorothyThompson – and – the – ThompsonianProject. pdf.

Coss, Peter, "R. H. Hilton," *Past and Present*, No. 176 (August 2002).

Currie, R. and Hartwell, R. M. , "The Making of English Working Class?," *The Economic History Review*, New Series, Vol. 18, No. 1, 1965.

Davidson, Neil, "There' s no place like America today," *International Socialism*, Issue 109, 2006. http: //isj. org. uk/theres – no – place – like – america – today/.

Davis, J. C. , "Puritanism and Revolution: Themes, Categories, Methods and Conclusions," *The Historical Journal*, Vol. 34, No. 2 (Jun. , 1991).

Donnelly, F. K. , "Ideology and Early English Working – Class History: Edward Thompson and His Critics," *Social History*, Vol. 1, No. 2 (May 1976).

Dubofsky, Melvyn, "A Review of Eric Hobsbawm' s Workers: Worlds of Labor," *Labour / Le Travail*, Vol. 18 (Fall 1986).

Dyer, Christopher, "Introduction: Rodney Hilton, Medieval Historian," *Past and Present*, Supplement 2, 2007.

Dyer, Christopher, "Rodney Hilton," *The Guardian*, 10 June 2002. http: //www. guardian. co. uk/news/2002/jun/10/guardianobituaries. humanities.

Easton, Susan M. , "A Review of E. P. Thompson' s The Poverty of Theory," *Studies in Soviet Thought*, Vol. 24, No. 4 (Nov. , 1982).

Eastwood, David, "History, Politics and Reputation: E. P. Thompson Reconsidered," *History*, Vol. 85, Issue 280 (October 2000).

Editorial Collective, "Change and Continuity," *History Workshop Journal*, No. 39 (Spring 1995).

Editorial Collective, "Editorials," *History Workshop*, No. 1 (Spring 1976).

Eley, Geoff, "John Edward Christopher Hill (1912 – 2003)," *History Workshop Journal*, No. 56 (Autumn 2003).

Epstein, James, "A Review of John Saville's The British State and the Chartist Movement," *The American Historical Review*, Vol. 94, No. 3 (Jun., 1989).

Epstein, S. R., "Rodney Hilton, Marxism and the Transition from Feudalism to Capitalism," http: //www2. lse. ac. uk/economicHistory/pdf/WP9406Epstein. pdf.

Epstein, Steven A., "Review of English and French Towns in Feudal Society by R. H. Hilton," *The American Historical Review*, Vol. 98, No. 5 (Dec., 1993).

Erdman, David V., "Review of E. P. Thompson's The Making of English Working Class," *Victorian Studies*, Vol. 8, No. 2, 1964.

Flett, Keith, "Dorothy Thompson (1923 – 2011): Groundbreaking Historian of Chartism," http: //www. socialistreview. org. uk/article. php? articlenumber = 11587.

Flett, Keith, "Obituary: Artisan of history," *Socialist Review*, Issue 204 (January 1997). http: //pubs. socialistreviewindex. org. uk/sr204/samuel. htm.

Foner, Eric, "Remembering Eric Hobsbawm, Historian for Social Justice," *The Nation*, 1 October 2012.

Foster, John, "Eric Hobsbawm, Marxism and Social History," *Social History*, Vol. 39, No. 2, 2014.

Friguglietti, James, "A Scholar 'In Exile': George Rudé as a Historian of Australia," French History and Civilization. Papers from the George Rudé Seminar, Vol. 1 (2005).

Friguglietti, James, "Rudé, George Frederick Elliot (1910 – 1993)," *Oxford Dictionary of National Biography*, http: //www. oxforddnb. com/view/article/53299.

Gammon, Vic, "Raphael Samuel, 1935 – 1996," *Folklore*, Vol. 108 (1997).

Gittins, Diana, "Let the People Speak: Oral History in Britain," *Victorian Studies*, Vol. 26, No. 4 (Summer 1983).

Givertz, A. M. & Klee, Marcus, "Historicizing Thompson: An Interview with Bryan D. Balmer," http: //lh. journals. yorku. ca/index. php/lh/article/download/

5213/4409.

Gray, Robert, "History, Marxism, Theory," in H. Kaye and K. McClelland (eds.), *E. P. Thompson: Critical Perspectives*, Philadelphia: Temple University Press, 1990.

Greaves, Richard L., "Revolutionary Ideology in Stuart England: The Essays of Christopher Hill," *Church History*, Vol. 56, No. 1 (Mar., 1987).

Hailwooda, M. and Waddel, Brodie, "Plebeian Cultures in Early Modern England: Thirty – five Years after E. P. Thompson," *Social History*, Vol. 34, No. 4, November 2009.

Hall, Stuart, "Life and Times of the First New Left," *New Left Review*, 61 (January – February 2010).

Hall, Stuart, "Raphael Samuel: 1934 – 96," *New Left Review*, 221 (January – February 1997).

Hallas, Duncan, "The making of a working class historian," https://www. marxists. org/archive/hallas/works/1993/10/thompson. htm.

Harrison, Brian, "A Review of E. P. Thompson's The Making of English Working Class," *The English Historical Review*, Vol. 86, No. 340, 1971.

Harrison, John F. C., "Review of Eric Hobsbawm's Labouring Men: Studies in the History of Labour," *The American Historical Review*, Vol. 71, No. 1 (Oct., 1965).

Hill, C., "The Pre – Revolutionary Decades," in *The Collected Essays of Christopher Hill. Volume I: Writing and Revolution in 17th Century England*, Brighton: The Harvester Press, 1985.

Hill, C., Hilton, R. H., and Hobsbawm, E. J., "Past and Present: Origins and Early Years," *Past and Present*, No. 100 (August 1983).

Hill, Christopher, "John Morris," *Past and Present*, No. 75 (May 1977).

Hill, Christopher, "Protestantism and the Rise of Capitalism," in *Change and Continuity in Seventeenth – Century England*, London: Weidenfeld & Nicolson, 1974.

Hill, Christopher, "The Order and the Memory: Some Problems of the English Revolution," http：//www. library. vanderbilt. edu/Quaderno/Quaderno4/Q4. C2. Hill. pdf.

Hilton, R. H. and Hill, Christopher, "The Transition from Feudalism to Capitalism," *Science & Society*, Vol. 17, No. 4 (Fall 1953).

Hilton, R. H., "Capitalism – What's in a Name?," *Past & Present*, No. 1 (Feb., 1952).

Hilton, R. H., "Peasant Movements in England before 1381," *The Economic History Review*, New Series, Vol. 2, No. 2 (1949).

Hilton, Rodney, "Feudalism and the Origins of Capitalism," *History Workshop*, No. 1 (Spring 1976).

Hobsbawm, E. J., "Hilton, Rodney Howard (1916 – 2002)," *Oxford Dictionary of National Biography*, http：//www. oxforddnb. com/view/article/76982.

Hobsbawm, E. J., "Artisan or Labour Aristocrat?," *The Economic History Review*, New Series, Vol. 37, No. 3 (Aug., 1984).

Hobsbawm, E. J., "Economic Fluctuations and Some Social Movements Since 1800," *The Economic History Review*, New Series, Vol. 5, No. 1 (1952).

Hobsbawm, E. J., "In Memoriam：E. P. Thompson (1924 – 1993)," *International Labor and Working – Class History*, No. 46 (Fall 1994).

Hobsbawm, E. J., "Labor History and Ideology," *Journal of Social History*, Vol. 7, No. 4 (Summer 1974).

Hobsbawm, E. J., "Lenin and the 'Aristocracy of Labor'," *Monthly Review*, Vol. 64, Issue 7 (Dec., 2012).

Hobsbawm, E. J., "The British Standard of Living 1790 – 1850," *The Economic History Review*, New Series, Vol. 10, No. 1 (1957).

Hobsbawm, E. J., "The Forward March of Labour Halted?," *Marxism Today*, September 1978.

Hobsbawm, E. J., "The Historians Group of the Communist Party," in M. Cornforth (ed.), *Rebels and Their Causes*, London：Lawrence and Wishart, 1978.

Hobsbawm, E. J. , "The Standard of Living during the Industrial Revolution: A Discussion," *The Economic History Review*, New Series, Vol. 16, No. 1 (1963).

Hobsbawm, E. J. , "Trends in the British Labor Movement since 1850," *Science & Society*, Vol. 13, No. 4 (Fall 1949).

Hobsbawm, Eric, "John Saville," *The Guardian*, Tuesday 16, June 2009. http://www. guardian. co. uk/books/2009/jun/16/obituary – john – saville/print.

Hobsbawm, Eric, "Trade Union History," *The Economic History Review*, New Series, Vol. 20, No. 2 (Aug. , 1967).

Hobsbawm, Eric, "Victor Kiernan," *Past and Present*, No. 208 (August 2010).

Hobsbawm, Eric, "Victor Kiernan," *The Guardian*, 18 February, 2009. http://www. theguardian. com/books/2009/feb/18/victor – kiernan – obituary.

Hohenberg, Paul M. , "Review of English and French Towns in Feudal Society by R. H. Hilton," *The Journal of Economic History*, Vol. 56, No. 3 (Sep. , 1996).

Holbo, Paul S. , "Review of America: the New Imperialism from White Settlement to World Hegemony by V. G. Kiernan," *Pacific Historical Review*, Vol. 51, No. 3 (Aug. , 1982).

Howkins, Alun, "John Saville (1916 – 2009)," *History Workshop Journal*, Issue 70, Autumn 2010.

Hudson, Pat, "A Review of Customs in Common by E. P. Thompson," *The Economic History Review*, New Series, Vol. 46, No. 4 (Nov. , 1993).

Jacoby, Russell, "Review of Perry Anderson's Arguments within English Marxism," *Theory and History*, Vol. 11, No. 2 (Mar. , 1982).

John, Maya, "Remembering Eric Hobsbawm and His Age: A Journey from Popular Front to 'New Labour'," *Social Scientist*, Vol. 40, No. 11/12 (November – December 2012).

Johnson, Alan, "Christopher Hill and the Making of the English Revolution," *Solidarity*, Vol. 3, No. 31, 29 May 2003.

Karat, Prakash, "Victor Kiernan and the Left in India," http: //indiacurrentaffairs. org/victor – kiernan – and – the – left – in – india – prakash – karat/.

Kaye, Harvey J., "Fanning the Spark of Hope in the Past: the British Marxist Historians," *Rethinking History: The Journal of Theory and Practice*, Vol. 4, No. 3 (2000).

Kaye, Harvey J., "History and social theory: notes on the contribution of British Marxist historiography to our understanding of class," *Canadian Review of Sociology/Revue canadienne de sociologie*, Volume 20, Issue 2 (May 1983).

Kaye, Harvey, "Professor George Rudé," *Independent* [London], 16 Jan. 1993. http: //www. independent. co. uk/news/people/obituary – professor – george – rude – 1478795. html.

Kettle, M., "Christopher Hill," *The Guardian*, 26 February 2003. http: //www. guardian. co. uk/news/2003/feb/26/guardianobituaries. obituaries.

Kiernan, V. G., "Christopher Hill – A Man with a Mission," http: //www. spokesmanbooks. com/Spokesman/PDF/keirnan79. pdf.

Kiernan, V. G., "Marx and India," *Socialist Register*, 1967.

Kiernan, Victor, "Farewells to Imperialism: Some Recent Studies of Imperialism," *The Socialist Register*, 1964.

Kiernan, Victor, "Imperialism, American and European: Some Historical Contrasts," *The Socialist Register*, 1971.

Kiernan, Victor, "The Peasant Revolution: Some Questions," *The Socialist Register*, 1970.

King, Peter, "Edward Thompson's Contribution to Eighteenth – Century Studies. The Patrician: Plebeian Model Re – Examined," *Social History*, Vol. 21, No. 2 (May 1996).

LeCron, Chris, "British Marxist Historians: History from the Bottom Up," http: // www. associatedcontent. com/article/2005102/british_ marxist_ historians_ history_ pg10. html? cat = 37.

Lucas, Colin, "Review of The Face of the Crowd," *The Journal of Modern History*,

Vol. 64, No. 4 (Dec., 1992).

Lynch, Patrick, "Review of E. P. Thompson's The Making of English Working Class," *An Irish Quarterly Review*, Vol. 53, No. 209, 1964.

Magarey, Susan, "That Hoary Old Chestnut, Free Will and Determinism: Culture vs. Structure, or History vs. theory in Britain," *Comparative Studies in Society and History*, Vol. 29, No. 3 (Jul., 1987).

Manning, Brian, "A Voice for the Exploited," *Socialist Review*, Issue 265 (July/August 2002). http://www. socialistreview. org. uk/article. php? articlenumber=8063.

Manning, Brian, "Christopher Hill – Turning point in history," *Socialist Review*, Issue 272 (2003). http://pubs. socialistreviewindex. org. uk/sr272/manning. htm.

Manning, Brian, "The Legacy of Christopher Hill," *International Socialism Journal*, Issue 99 (Summer 2003).

Martin, David *et al*, "John Saville (1916 – 2009), Appreciations and Memories," *Labour History Review*, Vol. 75, No. 1 (April 2010).

Maslen, Joseph, "The Personal Politics of Raphael Samuel," *Biography*, Volume 33, Number 1 (Winter 2010).

Matthews, Wade, "The Poverty of Strategy: E. P. Thompson, Perry Anderson, and the Transition to Socialism," *Labour / Le Travail*, Vol. 50 (Fall 2002).

Mays, Kelly J., "Review of Images of Chartism," *Victorian Studies*, Vol. 43, No. 1 (Autumn 2000).

McIlroy, John, "John Saville, 1916 – 2009," *Labour History Review*, Vol. 74, No. 3, December 2009.

McNally, David, "E P Thompson: Class Struggle and Historical Materialism," http://pubs. socialistreviewindex. org. uk/isj61/mcnally. htm.

McQueen, H., "Review of E. P. Thompson's The Making of English Working Class," *Labour History*, No. 15, 1968.

Merrill, M., "An Interview with E. P. Thompson," in H. Abelove *et al* (eds.), *Vi-*

sions of History, Manchester University Press, 1983.

Miliband, R. and Saville, J., "Labour Policy and the Labour Left," *The Socialist Register*, 1964.

Miliband, Ralph, "John Saville: a Presentation," in David E. Martin and David Rubinstein (eds.), *Ideology and the Labour Movement: Essays Presented to John Saville*, London: Groom Helm, 1979.

Milner, Andrew, "E. P. Thompson 1924 – 1993," *Labour History*, No. 65 (Nov., 1993).

Nairn, Tom, "The English Working Class," *New Left Review*, 24 (March – April 1964).

Nicholas, David, "A Review of English and French Towns in Feudal Society by R. H. Hilton," *The Economic History Review*, New Series, Vol. 46, No. 4 (Nov., 1993).

Palmer, Bryan D., "Homage to Edward Thompson, Part I," *Labour / Le Travail*, Vol. 32 (Fall 1993).

Palmer, Bryan D., "Homage to Edward Thompson, Part II," *Labour / Le Travail*, Vol. 33 (Spring 1994).

Palmer, Roy, "Edward Palmer Thompson 1924 – 1993," *Folk Music Journal*, Vol. 6, No. 5 (1994).

Palmer, William G., "The Burden of Proof: J. H. Hexter and Christopher Hill," *The Journal of British Studies*, Vol. 19, No. 1 (Autumn 1979).

Phillips, Gordon, "A Review of Eric Hobsbawm's Worlds of Labour: Further Studies in the History of Labour," *The Economic History Review*, New Series, Vol. 39, No. 2 (May 1986).

Randall, Adrian, "Captain Swing: A Retrospect," *International Review of Social History*, Vol. 54, Issue 3 (Dec., 2009).

Reid, Alastair, "Class and Organization," *The Historical Journal*, Vol. 30, No. 1 (Mar., 1987).

Renton, David, "Dona Torr: The history woman," http://pubs. socialistreviewind-ex. org. uk/sr224/renton. htm.

Renton, David, "Opening the Books: The Personal Papers of Dona Torr," *History Workshop Journal*, No. 52 (Autumn 2001).

Renton, David, "Studying Their Own Nation without Insularity? The British Marxist Historians Reconsidered," *Science & Society*, Vol. 69, No. 4 (Oct., 2005).

Roberts, David, "Review of Bibliography of the Chartist Movement, 1837 – 1976 by J. F. C. Harrison and Dorothy Thompson," *Victorian Periodicals Review*, Vol. 14, No. 1 (Spring 1981).

Roberts, Edwin A., "From the History of Science to the Science of History: Scientists and Historians in the Shaping of British Marxist Theory," *Science & Society*, Vol. 69, No. 4, October 2005.

Roberts, Stephen, "Memories of Dottie: Dorothy Thompson (1923 – 2011)," *Labour History Review*, Vol. 76, No. 2, August 2011.

Rodney Hilton, "A Crisis of Feudalism," *Past and Present*, No. 80 (August 1978).

Rogers, Nicholas, "George Rudé (1910 – 1993)," *Labour / Le Travail*, Vol. 33 (Spring 1994).

Rogers, Nicholas, "Plebeians and Proletarians in 18th – Century Britain," *Labour / Le Travail*, Vol. 33 (Spring 1994).

Rowbotham, Sheila, "Dorothy Thompson obituary," *The Guardian*, Sunday, 6 February, 2011. http://www. guardian. co. uk/books/2011/feb/06/dorothy – thompson – o-bituary.

Rowbotham, Sheila, "Dorothy Thompson: The Personal and the Political," *New Left Review*, I/200 (July – August 1993).

Rudé, George, "The London 'Mob' of the Eighteenth Century," *The Historical Journal*, Vol. 2, No. 1 (1959).

Rudé, George, "The Riots in History," *Marxism Today*, Vol. 25, Number 10 (October

1981). http：//www. amielandmelburn. org. uk/collections/mt/pdf/81_ 10_ 23. pdf.

Rule, John, "Thompson, Edward Palmer (1924 – 1993)," *Oxford Dictionary of National Biography*, http：//www. oxforddnb. com/view/article/40259.

Russell, Dave, "Raphael Samuel, History Workshop and the Value of Democratic Scholarship," *Popular Music*, Vol. 16, No. 2 (May 1997).

Samuel, Raphael and Jones, Gareth Stedman, "Ten Years after," *History Workshop*, No. 20 (Autumn 1985).

Samuel, Raphael et al, "What is Social History?," *History Today*, March 1985.

Samuel, Raphael, "British Marxist Historians 1880 – 1980 (Part I)," *New Left Review*, 120 (March – April, 1980).

Samuel, Raphael, "Headington Quarry：Recording a Labouring Community," *Oral History*, Vol. 1, No. 4 (1972).

Samuel, Raphael, "Local History and Oral History," *History Workshop*, No. 1 (Spring 1976).

Samuel, Raphael, "On the Methods of History Workshop：A Reply," *History Workshop*, No. 9 (Spring 1980).

Samuel, Raphael, "Perils of the Transcript," *Oral History*, Vol. 1, No. 2 (1972).

Sarkar, Sumit, "E. P. Thompson," *Economic and Political Weekly*, Vol. 28, No. 39 (Sep. 25, 1993).

Saville, John, "Britain：Prospects for the Seventies," *The Socialist Register*, 1970.

Saville, John, "Labour Movement Historiography," *Universities and Left Review*, Issue 3 (Winter 1958).

Saville, John, "Review of Dorothy Thompson' s The Chartists," *The Economic History Review*, New Series, Vol. 38, No. 3 (Aug. , 1985).

Saville, John, "The Radical Left Expects the Past to Do Its Duty," *Labor History*, Volume 18, Issue 2, 1977.

Saville, John, "The Twentieth Congress and the British Communist Party," *Socialist*

Register, 1976.

Saville, John, "The Welfare State: An Historical Approach," *The New Reasoner*, Number 3, Winter 1957 – 58.

Schneer, Jonathan, "A Review of John Saville's The British State and the Chartist Movement," *The Journal of Economic History*, Vol. 48, No. 3 (Sep., 1988).

Schumacher, John N., "Review of The Revolution of 1854 in Spanish History by V. G. Kiernan," *The Catholic Historical Review*, Vol. 55, No. 3 (Oct., 1969).

Schwarz, Bill, " 'The people' in history: the Communist Party Historians' Group, 1946 – 56," in Richard Johnson*et al* (eds.), *Making Histories: Studies in History – writing and Politics*, London: Hutchinson & Co. Ltd, 1982.

Searby, Peter, "Edward Thompson as a Teacher: Yorkshire and Warwick," in J. Rule and R. Malcolmson (eds.), *Protest and Survival*, London: Merlin Press, 1993.

Searby, Peter, "Review of Images of Chartism," *Social History*, Vol. 11, No. 3 (Oct., 1986).

Semmel, Bernard, "A Review of E. P. Thompson's The Making of English Working Class," *The American Historical Review*, Vol. 70, No. 1, 1964.

Slack, Paul and Innes, Joanna, "E. P. Thompson," *Past & Present*, No. 142 (Feb., 1994).

Smelser, Neil J., "A Review of E. P. Thompson's The Making of English Working Class," *History and Theory*, Vol. 5, No. 2, 1966.

Snowman, Daniel, "Eric Hobsbawm," *History Today*, January 1999.

So, Alvin Y. and Hikam, Muhammad, " 'Class' in the Writings of Wallerstein and Thompson: Toward a Class Struggle Analysis," *Sociological Perspectives*, Vol. 32, No. 4 (Winter 1989).

Solomon, Mark, "An Engagement of Head and Heart: Eric Hobsbawm's 20th Century," *Science & Society*, Vol. 71, No. 3 (July 2007).

Steinberg, Marc W., "The Re – Making of the English Working Class?," *Theory and*

Society, Vol. 20, No. 2, 1991.

Stevenson, John, "A Review of Customs in Common by E. P. Thompson," *The English Historical Review*, Vol. 108, No. 427 (Apr., 1993).

Sweezy, Paul M. and Dobb, Maurice, "The Transition from Feudalism to Capitalism," *Science & Society*, Vol. 14, No. 2 (Spring 1950).

Taylor, Miles, "Rethinking the Chartists: Searching for Synthesis in the Historiography of Chartism," *The Historical Journal*, Vol. 39, No. 2 (Jun., 1996).

Thane, Pat and Lunbeck, Liz, "An Interview with Eric Hobsbawm," *Radical History Review*, Issue 19 (Winter 1978 – 1979).

Thompson, Dorothy, "Gender, Work and the Family," *Labour History Review*, Vol. 56, No. 3 (Winter 1991).

Thompson, Dorothy, "Notes on Aspects of Chartist Leadership," *Society for the Study of Labour History Bulletin*, Issue 15 (Autumn 1967).

Thompson, Dorothy, "On the Trail of the New Left," *New Left Review*, 215 (January – February 1996).

Thompson, Dorothy, "Review of South Wales and the Rising of 1839: Class Struggle as Armed Struggle by Ivor Wilks," *A Quarterly Journal Concerned with British Studies*, Vol. 17, No. 2 (Summer 1985).

Thompson, Dorothy, "Review of The Chartist Challenge by A. R. Schoyen," *The New Reasoner*, No. 8 (Spring 1959).

Thompson, E. P., "From Protest to Survival: The Bertrand Russell Peace Lectures," *Russell*, Issue 2 (Winter 1986 – 87).

Thompson, E. P., "NATO, Neutralism and Survival," *Universities and Left Review*, No. 4 (1958).

Thompson, E. P., "Notes on Exterminism, the Last Stage of Civilization," *New Left Review*, 121 (May – June 1980).

Thompson, E. P., "Protest and Survive," in E. P. Thompson and Dan Smith (eds.), *Protest and Survive*, Harmondsworth: Penguin Books, 1980.

Thompson, E. P., "Socialist Humanism: An Epistle to the Philistines," *The New Reasoner*, No. 1 (Summer 1957).

Thompson, E. P., "The New Left," *The New Reasoner*, No. 9 (Summer 1959).

Thompson, E. P., "The Peculiarities of the English," *Socialist Register*, 1965.

Thompson, Paul, "John Saville: 1916 – 2009," *Oral History*, Vol. 37, No. 2 (Autumn 2009).

Thompson, Paul, "Raphael Samuel 1934 – 96: An Appreciation," *Oral History*, Vol. 25, No. 1 (Spring 1997).

Tilly, Richard, "Review of E. P. Thompson's The Making of English Working Class," *Journal of Social History*, Vol. 1, No. 3, 1968.

Trueman, Carl R., "The Chinese Curse: Hobsbawm's Interesting Times," *Journal of The Historical Society*, Vol. 4, Issue 4 (December 2004).

Trumpbour, John, "Victor Kiernan: Historian of Humankind," *The Nation*, 2 March, 2009.

Underdown, David, "Puritanism, Revolution, and Christopher Hill," *The History Teacher*, Vol. 22, No. 1 (Nov., 1988).

Walker, Pamela J., "Interview with Dorothy Thompson," *Radical History Review*, Issue 77 (Spring 2000).

Warde, Alan, "E. P. Thompson and 'Poor' Theory," *The British Journal of Sociology*, Vol. 33, No. 2 (Jun., 1982).

Webb, R. K., "Review of E. P. Thompson's The Making of English Working Class," *The Massachusetts Review*, Vol. 6, No. 1, 1964/1965.

Wickham, Chris, "Rodney Hilton," *History Today*, 52 (September 2002).

Wiener, Jonathan M., "Review of Perry Anderson's Arguments within English Marxism," *Social History*, Vol. 5, No. 3 (Oct., 1980).

Winslow, Barbara, "E. P. Thompson as Historian, Teacher and Political Activist," https：//www. marxists. org/history/etol/newspape/atc/4731. html.

Yadav, Bhupendra, "E. P. Thompson：Scholar, Polemicist and Pacifist," *Social Scientist*, Vol. 25, No. 11/12 (Nov. – Dec., 1997).

Yadav, Bhupendra, "Kiernan：Historian of Imperialism," *Economic and Political Weekly*, Vol. 44, No. 24 (Jun. 13 – 19, 2009).

三、 中文书目

1. 《马克思恩格斯文集》第 2 卷，人民出版社 2009 年版。

2. 《马克思恩格斯选集》第 4 卷，人民出版社 2012 年版。

3. 《列宁选集》第 2 卷，人民出版社 2012 年版。

4. 何兆武、陈启能主编：《当代西方史学理论》，上海社会科学院出版社 2003 年版。

5. 张广智：《超越时空的对话：一位东方学者关于西方史学的思考》，北京师范大学出版社 2008 年版。

6. 张广智主编：《史学之魂：当代西方马克思主义史学研究》，复旦大学出版社 2011 年版。

7. 张广智主编，周兵、张广智、张广勇著：《西方史学通史》第六卷，复旦大学出版社 2011 年版。

8. 张广智主编：《西方史学史》，复旦大学出版社 2019 年版。

9. 张广智、李勇编：《20 世纪中外史学交流》，北京师范大学出版社 2007 年版。

10. 陈启能、于沛等： 《马克思主义史学新探》，社会科学文献出版社 1999 年版。

11. 于沛、王加丰编：《西方史学思想史》，湖南教育出版社 2015 年版。

12. 于沛主编：《20 世纪的西方史学》，武汉大学出版社 2009 年版。

13. 于沛主编，姜芃、沈坚、陈新、孙立新著：《马克思主义史学思想史》第 5 卷《外国马克思主义史学（上）》，中国社会科学出版社 2015 年版。

14. 于沛主编，王加丰、王立端、于沛、梁民愫、张经纬著：《马克思主义史学思想史》第 6 卷《外国马克思主义史学（下）》，中国社会科学出版社 2015 年版。

15. 王晴佳、李隆国：《外国史学史》，北京大学出版社 2017 年版。

16. 姜芃等：《世纪之交的西方史学》，社会科学文献出版社 2012 年版。

17. 姜芃主编：《西方史学的理论和流派》，中国社会科学出版社 2007 年版。

18. 钱乘旦主编，钱乘旦、陈晓律、潘兴明、陈祖洲著：《英国通史》第 6 卷《日落斜阳：20 世纪英国》，江苏人民出版社 2016 年版。

19. 钱乘旦、高岱主编：《英国史新探：工业革命的新视角》，北京大学出版社 2018 年版。

20. 郭小凌主编：《西方史学史》，北京师范大学出版社 2018 年版。

21. 阎照祥：《英国政治制度史》，人民出版社 2012 年版。

22. 阎照祥：《英国政治思想史》，人民出版社 2010 年版。

23. 梁民愫：《马克思主义理论与实践：霍布斯鲍姆的史学研究》，社会科学文献出版社 2009 年版。

24. 梁民愫：《英国学派与历史学家：霍布斯鲍姆的马克思主义史学》，社会科学文献出版社 2020 年版。

25. 李勇：《启蒙时期苏格兰历史学派》，上海三联书店 2017 年版。

26. 邓京力等：《近二十年西方史学理论与历史书写》，中国社会科学出版社 2019 年版。

27. 乔瑞金等：《英国的新马克思主义》，人民出版社 2013 年版。

28. 张亮：《阶级、文化与民族传统：爱德华·P. 汤普森的历史唯物主义思想研究》，江苏人民出版社 2008 年版。

29. 贺五一：《新文化视野下的人民历史：拉斐尔·萨缪尔史学思想解读》，社会科学文献出版社 2012 年版。

30. 李凤丹：《英国文化马克思主义研究》，江西人民出版社 2010 年版。

31. ［英］S. H. 里格比著：《马克思主义与历史学：一种批判性的研究》，吴英译，译林出版社 2012 年版。

32. ［英］汤林森著：《文化帝国主义》，冯建三译，上海人民出版社 1999 年版。

33. ［英］约翰·布罗著：《历史的历史：从远古到 20 世纪的历史书写》，黄煜文译，广西师范大学出版社 2012 年版。

34. ［美］恩斯特·布赖萨赫著：《西方史学史：古代、中世纪和近代》，黄艳红、徐翀、吴延民译，北京大学出版社 2019 年版。

35. ［新西兰］斯科特·汉密尔顿著：《理论的危机：E. P. 汤普森、新左派和战后英国政治》，程祥钰译，上海人民出版社 2018 年版。

36. ［英］迈克尔·肯尼著：《第一代英国新左派》，李永新、陈剑译，江苏人民出版社 2010 年版。

37. ［英］杰弗里·巴勒克拉夫著：《当代史学主要趋势》，杨豫译，上海译文出版社 1987 年版。

38. ［英］维克托·基尔南著：《人类的主人：欧洲帝国时期对其他文化的态度》，陈正国译，商务印书馆 2006 年版。

39. ［英］爱德华·汤普森著：《共有的习惯》，沈汉、王加丰译，上海人民出版社 2002 年版。

40. ［英］E. P. 汤普森著：《英国工人阶级的形成》，钱乘旦等译，译林出版社 2001 年版。

41. ［英］乔治·鲁德著：《法国大革命中的群众》，何新译，北京师范大学出版社 2016 年版。

42. ［英］拉斐尔·塞缪尔著：《英国共产主义的失落》，陈志刚、李晓红译，社会科学文献出版社 2010 年版。

43. ［英］阿·莱·莫尔顿著：《人民的英国史》，谢琏造等译，生活·读书·新知三联书店 1958 年版。

44. ［英］霍布斯鲍姆著：《趣味横生的时光：我的 20 世纪人生》，周全译，中信出版社 2010 年版。

45. ［英］霍布斯鲍姆著：《非凡小人物：反对、造反及爵士乐》，蔡宜刚译，社会科学文献出版社 2015 年版。

46. ［英］霍布斯鲍姆著：《工业与帝国：英国的现代化历程》，梅俊杰译，中央编译出版社 2016 年版。

47.〔英〕霍布斯鲍姆著:《极端的年代》,郑明萱译,江苏人民出版社 1999
年版。

48.〔英〕霍布斯鲍姆著:《革命的年代》,王章辉等译、钱进校,江苏人民出版
社 1999 年版。

49.〔英〕霍布斯鲍姆著:《资本的年代》,张晓华等译、钱进校,江苏人民出版
社 1999 年版。

50.〔英〕霍布斯鲍姆著:《帝国的年代》,贾士蘅译、钱进校,江苏人民出版社
1999 年版。

51.〔英〕霍布斯鲍姆著:《如何改变世界:马克思和马克思主义的传奇》,吕增
奎译,中央编译出版社 2014 年版。

52.〔英〕霍布斯鲍姆著:《论历史》,黄煜文译,中信出版社 2015 年版。

53.〔英〕霍布斯鲍姆著:《原始的叛乱》,杨德睿译,社会科学文献出版社 2014
年版。

54.〔英〕霍布斯鲍姆著:《史学家:历史神话的终结者》,马俊亚、郭英剑译,
上海人民出版社 2002 年版。

55. 王晴佳:《西方的历史观念:从古希腊到现在》,北京师范大学出版社 2013
年版。

56. 初庆东:《英国马克思主义历史学的起源》,中国社会科学出版社 2022
年版。

四、中文论文

1. 庞卓恒:《让马克思主义史学弘扬于史坛——访英国著名马克思主义史学家
希尔顿》,《史学理论》1987 年第 3 期。

2. 张广智:《二战后西方马克思主义史学的勃兴》,《历史教学问题》2006 年第
5 期。

3. 姜芃:《E. P. 汤普森的史学思想研究》,《史学理论研究》1992 年第 2 期。

4. 姜芃：《试析英国马克思主义史学的现状和历史命运》，《史学理论研究》1998 年第 3 期。

5. 姜芃：《霍布斯鲍姆的马克思主义史学研究》，《山东社会科学》1991 年第 1 期。

6. 姜芃：《霍布斯鲍姆和佩里·安德森对唯物史观的理解》，《史学理论研究》2006 年第 3 期。

7. 沈汉：《爱德华·汤普逊的史学思想》，《历史研究》1987 年第 6 期。

8. 沈汉：《纪念英国左翼史学家拉斐尔·萨缪尔》，《史学理论研究》1998 年第 1 期。

9. 沈汉：《评爱德华·汤普森的新作〈民众的习惯〉》，《史学理论研究》1992 年第 2 期。

10. 沈汉：《记杰出的英国马克思主义学者拉尔夫·密里本德》，《史学理论研究》1995 年第 1 期。

11. 钱乘旦：《从韦伯到汤普森：英国工人运动史研究简介》，《世界历史》1984 年第 6 期。

12. 钱乘旦：《E. P. 汤普森和〈英国工人阶级的形成〉》，《世界史研究动态》1993 年第 11 期。

13. 刘军：《E. P. 汤普森阶级理论述评》，《世界历史》1996 年第 2 期。

14. 梁民愫：《20 世纪马克思主义史学的英国范式及学术路向》，《史学月刊》2022 年第 7 期。

15. 梁民愫：《马克思主义在英国的史学源流：史学思潮、代际传承及历史进程》，《史学理论研究》2018 年第 1 期。

16. 梁民愫：《霍布斯鲍姆与马克思主义史学理论创新》，《史学理论研究》2007 年第 2 期。

17. 梁民愫：《英国马克思主义史学及在中国的反响研究——以埃里克·霍布斯鲍姆史学研究为中心》，华东师范大学博士后研究报告，2006 年。

18. 梁民愫：《当代英国马克思主义史学：注重理论渊源和文化研究传统的双重

考察》，《史学理论研究》2006 年第 3 期。

19. 梁民愫：《社会变革与学术流派：当代英国马克思主义史学渊源综论》，《史学月刊》2003 年第 12 期。

20. 梁民愫：《埃里克·霍布斯鲍姆的历史认识论探析》，《史学理论研究》2009 年第 2 期。

21. 梁民愫：《英国新社会史思潮的兴起及其整体社会史研究的国际反响》，《史学月刊》2006 年第 2 期。

22. 刘雅宁、梁民愫：《底层社会视野与封建主义研究——罗德尼·希尔顿史学思想探论》，《江西师范大学学报》2006 年第 6 期。

23. 刘为：《有立必有破——访英国著名史学家 E. P. 汤普森》，《史学理论研究》1992 年第 3 期。

24. 刘为：《历史学家是有用的：访英国著名史学家 E. J. 霍布斯鲍姆》，《史学理论研究》1992 年第 4 期。

25. 刘为：《为了理性——纪念 E. P. 汤普森》，《史学理论研究》1994 年第 1 期。

26. 舒小昀：《霍布斯鲍姆人生经历与马克思主义史学观研究》，《学海》2009 年第 4 期。

27. 陈新：《20 世纪西方马克思主义史学家的历史观念：以英国马克思主义史学家为讨论中心》，载瞿林东、葛志毅主编《史学批评与史学文化研究》，黑龙江人民出版社 2003 年版。

28. 乔瑞金、师文兵：《历史主义与结构主义——英国新马克思主义哲学探索的主导意识》，《哲学研究》2005 年第 2 期。

29. 程汉大：《多布与封建主义向资本主义过渡问题的讨论》，《山东师范大学学报》1990 年第 4 期。

30. 陆建德：《习惯的力量——评汤普森〈共有的习惯〉》，《中国图书评论》2006 年第 9 期。

31. ［英］戴维·麦克莱伦著：《英国马克思主义》，郑燮君译，《现代外国哲学社会科学文摘》1981 年第 1 期。

32. ［美］罗伯特·布伦纳著：《多布论封建主义向资本主义的过渡》，王瑞雪、王葳蕤译，《江海学刊》2012 年第 2 期。

33. ［英］多萝西·汤普森著：《我和爱德华·汤普森》，唐松根编译，《史学理论研究》1994 年第 2 期。

34. ［英］保尔·布莱克雷治著：《道德和革命：英国新左派中的伦理论争》，林育川等译，《现代哲学》2007 年第 1 期。

35. ［英］爱德华·汤普森著：《论阿尔都塞的结构主义的马克思主义》，张亮译，《马克思主义美学研究》2008 年第 1 期。

36. ［英］约翰·布鲁尔著：《英国马克思主义史学的两种流派》，钱乘旦译，《世界历史》1983 年第 6 期。

37. 薛稷：《20 世纪 50 年代以来英国马克思主义的主体理论流变》，《江西社会科学》2018 年第 1 期。

38. 刘志丹：《30 年来我国英国马克思主义史学派研究：逻辑、问题与反思》，《贵州社会科学》2014 年第 10 期。

39. 师文兵：《汤普森历史哲学思想研究》，山西大学博士学位论文，2012 年。

40. 杨华文：《英国核战略研究》，华中师范大学博士学位论文，2012 年。

41. 焦帅：《中国大陆学者著作中的英国马克思主义史学研究（1980—2009）》，扬州大学硕士学位论文，2010 年。

42. 杨春梅：《英国反核和平运动研究（1979—1984）》，湖南师范大学硕士学位论文，2005 年。

43. 初庆东：《英国共产党历史学家小组研究（1946—1956 年）》，南京大学硕士学位论文，2012 年。

44. 齐峰：《西方文化帝国主义理论研究》，吉林大学博士学位论文，2015 年。

45. 孙义：《罗德尼·希尔顿英格兰农奴制研究评析》，哈尔滨师范大学硕士学位论文，2015 年。

46. 万金昌：《底层史学与劳工研究：以霍布斯鲍姆为中心的考察》，重庆师范大学硕士学位论文，2013 年。

　　47. 刘雅宁：《罗德尼·希尔顿的史学思想探论》，江西师范大学硕士学位论文，2007 年。

　　48. 罗峻：《莫里斯·多布的经济史思想探析》，江西师范大学硕士学位论文，2013 年。

　　49. 陈强：《战后英国新左派视域下 E. P. 汤普森历史哲学思想探析》，江西师范大学硕士学位论文，2016 年。

　　50. 张文涛：《E. P. 汤普森马克思主义史学思想研究》，中国社会科学院博士学位论文，2006 年。

　　51. 张文涛：《顾颉刚与 E. P. 汤普森史学思想方法之比较》，《社会科学战线》2009 年第 2 期。

　　52. 张文涛：《析 E. P. 汤普森与佩里·安德森之间的争论》，《山东社会科学》2008 年第 11 期。

　　53. 张亮：《英国马克思主义理论传统的兴起》，《国外理论动态》2006 年第 7 期。

　　54. 张亮：《艾瑞克·霍布斯鲍姆与工人阶级：范式、理论及其当代评价》，《理论探讨》2017 年第 3 期。

　　55. 张亮：《英国新左派运动及其当代审视——迈克尔·肯尼教授访谈录》，《求是学刊》2007 年第 5 期。

　　56. 张亮：《在发展中坚持历史唯物主义："英国马克思主义"的理论启示》，《理论探讨》2013 年第 5 期。

　　57. 张亮：《"英国马克思主义"的历史、理论道路与理论成就》，《马克思主义研究》2012 年第 7 期。

　　58. 贺五一：《英国的历史工场运动》，《历史教学》2008 年第 20 期。

　　59. 贺五一：《从社会史到新文化史：拉斐尔·萨缪尔对人民历史的诠释与书写》，《中国石油大学学报》2019 年第 1 期。

　　60. 贺五一、聂小蓬：《拉斐尔·萨缪尔论英国的民族认同》，《合肥工业大学学报》2018 年第 5 期。

61. 初庆东、梁民愫：《论英国马克思主义史学编纂的形成》，《史学理论研究》2013 年第 3 期。

62. 初庆东：《苏共二十大与英国共产党历史学家小组的嬗变》，《史学理论研究》2012 年第 2 期。

63. 初庆东：《英国马克思主义史学家群体的史学观念与实践》，《史学理论研究》2019 年第 2 期。

64. 初庆东：《道娜·托尔与英国马克思主义史学》，《史学理论研究》2020 年第 4 期。

65. 徐浩：《弘扬马克思主义的历史科学——英国马克思主义史学辨析》，《学习与探索》1993 年第 6 期。

66. 邵永选：《爱德华·汤普森国内研究综述》，《中国社会科学院研究生院学报》2012 年第 2 期。

67. 王晓德：《"文化帝国主义"命题源流考》，《学海》2009 年第 2 期。

68. 金寿铁：《艾瑞克·霍布斯鲍姆："底层历史"的开拓者》，《学术评论》2014 年第 1 期。

69. 王立端：《霍布斯鲍姆阶级意识理论评述》，《漳州师范学院学报》2002 年第 3 期。

70. 王立端：《阶级和阶级意识理论的重构》，《三明高等专科学校学报》2003 年第 1 期。

71. 徐滨：《英国工业革命中工人生活水平变迁》，载侯建新主编《经济—社会史评论》（第七辑），生活·读书·新知三联书店 2013 年版。

72. 徐滨：《英国工业革命中劳工生活标准的争论与辩驳》，《历史教学》2004 年第 12 期。

73. 赵虹：《西方学者关于英国工业革命中工人的生活标准讨论》，《云南师范大学学报》2001 年第 6 期。

74. 赵虹：《英国工业革命中工人的生活标准问题》，《北大史学》2001 年第

1 期。

75. 周樑楷：《英国史家汤普森夫妇的史学和社会思想》，《新史学》1998 年第 4 期。

76. 赵传珍、刘同舫：《英国文化马克思主义：人道主义与结构主义之辩》，《哲学动态》2011 年第 9 期。

77. 熊伟民：《1958—1964 年的英国核裁军运动》，《世界历史》2005 年第 3 期。

78. 胡腾蛟：《美苏核军备竞赛重启与英国和平运动的复兴》，《中南大学学报》2012 年第 5 期。

79. 李凤丹：《英国文化马克思主义形成的理论渊源探析》，《北华大学学报》2016 年第 4 期。

80. 李凤丹：《英国文化马克思主义的理论价值》，《南华大学学报》2016 年第 3 期。

81. 李凤丹：《继承与发展：英国马克思主义历史学与马克思主义历史学的关系阐释》，《江汉大学学报》2016 年第 5 期。

82. 陈鸿超、杨祥银：《英国早期口述史学的马克思主义史学传统》，《社会科学战线》2019 年第 5 期。

责任编辑：邵永忠

封面设计：胡欣欣

图书在版编目（CIP）数据

英国马克思主义史学家群体研究 / 刘耀辉 著 . —北京：人民出版社，2024.6

ISBN 978-7-01-026427-1

Ⅰ . ①英… Ⅱ . ①刘… Ⅲ . ①马克思主义－史学家－研究－英国

Ⅵ . ① K835.615.81

中国国家版本馆 CIP 数据核字（2024）第 060633 号

英国马克思主义史学家群体研究

YINGGUO MAKESI ZHUYI SHIXUEJIA QUNTI YANJIU

刘耀辉　著

人 民 出 版 社 出版发行

（100706 北京市东城区隆福寺街 99 号）

北京中科印刷有限公司印刷　新华书店经销

2024 年 6 月第 1 版　　2024 年 6 月北京第 1 次印刷

开本：710 毫米 × 1000 毫米 1/16　印张：21.5

字数：350 千字

ISBN 978 - 7 - 01 - 026427 - 1　　定价：80.00 元

邮购地址 100706　　北京市东城区隆福寺街 99 号

人民东方图书销售中心　　电话（010）65250042　　65289539